湘西土家族苗族自治州民族志丛书

龙山县民族志

龙山县民族宗教事务局 编

学苑出版社

图书在版编目（CIP）数据

龙山县民族志 / 龙山县民族宗教事务局编．
— 北京：学苑出版社，2018.9
ISBN 978-7-5077-5564-0

Ⅰ．①龙… Ⅱ．①龙… Ⅲ．①民族志－龙山县
Ⅳ．①K280.644

中国版本图书馆CIP数据核字（2018）第223741号

出 版 人：孟　白
责任编辑：洪文雄
封面题字：黄　叶
排版制作：李红权
出版发行：学苑出版社
社　　址：北京市丰台区南方庄2号院1号楼
邮政编码：100079
网　　址：www.book001.com
电子信箱：xueyuanpress@163.com
联系电话：010-67601101（销售部）010-67603091（总编室）
印 刷 厂：河北省三河市灵山芝兰印刷有限公司
开本尺寸：787×1092　　1/16
印　　张：28.5
字　　数：600千字
版　　次：2018年9月北京第1版
印　　次：2018年9月第1次印刷
定　　价：168.00元

《龙山县民族志》编纂委员会

总顾问：周　云　　刘冬生

顾　问：黄　勇　　李冬梅　　彭绍兴　　娜么塔　　田仁利

　　　　向明星　　张登赤

主　任：李万林　　向邦平

主　纂：刘能朴

成　员（按姓名笔画排序）

　　　　田世红　　向安忠　　李世选　　李志强　　肖昌林

　　　　张　钰　　陈　杰　　和继全　　徐克耀　　彭英子

　　　　曾卫芳　　魏雯岚

龙山县行政区划图

龙山县城航拍照片(杨润坤摄)

龙山县先后五次评为"全国民族团结进步模范集体"奖牌

"全国民族团结进步模范集体荣誉称号"证书

2006年,龙山县被授予"中国土家织锦之乡"

土家拦门礼

1986年10月湘鄂川黔四省边区运动会盛况

1993年中国湖南（龙山）土家摆手节

石林远古人——土家毛古斯

洗车河三月堂水上迎神

花轿迎新娘

全国少数民族特色村寨——惹巴拉

中国传统村落——苗儿滩镇六合村

全国少数民族特色村寨——里耶镇长春村

五代时期历史文化遗址——洛塔吴著厅远眺

佛教名山太平山

湖南省最美少数民族特色村镇——洗车河镇

中国传统村落——洗车河镇老洞村

中国历史文化名镇——里耶镇

国家级地质公园——洛塔石林

中国传统村落——苗儿滩镇树比村

隆头古镇隆头村

中国传统村落——里耶镇贾市街上村　　崖葬

榨油坊

土家族毛古斯国家级传承人——彭南京

土家族梯玛歌国家级传承人——彭继龙

全国工艺美术大师——叶玉翠（已故）

土家族打溜子国家级传承人——田隆信

土家族咚咚喹国家级传承人——严三秀

土家织锦传统技艺国家级传承人——刘代娥

土家族摆手舞国家级传承人——张明光

土家语传承人彭英子在教学

凡 例

一、本志坚持辩证唯物主义和历史唯物主义观点，以马列主义、毛泽东思想、邓小平理论、"三个代表"重要思想、科学发展观和十八大精神为指导，遵循习近平总书记强调的"增强民族团结的核心问题，就是要积极创造条件，千方百计加快少数民族地区经济社会发展，促进各民族共同繁荣发展"的指示精神，坚持民族平等、团结、进步、繁荣的民族工作方针，尊重历史和土家族、苗族等少数民族风俗习惯，客观记述各民族的历史和现状。

二、本志上溯不限，下限2014年12月底。纪年及官职、机关名称均按各个时期的习惯称呼，1912年以前的纪年均用各朝年号纪年加括号注明公元纪年。

三、本书以"民族"为主，采取横排纵写，设篇、章、节、目，以记、志、图、表、录等体裁组成。书中涉及土家族、苗族、回族等少数民族历史，参考了《永顺宣慰司志》（清佚名纂，清初刻本）、《永顺府志》清乾隆二十八年刻本、《龙山县志》（清嘉庆二十三年刻本、光绪四年刻本、民国版及1985年版、2012年版）等相关地方志、族谱、碑刻和《史记》《华阳国志》等相关史料及出土文物等，所引均在文中写明，不另加注。

四、本志中的土家语、苗语等少数民族语言，以其母语，采用汉字记音、国际音标、汉语拼音、汉语意音译等方式表述。对土家织锦图案、土家摆手舞动作、土家歌谣、土家谚语中的名称尽量保持其母语原称。

序

龙山县位于湖南西北边陲，地处武陵山脉腹地，与湖北省来凤县、宣恩县，重庆市酉阳县、秀山县接壤。这是一块古老的土地，据在里耶等地发现的旧石器时代、新石器时代、商周时期、战国时期、秦汉时期等文化遗址来看，这里很久以前就有古人类活动，且一直在这里繁衍生息。在漫长的历史发展过程中和特定的自然环境里，创造和积累了深厚的文化，形成独特的地域特色和民族特色。

龙山是土家、苗、汉等民族杂居区，据全国第六次人口普查统计，土家、苗、回等少数民族人口占全县总人口的 69.35%，其中土家族居多，占 55.07%。在洗车河流域及里耶镇的岩冲、长潭等社区村寨，至今还流行土家语，是中国土家语保存得最好的地区。长期以来，各民族和睦相处，休戚与共，为维护民族团结、推进社会进步作出了卓越贡献。并睦邻善处，与周边省市毗邻地区保持民族平等、团结、互助关系，共求繁荣发展。从 1988 年以来，湖南龙山与湖北来凤两县 5 次同获国务院授予的"全国民族团结进步先进集体""全国民族团结进步模范单位"等称号。我县的民族文化、民族体育也得到空前发展，曾先后被评为"全国体育先进县""全国文化先进县"。2011 年 10 月 21 日，国务院批复《2011 年—2020 年武陵山片区区域发展与扶贫攻坚规划》，明确在武陵山片区内设立"龙山来凤经济协作示范区"，标志着龙山发展已进入千载难逢的黄金期。《龙山县民族志》便是在这样的历史背景下进入编纂的，可谓"盛世修志，志载盛世"。

我国历来注重史志的纂修，"治天下者以史为鉴，治郡国者以志为鉴"。以史为鉴则知兴替，以志为鉴则知民情。我县自雍正七年（1729 年）建县以来，已先后五次修志。这次《民族志》的镂版问世，正是我县一项历史性的文脉绵延的民族文化工程。在编纂过程中，由于土家族等少数民族有语言无文字，对其族源、历史、文化、经济及民俗风情等方面过去鲜见史籍，即有零星记载，亦多"语焉不详"，或词多枝蔓。为存真求实，本志纂修人员坚持以辩证唯物主义和历史唯物主义观点为指南，多年来深入民间，游弋史海，广泛采集，旁征博引，谨慎辨析，吸史籍方志之精华，取现代考古之灼见，串民间采风之珠贝，斟字酌句，晨披夕捡，慎修其职，寒暑几易，终于缀简成书。这是我县有史以来第一部《民族志》，是我县民族工作的一件大事一件好事，它必将为人们进一步了解龙山各族人民的过去和现在、进一步增强民族团结、发展民族经济、守护民族精神家园等方面起到存史资治、经世致用的作用。

是为序。

《龙山县民族志》编委会

2015 年 9 月 16 日

目 录

县情概述 …………………………………………………………………… 1

第一篇　土家族 …………………………………………………………… 3
 第一章　族　源 ………………………………………………………… 7
 第二章　历　史 ………………………………………………………… 14
  第一节　先秦至五代时期 …………………………………………… 14
  第二节　土司时期 …………………………………………………… 17
 第三章　语　言 ………………………………………………………… 22
  第一节　语　音 ……………………………………………………… 23
  第二节　词　汇 ……………………………………………………… 31
  第三节　语　法 ……………………………………………………… 33
  第四节　古代土家语 ………………………………………………… 48
 第四章　习　俗 ………………………………………………………… 82
  第一节　生活习俗 …………………………………………………… 82
  第二节　生产习俗 …………………………………………………… 88
  第三节　礼仪节庆 …………………………………………………… 96
  第四节　信仰、禁忌 ………………………………………………… 107

第二篇　苗　族 …………………………………………………………… 113
 第一章　习　俗 ………………………………………………………… 113
  第一节　婚　姻 ……………………………………………………… 113
  第二节　丧　葬 ……………………………………………………… 114
  第三节　节　庆 ……………………………………………………… 115
  第四节　禁　忌 ……………………………………………………… 116

第二章 语言 … 117
第一节 语音 … 117
第二节 词汇 … 117
第三节 语法 … 120
第四节 龙山苗语与湘西其他五个苗语地区的异同 … 126

第三篇 汉族及其他少数民族 … 137
第一章 汉族 … 138
第一节 习俗 … 138
第二节 方言 … 141
第二章 回族 … 152

第四篇 民族文化·体育·医药 … 157
第一章 文化 … 157
第一节 民间故事 … 157
第二节 谚语谜语 … 163
第三节 民间歌谣 … 175
第四节 民间音乐 … 205
第五节 民间舞蹈 … 210
第六节 文化节庆 … 224
第七节 传统戏剧 … 232
第八节 地方曲艺 … 242
第九节 民间工艺 … 247
第十节 民间文化设施 … 265
第十一节 文化交流 … 273
第二章 体育 … 282
第三章 医药 … 289

第五篇 经济 … 297
第一章 史前农业考古发现 … 297
第二章 先秦至秦汉时期经济 … 299

第三章　土司时期经济 ………………………………………………… 303
　　第四章　清代至民国的社会经济 ……………………………………… 306
　　第五章　中华人民共和国成立后社会经济发展概述 ………………… 309
　　　第一节　农　业 …………………………………………………… 309
　　　第二节　工　业 …………………………………………………… 315
　　　第三节　交通设施及城市化建设 ………………………………… 319

第六篇　民族事务 …………………………………………………………… 331
　第一章　贯彻民族政策 ……………………………………………… 332
　　　第一节　财政政策优惠 …………………………………………… 332
　　　第二节　税收优惠 ………………………………………………… 333
　　　第三节　民族贸易"三项照顾" …………………………………… 334
　　　第四节　"双棉"赊销及其他 …………………………………… 335
　　　第五节　金融信贷优惠 …………………………………………… 335
　　　第六节　教育卫生政策优惠 ……………………………………… 336
　　第二章　扶贫建整工作 ……………………………………………… 338
　　第三章　培养民族干部 ……………………………………………… 340
　　第四章　增进民族团结 ……………………………………………… 342
　　第五章　民族村寨建设 ……………………………………………… 347
　　第六章　民族体育工作 ……………………………………………… 351
　　第七章　培育民族文化产业 ………………………………………… 353
　　第八章　发展民族教育 ……………………………………………… 354
　　　第一节　土家语·汉语双语教学 ………………………………… 354
　　　第二节　苗市民族艺校 …………………………………………… 356
　　　第三节　县技工学校土家织锦工艺中级技工班 ………………… 357
　　　第四节　土家织锦工艺教程 ……………………………………… 357
　　第九章　民族文化保护 ……………………………………………… 358
　　　第一节　民族古籍 ………………………………………………… 358
　　　第二节　文化遗产概览 …………………………………………… 360
　　　第三节　名镇　名村 ……………………………………………… 374
　　　第四节　名胜　古迹 ……………………………………………… 390

第七篇　宗教 …………………………………………………………………… 417
　　第一章　教　派 ………………………………………………………………… 418
　　　　第一节　佛　教 ……………………………………………………………… 418
　　　　第二节　道　教 ……………………………………………………………… 420
　　　　第三节　基督教 ……………………………………………………………… 421
　　　　第四节　天主教 ……………………………………………………………… 422
　　第二章　宗教事务 ……………………………………………………………… 424

后　记 …………………………………………………………………………………… 426

县情概述

龙山县位于湖南省西北边陲,东与桑植、永顺县接壤,西与重庆市酉阳、秀山县交界,西北及北边与湖北省来凤、宣恩县相连,南与保靖县毗邻。地理坐标为东经109°10′至109°53′,北纬28°45′至29°30′,地势北高南低,南北长106千米,东西宽32.5千米,县域面积3131平方千米。在区位上,龙山是武陵山区的地理中心,是吉恩高速、黔张常铁路的交汇之地,现辖民安、新城、华塘3个街道办事处和里耶、隆头、苗儿滩、洗车河、靛房、红岩溪、茨岩塘、石牌、石羔、桂塘、召市11个镇及三元、桶车、兴隆街、洗洛、白羊、湾塘、他砂、农车、塔泥、洛塔、茅坪、贾坝、老兴、咱果、内溪、贾市、乌鸦、大安、猛必、水田20个乡,共34个乡镇街道。全县总人口57.3万。县城民安街道办事处距省会长沙598千米、距吉首火车站184千米、距张家界机场181千米、距恩施机场130千米、里耶镇距重庆秀山火车站54千米。209国道、231省道纵穿南北,305省道横贯东西,县乡村公路网络辐射全县,县域长途客运联通中东部地区。

龙山县地处武陵山脉腹地,境内峰峦绵亘、沟壑纵横,最高海拔1736米,最低海拔218米。气候温和,无霜期270~280天,年均温度15.8℃,年降雨量1400毫米。酉水、澧水及其支流逶迤纵横其间,酉水全长436.72千米,在龙山县境内的流程123千米,流域面积2930平方千米,多年平均流量244立方米/秒,最大流量10580立方米/秒,水能蕴藏量达15万千瓦。南部有里耶、苗儿滩等万亩以上河谷平坝地,还有33.33千公顷以上的高山台地呈星点状分布全县,全县耕地面积26.26千公顷,其中稻田1.59万公顷,旱土1.036万公顷。草场面积达146万亩,可载畜8万多头。森林覆盖率达62.12%,樟、楠、水杉、银杏等名贵树种葳蕤千年,其中洛塔的三棵古水杉系新生代第四纪冰川期孑遗,被专家称为"地球上的生物活化石"。矿产资源丰富,已探明的有页岩气、大理石、重晶石、煤、铁、铅、锌、锰、铜、汞等18种。

龙山县是国家重点扶贫县。自改革开放,特别是国家实施"八七"扶贫攻坚和西部大开发政策以来,全县经济建设和社会各项事业得到长足发展,先后荣获"全国民族团结进步先进集体""全国体育先进县""全国文化先进县""湖南省文明县城""湖南省卫生县城"等荣誉称号。2014年全县实现地区生产总值54.13亿元，财政总收入达3.85亿元，完成规模工业增加值3.44亿元，完成全社会固定资产投资62.4亿元，社会消费品零售总额达26.4亿元，农民人均纯收入4788元，城镇居民人均可支配收入14907元。

龙山县是以土家族、苗族、汉族为主体的多民族杂居区，据全国第六次人口普查统计，2010年12月龙山县总人口为573261人，其中土家族315726人，占55.07%；苗族76604人，占13.36%；回族4165人，占0.73%；汉族175725人，占30.65%；侗、瑶、彝、壮、黎、白、土、满、藏、蒙古、塔吉克等民族合计1041人，占0.19%。中华人民共和国成立以来，各民族和睦相处，休戚与共，为维护社会稳定，推动社会进步和建设绿色、文化、开放、和谐的新龙山做出了不可磨灭的历史贡献。

2014年8月

第一篇

土家族

土家族是个古老的民族，据人民出版社1981年出版的《中国少数民族》544页载："大约自五代以后，湘鄂西地区土家这一稳定的人们共同体，开始逐渐形成为单一民族。"湘西土家族自称"毕兹卡"，对此，有人认为是本地人的意思，有人认为与"伏羲"相关，有人认为与古代賨人的自称"孚摰"一脉相承。在汉文典籍中，《史记》中称为"西南夷"，《后汉书》称为"武陵蛮"，《宋书》及《南史》称为"荆州蛮"，《南齐书》兼用"武陵蛮""荆州蛮"，五代称"五溪蛮"，《宋史》谓"南北江诸蛮"或"五溪蛮"，在北宋、南宋的一些史籍中开始出现区别于他族的"土兵""土人""土丁"等称呼。元朝建立土司制度以后，史书中有了"土民"的专指，与"苗民""客民"并列，即民间俗称的"土家""苗家""客家"，这里的客家指客籍人。"土家"遂成为独具特征的族别称谓。至清代已逐渐出现在文人的诗词中，如清人彭勇功的《竹枝词》"新春摆手闹年华，尽是当年老土家"，彭勇行的《竹枝词》"新春上庙敬彭公，唯有土家人不同"等等。但是真正把"土家"作为一个单一民族来识别，是在中华人民共和国成立以后才逐步展开的。

1949年12月，永顺县青年女教师田心桃最先向中国人民解放军四十七军一四一师政治部主任李侃介绍了土家人的一些情况，接着她又向湘西行署、湖南省人民政府、中南局汇报了湘西土家人的语言、风俗习惯及聚居情况。1950年9月，田心桃入选中南区少数民族国庆观礼团，向中央人民政府秘书长林伯渠提出了"土家人有自己的语言和风俗习惯，应该是一个单一民族"的请求，引起党和国家领导人的重视。为确认土家民族成分，中央和湖南省人民政府多次派行政领导和专家学者来龙山、永顺、保靖调查，从1952年7月严学宭来龙山洗车河流域至1957年潘光旦、向达视察湘西北、鄂西南、川东南止，历时6年，先后有谢鹤畴、谢华率领的中央、省、州联合调查组及严学宭、汪明瑀、潘光旦、王静如等权威专家来龙山、永顺、保靖调查。在深入调查、潜心研究的基础上，严学宭写了《湖南龙山土家族初步调查报告》，汪明瑀等6人写了《湘西土家族概况》，王静如写了《关于湘西土家语言的初步意见》，潘先旦、向达写了《湘西北的"土家"与"古代巴人"及湘西北、鄂西南、川东南的一个兄弟民族——土家》等文章，这些论著对识别、确认土家为一个单一民族起到了决定性作用。1957年1月3日，中共中央统战部代表中共中央发出《关于确定"土家族"民族成分问题的加急电报》，书面通知湖南、湖北、四川、贵州，确定"土家"为单一少数民族。1957年9月6日，国务院全体会议第57次会议通过了《关于设置湖南省湘西土家族苗族自治州撤销湘西苗族自治州的决定》。1957年9月15日至20日，湘西土家族苗族自治州第一届人民代表大会在吉首召开，大会通过了《湘西土家族苗族自治州人民代表大会和人民委员会组织条例》，中共湖南省委副书记谭余保将国务院颁发的"湘西土家族苗族自治州人民委员会"铜印授予州长石帮智，并将授印的这天即9月20日确定为湘西土家族苗族自治州成立纪念日。

民族区域自治制度是中国共产党维护民族权益，解决国内民族问题的基本政策，是国家的一项重要政治制度。在"民族区域自治实施纲要"指导下，土家族苗族聚居的湘鄂渝黔边区出现了"平等、团结、互助"的新型社会主义民族关系。据2000年全国第五次人口普查，中国土家族人口已达800多万，主要分布在湘西州的龙山、永顺、保靖、古丈、花垣、吉首、凤凰、泸溪，张家界市的桑植、永定、武陵源、慈利，常德市的石门，湖北省的来凤、宣恩、咸丰、恩施、鹤峰、建始、利川、五峰、巴东、长阳，重庆市的酉阳、秀山、黔江、石柱、彭水，贵州省的沿河、印江、务川、德江、思南、江口等30多个县、市、区。

着生活装的土家男士

着节日盛装的土家妇女

第一章 族 源

土家族有语言无文字,对这个自称为"毕兹卡"的古老民族的族源和历史,过去鲜见史册,对其族源的研究起步较晚,20世纪30年代始有文章涉及。如民国二十二年(1932年)凌纯声、芮逸夫在《湘西苗族调查报告》中提到:"永顺、保靖、古丈、龙山等县有土人……永、保等县的土人语言属于泰掸语系而藏缅语化,或为古代僚族的遗民,均非苗族。"民国二十八年(1939年),谭其骧在《史学年报》第二卷第五期发表《近代湖南人中之蛮族血统》一文,对湘西地区土家族大姓如向、彭、田、覃、王、张等做出细致考证,认为这些大姓"为土著而非客籍,而此土著实为蛮族之已经归化者,亦非先时从他方迁来之汉族"。20世纪50年代,在识别、确认土家族民族成分过程中出现一批关于土家族的专论和调查报告,20世纪80年代以后,民族研究空前活跃,土家族研究渐显脉络,就族源问题有如次说:

一、湘西土著说

"土著说"系统见于1981年11月出版的《吉首大学学报》"民族问题专刊"中《湘西土家族》(初稿)一文。其主要根据有出土文物、土家族语言及民俗等。根据龙山和酉水流域的土家族习俗及近些年来文物考古新发现来看,"土著说"得到了更进一步的印证。

(一)文物印证

文物是历史的科学物证。2003年3月10日,由湖南省文物考古研究所柴焕波、湘西州文物处龙京沙任领队,有龙山县文物管理所刘志刚、刘翔、周东征等参加的文物考古队在原里耶前街今保靖县清水坪官山堡生土层中发现旧石器时代文化遗址,出土砍砸器、刮削器、石斧等文物70多件,从而把里耶的历史推前到5万至15万年以前。由此可见，早在人类最初阶段这里就有古人类活动。那些以石斧辟地、用木棒猎食的土著先民，当是自称为"毕兹卡"的中国土家族的主要发祥人之一。

1978年5月，湘西州文物考古队在里耶溪口台地发现新石器时代文化遗址，据专家鉴定，该遗址为长江流域龙山文化晚期，从盛用食物的盒、豆、罐及陶纺轮等陶器来看，筚路蓝缕的土著先民在这里开垦耕织，进入了以稻作文化为标志的早期文明。近些年来，省、州文物工作队先后在酉水流域发现旧石器时代文化遗址9处、新石器时代文化遗址11处、商周时期文化遗址136处。脉络清晰地彰显出这些土著先民一直稳定地生活在酉水流域，历史上没出现大的迁徙。但从里耶麦茶战国古墓群出土的巴氏柳叶剑、从洗车河出土的虎纽錞于、白羊出土的马纽錞于等古代军事文物来看，在七国纷争的战国时期，随着军事、经济、文化的交往，酉水流域已有巴人等民族进入过。

（二）民俗印证

20世纪50年代末，里耶长潭着落湖还保留着一座建于明洪武年间的土家族大摆手堂，青石为框的堂门上刻有这样一副楹联："守斯土抚斯土斯土黎民感恩载德同歌摆手；封八蛮佑八蛮八蛮疆地风调雨顺共庆丰年。"对此，岳麓书社2000年7月出版的《湘西文化大辞典》第4页记称："八蛮是南方少数民族古族名，先秦至秦汉时生活于酉水流域，其他一部属巴国之南疆。因其共有八个部落或八个峒寨而得名。八蛮与今湘西土家族有直接渊源关系。"对其来由，保靖县首八峒碑文记得很明确："首八峒，历汉、晋、六朝、唐、五代、宋、元、明，为楚南上游……故讳八部者，盖因咸镇八峒，一峒为一部落。"口碑相传的土家族《梯玛神歌》记述了这八峒部落酋长即"八部大王"的名字，他们分别是：敖潮河舍、西梯佬、西阿佬、里都、苏都、那乌米、拢必也所也冲、接也会也那飞列也。这些用古老的土家语作为姓名符号的八个远古人物，当是"封八蛮佑八蛮"的八个部落酋长。据史料记载，古溪州的土著民族在10世纪前还处于以地域为基础的原始社会末期。《舆地纪胜》卷755页称这里"赋税未行中国法，讴歌犹带远夷声"。清乾隆《永顺府志·杂记》亦载："古所设县，并无君长，蛮长但引称古名尔。"如五代时期的龙山老蛮头吴著冲、惹巴冲等。在湘西北土家族习俗中敬八部大神是件大事，龙山县的农车、马蹄寨、洗车河三月堂、长潭着落湖几处大摆手堂每年举行摆手时须荐以獐、麂、狸、兔、雉、鲜鱼、活狗等物奉祭茹毛噬血的土家族远祖，正如"首八峒"堂联所刻："勋犹垂简篇驰封八部，灵爽式斯土血食千秋。"由此可见，八蛮一直享祭在土家民俗中。

在信仰禁忌方面，湘西北土家族崇拜祖先、崇拜自然、崇龙凤，忌白虎，俗有"白虎当堂坐，无灾便有祸"之说，有小孩受惊骇、染恶疾或家室不利，便认为是白虎作祟，必请梯玛作法驱赶之，这与崇敬白虎的巴人后裔迥然不同。

（三）地域考证

从流传在湘西北酉水流域的《梯玛神歌》《摆手歌》的唱词来看，土家族祖先迁徙的地域一直没有越过大江大河，没超出酉水和沅水的范围，湘西与巴子国无领属关系。古代的巴国，是指先秦时即公元前316年秦灭巴以后的疆域，即晋人常璩的《华阳国志·巴志》所记载的："其地东至鱼腹，西至僰道，北抵汉中，南极黔涪。"巴志所称的鱼腹，过去又称夔府、夔州，即现在的重庆市奉节县；僰道，今四川省宜宾市；汉中今仍称汉中，位于陕西省西南部；涪，指现在的重庆涪陵，殷商后期，巴国西迁，定都于此，称枳；黔，应是重庆市彭水县。《太平寰宇记》卷120《黔州·彭水县》载："按《九州纪要》云，黔州有彭水，在信阳县，即古之黔中地。"这就是史书中称的"巴黔中"，其疆域不包括湘西土著民族生活的酉水流域，湘西与巴子国无领属关系，巴郡南郡蛮与武陵蛮是否一个系属待研究。楚子灭巴后，黔中地先后为楚秦所据，故史有巴黔中、楚黔中、秦黔中之称，辖地相当于现在的重庆市黔江、彭水、酉阳、秀山和贵州省沿河、印江、务川及湘西部分地区。从以上地域来看，湘西土著人活动区境应在巴、楚之间的酉水流域。

二、賨人说

賨人说是湘西州政协原副主席田荆贵提出的。他在《民族研究》1983年第三期上发表了《土家族语言、风俗与古代賨人》一文；1994年又在《民族论坛》上发表了《古代賨人与现今土家族的共同之处》，认为土家族与古代賨人有八个相同之处：一是賨人自称"叏挈"，与土家族自称"毕兹卡"相同；二是賨人称"赋"为"賨"，与土家族语称"借"为"賨"的音、义相同；三是古代賨人"射杀白虎"除害，与土家族"驱赶白虎"除邪的心理相同；四是賨人活动于巴、楚接壤边境，与今天土家族居住地域相同；五是賨人在战争时"前歌后舞"，与土家族大摆手歌舞活动的战舞相似；六是有相同的经济生活，如狩猎、酿酒等；七是工艺品相同，古代賨布与土家锦同是一种工艺；八是葬俗相同。

賨，是秦汉时聚居在巴、楚间的一个古老的部落氏族、《通典》卷一百八十七记曰："巴人呼赋为賨，谓之賨布，世号为板楯蛮夷。"《后汉书》卷八十六载："至高祖为汉王,发夷人还伐三秦,秦地既定,乃遣还巴中,复其渠帅罗、朴、督、鄂、度、夕、龚七姓,不输租赋,余户乃岁入賨钱,口四十。世号板楯蛮。"《后汉书》又载:"板楯蛮天性劲勇,初为汉前锋,数陷阵。俗喜歌舞,高祖观之,曰:'此武王伐纣之歌也。'乃命乐人习之,所谓巴渝舞也。"北宋著名史籍《太平寰宇记》根据唐代《通典》的分类,把当时活动在湘鄂川边境的"南蛮"分为三类,即盘瓠,廪君、板楯蛮。对各自活动的区域作了明确记载:"其在黔中五溪长沙间则为盘瓠之后,其在峡中巴梁间则为廪君之后。"而把板楯蛮的活动区域定位在湘西北酉水流域。板楯蛮能征善战,能歌善舞,在历史上以射杀白虎而著称。对此《华阳国志》《后汉书》均有记载,说先秦时有白虎为患,板楯蛮应秦昭王重募,"乃作白竹弩于高楼射虎,头中三节,大吼而死,故世号白虎复夷,今所谓弱头虎子者也"。直到现在,湘西酉水流域的土家族梯玛活动中仍保留着"赶白虎"的古老习俗。宗教是识别一个民族尤其是古代民族的重要特征,古代活动在湘渝边区的賨人、板楯蛮与当今湘西北土家族应是一脉相承。

三、巴人说

1955年,中央派全国政协民族工作组组长潘光旦教授来龙山、永顺及来凤等地考察土家族历史及族源,他在《湘西北的"土家"与古代巴人》一文中率先提出了"巴人说"。其依据有四:一是从地域上来看,巴人中的廪君起源于鄂西,鄂西与湘西北一开头就是可以自由发展的整片土地……鄂西是摇篮,湘西北也未尝不可以看作摇篮的一部分。其二曰,在古代巴人活动过的两湖、川黔及河南等省的广阔区域,都留有带有"比兹"音的地名,与土家族自称"毕兹卡"相同。第三,史书记载的巴人五姓、七姓与今土家族的姓相同,如曋(覃)、相(向)、田、冉、郑、樊等。同时,古代巴人的一些族类名称与土家族自称相近,如六戎中的"鼻息""比夷"等。第四,巴人与土家族均有关于虎的传说和崇拜,由白虎到白虎神,由白虎神到白帝天王,是一个完整的发展过程,贯穿着巴人与土家的信仰生活,前后至少已有两三千年之久。第五,巴人称虎为"李",与土家语同;巴人称鱼为"女耶隅",与土家语相接近,语言可能有承袭关系。

此后,在土家族族源研究方面对潘光旦教授提出的巴人说附和者较多,其依据大多源于史籍。《后汉书·南蛮西南夷列传》记称:"巴郡南郡蛮,本有五姓:巴氏、樊氏、曋氏、相氏、郑氏,皆出武落钟离山,其山有赤、黑二穴,巴氏之子生于赤穴,四姓之子皆生黑穴。未有君长,俱事鬼神,乃共掷剑于石穴,约能中者,奉以为君,巴氏务相乃独中之,众皆叹。又令各乘土船,约能浮者,当以为君,余姓皆沉,惟务相独浮,因共立之，是为廪君。乃乘土船，从夷水至盐阳。盐水神女，谓廪君曰：'此地广大，鱼盐所出，愿留君共。'廪君不许，盐神暮辄来取宿，旦即化为虫，与诸虫群飞，掩蔽日光，天地晦冥。积十余日，廪君何其使，因射杀之，天乃开明，廪君于是君乎夷城，四姓皆臣之。廪君死，魂魄化为白虎，巴氏以虎饮人血，遂以人祠焉。"这显然是神话，作为族源论据尚不足信。另，《晋书》卷一二载"巴人呼赋为賨"，也成为"巴人说"的论据之一，仅凭一句话而定族源似乎难以让人折服。关于巴人，各地方志亦有记载，如光绪《湖南通志》引《十通志》载："楚子灭巴，巴子兄弟五人流入黔中。汉有天下，名西、辰、巫、武、沅等五溪，各为一溪之长，故号五溪蛮。"《路史·后记》亦载："巴灭，巴子五季流入黔而君之。"《元和郡县志》《永顺府志》亦有此类记载。湘西州文化局原副局长彭武一先生在吉首大学学报第二期发表的《古代巴人廪君时期的社会和宗教》一文提出："古代巴人是一个多部落的统一体，而且分为赤穴一姓和黑穴四姓，很长时期未能打断血缘纽带，在地域上混而为一，这样在发展过程中必然要带上各自的特点，在称呼上也很难完全一致。"王炬堡、刘孝瑜撰写的《土家族简史》认为："土家族来源于楚、秦灭巴后定居在湘鄂川黔接壤地区的巴人，但是，在有巴人活动记载之前这里就有古人类活动，这个地区是我国早期人类发祥地之一。"

四、乌蛮说

此说最早见于《历史研究》1958年第11期发表的王忠《驳向达、潘光旦关于土家族历史的谬论》一文。他一引《复溪州铜柱记》"因六子以分居，入五溪而聚族"句，说土家族是从牂牁即贵州迁来的；二引《大定县志》所载，居住在贵州毕节一带的乌蛮白罗罗号称"比跻"，这与土家族自称相同；三引《新唐书·南蛮传》所记，唐中叶，乌蛮"兵数出，侵地数千里"。毕节一带土著一部分被其征服，成为"白罗罗"，一部分被迫迁入云南和湘西，"土家"即是对新进入的乌蛮的称谓。四曰土家语与乌蛮后裔之一的彝族语言接近，并引语言学家王静如《关于湘西土家语的基本意见》说："甚至可以说是彝语支的一个独立语言。"对此，土家语言学者，龙山县党史办张伟权先生于2002年专程去彝区作认真、细致地考察，证明土家语与彝语毫无接近之处，不属彝语支而是独立的土家语支。乌蛮说在时间年限上仅追溯到唐代，这与湘西土著说所追溯的年代相差甚远。

五、濮人说

有学者认为湘西土家族与濮人有关系，说《史记·楚世家第十》所载的"楚叔堪曾避难于濮"，现在的湘西就是《史记》所载的"楚熊通自立为武王与隋人盟而去，于是开濮地而有之"的"濮地"。关于濮人，《华阳国志·巴志》记曰："巴国其属有濮、賨、苴、共、奴、儴、夷、蜒之蛮。"据考，这些部族的族属，儴、夷、蜒三者属于壮侗语族的部族。《隋书》卷八十二"南蛮"条云："南蛮杂类，与华人错居，曰蜒，曰儴，曰俚，曰獠，俱无君长，随山洞而居，古先所谓百越是也。"巴国八个部族之一的濮人，历史上有卜人、百濮之称。据《尚书》记载，濮人是商周时的南方少数民族之一，分布在"江南之南"或楚国西南，后散居在渝、川、黔、滇等地，与百越杂处。公元前11世纪曾参加过武王伐纣的牧野之战。周景王二十二年（公元前523年），楚人以舟师伐濮，濮人部落多被楚国合并，兹后，濮人多流入滇、黔，在历史上发展成南亚语系孟高棉语族的西南少数民族族群。

六、氐羌说

最早注意到巴人与氐羌关系的是潘光旦，他在《湘西北的"土家"与古代的巴人》一书中已经注意到了"西南有巴国。太白皋生咸鸟，咸鸟生乘厘，乘厘生后照，后照是始为巴人"。在此潘光旦提到巴人源于西北，只是点到为止，未作进一步探究。最先提出"氐羌说"的是彭官章，他早先的观点强调在研究民族起源时必须重视民族语方言的起源，他通过考察土家语与古羌人氏族部落方言——巴语的关系，以此证明氐羌系土家族的族源。后来刘尧汉、何光岳、彭武文等学者写文章支持这种观点。氐羌说的主要依据是：①土家语与羌语有渊源关系，甚至认为土家语属于羌语支；②葬俗上羌人与土家人也十分一致；③古羌人的信仰与巴人、土家人的信仰一脉相承；④《梯玛歌》《摆手歌》中有土家族从黄河流域迁移到武陵山的记载；⑤羌人的建筑与巴人的干栏、土家人的吊脚楼有因袭关系。因此，氐羌与土家族有渊源关系。氐羌说实际上与巴人说有密切联系，只是，氐羌说对巴人的来历进行了一番追根溯源，对土家族源进行了更深的发掘和清理。从正史、土家语、宗教信仰、建筑以及葬俗等方面论述了氐羌与土家族的渊源关系。

七、江西迁来说

20世纪50年代的民族调查中,一些湘西土家群众传说,他们崇拜的彭公爵主、田好汉、向老官人是在唐末五代时从江西吉安府迁来的。主要依据是湘西的民族调查、地方志及家谱文献的相关资料,论证了湘西彭氏土司来自江西的理由。向泽新《湘西土家族来源于江西》、彭继清《彭士愁来自江西考》、彭秀枢《溪州彭土司来自江西考——兼与谭其骧教授商榷》(均载《土家族历史讨论会论文集》)都持这一观点。他们认为:①彭氏是湘西土司的始祖,乾隆《永顺府志》、光绪《龙山县志》、民国《永顺县志》均有记载;②据江西欧阳圭斋《彭氏族谱序》、解缙《彭氏族谱序》、艾幼学《安定王轩公传》等记载,彭氏是江西吉安的望族,入主湘西的彭瑊在《通鉴》《九国志》《十国春秋》上均有记载;③"溪州铜柱铭文"所记的彭氏、田氏、覃氏、龚氏、向氏、朱氏皆来自江西。

除以上诸说,还有蛮蜒说、北源南迁说等。彭英明先生在《试论湘鄂西土家族"同源异支"》一文中指出:"世界上的绝大多数民族都是'多源'的,而不是'一源'的。正如我国汉民族经历长时期由许多民族'混血形成的'一样,土家族作为一个稳定的民族共同体,也是在长期历史发展过程中,以居住在湘鄂西地区的巴部族为主体,融合了其他一些部族(如濮、蜑)的某些氏族部分,而'混血形成的'。就其主源巴人来说,也不是一个始终如一的整体,而是分成了不同支系的。正是这些不同支系的衍变发展,造成了今日湘鄂西土家族的差异。"对土家族族源众说纷纭,这并不奇怪,因为土家族有语言无文字,其族源、历史鲜见史册,对此,确需进一步研究探讨。

第二章 历 史

第一节 先秦至五代时期

龙山土家族历史悠久,从近30年来发现的旧石器时代、新石器时代、商周时期、战国时期、秦汉时期及唐、宋、元、明、清各个时期的文化遗址及大量出土文物来看,早在人类最初阶段这里就有古人类活动,而且一直稳定地在这里繁衍生息。他们刚勇生其方,风谣尚其舞,五六千年以前就进入了以稻作文化为标志的早期文明。从里耶、苗儿滩、华塘坝出土的石纺轮、陶纺轮及竹篾纺织器等纺织工具来看,这里的土著先民早在夏商时期,就已经在古老的斜织机上采取通经断纬、反而挑织的方法生产賨布。故史有"禹会诸侯于会稽,巴蜀执帛往焉"的记载。公元前221年,秦统一中国,在里耶置洞庭郡迁陵县,从2002年6月在里耶战国——秦代古城一号井出土秦简"越人以城邑反"等记载和麦茶战国古墓出土的土著剑——"复合剑"等文物来看,这里的土著先民有过不甘征服的抗争。对以射杀白虎而著称的土家先民板楯蛮,秦则与之刻石盟典:"复夷人顷田不租,十妻不算。伤人者论,杀人者得以倓钱赎死。"《后汉书·南蛮传》记其盟曰:"秦犯夷、输黄龙一双;夷犯秦,输清酒一钟。"汉立,薄其赋税。"岁令大人输布一匹,小口二丈,是谓賨布。"这种以賨布充赋值的纳税制度促进了土家族家庭纺织的发展。三国以后,战乱不休,汉昭烈章武元年(221年),设黚阳县于酉水北岸,龙山为其属地;次年,东吴潘濬攻占武陵郡,龙山地属吴。据《三国志》卷五十八载:吴国在克南郡后,"蛮夷君长皆降,(陆)逊请金银铜印,以假授初附"。西晋时,招天门蛮、五溪蛮酋长"破券结盟",从而使湘西北土家族地区得到相对稳定。《北史》卷九十五载,至南北朝时,"酋豪世袭,事炳前叶",土家族各部首领各据一方,自称王侯,自立于南北朝之间,得到较为稳定的发展。《周书》卷四十五载,隋唐时期,武陵地区形成"冉氏、向氏、田氏者,陬落尤盛。余者大者万家,小者千户,更相崇树,僭称王侯"

的局面。唐以来渐施怀柔，据《册府元龟》卷一七四载，唐高祖武德二年（619年）颁布"怀柔远人，义在羁縻"政策，对少数民族地区实行"附则受而不逆，叛则弃而不追"的羁縻州郡制。唐武后天授二年（691年），析辰州置溪州，唐开元年间（713—741年），在湘西北地区设置了溪州灵溪郡、澧州澧阳郡、辰州泸溪郡、锦州卢阳郡四个羁縻州郡，乾元六年（758年），改溪州灵溪郡复溪州名，辖大乡（今永顺、古丈、龙山、保靖）、三亭（今保靖、秀山）两县，隶黔中道。梁开平四年（910年），彭世愁继任溪州刺史，楚王马殷授彭世愁为静江指挥使，封上柱国、陇西开国男，领上溪、中溪、下溪三个上州及龙赐、天赐、中顺、保靖、感化、永顺、懿、安、远、新、洽、富、来、宁、南、顺、高州等十七个下州以及大乡、三亭两县。彭世愁自任都誓主，遣长子彭师裕、次子彭师杲分掌大乡、三亭两县，开永顺、保靖两个宣慰使司之先河。彭氏土司政权控制了整个酉水流域，成为割据一方的小王国。彭氏政权经历了五代的梁、唐、晋、汉、周和宋、元、明、清九个朝代，从梁开平四年（910年）彭世愁任溪州刺史至清雍正五年（1727年）改土归流，溪州土司统治达818年。他们世袭官，世袭地，其中，永顺土司从彭师裕到彭肇槐止，承袭了32次25代；保靖土司从彭师杲到彭御彬止，承袭了37次34代。自唐武德二年颁布羁縻政策以后，土司制度不断建立完善，对维护民族地区社会稳定起到了较好的历史作用。对于册

落塔古水杉——第四纪冰川期生物孑遗

封土司的官位，清同治《来凤县志》卷二十七《土司考》记曰："每宣慰司置宣慰史一人，从三品；同知一人，正四品；副使一人，从四品；安抚史、招讨使皆从五品，长官司长官正六品。土司之官凡九级，自从三至从七皆无岁禄。"

该志对土司的印鉴亦有明确记载："按宋、元、明历代吏制，土司印为铜质直纽九叠篆文，其中宣慰司铜印方二寸七分，厚六分；宣抚司铜印方二寸五分，厚五分；安抚司、招讨司铜印均为二寸四分，厚四分五厘；长官司铜印方二寸一分，厚二分五厘。"

吴著冲 吴著，民间亦称禾撮，是围猎的意思；冲，是王的意思。吴著冲当是以狩

猎为主的部落首领。其古遗址位于洛塔乡团结村吴王堡，俗称吴著厅。这里山高路险，乱石林立，传说五代时期土著先民头领吴著冲在此修筑了金銮宝殿，设王宫于此山。清嘉庆《龙山县志》记曰："其先有老蛮头吴著冲，今邑之本城、洗洛、辰旗、董补、洛塔、他砂诸里皆其世土。""又有惹巴冲者，与吴著冲结为兄弟，今邑之明溪、五寨、坡脚、捞车、二梭、三甲、四甲诸里皆其世土。"约后梁（907—923年）时期，辰州刺史彭瑊以私恩结人心，日渐强盛，相继平息了龙山、永顺、保靖一带的土著头领，并把吴著冲消灭在洛塔山洞。时隔千余年，吴著厅至今尚留有当时建造宫殿的石基和残缺石墙，山上有部分防御关卡也保存得较好。1979年被自治州革命委员会公布为州级文物保护单位。

洛塔吴王山

关于吴著冲，《湘西文化大辞典》72页也有相似记载："后梁开平四年（910年），楚王马殷封从江西前来投慕他的彭瑊为溪州刺史，彭瑊到溪州后，吴著冲因目不识丁，延请彭氏为其'助理'，彭氏'以私恩结人心，日渐强盛'，于是阴谋驱逐吴著冲，吴著冲逃往猛岗（今永龙交界地），彭氏再次发动攻击，吴著冲逃往洛塔。洛塔山高势险，周围皆石壁，仅中间有一小径，非攀藤附葛不能上。吴著冲凭险与彭瑊相抗，瑊数攻不克。彭与当时因骨肉不和而移居吴著冲辖地（今龙山县瓦房乡）的漫水土司之弟向柏林结为兄弟，并答应事成后以洛塔相酬。向柏林在摸清吴著冲虚实后，与彭里应外合，夹攻吴著冲，包围吴王堡。吴著冲以礌石、弓箭等武器与彭相战数年，兵竭粮绝，一说吴著冲'困毙其处'，另说他独身一人杀出重围，奔向其结义兄弟惹巴冲住地惹巴拉，因伤势过重，死于中途的西吴坪（以前称死吴坪）。吴著冲败死，其辖地除洛塔外，尽为彭瑊所有。"清嘉庆《龙山县志》卷之七"风俗"载:"冬月初一日,洛塔里土人家家享祀,宰豕作米糍设筵款客曰度岁,然谓之祭冬月鬼,余里土人则无此风,相传吴著冲在洛塔山困毙故也。"

关于以上记载,确实还须进一步查证史实。尤其是彭瑊与漫水土官之弟向柏林结为兄弟、合攻吴著冲等记载与史实不符。据民国时期编写的《湖北通志》记载:"沙溪、卯峒、漫水诸司,《明史·地理志》及《明史·土司传》均未载,当为清初所设。或云明天启、崇祯之际,国家多故,诸土兵之备征调从讨伐者,颇为有劳,上三司亦所当时增置。"就是历史悠久的来凤散毛土司,也只是设于宋仁宗皇佑五年(1053年)。而彭瑊是于后梁开平四年即910年担任溪州刺史的,这比散毛土司要早140多年,比增置于明天启、崇祯年间的漫水土司要早700多年,从这些史料来看,彭瑊与向柏林不可能结为兄弟。特引史料于此,以资后鉴。

第二节 土司时期

一、土 司

土司是元明时在西北、西南、广西等少数民族地区设置的与土职相联系的政权机构或部门,按等级分为宣慰、宣抚、安抚等武职和土知府、土知州、土知县等文职。元时,先后在湘西设立永顺安抚司、新添葛蛮(辖保靖)安抚司等。明清王朝在元朝的基础上进一步完善土司制度,在湘西设置了永顺宣慰司、保靖宣慰司和桑植安抚司。在清改土归流前,湘西地区共有三个宣慰司,两个安抚司,十一个长官司。土司由土官担任,他们既是各自辖区内最高的行政长官,又是本地区最高的军事首领,实行的是封建世袭制。土司与封建王朝的关系是封建王朝在政治上利用其原有的贵族进行统治,经济上让原来的生活方式维持下去,给封建王朝承担一定的义务。后随着经济的发展及内地与少数民族交流的增多,明清两代逐步实行了改土归流。

二、土司制度

土司制度是历史上封建王朝赠封边疆少数民族首领世袭官职,以统治该地人民的一种典型的军政合一的组织制度,是羁縻制到流官制之间的过渡形式。土司世代相袭,并有严格的封建等级制。朝廷或流官对他们有考核、升降、迁调或罢免的权力,土司必须定期或不定期地向行省和朝廷承担各种经济负担,其武装力量也须听从国家的调动。湘西地区的土司制度，从五代到清雍正年间，共有800多年的历史。元明两代，将各种不同的行政制度如土官土司制度纳入全国的行政体系，为边地经济开发、社会进步以及维护多民族国家统一起了积极作用。据清同治《来凤县志》卷二十七"土司考"载，元明时期土司官制为：每宣慰司置宣慰使1人，从三品；同知1人，正四品；副使1人，从四品；佥事1人，正五品；经历司经历1人，从七品，每宣抚司置宣抚使1人，从四品；同知1人，正五品；副使1人，从五品；佥事1人，正六品；经历司经历1人，从八品，知事1人，正九品；照磨1人，从九品。每安抚司置安抚使1人，从五品；同知1人，正六品；副使1人，从六品；佥事1人，正七品；其属吏目1人，从九品。每招讨司置招讨使1人，从五品；副招讨1人，正六品；其属吏目1人，从九品。每长官司置长官1人，正六品；副长官1人，从七品，其属吏目1人，未入流。每蛮夷长官司置长官1人，正六品；副长官1人，从七品。土司之官凡九级，自从三至从九皆无岁禄，承袭必奉朝命，其子弟族属妻女若婿及甥之替袭，胥从其俗。土司制度具有浓厚的地方割据性和封闭性，严重阻碍着各民族之间的经济、文化的交流，不利于国家的安定和统一，所以至清雍正年间，在湘西地区开始进行改土归流。

溪州 唐朝始置，据《湘西州土家族辞典》载，治所在今湖南省龙山县。五代时分为上、中、下三州。五代时马楚徙治于今永顺县东南。北宋咸平后增加州一级的设置，因此称旧治龙山县一带为上溪州，新治永顺县一带曰下溪州。唐代溪州范围囊括了今日湘西的永顺、保靖、龙山、古丈等县。明代其地分属永顺、保靖二宣慰司。

上溪州 五代、北宋分溪州置，隶属永顺土司，系彭氏土司自治之地，治所在今县域东南部的洗车河流域。据《宋史·蛮夷传》记载："北江蛮酋最大者曰彭氏，世有溪州，曰上、中、下溪，又有龙赐、天赐、忠顺、保静、感化、永顺州六……总二十州。"（北江，史籍专指湘西酉水北部的永顺、龙山、保靖、古丈诸县。）后废。明洪武二年（1369年）复置，属永顺宣慰使司。据载，宋真宗时彭文庆任上溪州刺史，仁宗时彭师保知上溪州。至明洪武二年复置后，张义保袭任上溪州知州。永乐十五年（1417年），张义保传位于张友谦。张友谦传位于张安。明英宗正统十四年（1450年），张安传位于张信。张信之后有其后裔必华、宗保、大本、良辅、凤来、之本等依序袭任。顺治四年归顺朝廷，之本传位于长子汉卿，汉卿传位于弟汉相、汉相传位于弟汉儒，据乾隆《永顺府志》载：康熙五十二年（1713年），上溪州司史张宗文在永顺老司城参与立《永府宣慰使彭弘海德政碑》。雍正五年（1727年）随永顺宣慰司纳土。但上溪州治所至今没确切探明，大多记载为"龙山县东南部，辖地大致为今龙山县地"。1969年夏，洗车河镇坡子街罗承均家修屋砌街檐取岩时从地里挖出一块墓碑，上有"诰封一品夫人"等字，为刘能朴先生亲目所见，可惜当时处于"文革"，未作抄录，这块碑被砸成几块，填为基石，无可得见。雪泥鸿爪，憾难寻觅。

白崖峒长官司　白崖峒长官司辖地相当于今县境东北部，司治在桶车、兴隆街一带，至今有司城堡、长官桥、上母祠、下母祠等相关地名。据《永顺府志》乾隆版卷九等史籍载："白崖峒长官司，古诸蛮地，秦属黔中、汉属武陵，唐为锦州，五季为靖边都大乡、三亭、陇西等地，宋为上溪州，元属葛蛮安抚使司。张耶律为峒民总管，明洪武三年内附，（洪武）五年改升白崖峒长官司。"隶属永顺土司。《永顺县志》民国十九年版载："白崖洞长官司，元设白崖洞，属新添葛蛮安抚司，隶湖广行省。明洪武三年改属永顺军长宣慰使司。清初仍旧，改土后为龙山县地，谓之白崖里"。清康熙五十二年，白崖峒长官使张宗略参与立《永顺宣慰使彭弘海德政碑》。其世系为：张那律——吉和——麦依——继忠——世业——大才——四维——四教——应斗——宗略。清顺治四年归清，雍正五年纳土，雍正七年改土归流设龙山县。

两江口（大喇）长官司　大喇土司为长官司，原司治设在两江口，即今隆头古镇，明史称"两江口长官司"，后迁至今隆头镇大喇村，俗称大喇司。据大喇司始祖莫古送第二十世孙彭昌举先生引《明史》《龙山县志》《保靖彭氏宗谱》《大喇司彭氏宗谱》等资料介绍，元朝至正二十四年（1364年）保靖宣慰彭世雄的长子彭万里，即任宣抚使。明洪武二年（1369年），世雄公第三子莫古送（《明史》称麦谷踵）因招讨有功授两江长官职。明永乐元年（1403年），莫古送长子可宜（俗称"大虫可宜"）任保靖司副宣慰使，正德年间，曾有保靖两宣慰为争两江口地盘事引起相互仇杀，保靖宣慰乐哈俾（《明史》为药哈俾）被杀死而被可宜夺权。宣德元年（1426年），保靖宣慰大虫可宜曾遣子彭顺进京朝贡。宣德四年（1429年），大虫可宜杀药哈俾事发而逮死狱，革去宣慰职。据《明史·土司传》记载："正德十四年（1519年），两江口土舍彭惠既以祖大虫可宜与彭药哈俾世仇，至是与保靖土司彭九霄复构怨。永顺宣慰彭明辅与之联姻，助以兵力，遂与九霄往复仇杀，数年不息，死者五百余人。"自此双方仇杀不休，乃撤销两江口长官司。直至明英宗正统十四年（1449年），大虫可宜孙彭武因战功卓越而复袭两江口长官使职。彭武次女嫁永顺宣慰使司彭显英为妻，人勤妇道，楷范严明，受明世宗诰封"太淑人"。生子世麒、世麟，秀异过人，先后袭职，建功朝廷，皆封将军。彭显英是溪州第二十二代土司，生于明永乐八年（1411年），字朝杰，号正斋，天顺五年袭祖父职，在位三十年。彭世麒，生于成化十年（1475年），明弘治五年（1492年）即任，战功卓越，敕封昭勇将军、龙虎将军，奉敕加封湖广都司指挥使。彭世麟，字国珍，袭兄职，屡立战功，加升散官品级，进阶昭武将军。在任九年，复传侄彭明辅。彭武子胜祖在成化六年（1470年）因征断滕峡等地屡建奇功，钦授前职并晋"武略将军"。至弘治初，胜祖已年迈，随司理事，但无署印，虑子世英无官，恐保靖宣慰仕珑夺其地，乃奏请世袭，钦允，但仕珑辄沮之，于是仇杀愈深。弘治十年（1497年）巡抚沈晖奏请让世英袭父职，而仕珑奏讦不止。是时敕调世英从征贵州，而兵部移文有"两江口长官"字，仕珑疑世英得设官署，不听约束，复奏言之。于是巡抚阎仲宇、巡按王约等，请以前后奏章，下兵部、都察院议。令世英归据小江七寨于仕珑，只顾大江七寨，听仕珑约束。其原居的两江口，系襟喉要地，请调清水溪堡官兵守之，而涉世英于沱碑，以绝争端。清雍正十三年（1735年），大喇司接受改土归流，隆头以北（含隆头镇）划归龙山县辖，县增设大喇里。据清嘉庆《龙山县志》记载，"大喇里辖喇寨、浦车溪、贾家寨、喇榨、杨家寨、车竹湖、东瓜坪、王道溪、沙道沟、桃坪、道溪沟、禾坝、侯利溪、坡松、新寨、琐湖寨、苏州坪、朵古、恒咱、王家寨"。清清嘉庆《龙山县志》卷二"田赋"记载："大喇里粮户共五百二十八户，额征秋粮银四两一钱九分五厘。"

附　清光绪大喇司彭华银夫妇合葬墓碑

闲尝博览诗书，见古来里巷乡村，未有不挺生奇人，以为一代所景仰者，或以经术著，或以文章传，或以才名品望显，代不乏人。若彭公讳华银，荣超之子也，里居大喇司，凤推望族，相传数百载，世泽连锦。而其令人称述者，不在经术文章也，不在才名品望也，惟在忠厚而已矣。想生平端方正直，是其处已也；温厚和平，是其接人也；憎华尚朴，是其治家勤俭也。兹数端者，谁谓不堪称述哉？然皆赖嫡配田氏，有以辅相之。夫田老孺人，起宗之女也，素守女箴，常娴姆仪，故夫唱妇随，理家政，宜其桂子兰孙，森森挺秀。奈何仅生二女，未有后嗣，良足痛哉。

兹者年逾六旬，身犹强壮，正当耆艾之龄，预作殂落之计，与嫡配生则同室，死则同穴，请序于予。予自愧才浅学疏，不能长言咏叹，然未尝不知其大略也，因不辞而为之铭曰：

云山苍苍，江水泱泱。

哲人之风，山高水长。

甲子科恩进士、候选儒学教谕愚弟　蒋荣铣　拜读
光绪五年冬月二十七日　立

按：彭华银夫妇合葬墓，原在龙山县隆头镇光明村大喇司，现仅存耳碑一通，位于

酉水河边。清光绪五处（1879年）十一月二十七日立碑。碑文15行，每行25字，楷书阴刻。

根据龙山县文物管理周东生提供图片资料抄录。

摘自田仁利《湘西土家族苗族自治州金石通纂》

马罗峒长官司 清乾隆《永顺县志》卷一载：外土司自设"马罗洞长官司，古诸蛮地，系飞旗马罗二姓古老蛮民也，与荆南诸蛮接壤，于明嘉靖间奉施溶州舍田滋为巡边总管，历年久，诸邻交睦，边民爱戴，遂授长官世职弹压此土，盖系自设，故未及请印与六长官司同列。按土司旧制，三州六司各设土职知州长官给以印信，并设流官吏目及土吏一名，头目洞老十名，隶兵八名，正德间始裁吏目，嘉靖时上官又称马罗长官。"清康熙五十二年，有马罗峒州司田暹、马罗峒署司田善继、田右贞、毛有名者在永顺老司城参与立《永顺宣慰使彭弘海德政碑》。马罗洞长官司辖县北石羔、三元一带，司治不详。

第三章　语　言

土家族自称 $pi^{35}tsi^{53}kha^{21}$（毕兹卡）。土家语，族人称其为 $pi^{35}tsi^{53}sa^{21}$（毕兹煞）。土家人自古就以土家语作社会交际和传承文化的主要工具。它属汉藏语系缅语族土家语支，有南部方言和北部方言。南部方言在泸溪县的潭溪镇，操用者仅4000人左右，除潭溪镇以外的整个武陵山区的土家都操用北部方言。县土家语属北部方言区。清改土归流后，"一切语言，必照内地""革除陋习"，加上土家是开放性的民族，在大杂居小聚居的环境中与汉人交往日密，很多人逐步学会了汉语汉文，既能说土家语，也能说汉语。到中华人民共和国成立前，交通方便、商贸繁荣、文化教育较为兴盛的首善镇（今民安镇）、招头寨（今召市）、茨岩塘等北半县的土家人，逐步转用了汉语，土家语完全消失了。南半县土家族聚居区的土家人仍操用土家语，其中他砂、靛房、坡脚、岩冲等地的妇孺还不懂汉语，只会说土家语。在20世纪50年代，去坡脚、靛房、他砂、岩冲等地工作的干部、教师必须会说土家语。由于社会发展，人们对语言的趋同要求加快，全县操土家语的人数不断减少，仅仅集中在洗车河流域的坡脚、靛房、他砂、干溪、洛塔、猛西、洗车河、苗儿滩、隆头、岩冲、长潭、贾市、凤溪等乡镇中交通不便、经济滞后的一些土家村寨，总人数不超过15万人。其中沿用型（单语）约3万人；多数为兼用型（双语），约10万人。故亟须保护。

土家族语言学家叶德书（已故）

以下以洗车河流域苗儿滩镇叶家寨为标准音点，就全县土家语的一般特点，做些介绍。

第一节 语 音

一、声 母

声母有 19 个。

发音方法 发音部位			塞音		塞擦音		擦音	鼻音	边音
			不送气	送气	不送气	送气			
唇音	双唇	清	p	ph					
		浊						m	
	唇齿	清							
		浊							
舌尖音	舌尖前	清			ts	tsh	s		
		浊					z		
	舌尖中	清	t	th					l
		浊							
舌面音		清			tɕ	tɕh	ɕ		
		浊						ȵ（ɣ）	
舌根音		清	k	ɣ			x		
		浊						ŋ	

注：

①n 与 l 为变值音位。在开口韵合口韵前，n、l 不分，而在实际读音中带鼻音情况少，故定为 l。如在齐齿韵前，n 与 l 分得很清，n 的实际值为 ȵ。

②x 与合口韵相拼时，读音近 Φ。

③i、u 自成音节或 i、u 开头的复合元音自成音节时，前面带有轻微摩擦，但因无区别词义作用，故不作独立音位。所有声母中无唇齿音［f］，也无复辅音。韵母 i、u 自成音节时。其前分别加 j 和 w。

声母例词：

p：po^{55}tso^{53} 磨子	pan^{35} 山鹰
ph：pho^{55}tha^{53} 糠	phu^{35}thu^{55} 斑鸠
m：mo^{21} 猫	mu^{53} 竹子
ts：tse^{35}ko^{21} 口吃	tsi^{21} 饭

tsh：tshe³⁵lan⁵⁵ 獐子	tshe²¹khu³⁵ 麻
s：sa³⁵tɕhi⁵⁵ 头发	su³⁵ɕi⁵⁵ 板栗
z：za³⁵ku⁵⁵ 茶叶	ze⁵³ 乖
t：ta⁵³ɕi⁵³ 帮忙	to⁵³pu²¹ 滚豆
th：tha⁵⁵phuŋ²¹luŋ²¹ 簸箩	thu⁵⁵thu⁵⁵ 捡
l：lo⁵³pi²¹ 儿子	lau³⁵tsi⁵⁵ 明天
tɕ：tɕie³⁵ 手	tɕi²¹ 脚
tɕh：tsha⁵⁵tɕhi²¹ 锦鸡	tɕhi³⁵pu³⁵ 黄豆
ɲ：ɲi⁵⁵pu⁵³ 芋头	ɲie³⁵ 睡
ɕ：ɕie⁵³ 铁	ɕi⁵³ɽi²¹ka²¹ 蚂蚁
k：ka²¹ 乌鸦	ke²¹tshi³⁵ 玩
kh：kha⁵⁵phu⁵³ 花	kha²¹kho²¹ 大森林
ŋ：ŋa³⁵ 我	ŋo⁵³ 银子
x：xuŋ²¹xuai⁵⁵ 总是	xa⁵⁵lie²¹ 狗子
ɣ：ɣa²¹pa²¹ 石头	ɣe²¹ 长

二、韵　母

韵母有 25 个。

韵头＼韵尾	开尾韵母				元音尾韵母				鼻音尾韵母		
开口	i	a	o	e	ai	ei	au	əu	an	en	uŋ
齐齿	i	ia	io	ie			iau	iu	ian	in	
合口	u	ua			uai	ui			uan	un	

注：

①舌尖高元音 [-i] 只与 ts、tsh、s、z 四个辅音结合，而 [i] 却不与它们相拼，构成互补音位，故以 [i] 为代表。

②a 的实际音值为央元音 [A]、u 的音值近央元音 [tt]。

③结合语言发展情况，为拼读汉语借词，可增加 ua、ue、un、ioŋ 等韵母。

韵母例词：

i：tshi^{55}phu^{53} 书	li^{53}ka^{53} 挖土	a：tha^{35}kha^{53} 坎	la^{53} 路
e：me^{35} 天	khe^{35} 秋千	o：lo^{53} 人	kho^{53} 金子
u：su^{21}su^{21} 月亮	su^{35}su^{53} 雪	ia tɕhia^{21}lai^{21}lai^{21} 纺车娘	
io：a^{21}tio^{53} 那样	tɕio^{21} 被	ie：tɕie^{35}tsu^{21} 头帕	tɕie^{35} 手
ua：khua^{35} 官	ai：kai^{53}ɕie^{35} 多少	lai^{53} 今天	
ei：ei^{35} 去	khei^{35} 哪儿	au：pau^{35}tɕhi^{21} 野鸡	lau^{35}tsi^{55} 明天
əu：a^{55}khəu^{55} 角落	iau：thiau^{35}pa^{53} 老大	ɕiau^{35} 够了	
iu：piu^{35} 女儿	ɕiu^{21} 行动迅速	uai：khuai^{21} 椅子	
ui：ko^{35}kui^{55} 表姐	tɕhia^{53}kho^{21}khui^{35} 竹鸡	an：pan^{35} 山鹰	man^{21} 乳房
en：en^{21}tsou^{35} 来了	en^{21}tɕhie^{35} 耳朵	iantɕian^{35} ka^{21} pu^{35} li^{55} 戒指	tɕian^{35} 容易
in：la^{53}min^{21} 门	a^{21}si^{21}tɕhin^{21}tɕhin^{21} 白生生	uan：suan^{53} 小	zuan^{35} 水牛
en^{35} tɕhi^{53} khun^{21} khun^{21} 鼻子不动	uŋ：si^{21}zuŋ^{35} 肉麻	za^{21}zuŋ^{35} 鸡叫	

三、声 调

声调有 4 个。

调序	调型	调值	词 例
第一声	高平调	55	phe^{55}包 ta^{55}滴 se^{55}栽 tie^{55}慢 za^{55}飞
第二声	低降调	21	phe^{21}伏 ta^{21}下 se^{21}屎 tie^{21}破 za^{21}鸡
第三声	高降调	53	phe^{53}沸 ta^{53}欠 se^{53}猴 tie^{53}戴 za^{53}挂
第四声	高升调	35	phe^{35}赔 ta^{35}穿 se^{35}死 tie^{35}记 za^{35}逃

注：土家语复音词居多，连读时最后一个音节的声调有轻化现象。如两个高平调在一起，则在最后一个弱化为 33-|，mi^{55}ma^{55}（蜂）→mi^{55}ma^{33}。

四、音节结构

土家语的音节是音素加声调构成的,因而每个音节都有一个声调。其音素组成,有多种方式。

（一）元音自成音节

e^{53}猴、a^{53}饿、喂、a^{21}接、石、o^{53}背、蛇、u^{55}冷、紫、i^{21}见、i^{53}关、e^{35}偷、u^{53}扯

（二）辅音+元音

ŋa^{35}我、ŋo^{53}银、ze^{53}孙、美、khe^{53}角、挑、ku^{35}脸、mi^{55}ma^{33}蜂、phu^{35}儿媳、补、mu^{53}竹

（三）辅音+元音+元音

pai^{53}tie^{53}孩子们、thai^{35}没有、tɕie^{53}追赶、kau^{35}tshai^{21}这儿、khau^{35}哪儿、kai^{53}ɕie^{35}多少

（四）辅音+元音+元音+元音

khuai^{21}椅子、ɕiau^{35}有了、piəu^{35}女儿

（五）元音+辅音

uŋ^{21}响、坐、an^{35}我们

（六）辅音+元音+辅音

suŋ^{35}鱼、zuŋ^{35}叫、融、luŋ^{35}浑、thuŋ^{35}开、pan^{35}鹰、man^{21}乳房

（七）辅音+元音+元音+辅音

zuan^{35}水牛、pian^{35}一点点、tɕian^{35}容易、tɕhian^{35}怎么、xuan^{35}总是、一定

五、语流音变

土家语语音一般是按音节及其声调定义的。由于说话中连续发音,音节中的音素或声调的互相影响而产生变化,称语流音变。常见的有声、韵母的脱落与替换,音节的弱化或丢失以及连续变调等。

（一）声母音变

z、ɣ、th、tsh 的脱落 在连续发音时,有些声母消失脱落。较明显的是浊擦音 z、ɣ、th、tsh 等的脱落。如：

z 在下列情况下,出现脱落：

z 前为高降调,其前一音节的声母为同部位擦音 s 或塞擦音 ts 与舌尖或舌面高元音

相拼时，z 往往脱落。如：

si^{53}zi^{55}pu^{35}li^{55}→si^{53}i^{55}pu^{35}li^{55}　星

si^{53}zi^{55}kha^{21}→si^{53}i^{55}kha^{21}　青岗木

tsi^{53}je^{21}kha^{21}tsha^{21}→tsi^{53}e^{21}kha^{21}tsha^{21}　猪圈

ɣ 为浊擦音，它与元音 a、e 相拼时，脱落为零声母音节。

ɣa^{21}pa^{21}→a^{21}pa^{21}　石头

ɣe^{53}→e^{53}　猴子

当否定副词 tha^{55}thi^{55}（不能）前加动词时，这个否定副词中前一音节的声母 th 脱落。

zi^{55}tha^{55}thi^{55}→zi^{55}a^{55}thi^{55}　做不得

tsa^{35}tha^{55}thi^{55}→tsa^{35}a^{55}thi^{55}　洗不得

声母 tsh 与 a 相拼，其前后分别为高降、中升和高平调时，则 tsh 发生脱落。

khei^{53}tsha^{21}tshai^{55}→khei^{53}a^{21}tshai^{55}　硬邦邦

ka^{35}tsha^{55}tshai^{55}→ka^{35}a^{55}tshai^{55}　好吃

声母替换　连续发音中，在一定条件下有的声母被替换，其词义仍然不变。如：

ts 组声母与 l 结合时，可由 tɕ 组声母分别替换。

tsi^{35}→tɕi^{35}　哭

tshi^{55}tsha^{53}→tɕhi^{55}tsha^{53}　扯

si^{55}sa^{53}→ɕi^{55}sa^{53}ɕ　啃

有些双音节词中，有的声母同 u、a、e 等结合时，可由另外一些声母代替。

与 u 结合时，

th——kh　khu^{35}thu^{55}→khu^{35}khu^{55}　弯

th——s　thu^{55}khu^{53}→su^{55}khu^{53}　柴刀

z——s　khu^{35}zu^{55}→khu^{35}su^{55}　吸、吮、掐

与 a 结合

l——s　la^{35}kho^{53}→sa^{35}kho^{53}　篱笆

ts——z　pa^{53}tsa^{21}→pa^{53}za^{21}　偏坡

与 e 结合

k——kh　ken^{55}ke^{53}→ken^{55}khe^{53}　滚

ts——t　lo^{53}tse^{53}→lo^{53}tie^{53}　别人

(二) 韵母音变

土家语韵母的音变，有同化、增音、减音、弱化和异化。

1. 同 化

土家语里，两音相连，前一音节的元音使后一音节的元音发音方法或舌位改变成跟自己相同或相近，使产生元音的顺同化。如：

kha^{55}thau^{55}→kha^{55}tha^{55}　上面（au—a）

pe^{21}pei^{55}→pe^{21}pe^{55}　软（ei—e）

tha^{21}thi^{21}→tha^{21}thai^{21}　悄悄（i—ai）

2. 增 音

土家语在连续发音中会增加单独发音时没有的元音音素，即为增音。这在形容词、动词的"体"上较为明显。

形容词本形变将行体既有元音的替换也要增加元音。如：

形容词本形	将行体	增加元音
çin^{35}ka^{53}绿 ç	çin^{35}kai^{53}	i
si^{35}肥	sei^{35}	e

动词本形变将行体和完成体都会增加元音。

动词本形	将行体	增加	完成体	增加
ka^{35}吃	kai^{35}将吃	i	ka^{35}吃了	
tsu^{35}ti^{55}出来	tsu^{35}tei^{55}将出 e	e	tsu^{35}tiu^{55}出来了	u

3. 弱 化

有些元音处于非重读位置，在语流中失去本来的音位，则出现弱化。如 tçhian^{35}怎么、怎么样，可读成 tçhia^{53}，则 n 弱化；也可读成 tçhi^{35}，则后面的鼻化元音 an 弱化而丢失。

4. 减 音

减音也是一种弱化的结果。土家语的减音，有的在字首，有的在字尾。减少的原因除本身不重读外，往往前一音节以元音收尾。如 an^{35}a^{21}pa^{53}我们的父亲，可读成 an^{35}pa^{21}，减少 a，又如 a^{53}ka^{21}干，可读成 ka^{21}，也减去前面的 a。字尾的减少，即字尾元音的丢失。如 xau^{53}zi^{21}知道，可读成 xa^{53}zi^{21}，显出前一音节中的元音 au 变 a，丢失了字尾元音 u。

5. 异 化

土家语的动词本形韵母为 o，变将行体，则元音 o 异化为 uai。如：

动词本形	将行体	异化
pho^{55} 放	phuai^{53} 将放	o→uai
xo^{21} 拿	xuai^{35} 将拿	o→uai
zo^{21} 搓	zuai^{35} 将搓	o→uai
lo^{21} 骂	luai^{35} 将骂	o→uai

（三）声调的音变

土家语声调变化，多出现在双音节和多音节词中。以双音节和三音节词略加说明。

1. 双音节词的连续变调

双音节词的变调，有弱化、同化和异化。其基本形式有：

①两个高平调在一起，后者弱化为中平 33-1，如：

su^{55}su^{55}→su^{55}su^{33}	收藏	kha^{55}phu^{55}→kha^{55}phu^{33}	花
wu^{55}so^{55}→wu^{55}so^{33}	小米	khu^{55}lo^{55}→khu^{55}lo^{33}	裹

②两个高升调在一起，后者异化为高平。

su^{35}su^{35}→su^{35}su^{55}	雪	lo^{35}pu^{35}→lo^{35}pu^{55}	眼
sa^{35}thie^{35}→sa^{35}thie^{55}	收拾	suŋ^{35}ka^{35}→suŋ^{35}ka^{55}	碓

③高升调和高降在一起，高降异化为高平。

tɕie^{35}su^{53}→tɕie^{35}su^{55}	手镯	lan^{35}ka^{53}→lan^{35}ka^{55}	黑
se^{35}tha^{53}→se^{35}tha^{55}	旁边	tse^{35}xa^{53}→tse^{35}xa^{55}	裂开

④低降调和高升调结合，高升调处非重读位置，则被低降调同化；一般情况下，高升调异化为高平。如：

高升调被低降调同化。

tsho^{21}ɕie^{35}→tsho^{21}ɕie^{21}	鞋
si^{21}thie^{35}→si^{21}thie^{21}	田

高升调异化为高平。

tsho²¹çie³⁵→tsho²¹çie⁵⁵	鞋
si²¹khie³⁵→si²¹khie⁵⁵	田

2. 三音节的变调

三音节的变调也有几种形式：

①三个高平调在一起，最后一个弱化为中平 33-|。如：

pha⁵⁵zo⁵⁵ku⁵⁵→pha⁵⁵zo⁵⁵ku³³　辣椒

lan⁵⁵tsu⁵⁵lai⁵⁵→lan⁵⁵tsu⁵⁵lai³³　青葛

sa⁵⁵lie⁵⁵çi⁵⁵→sa⁵⁵lie⁵⁵çi³³　李子

②三个高升调在一起，后一个或后两个异化为高平。如：

me³⁵ji³⁵la³⁵→me³⁵ji³⁵la⁵⁵　闪电

ŋa³⁵ei³⁵ta³⁵→ŋa³⁵ei³⁵ta⁵⁵ŋ　我未去

后一个异化为高平。

tçie³⁵mu³⁵tsa³⁵→tçie³⁵wu⁵⁵tsa⁵⁵　砍火畲

li³⁵ko³⁵ka³⁵→li³⁵ko⁵⁵ka⁵⁵　虎咬他

后两个异化为高平。

③高平调在低降和高降调之前，则高平调异化为高升调。如：

ko⁵⁵si²¹so⁵³→ko³⁵si²¹so⁵³　他切肉

ŋa⁵⁵a²¹pe⁵³→ŋa³⁵a²¹pe⁵³ŋ　我搬石头

④高平调和高降调结合，当它们前面出现降调时，均被低降调同化。如：

si²¹lu⁵⁵ka⁵³→si²¹lu²¹ka²¹　肉骨头

za²¹kho⁵⁵pa⁵³→za²¹kho²¹pa²¹　鸡头

çi²¹kha⁵⁵tsha⁵³→çi²¹kha²¹tsha²¹　草

（四）音节的变化

土家语音节的变化，表现在音节的弱化、脱漏及合并诸方面。

1. 弱　化

自成音节的元音遇上前一音节的主要元音是犪而重读时，则自己被弱化而消失。如：

za²¹+a⁵⁵lie⁵³→za²¹lie²¹　鸡蛋

sa⁵⁵+a⁵⁵lie⁵³→sa⁵⁵lie⁵³　鸭蛋

2. 脱　漏

有三种情况。

①两个相同或相近的音节结合在一块，说话中可丢掉其中一个。如：

tɕhin³⁵ tie⁵³ tie⁵³→tɕhin³⁵ tie⁵³　孩子们

phu³⁵ phu⁵⁵→phu³⁵　补（衣服）

thu⁵⁵ thu⁵³→thu⁵⁵　捡

②有些多音词，在连读中往往把不表示词义，仅作词头或词尾的那些音节漏掉。如：

se³⁵ tha⁵⁵ pha²¹→se³⁵ tha⁵⁵　旁边

lo³⁵ pu⁵⁵ tshe²¹→lo³⁵ tshe²¹　眼泪

o²¹ sa²¹→o²¹　背笼

③有些表疑问、表指示和表所属的双音词，在连读或说话中，其第二个音节可省去。如：

tɕhie⁵³ ɕi²¹→tɕhie⁵³　什么

xan³⁵ lan²¹→xan³⁵　那样

an³⁵ ɣie⁵⁵→an³⁵　我们的

3. 合　并

音节的合并，包含了增、减、替换、切音等一系列较为复杂的音变过程。如：

kho²¹ xa²¹→khua²¹　乞丐

xuŋ²¹ xuai⁵⁵→xuan³⁵　总是、一定

tɕhi⁵⁵ lie⁵³ e⁵³→tɕhie⁵⁵ e⁵³　糯米

第二节　词　汇

土家语词汇丰富，构词法灵活多样。

从语音形式看，复音词占优势，其中有单音节词如 lo⁵³ 人、za²¹ 鸡、me³⁵ 天、tshe²¹ 水等；有双音节词，如 ze³⁵ su³⁵ 风、su³⁵ su⁵³ 雪、tshe³⁵ lan⁵³ 獐子、ɕi⁵⁵ lan⁵³ 被子等；也有多音节词，tɕhia⁵⁵ kho²¹ khui³⁵ 竹鸡、si⁵³ zi²¹ pu³⁵ li⁵⁵ 星子、kan⁵⁵ pu⁵⁵ li⁵³ 蝌蚪以及 ɣi³⁵ ui⁵⁵ se²¹ thuŋ⁵⁵ khu⁵⁵ li⁵⁵ 鹌雀等。

土家语的词汇不仅丰富，词义区别也极为精微。有同音（形）异义词，如同为 pie⁵³，它可表伸、吊、闪、丢失、空、赢；同义异音（形）的，如同为"猴"义，有读 se⁵³ 和 e⁵³ 的；有同形而义近的，同为 ka³⁵，可表"吃"和"咬"，二者义近；有形异而义

近的，如"小孩"tɕhin³⁵ȵi⁵⁵khui⁵⁵与"儿童"po⁵³li²¹；有义同形异而用殊的，如ko⁵⁵lai⁵⁵和a⁵⁵kho⁵³tɕhi⁵⁵ȵi⁵⁵同表"兄"义，但兄健在用a⁵⁵kho⁵³tɕhi⁵³ȵi⁵³，如兄亡，哭兄时则用ko⁵⁵lai⁵³；还有异形异义同用的，如tsha²¹tɕhi²¹义为"嫂"，ko³⁵kui⁵⁵义为表姐（妹），如男女为姑表亲者，其弟称嫂既可叫tsha²¹tɕhi²¹，也可称ko³⁵kui⁵⁵。还有形异义反的词如tu⁵⁵重—zu⁵³轻。

从词的组成结构方式看，可分单纯词与合成词两种。所谓单纯词是从音节间的音素关系而言的。

单纯词有单音节单纯词和多音节单纯词。单音节单纯词如kha²¹柴、me³⁵天、tshe²¹水等。多音节单纯词有异音词如pe⁵⁵lie⁵³ɕi⁵³梨、tsha²¹tɕhi²¹锦鸡；有两个音节声母相同的双声词如kha²¹kho²¹森林；有两个音节韵母相同的迭韵词：ku⁵⁵tsu⁵³掏；有两音相同的迭音词，如tho²¹tho²¹刀；有模拟该物所发之声的拟声词，如ti³⁵ti³⁵khu⁵⁵li⁵⁵蟋蟀等。

合成词是由两个或两个以上的词素组成，它的组成方式多种多样。有联合型：词素平等并列，互不修饰。如tɕie³⁵tɕi²¹——手脚（名+名），tha³⁵（烤）khu⁵⁵（炕）——（动+动）。主谓型：后一词素说明前一词素。如mi⁵⁵（火）za³⁵（飞）——火花（名+动）。支配型：后一词素表动作、行为，前一词素为动作或行为支配的对象。如si²¹（肉）tɕie⁵³（赶）——打猎（名+动）。修饰型：一词素修饰另一词素。如sa⁵⁵tshe²¹（丝）khu²¹（裤）——丝布裤（名+名）。补充型：后者补充说明前者。如ȵie³⁵（睡）ɕi⁵⁵（醒）——睡醒（动+动）。土家语中没有述宾（动宾）结构的词。

在合成词中还有另外一种形式，它用一个词素作词根，在其前或后加一词素，构成新词表示多种意义。这类词叫附加式，有的也称它们为派生词。它有前加和后加两类。

1. 前加"a"表亲昵。如a²¹pa⁵³父亲、a²¹ȵie⁵³母亲、a³⁵ta⁵⁵姐姐、a²¹kho⁵³哥哥、a³⁵ko⁵⁵伙伴。

2. 后加辅助成分的较多。如：在名词后附加"pi³⁵"表示"小"和"儿"。如khuai²¹pi³⁵小椅子、o²¹pi³⁵小背笼、u³⁵pi³⁵牛儿、zo³⁵pi³⁵羊儿、ka²¹ze²¹pi³⁵小曾孙等；名词后加kha²¹表"族""家"，如pi³⁵tsi⁵³kha²¹土家族、pe³⁵kha²¹苗族（家）等；名词后加ɕi⁵³或lie⁵⁵ɕi⁵³表示圆形水果，如su³⁵ɕi⁵³板栗、tsau⁵⁵tsau⁵⁵ɕi⁵³枣子、pe⁵⁵lie⁵⁵ɕi⁵³梨、sa⁵⁵lie⁵⁵ɕi⁵³李子、pan³⁵lie⁵⁵ɕi⁵³葡萄、tɕian³⁵lie⁵⁵ɕi⁵³鼓锤泡；在名词后附tie⁵³表示"们""家"复数，如tso⁵³ȵi²¹tie⁵³亲戚家、po⁵³li²¹tie⁵³孩子们、piu³⁵tie⁵³女儿们等；在支配关系组成的词后附ma⁵³或se⁵³pa⁵³可跟这个词组组成"的"字结构表示"……的人"，如tsi³⁵lu²¹ma²¹卖猪的、tshi⁵⁵thu⁵⁵ma⁵³读书的、si²¹tɕie⁵³ma⁵³打猎的、pu⁵³tu²¹se²¹pa⁵³驾船的人、li⁵³tɕhie²¹se³³pa⁵³耕土的人；若在支配关系的词后附ȵie⁵⁵ɕi⁵⁵则表对该事物的判断，如se³⁵tshu⁵⁵thi⁵⁵

ma⁵³zi⁵⁵ɾie⁵⁵ɕi⁵⁵你家在做梯玛，an³⁵ɾi⁵⁵tshi⁵⁵thu⁵⁵ɾie⁵⁵ɕi⁵⁵我们是在读书。

在土家语的词汇中还有极为丰富的三音格词和四音联绵词。

三音格形容词，有基本式和变式两大类。其基本式有五种，如 AAB 式，前两个音节的音素和声调都相同，如 tshu²¹tshu²¹pha²¹直挺挺、sa²¹sa²¹kai³⁵薄菲菲；ABB 式，后两个音节的音素和声调相同，如 tshe²¹tshan²¹tshan²¹湿沥沥、ka²¹si⁵³si⁵³干焦焦；AA′B 式，前二音节音素相同，但声调各异，如 pe²¹pe⁵⁵tie²¹软绵绵、ka³⁵ka⁵⁵tie²¹亮堂堂；ABB′式，后二音节的音素相同，声调各异，如 ku⁵⁵tsu⁵³tsu²¹胀鼓鼓、pi²¹tha⁵³tha²¹平展展；ABC 式，三个音节的音素声调各不相同，如 si³⁵khu⁵³thu²¹肥噜噜、la³⁵pha⁵³khe⁵³厚墩墩。由这五种基本式，按一定规律可产生 25 种变式，共 30 种。

四音联绵词，在句中当一个词用，结构相当于固定词组，不能任意拆开或颠倒。其构成形式有如下七种。

AABB 式：tie⁵⁵tie⁵⁵pha²¹pha²¹慢停停、phe⁵⁵phe⁵⁵li⁵³li⁵³包包扎扎

ABAB 式：ka³⁵li⁵⁵ka³⁵li⁵⁵细嚼缓咽、ɕin³⁵kai⁵⁵ɕin³⁵kai⁵⁵郁郁葱葱

ABCC 式：a²¹tsha²¹si⁵⁵si⁵³万丈悬崖、je³⁵la⁵⁵ze⁵³ze⁵³吊声吊气

AABC 式：tsa³⁵tsa³⁵ɕi⁵⁵ɾi⁵⁵洗洗刷刷、tɕhin³⁵tɕhin³⁵xuŋ⁵⁵jan⁵⁵鸦雀无声

ABAC 式：si²¹pi⁵⁵si²¹phai⁵⁵山珍野味、sa²¹pi⁵⁵sa²¹phai⁵⁵是非小话

ABCB 式：tuŋ³⁵ka⁵³ta⁵³ka⁵³东挖西挖、tso⁵³ɾi²¹mu⁵³ɾi²¹亲戚朋友

ABCD 式：tha³⁵kha⁵⁵la⁵⁵ɾi⁵⁵漫不经心、tɕhi⁵⁵thi⁵⁵kha⁵⁵thai⁵⁵钩心斗角

由于社会的发展，土家族和汉族的交往日密，土家语里也借用了大量汉词。借汉的方式有两个。一是部分借，土家语中原有的照用。如 thau²¹tsi²¹kha⁵⁵phu⁵³桃子花、tsha²¹tsi²¹kha²¹muŋ²¹茶子树。二是全借，土家语中原来没有，也未再行创造，特别是中华人民共和国成立后一切政治、军事、文化、教育、科技等方面的新词，完全借汉。如：

An³⁵tshu⁵⁵tian³⁵xua³⁵ 、tian³⁵si³⁵tɕi⁵⁵ 、tian³⁵pin⁵⁵ɕian⁵⁵xu³⁵ɾi⁵⁵ɕiau³⁵
我家　　电话、　　电视机、　　电冰箱　　　都有了。
我家电话、电视机、电冰箱都有。

第三节　语　法

一、词　类

土家语的词根据其意义和语法特点可分实词和虚词两大类，实词有名词、动词、形

容词、数量词和代词；虚词有副词、介词、连词、助词、叹词和象声词，共十一种。

（一）名　词

表示事物名称的词，名词中有普通名词，如 kha²¹muŋ²¹树、çi²¹草、si²¹兽、suŋ³⁵鱼；有专有名词，如 so⁵³phu²¹狐狸、lo³⁵tshuŋ⁵⁵香樟、zi⁵³网、je²¹thi³⁵khe⁵³摆手；时间名词，如 luŋ²¹pai²¹今年、lau³⁵tsi⁵⁵明天、phu²¹ɾi²¹昨天、lan³⁵tshai⁵⁵晚上；方位名词，如 ke⁵⁵la⁵⁵kui⁵⁵这边、en⁵⁵ke⁵⁵la⁵⁵kui⁵⁵那边。名词在句中有如下语法特点。

①名词在句中主要作主语、宾语，也可作谓语、定语和状语。

pha²¹phu⁵⁵pau³⁵tçhi²¹xa²¹　公公　打　野鸡

公　公　野　鸡　打（主—宾—谓）

ko³⁵pe³⁵kha²¹　他是苗族

他　苗　族（主—谓）

②名词在形容词之前，受形容词的修饰。

kha⁵⁵phu⁵³mian⁵⁵tçie⁵³　红花　e⁵⁵tha⁵³çin³⁵ka⁵³tie²¹　绿油油的叶子

花　　红　　　　叶子　绿油油

③名词在数量词之前或在另一名词之后，被其限定。如：

si²¹so⁵⁵tçhi⁵³　三斤肉　　tsi²¹e²¹uŋ⁵⁵ho⁵³　五斗米

肉　三　斤　　　　　米　五　斗

ka²¹se²¹kha²¹muŋ²¹　枫树　　uŋ⁵⁵pa⁵³tsi²¹　高粱饭

枫　香　树　　　　　高　粱　饭

④能带前缀和后缀，前缀少，后缀多，它们表示一定的附加意义，具有名词类的标志。如前加 a（表亲昵）：

a²¹pa⁵³父亲　　a⁵⁵ze⁵⁵lai⁵⁵姊妹　　a⁵⁵kho⁵⁵tçhi⁵⁵ɾi⁵⁵　哥哥

父亲　　　　姊妹　　　　哥哥

后加 çi⁵³（表圆形果子）。如：

uŋ³⁵phe⁵³çi⁵³樱桃　　pe⁵⁵lie⁵⁵çi⁵³梨　　tçhie³⁵çi⁵³柑子　　su³⁵çi⁵³板栗

樱桃　　　　　梨　　　　　柑子　　　　板栗

⑤在动词之前，为动词的涉及物。如：

tshe²¹khe⁵³挑水　　li⁵³tçhie²¹耕土　　a⁵⁵ma⁵³tsi²¹llo³⁵　婆婆煮饭

水　挑　　　土　耕　　　　婆婆　饭　煮

⑥时间名词和方位名词在句中主要作状语，因时、地范畴是附属于动词的语法范畴。

方位名词作状语一般在名词或代词之后，如：

zuan³⁵tsho⁵³tha⁵⁵ɾie⁵³ɕi²¹ka³⁵la⁵⁵　水牛在屋后吃草
水牛　屋　后面　草 吃 在

时间名词作状语一般位于谓语前或句首，如：

lai⁵³，an³⁵ɾi⁵⁵lɕie⁵³pu²¹lzi⁵⁵　今天，我们种芝麻
今天，我们　芝麻　种

uŋ⁵⁵pa⁵³an³⁵ɾi⁵⁵lau³⁵tsi⁵⁵zei⁵⁵　高粱，我们明天种
高粱　我们　明天　将种

（二）动　词

表示动作、行为、变化、有无的词。在句子中其主要作用是作谓语。根据是否带宾语，可分成及物动词和不及物动词。不及物动词作谓语，位于主语之后；及物动词作谓语，与其宾语构成宾动结构，居于主语之后。如：

lau²¹thsi²¹tsu³⁵tiu⁵⁵　太阳出来了
太阳　出　来了

a²¹kho⁵³li⁵³tɕhie²¹　哥哥耕土
哥哥　土耕

土家语的动词有形态变化。其表示法有两种：

①用助词手段表示"体"。以（吃）为例：

动词本形	将行体	进行体	完成体
ka³⁵吃	ka³⁵xu²¹将吃	ka³⁵la⁵⁵、ka³⁵lu⁵⁵正吃	ka³⁵liau²¹吃过了

②用动词后面元音韵尾的变化，也可表示动词"体"的语法范畴。仍以（吃）为例，如：

进行体	将行体	完成体
ka³⁵正吃	kai³⁵将吃	kau³⁵吃过了

这是对动词的"体"所做的基本归纳。若仔细地看，土家语对每一动作的前前后后的各种情况分得非常精微。它有十九种"体"。

动词能与副词组合，受副词修饰。如 ɕie⁵⁵xui⁵⁵li²¹（很快地说）。否定副词在祈使句中用于宾动式的宾动之间，如 ɾi³⁵（你）sa²¹（话）tha⁵³（莫）li²¹（讲）。（你莫讲话）。

若在陈述句中，否定副词则用于动词之后。如 ko³⁵（他）ei³⁵（去）ta⁵⁵（未），即他未去。

动词中的能愿动词 tai⁵⁵çi²¹（能够、会）to⁵⁵、to²¹（要应当、应该）等在句中位于动词之后，表示动作的意愿或可能。

（三）形容词

表示性质、状态、程度的词。其主要功能是在句中作定语，也可作谓语、状语和补语。形容词作定语，一般在所修饰的名词之后。如：

kai³⁵ kha⁵⁵ phu⁵³ mian⁵⁵ tçie⁵³　这花是红色的。
这　花　　红（的）

ai⁵⁵ çie⁵³ pu²¹ çin³⁵ ka⁵³ tie²¹　那芝麻绿油油。
那 芝麻　　绿油油

形容词作谓语，居主语之后。如：

çi⁵⁵ pa⁵³ kha⁵⁵ pie⁵³ tshai²¹ tshai²¹　衣服湿沥沥的。
衣服　湿　　沥沥

形容词作状语，其位置在动词前，并带结构助词 mo²¹ 等。如：

ɾi³⁵ tha²¹ thai⁵⁵ mo²¹ zu²¹ po²¹　你悄悄地听着。
你 悄悄　　地 听着

形容词作补语，其前面必须带结构助词 po⁵⁵çi⁵⁵。如：

kha⁵⁵ phu⁵⁵ ze⁵³ çi²¹ thai³⁵
花　儿　美　得　很

带副词表示补的程度。如：

kai³⁵ çi⁵⁵ pa⁵³ la²¹ po⁵⁵ çi⁵⁵ ze⁵³　这衣服缝得乖。
这　衣服　缝得　乖

形容词可重叠，以强化表达意思，其形式有中间带重读音 lie⁵⁵ 或不带两种。如：

Alie⁵⁵ A 式；tsha³⁵ 好　tsha³⁵ lie⁵⁵ tsha³⁵ 很好

ABlie⁵⁵ AB 式：lan³⁵ ka⁵³ 黑　lan³⁵ ka⁵³ lie⁵⁵ lan³⁵ ka⁵³ 很黑

ABClie⁵⁵ ABC 式：la³⁵ pha⁵³ khe⁵⁵ 密扎扎　la³⁵ pha⁵³ khe⁵³ lie⁵⁵ la³⁵ pha⁵³ khe⁵³ 很密

有时，为了方便可将双音节重叠或三音格重叠中将 lie⁵⁵ 省掉，其意不变。

土家语的形容词没有"级"的语法范畴，但表示"级"的意义却有多种语法手段。这种"级"根据语言事实，可分四级，如表：

汉义	原级	较高级	几近最高级	最高级
	（形容词本形）	(a+本形+ɾie)	（本形+lie+本形）	（本形+ɕi+thai）
轻	zu^{53}	$a^{21}zu^{53}ɾie^{21}$	$zu^{53}lie^{35}zu^{53}$	$zu^{53}ɕi^{53}thai^{35}$
好	$tsha^{35}$	$a^{21}tsha^{35}ɾie^{55}$	$tsha^{35}lie^{35}tsha^{35}$	$tsha^{35}ɕi^{53}thai^{35}$
重	tu^{53}	$a^{21}tu^{53}ɾie^{21}$	$tu^{53}lie^{35}tu^{53}$	$tu^{53}ɕi^{53}thai^{35}$

形容词作谓语有带动态意义时，也具有动词一部分"体"的语法范畴。其表现形式与动词同。只是完成体受汉语影响，其形态音位 u 为助词 $liau^{53}$（了）取代。

（四）数量词

表基数的词素只有 10 个音节，la^{35}（一）、$ɾie^{55}$（二）、so^{55}（三）、ze^{55}（四）、$uŋ^{55}$（五）、o^{21}（六）、$ɾie^{21}$（七）、je^{21}（八）、ke^{55}（九）、xei^{35}（十）。数词可以数到 9999，即 $ke^{55}khu^{55}ke^{55}tha^{55}ke^{55}kei^{55}ke^{55}$。土家语表量的词素极为丰富，它们与数词素结合表示数量。所以称数量词，数词素在前，量词素居后，在句中二者同时出现。

量分名量和动量两种。表名量的词素是根据事物的不同类别、不同形体，使用自己特定的名量单位。表名量的数量词用于名词之后作定语。如 $lo^{53}la^{53}xu^{21}$ 一个人、$ɕi^{55}pa^{53}ɾie^{55}phi^{53}$ 两件衣服。表动量的数量词用在动词前面作状语。如 $la^{55}tha^{53}xa^{21}$ 一顿打，即打一顿。$la^{35}muŋ^{55}ka^{35}$ 一餐吃，即吃一餐。

土家语表度量衡单位的词保留得不够完整，或者说消失了。长度单位有 $so^{55}tɕhia^{21}$ 三卡，$nie^{55}phai^{55}$ 一掰，$la^{35}tshuŋ^{35}$ 一节，$la^{35}tsi^{55}$ 一指长。容量单位只有 $ɕi^{21}$ 升、pho^{53} 斗、pa^{53} 石。重量单位只有 $tɕi^{53}$ 两、$tɕhi^{53}$ 斤、hei^{55} 十斤、tha^{53} 百斤、khu^{35} 千。由于与汉人交往日密，像"万"这些数字就失落而借汉语了。

（五）代 词

1. 人称代词

有单数和复数的区别。如：第一人称单数为 $ŋa^{35}$ 或 $ŋa^{55}$ 我，复数为 $an^{35}ɾi^{55}$ 我们；第二人称单数为 $ɾi^{35}$ 或 $ɾi^{55}$ 你，复数为 se^{35} 你们；第三人称单数为 ko^{35} 或 ko^{55} 他，复数为 $kei^{55}tse^{55}$ 他们。人称代词后加助词 $ɾie^{55}$ 可表领属关系。如 $ŋa^{35}ɾie^{55}$ 我的、$ɾi^{35}ɾie^{55}$ 你的、$ko^{35}ɾie^{55}$ 他的。人称代词后有 $kuan^{35}to^{21}$ 或再加 $ɾie^{21}$ 可构成反身代词如 $ŋa^{35}kuan^{35}to^{21}$ 我自己，$kei^{55}tse^{55}kuan^{35}to^{21}$ 他们自己，$se^{35}kuan^{35}to^{21}ɾie^{21}$ 你们自己的，人称代词在句中可作主语、

谓语、宾语和定语。如：

ko³⁵li⁵³tɕhie²¹　他耕地。

他　地　耕

ko³⁵zi⁵³la³⁵se⁵³pa⁵⁵　他撒网的人。

他　网　撒　的人

ko³⁵an³⁵ɾie²¹tshi²¹　她是我们的伯母。

她　我们伯母

a²¹pa⁵³ko³⁵xai³⁵　父亲将打他。

父亲　他　打（将）

2. 指示代词

有近指和远指之分。近指有 ke²¹ 这里、kai³⁵ 这、kai³⁵ti⁵⁵ 这个、ke²¹xo⁵³ 这样、ke²¹tio⁵³ɾie²¹ 这样、kau³⁵tshai²¹ 这儿、uŋ⁵⁵tu⁵⁵ 这里；远指有 en⁵⁵ke⁵³ 那里、au⁵⁵ 那儿、ai⁵⁵ti⁵⁵ 那个、a²¹xo⁵³ 那样、au⁵⁵tshai²¹ 那里。指示代词可作主语、谓语、宾语、定语和状语。如：

kai³⁵se²¹khe⁵⁵tsha³⁵　这是好田。

这　田　好

u³⁵ke²¹ ɕi²¹ka³⁵la⁵⁵　牛在这里吃草。

牛 这里 草 吃在

ko³⁵en⁵⁵ke⁵⁵po⁵⁵xu⁵³tsha²¹lu²¹　他往那里跑了。

他 那里 往 跑 了

3. 疑问代词

有问人，a⁵³se²¹ 谁、哪个；问事物，tɕhie⁵³ɕi²¹ 什么、khei³⁵ti⁵⁵ 哪些；问时间，tɕhu³⁵tu³⁵ 几时，数量，kai⁵³ 多少；处所，khei³⁵ 哪里；问动作行为，tɕhian³⁵ 怎么、tɕhu²¹mo⁵³ɾie²¹ 怎么样等。疑问代词主要用来构成疑问句式，句中可作主语、谓语、宾语、定语和状语。如：

ɾi³⁵lai⁵³ tɕhie⁵³ɕi²¹zei⁵⁵？　你今天做什么？

你 今天 什么　将做

se³⁵tshu⁵⁵, a⁵⁵se²¹te²¹tɕi³⁵？　你家，谁哭了？

你家　谁　在哭

（六）副　词

在句中常作状语，一般位于中心词之前，也有少数位于中心词之后的。

1. 程度副词

如 pian³⁵、tɕhian³⁵。la³⁵pie⁵⁵稍微、一点。pie⁵⁵……得多、a²¹更加。

2. 范围副词

如 xu³⁵ʑi⁵⁵统统、全、都、la³⁵pie⁵⁵部分、la⁵⁵sa⁵³tie⁵³有些。

3. 时间副词

如 kha⁵⁵lu²¹过去、mu³⁵lan⁵⁵现在、mo⁵³mo²¹刚才、ɕie⁵⁵xui²¹马上等。

4. 情态副词

如 la⁵⁵pi⁵³la⁵⁵pi⁵³一点一点、tha²¹thai⁵⁵tha²¹thai⁵⁵悄悄。

5. 否定副词

如 ta³⁵没有，tha⁵³不、别，ʑei 甭，thai³⁵无，tau³⁵没有了等。

6. 语气副词

如 xuan³⁵xa⁵⁵或许、xuŋ²¹xuai⁵⁵反正、总是等。

7. 频率副词

如 ai⁵⁵ja⁵⁵还要，a²¹还、再，pe⁵⁵也等。

副词作状语位于中心词之前，如：

a²¹pa⁵³sa²¹li²¹ko³⁵tha²¹thai⁵⁵mo²¹zu²¹po²¹　父亲讲话，他静静地听着。
父亲　话讲　他　静静　　地　听着

kai³⁵kha⁵⁵phu⁵³tie⁵³　xu³⁵ʑi⁵⁵mian⁵⁵tɕie⁵³liau⁵³　这些花全红了。
这　花　　（助）　全　　红　　　了

否定副词，有的在中心词前，表"禁止""莫""不要"等，有的却在中心词之后表示"不""不……了""没有"等。如：

ʑi³⁵lo⁵⁵tie⁵³ʑie²¹je²¹　tha⁵³a³⁵tshi⁵⁵　你莫爱别人的东西。
你　别人　的　东西　莫　爱

ŋa³⁵mu³⁵lan⁵⁵ze³⁵xu²¹tau⁵⁵　我现在不喝酒了。
我　现在　　酒　喝　不

（七）介　词

土家语介词原本很多，随着社会发展及语言本身的发展，遗失的多，现代土家语中，有 lie⁵⁵从、po⁵⁵到等。用在名词和代词之后，作状语，表示起止的方向和地点。如：

ʑi³⁵khei³⁵lie⁵⁵en²¹tɕi²¹？　你从哪里来？
你　哪里　从来

ko³⁵khei³⁵po⁵⁵ei³⁵？　他往哪里去？

他　哪里　往　去

如果借用汉语借词，有的要改变原来的句式。土家语中，"比"这个概念是隐性的，讲甲的东西比乙的好，不用介词，仅用语序和助词为手段表示"比较"的意义，不出现"比"的形式。如：

ɾi⁵⁵ɾie⁵³ko⁵⁵ɾie⁵³tsha³⁵ɾie⁵³　你的，他的好些。

你　的 他　的　好些

借入汉词"比"后，句式完全与汉语一致。

ɾi⁵⁵ɾie⁵³pi⁵³ko⁵⁵ɾie⁵³tsha³⁵ɾie⁵³　你的比他的好。

你　的比 他的　　好些

（八）连　词

土家语的连词有并列连词 ɾie⁵⁵ 和、跟、同，从属连词 ai⁵⁵ka²¹ 所以，ai⁵⁵ka²¹mo²¹ 因而，假设连词 me⁵⁵ 如果、若，转折连词 me²¹ 虽然，选择连词 la⁵⁵、so⁵⁵、xo⁵³ 或、还。

ko³⁵kui⁵⁵ɾie⁵⁵zuŋ⁵³xu³⁵ɾi⁵³ke²¹　表姐和妹妹都在这里。

表姐　　和　妹妹 都在　这儿

有时这连词和也可以省掉。如：

ɾie²¹tshi²¹ɾie²¹ɾie⁵⁵xu³⁵ɾi⁵⁵en²¹tsiu⁵⁵　伯娘、姨娘都来了。

伯娘　　姨娘　　都　　来了

（九）助　词

土家语的助词较为复杂，按其语法作用，有：

1. 结构助词

结构助词有 ɾie²¹ 的、mo²¹ 地、ɕi²¹ 得等。ɾie²¹ 于名词或代词之后，表所属，是定语的标志，如 ko⁵⁵ɾie⁵⁵tshi⁵⁵phu⁵³ 他的书。mo²¹ 地，主要用于状语之后表示动作、行为的方式、状态，如 ko³⁵je³⁵la⁵⁵ze⁵⁵ze⁵³mo²¹li²¹ 他慢条斯理地说。又如 ko³⁵ 被，位于动词之前，构成被动句，xa⁵³lie²¹a²¹pa³⁵ko⁵⁵xa²¹liau²¹ 狗被父亲打了。ko⁵⁵ 在宾语前，构成处置句，tso³⁵khu²¹ko⁵⁵za⁵³je⁵³lu²¹ 野猫把鸡拖走了。

2. 语气助词

语气助词表示说话的各种语气和感情色彩，位于句尾（少数在句中），表陈述的语气助词有 ɕin²¹、xuŋ²¹、suŋ²¹、lo²¹、ɾie⁵⁵ 等。如：ko³⁵lau³⁵tsi⁵⁵a²¹ei³⁵ɾie⁵⁵ 他明天还要去。

有表祈使语气的助词 po^{21}、la^{21}、ku^{35}、le^{55} 等，表命令语气的助词 $po^{55}to^{55}$、表疑问语气的助词 xo^{55}、a^{55}、so^{55}、man^{21} 等。语气不同，其助词各异。

3. 时态助词

有的也称它们为"体助词"。因为它们附于动词、形容词之后，表示"体"的语法范畴。如 xu^{21}、$tau^{55}xu^{55}$ 等表动词将行体的助词，$ri^{35}tsi^{21}ka^{35}tau^{55}xu^{55}$ 你吃得饭了。lu^{55}、la^{55}、$la^{55}xu^{55}$ 等是表动词、形容词进行体的助词，如 $kai^{35}kha^{55}phu^{53}phu^{21}lu^{55}$ 这花正在开。而 lu^{21}、$po^{21}la^{21}$ 等却是表动词、形容词完成体的助词。如 $kai^{35}kho^{35}thi^{53}hka^{55}phu^{53}phu^{21}po^{21}la^{21}$ 这豇豆开花了。

4. 趋向助词

这些词粘附在表动作行为的动词之后表动作的趋向范畴，有向心和离心两类，常出现于命令和陈述句中。如表：

句式	向心		离心	
	助词	例句	助词	例句
命令	ςie^{53}	$ri^{35}thie^{35}\varsigma ie^{53}$ 你来摘！ 你 摘 来！	lie^{53}	$ri^{35}thie^{35}lie^{53}$ 你摘去 你 摘 去
陈述	ti^{55}	$\eta a^{35}a^{21}ti^{55}$ 我来取 我 取来	lu^{21}	$\eta a^{35}a^{21}lu^{21}$ 我取走了 我 取走了
	tiu^{55}	$\eta a^{35}a^{21}tiu^{55}$ 我取来了 我 取来了		

（十）叹　词

土家语中，叹词一般独立于句子之外，表示各种感情。如 $an^{21}rie^{21}$ 表惊讶，$je^{53}xe^{35}$ 表怀疑，$an^{35}an^{21}$ 表失望，$o^{21}xo^{53}$ 表赞许、满足，$me^{53}e^{53}$ 表惊呼等。如 $me^{53}e^{53}$，$o^{53}ko^{55}ka^{35}liau^{53}$！天呀，他被蛇咬了！

（十一）象声词

模拟自然界各种声音的词。它不能单独成句，主要放在动词谓语前充当状语。也可在动词、形容词后作补语，表示程度。

作状语：$ko^{35}ten^{21}tu\eta^{21}ten^{21}tu\eta^{21}mo^{21}xun^{55}pa^{53}xa^{21}$　他叮咚叮咚地打板壁。

　　　　他　叮咚　叮咚　地　板壁　打

作补语：kai³⁵li³⁵ pu⁵⁵lan²¹lan⁵⁵ mo²¹a⁵³ka²¹ pha⁵³sa⁵³pha⁵³sa⁵³　这稻谷晒得干焦焦的。
　　　　　这　稻谷　晒　　　得干　焦　焦

ai⁵⁵la⁵³ min²¹ɕie³⁵ɕi⁵³ khan⁵³than⁵³khan⁵³than⁵³　那门关得紧紧的。
那　门　　关得　　紧紧的。

二、句　法

（一）句子成分

土家语的句子有主语、谓语、宾语、定语、状语和补语六种成分。其基本语序为"主语+谓语"即 SV 和主语+宾语+谓语，也就是 SOV。

1. 主　语

主语是谓语陈述的对象，一般在句法结构的线性序列中居于句首。名词、代词、定心词组和联合词组也可作主语。如：

tɕhi⁵⁵me²¹ kha⁵⁵phu⁵³phu²¹ liau²¹　荞子开花了。
荞子　　花　　　开了

ko³⁵me⁵⁵ pi³⁵tsi⁵³kha²¹　他是土家族。
他　是　土家族。

za²¹ɾie²¹ tsi⁵³xu³⁵ ɾi⁵⁵pho⁵⁵lu²¹　鸡和猪都放了。
鸡　和猪　都　　放走了

2. 谓　语

谓语是陈述主语的，常居主语之后，充当谓语的多数是动词、形容词和名词。如：

mi³⁵mi⁵³si²¹liau²¹　笋子生了。
笋子　生了

kha⁵⁵phu⁵³mian⁵⁵tɕie⁵³liau⁵³　花儿红了。
花　　　红　　了

3. 宾　语

土家语的宾语有直接宾语和间接宾语两种，都居于动词谓语之前，间接宾语又在直接宾语之前。充当直接宾语的是名词、代词、定心词组，名词、代词可作间接宾语，一般加助词 po²¹。

ko³⁵zi⁵⁵la³⁵　他撒网。　ŋa³⁵ɾi³⁵ta⁵³ɕi⁵³　我帮你。
他　网　撒　　　　　　　我　你　帮助

ŋa³⁵ u³⁵ po çi²¹ ŋa⁵³　我给牛割草。
（间）　（直）

我牛给草割

4. 定　语

土家语的定语因充当定语的词类不同，其语序也稍有不同。名词、代词加定语助词或词组作定语，位于中心词之前；形容词、数量词作定语，位于中心词之后。如：

khan³⁵ khe⁵⁵ çi⁵³ kha⁵⁵ phu⁵³ phu²¹ lu⁵⁵　三月泡开花了。

三月泡　花　开在

ko³⁵ lo⁵³ so⁵⁵ lan⁵⁵ xu⁵⁵ tçie²¹ tiu³⁵　他喊来三个人。

他人三　个　喊来了

kai³⁵ kha⁵⁵ phu⁵³ mian⁵⁵ tçie⁵³ tsha³⁵　这朵红花好。

这　花　红　好

5. 状　语

在句中修饰谓语，也可修饰全句。它也有前状语和后状语两种：副词、形容词、名词及数量词作状语，居中心词前；动词作状语在中心词之后。

ko³⁵ ze⁵⁵ ze⁵³ mo²¹ tsau²¹　他慢慢地走了。

他　慢慢　地　走了

kei⁵⁵ tse⁵⁵ xu³⁵ ɣi⁵⁵ tsau²¹　他们都去了。

他们　都　去了

kai³⁵ uŋ³⁵ phe⁵⁵ çi⁵³ kha²¹ muŋ²¹ kha⁵⁵ phu⁵³ phu²¹ ta³⁵　这樱桃树没开花。

这　樱桃　树　花　开没有

6. 补　语

补语是补充说明动词和形容词谓语的，表示结果、程度或可能等语法意义。常作补语的是形容词、动词、数量词、程度副词、否定副词及其他词组，其位置也有前后之别。数量词作补语居于被补足语之前，形容词、动词、数量词靠助词一并作补语，则位于被补足语之后。

xa⁵³ lie²¹ ko³⁵ la³⁵ tse⁵⁵ ka³⁵　狗咬了他一口。

狗　他　一口　咬

kai³⁵ uŋ⁵⁵ pa⁵³ si²¹ çi²¹ tsha³⁵　这高粱长得好。

这　高粱　生得　好

（二）句型

根据句子结构类型划分为单句和复句。

1. 单句

单句是语流中两端被停顿所限定的一截话语。其最终是一个主谓结构。按土家语的结构，单句可分主谓句、无主句和独语句三类。

（1）主谓句

主谓句是主语和谓语都具备的句子，是常见句。它有名词谓语句、动词谓语句、形容词谓语和词组谓语等多种形式。

①名词谓语句

这种句式主要用于判断。肯定判断中有隐性判断和显性判断的区别。这种区别在名词谓语句中非常明显。所谓隐性判断，是句中不出现判断标志（判断词），将判断之意隐含其中，汉译时，必须补出判断词。显性判断则句中有明显的判断标志（判断词）。

隐性判断，如：

kai^{35}sa^{35}kha^{21}muŋ^{21}，ai^{55}lo^{35}tshuŋ^{55}　这是杉树，那是香樟。

　这　杉　树　　　那　香　樟

ko^{35}pe^{35}kha^{21}，ŋa^{55}pi^{35}tsi^{53}kha^{21}　他是苗族，我是土家族。

　他　苗族　　我　土家族

显性判断则在名词谓语前加判断词 me^{55} 或 te^{55}，句式中有明显的判断标志，与汉语一样变成SVO，如：

ɾi^{35}me^{55}pe^{35}kha^{21}，ŋa^{35}te^{55}pi^{35}tsi^{53}kha^{21}　你是苗族，我是土家族

　你　是　苗族，我　　是　土家族

ɾi^{35}me^{55}se^{21}tso^{55}，ko^{35}te^{55}pho^{35}ka^{53}　你是医生，他是老师。

　你是　医生　　他是　老师

土家语的判断词无论表肯定判断或否定判断都很丰富，因而表意极为精微。由于和汉人交往日密，逐步借入了汉词"是"。但借入时发生两种变化：语音由 si^{55} 变为 səu^{35}；位置居于作谓语的名词之后，加入土家语显性判断的行列为土家人所广泛应用。如：

kai^{35}tshi^{55}phu^{53}səu^{35}　这是书。

　这　书　　是

ko^{35}se^{21}tso^{55}səu^{35}　他是医生。

　他　医生　　是

②形容词谓语句

这种句子的主要作用在于描写，也可表判断和比较。如：

la²¹thie⁵⁵lsu²¹su²¹lka³⁵ka⁵⁵se⁵³sa⁵³　今晚，月亮亮堂堂的。
今晚，　月亮　　亮堂堂的

kai³⁵li³⁵pu⁵⁵ɕin³⁵ka⁵³tan²¹tan²¹　这稻秧绿油油的。
这　稻秧　　绿油油的。

形容词谓语句表判断属隐性判断。如：

kai³⁵sa⁵⁵lie⁵³ɕi⁵³a²¹phi³⁵phi⁵⁵　这李子是酸溜溜的。
这　李子　　酸溜溜

③动词谓语句

其情况较为复杂，由于谓语动词和主语、宾语的关系多种多样，在语序上产生很多变式。如：

宾语前置：se²¹khe⁵⁵ŋa³⁵tɕie²¹，ɕi⁵⁵pa⁵³ɹi³⁵tsai³⁵　我耕田你洗衣。
　　　　　田　我耕　　衣　你洗

处置式：主语（施事）+ko³⁵（主动者标志）+宾语（受事）+动词谓语。

mo²¹ko⁵⁵　suŋ³⁵ka³⁵liau⁵³　猫把鱼吃了。
猫（助）鱼　吃了

被动式：主语（受事）+谓语［主语（施事）+ko⁵⁵（主动者标志）+动词谓语］

an³⁵　tsi⁵³a²¹ɹie⁵³ko⁵⁵　lu²¹liau²¹　我家的猪被母亲卖了。
我家的　猪　母亲（助）卖了

双宾语：主语+直接宾语+间接宾语+谓语动词

an⁵⁵pei⁵⁵ŋa⁵³po²¹　ɕi⁵⁵pa⁵³la⁵³phi⁵³lie³⁵　叔叔送我一件衣服。
叔叔　我（助）衣服　一件　送

连动式：ko³⁵tsu⁵⁵tsu⁵⁵po²¹sa²¹li²¹　他站着说话。
　　　　他　站　着　话说

联合谓语式：ko³⁵tuŋ³⁵ka⁵³ta³⁵ka⁵³　他东挖西挖。
　　　　　　他　东挖西挖

句子形式作谓语：kha²¹ŋa³⁵o⁵³，tshe²¹ŋa³⁵khe⁵³　我背柴，我挑水。
　　　　　　　　柴　我背，　水　我挑

土家语中的省略句，实际上它是主谓句的范畴，有承前省、对话省多种形式。如：

问：kai³⁵ɕi⁵⁵lan⁵³a⁵³se²¹te²¹lan²¹lan⁵⁵lie⁵³？　这被子是谁晒的？

　　　　这　被子　谁　是　晒　　的

答：ŋa^{35}。　我（省谓语）。

问：en^{55}ke^{55}tshe^{21}ɕie^{35}thai^{35}?　那里有水没有？
　　那里　　水　有　没有

答：tshe^{21}ɕiau^{35}有水了（省主语）。

（2）无主句

土家语的无主句，多在土家的俚语和格言中。如：

tso^{35}khu^{21}　tɕio^{21}za^{21}ji^{53}　叫野猫关鸡。
野猫　　　叫　鸡关

kha^{21}muŋ^{21}tha^{55}ɾie^{53}je^{53}po^{21}tse^{53}ka^{21}xa^{21}　躲在树后打松鼠。
树　　后　　躲在　松鼠　打

（3）独语句

土家语的独语句，也叫非主谓句。它的终端分不出主语谓语，多半是名词性词组以句子形式出现，表示事物发生的时间、地点或叙述其偶然。如 o^{53}la^{35}tsi^{55}！一条蛇！je^{21}e^{35}ma^{53}小偷！

2. 复　句

土家语的复句，表示各分句间的逻辑关系的主要是意合法。这些复句按各分句间的关系可分联合复句和偏正复句两种。联合复句中除连贯关系的分句是定位的以外，其余是不定位的，而偏正复句的各分句一般是定位的。

（1）联合复句

土家语的联合复句分并列、连贯、转折、选择、递进五种。

①并列句　相互并列。如：

kai^{35}me^{55}sa^{55}tshe^{21}, ai^{55}te^{55}tshe^{21}lan^{21}　这是丝布，那是麻布。
这　是　丝布，　那是麻　布

an^{35}　pi^{35}tsi^{53}kha^{21}, kei^{55}tse^{55}pha^{53}kha^{21}　我们是土家族，他们是汉族。
我们　土家族　　他们　汉族

②连贯句　几个分句之间按事物发展顺序排列，各分句是定位的，不能调换。如：

ŋa^{35}u^{35}thi^{35}lie^{55}zuŋ^{53}ɾi^{55}ɕie^{55}, ɾi^{55}to^{21}liau^{21}mo^{21}suŋ^{55}kho^{53}la^{21}ɾie^{55}　我拴了牛去找我妹妹，找着了，才回来的。
我　牛 拴　了　妹妹找去，　找着　了才　回来　　的

ko^{35}o^{21}thi^{55}a^{55}lie^{55}tshe^{21}la^{35}tse^{55}xu^{21}, ka^{53}tuŋ^{21}xei^{53}　le^{55}　o^{21}　o^{53}　po^{21}tsau^{21}他把背笼

顿下来，喝口水，休息一会儿，又背起背笼走了。

　　他　背笼　顿　了水　一口　喝，　一会儿　休息　(助)　背笼背(助) 去了

③转折句　后一分句不按前一分句说，而是转到前句的反面。

$ko^{35} lo^{53}$　me^{21}　$suan^{55}$, $tɕhie^{53} ɕi^{21} te^{55}$　$zi^{55} tai^{53} ɕi^{21}$　他人虽小，什么都能干。

　　他　个子(助)　小，　　什么　　(助)做 能够

$lai^{53} su^{35} su^{53} tshan^{53} tshan^{53}$, $sa^{53} ɕi^{21} tse^{35} a^{55} thi^{55}$。　今天大雪纷飞，却不觉得冷。

　　今天雪　纷飞　　　　　　冷的讲不出

④选择句　这是商量式，可用选择连词，也可不用。如：

$ri^{35} lau^{35} tsi^{55} pu^{21} tshi^{21} wu^{35} xo^{55} li^{53} kai^{53}$?　你明天去烧灰或是挖土？

　　你 明天　灰　　烧　或　土挖

$ri^{35} se^{21} si^{55} xa^{21} xa^{21} tha^{53}$?　你打不打油？

　　你 油　　打　打 不

⑤递进句　语意逐层加深。如：

$ko^{35} li^{21} e^{53}$, $a^{21} zi^{55} e^{53}$!　他不仅会讲，而且会做！

　　他 讲会，还做 会

$se^{35} a^{35} ta^{35} tsho^{21} ɕie^{21} zi^{55} e^{53}$, $xa^{21} ɕi^{55} lan^{55} kha^{55} phu^{53} ta^{53} tai^{55} ɕi^{21}$　你姐不光会做鞋，还会织土花被盖。

　　你 姐姐 鞋　　做会，还 土　花　被盖　织 能　够

（2）偏正复句

偏正复句有假设、因果、条件三种。

①假设句：

$ri^{35} sa^{21} zu^{21} tha^{53}$, $ŋa^{35} ri^{55} tshi^{55} lie^{35} mo^{21} thu^{55} tha^{53}$　你不听话，我不让你读书去。

　　你 话 听 不，　我 你　　　书让(助)读不

$ko^{35} ei^{35} tha^{53}$, $ŋa^{35} pe^{55} ei^{35} tha^{53}$　他若不去，我也不去。

　　他 去 不　　我 也　去 不

②因果句：

$po^{53} li^{21} tshi^{55} thu^{55} thuan^{21} ti^{53}$, $ai^{55} ka^{21} mo^{21} tsi^{53} lu^{21}$　小孩读书要钱，所以卖猪。

　　小孩 书 读 钱　 要　所以　　猪 卖

$phai^{53} lan^{21} sa^{53} liau^{53}$, $ai^{55} mo^{21} kho^{55} pa^{53} ti^{35}$　昨晚感冒了，所以头痛。

　　昨　晚　冷了，　 所以 头　痛

③条件句：

ɹi³⁵ei³⁵, ŋa³⁵ei⁵⁵; ɹi³⁵ei³⁵tha⁵³, ŋa³⁵pe⁵⁵ei³⁵tha⁵³　你去，我去；你不去，我也不去。
你去，　我去；　你去不，　我也去不

ɹi³⁵ŋa⁵⁵po²¹ phau³⁵tsu⁵⁵pho⁵⁵, li²¹thau⁵³; ai⁵⁵tha⁵³, ŋa³⁵ɹi⁵⁵thai⁵⁵　你给我赔礼，不讲了；否则，我要告你
你 我　（助）　炮火　放，　讲不；　否则，我你告

(三) 句类

根据句子的表达功能，土家语的单句可分为陈述句、疑问句、祈使句、命令句和感叹句。

①陈述句：
lai⁵³ an³⁵ɹi⁵⁵luŋ²¹tshe⁵⁵je²¹thi⁵⁵khe⁵³pa⁵³ɕie³⁵　今天，我们去农车看大摆手。
今天　我们　农车　大摆手　看去

an³⁵tshu⁵⁵tɕhi³⁵tshe⁵⁵phu⁵⁵liau⁵³　我家买汽车了。
我　家　汽车　　买　了

②疑问句：
se³⁵ khei³⁵lie⁵⁵en²¹tɕi²¹　你们从哪儿来？
你们 哪儿 从　来的

③祈使句：
ɹi³⁵ŋa⁵⁵po²¹ si²¹so⁵⁵tɕhi⁵³tɕhi⁵³a²¹ɕie³⁵！　请你给我称三斤肉来！
你 我（助）肉 三斤　称　起 来

④命令句：
ɹi³⁵ɕie⁵⁵xui⁵⁵ko⁵⁵tɕie²¹ɕie³⁵！　你马上叫他来！
你 马上　他 喊来！

⑤感叹句：
me³⁵e⁵³！ o⁵³ko⁵⁵ka³⁵liau⁵³！　天呀！蛇咬他了！
天呀！　蛇他 咬了。

第四节　古代土家语

在清代改土归流前，土家人普遍操用古代土家语。其后，随着社会的发展，清政府强行同化的政策和土家人本身善于吸收外来文化等多种因素，促成了土家语言本身的变

化。在语序结构上变化不大，相对稳定，但在语音和词汇上差异很大。同一个词，古代土家语的音节多，难说、难记，不便于承传和交流，于是土家语经历了一个由繁到简的发展变化过程。在较长时间里，多数人在社会交际间形成约定俗成，在语音上经历了音素、音节的较为复杂的综合音变，古代土家语逐渐演变成现代土家语。前文所介绍的语音、语法等诸方面的特点，就是这种现代土家语。古代土家语在土家人中使用面逐渐递减。当现代土家语定型后，只有梯玛将其唱词《梯玛经》用古代土家语原样世袭性地承传；还有妇女在《哭嫁词》及《哭丧词》中用古代土家语。加上土家族原来未创制文字，其文化靠口头承传，古代土家语便逐步退出了日常交际的场合，成了鲜为人知的专门用语或特殊用语。

一、亲属称谓

现代土家语的亲属称谓，都只有两个音节，凭借汉语的帮助，能分清直系、旁系和血亲、姻亲。而古代土家语中的亲属称谓，一共有124个。从音节看，除了父亲的祖父、祖母，母亲的祖父、祖母、父亲、母亲、丈夫等7个称谓与现代土家语相同，是双音节，其余117个都是多音节。从血缘看，能区分直系、旁系、血亲、姻亲的只限于己身辈，其余均不分血亲、姻亲、直系和旁系。

父亲的祖父：$\text{ɾie}^{21}\text{thi}^{55}$

父亲的祖母：$\text{ke}^{55}\text{thi}^{55}$

母亲的祖父：$\text{ɾie}^{21}\text{thi}^{55}$

母亲的祖母：$\text{ke}^{55}\text{thi}^{55}$

祖父及其兄弟以及祖母的兄弟同称：$\text{mu}^{53}\text{si}^{53}\text{a}^{21}\text{pa}^{53}$

祖母及其姊妹以及祖父的姊妹同称：$\text{mu}^{53}\text{si}^{53}\text{a}^{21}\text{ɾie}^{53}$

外祖父及其兄弟以及外祖母的兄弟同称：$\text{mu}^{53}\text{si}^{53}\text{a}^{21}\text{pa}^{53}$

外祖母及其姊妹以及外祖父的姊妹同称：$\text{mu}^{53}\text{si}^{53}\text{a}^{21}\text{ɾie}^{53}$

父亲：$\text{a}^{21}\text{pa}^{53}$　　　　　　　　母亲：$\text{a}^{21}\text{ɾie}^{53}$

叔父、伯父：$\text{pa}^{53}\text{je}^{53}\text{a}^{21}\text{pa}^{53}$　　　叔母、伯母：$\text{pa}^{53}\text{je}^{53}\text{a}^{21}\text{ɾie}^{53}$

舅父、姨父：$\text{ɾie}^{55}\text{je}^{53}\text{a}^{21}\text{pa}^{53}$　　　舅母、姨母：$\text{ɾie}^{53}\text{je}^{53}\text{a}^{21}\text{ɾie}^{53}$

姑父：$\text{ɾi}^{55}\text{kho}^{53}\text{a}^{21}\text{pa}^{53}$　　　　姑母：$\text{ɾi}^{55}\text{kho}^{53}\text{a}^{21}\text{ɾie}^{53}$

哥哥、弟弟（生）：$\text{a}^{55}\text{kho}^{53}\text{tɕhi}^{55}\text{ɾi}^{53}$　哥哥、弟弟（死）：$\text{ko}^{55}\text{lai}^{55}$

男孩：$\text{a}^{55}\text{kho}^{53}\text{tɕhi}^{55}\text{ɾi}^{55}$　　　女孩：$\text{a}^{55}\text{ze}^{55}\text{la}^{55}\text{ti}^{53}$

这124个（实际只有116个）古土家语称谓中，马来制称谓有90个，占77.6%，图兰制有20个，占总数的17.2%，雅利安制6个，占5.2%。马来制最高，马来制的特征是无直系旁系之分，也无血亲、姻亲之别。其发展顺序是马来制→图兰制→雅利安制。

二、古今土家语的词汇对照

古代土家语演变为现代土家语在词汇上表现特别明显。

土家语部分古今词汇对照表

汉词	古	今	汉词	古	今
转弯抹角	a^{53}lo^{21}a^{53}sei^{55}	je^{21}lo^{21}	虐待	a^{53}so^{53}a^{53}ɾi^{55}	ɕi^{35}lan^{55}
枫香	ka^{21}muŋ^{21}se^{21}	ka^{21}se^{21}	门槛	xan^{35}thi^{55}la^{53}sei^{53}	xan^{35}thi^{21}
缥（渔具）	tshe^{21}tsi^{21}xa^{35}pi^{55}	xa^{35}	英勇无勇	xe^{53}ko^{21}xe^{53}sei^{53}	xe^{53}ko^{21}
来	khe^{53}xuŋ^{55}en^{21}tɕi^{21}	en^{21}tɕi^{21}	桥	khe^{55}la^{55}san^{21}thai^{21}	khe^{55}la^{55}
背笼（柴）	kha^{21}lai^{21}la^{21}tsha^{55}	o^{21}sa^{55}	卷	khei^{35}li^{55}khei^{35}lai^{53}	khei^{35}li^{55}
等会儿	la^{35}pu^{55}tie^{55}	la^{35}tie^{53}	楼	phan^{35}za^{55}lie^{55}li^{53}	lie^{35}
蝙蝠	mi^{55}si^{55}pa^{55}wai^{55}	ze^{21}tha^{21}sei^{21}	满意	mau^{35}to^{21}su^{55}sui^{53}	mau^{35}to^{21}
天亮	za^{35}ta^{55}khai^{55}su^{21} kho^{55}ta^{55}mi^{55}su^{21}	me^{35}su^{21}	肚皮	me^{21}tshi^{21}khe^{55}	me^{21}
蜂	xo^{53}lo^{53}mi^{55}ma^{53}	mi^{53}ma^{53}; ma^{53}	猫头鹰	ma^{55}kho^{55}lo^{53}tshi^{21}	ma^{53}kho^{53}tshi^{21}
戒指	o^{53}xo^{53}tɕian^{35}ka^{21}	tɕian^{35}ka^{21}	手镯	o^{53}xo^{53}tɕie^{35}su^{53}	tɕie^{35}su^{53}
构叶	phi^{35}tha^{55}la^{55}khui^{55}	phi^{35}tha^{55}	阶沿	pha^{35}tɕhie^{55}ze^{53}khe^{21}	pha^{35}tɕhie^{53}
鹁鸪	ɾi^{35}wui^{55}se^{21} thuŋ^{55}khu^{55}li^{21}	phe^{35}tho^{55}	蚊帐	tɕhi^{35}la^{55}za^{55}tsi^{53}	za^{55}tsi^{53}
毫无办法	tɕhi^{35}tɕhi^{55}tha^{35}tɕi^{55}	tha^{35}tɕi^{55}	蜻蜓	zan^{55}pu^{55}li^{55}ma^{21}ma^{55}	zan^{55}pu^{55}li^{55}
仓	wu^{35}tɕi^{53}pan^{55}tshan^{55}	wu^{35}tɕi^{53}	猪腿	tsi^{53}tɕi^{21}phan^{21}thai^{21}	tsi^{53}tɕi^{21}
团徽	sa^{55}mi^{53}kha^{21}sai^{21}	sa^{55}mi^{53}	屋场	tsho^{53}tsa^{53}la^{55}tsa^{53}	tshao^{53}tsa^{53}
柴门	tsa^{35}me^{35}ze^{53}khe^{21}	tsa^{35}me^{35}	平坝	si^{35}xuan^{55}thian^{55}tɕiu^{55}	thian^{55}tɕiu^{53}
村寨	si^{55}khe^{21}lo^{53}jəu^{55}	lo^{53}jəu^{55}	岩坎	si^{55}ɾi^{55}a^{21}tsha^{21}	a^{21}tsha^{21}
深潭	si^{55}ɾi^{55}tshe^{21}phuŋ^{21}	tshe^{21}phuŋ^{21}	媒人	si^{55}ɾi^{55}thəu^{21}ka^{21}	thəu^{21}ka^{21}
路上	la^{55}tɕhiu^{55}	la^{55}tɕhiu^{53}	小鱼	suŋ^{35}pi^{55}suŋ^{35}phai^{55}	suŋ^{35}pi^{55}

续上表

汉词	古	今	汉词	古	今
讨厌	li^{55}li^{55}se^{21}se^{21}	li^{55}se^{21}	忧愁	li^{55}uŋ^{21}li^{55}ka^{21}	li^{55}uŋ^{21}
不顺遂	la^{55}la^{53}je^{21}je^{21}	la^{53}je^{21}	送钱	tsi^{53}a^{21}mu^{53}a^{21}	thuan^{21}lie^{35}
鸡素包	za^{21}khuŋ^{55}luŋ^{55}phe^{53}	za^{21}khuŋ^{21}phe^{21}	肉麻	se^{21}si^{21}wu^{55}	si^{21}zuŋ^{35}
丝栗子	su^{53}u^{21}pu^{35}li^{53}	su^{53}pu^{35}li^{55}	着寒	si^{21}sa^{21}si^{21}lai^{55}	si^{21}sa^{21}
牛	si^{21}thi^{21} wan^{53}zo^{21}	wan^{35}；au^{35}；wu^{35}	星	si^{53}zi^{21}pu^{35}li^{55}	si^{53}pu^{35}li^{55}
辫子	sa^{35}tɕhi^{53}tsu^{55}tsu^{53}	sa^{35}tɕhi^{53}	肥胖	si^{35}khu^{53}thu^{21}	si^{35}
大拇指	tho^{53}ȵi^{21}kha^{35}	zo^{53}tshi^{21}	食指	tho^{53}tshi^{21}kai^{35}	za^{21}pa^{21}
中指	tho^{53}ko^{21}kuai^{35}	kha^{21}thuŋ^{55}	无名指	a^{53}tshi^{21}kuai^{35}	tso^{35}khu^{55}
小指	a^{53}li^{21}kuai^{35}	thie^{53}phe^{21}	草鞋	tha^{35}se^{21}tɕi^{21}khu^{21}	tɕi^{21}khu^{21}
乱	wu^{53}thuŋ^{55}kha^{55}tɕhi^{53}	wu^{53}	高粱	uŋ^{55}pa^{53}uŋ^{53}sei^{53}	uŋ^{55}pa^{53}
震动	zi^{35}zi^{55}puŋ^{35}luŋ^{55}	zi^{35}zi^{55}	码头	khe^{35}tɕhiu^{55}tshe^{21}pa^{21}	khe^{35}tɕhiu^{55}
春天	ka^{35}sa^{53}o^{21}ɕi^{21}	借汉	夏天	ri^{55}pu^{55}o^{21}se^{21}	借汉
秋天	ɕin^{35}ka^{55}o^{21}li^{21}	借汉	冬天	sa^{35}ȵi^{55}o^{21}mi^{21}	借汉
腰子	ɕi^{35}za^{21}kho^{21}li^{21}	ɕi^{35}za^{55}	碗	ŋo^{53}lo^{53}tɕhie^{21}pi^{55}	tɕhie^{21}pi^{55}
筷	xuan^{21}lian^{21}pu^{55}tsi^{53}	pu^{55}tsi^{53}	麻篮	ke^{55}tɕi^{53}tshe^{21}kho^{21}	tshe^{21}kho^{21}
恩情	a^{55}se^{55}si^{55}	tsha^{35}	错处	pu^{35}to^{53}si^{21}	tie^{35}kha^{21}
商量	rie^{35}ti^{35}rie^{35}ei^{55}	tɑ^{55}li^{21}	堂屋	ti^{55}pa^{55}khe^{53}	借汉
乌天黑地	wu^{35}khei^{55}o^{21}sa^{21}	o^{21}khei^{55}khei^{55}	笑	rie^{55}ɕi^{55}rie^{55}sai^{55}	rie^{55}
愚笨	tse^{35}ŋe^{53}la^{53}ti^{53}	tse^{35}luŋ^{21}pau^{21}	猪圈	tsi^{53}ze^{53}kha^{21}tsha^{21}	tsi^{35}tsho^{53}
蜈蚣	ɕie^{35}tɕhi^{55}la^{55}thi^{55}te^{21}	ɕie^{35}tɕhi^{55}la^{55}	椿树	ji^{35}luŋ^{53}tɕhi^{55}kha^{21}	ɕie^{35}tshuŋ^{55}
年轻骨嫩	tse^{35}pe^{55}tsi^{55}tsi^{53}	suan^{35}	放口	kho^{53}so^{53}tsai^{55}san^{35}o^{53}	sa^{21}pho^{55}
炕	xan^{35}pa^{53}ze^{53}khe^{21}	kho^{53}lie^{53}；kho^{53}	欢喜	li^{53}si^{55}la^{53}mai^{53}me^{21}	li^{53}si^{21}

续上表

汉词	古	今	汉词	古	今
纸	xuan²¹ lian²¹ tshi⁵³ tshi⁵³	tshi⁵⁵ khei⁵³ tha⁵³	口	kho⁵⁵ so⁵³ tsa³⁵	tsa³⁵ tɕhi⁵³ ; tse³⁵
男	tshe³⁵ tsi⁵³ pha⁵³	lo⁵³ pi²¹	瘦	luŋ³⁵ khe⁵⁵ si⁵⁵ sei⁵³	uŋ³⁵ khe⁵⁵
眼泪	ȵie³⁵ si⁵⁵ pe⁵³ tshe²¹	pe⁵³ tshe²¹	鞋	ma⁵³ lie²¹ tsho²¹ ɕie³⁵	tsho²¹ ɕie³⁵
命	tshe²¹ tsi²¹ pe³⁵ rie⁵⁵ kha⁵⁵ thie³⁵	kha⁵⁵ tha⁵³	天	za⁵⁵ ta⁵⁵ khai⁵⁵ kho⁵⁵ ta⁵⁵ mi⁵⁵	me³⁵
心理	kho⁵⁵ so⁵⁵ me²¹ lu³⁵	me²¹ lu³⁵	老	a⁵⁵ khei⁵⁵ sei⁵³	借汉
不中意	a⁵⁵ luŋ⁵³ tshi⁵³ lie²¹	tsha³⁵ ta⁵⁵	包涵	phe⁵⁵ lie⁵³ li⁵³ tsu²¹	phe⁵⁵ po⁵⁵
线筒	mu⁵³ lo⁵⁵ tshe²¹ tɕhi³⁵	tshe²¹ tɕhi³⁵	月亮	su²¹ su²¹ kha²¹ ɕie²¹	su²¹ su²¹
鸡公	kho⁵⁵ kuŋ⁵⁵ za²¹ pa²¹ kho⁵⁵ si⁵⁵ tɕi²¹ tshuŋ²¹	za²¹ pa²¹	偏坎	si⁵⁵ ri⁵⁵ pa⁵³ tsa²¹	pa⁵³ tsa²¹
尖山	tɕhie⁵⁵ lie⁵³ si⁵⁵ sei⁵³	tɕhie⁵⁵ lie⁵³	天坑	ji⁵⁵ tsa⁵³ o²¹ khei²¹	ji⁵⁵ tsa⁵³
祖辈（男）	mu⁵³ si⁵³ a²¹ pa⁵³	pha²¹ phu⁵⁵	祖辈（女）	mu⁵³ si⁵³ a²¹ rie⁵³	a⁵⁵ ma⁵³ a⁵³ pa²¹
伯父	pa⁵³ je⁵³ a²¹ pa⁵³	a⁵³ tɕi²¹	伯母	pa⁵³ je⁵³ a²¹ rie⁵³	rie²¹ tshi²¹
叔父 舅父 姨父	rie⁵⁵ je⁵³ a²¹ pa⁵³	an⁵⁵ pei 借汉 借汉	叔母 舅母 姨母	nie⁵⁵ je⁵³ a²¹ rie⁵³	rie²¹ rie⁵⁵ 借汉 nie²¹ rie⁵⁵
姑父	ri⁵⁵ kho⁵³ a²¹ pa⁵³	借汉	姑母	ri⁵⁵ kho⁵³ a²¹ rie⁵³	借汉
岳父	ri⁵⁵ kho⁵³ a²¹ pa⁵³	kha²¹ khe²¹	岳母	ri⁵⁵ kho⁵³ a²¹ ȵie⁵³	借汉
兄（生）（死）	a⁵⁵ kho⁵³ tɕi⁵⁵ ri⁵³	pu⁵⁵ so⁵³ ko⁵⁵ lai⁵⁵	弟（生）（死）	a⁵⁵ ze⁵⁵ la⁵⁵ ti⁵⁵ ko⁵⁵ lai⁵⁵	an⁵⁵ ŋai⁵³ ko⁵⁵ lai⁵⁵
嫂	tso⁵³ pa⁵³ tɕi⁵⁵ ri⁵³	tsha²¹ tɕhie²¹	丈夫	a⁵⁵ kho⁵³ tɕi⁵⁵ ri⁵⁵	lo⁵³ pa⁵³
妻子	a⁵⁵ ze⁵⁵ lai²¹	lo²¹ ka²¹ i⁵⁵	弟媳	tso⁵³ pa⁵⁵ tɕi⁵⁵ ri⁵⁵	zuŋ⁵³
男孩	a⁵⁵ kho⁵³ tɕi⁵⁵ ri⁵⁵	lo⁵³ pi²¹	女孩	a⁵⁵ ze⁵⁵ la⁵⁵ ti⁵³	piu³⁵
外祖父	mu⁵³ si⁵³ a²¹ pa⁵³	借汉	外祖母	mu⁵³ si⁵³ a²¹ rie⁵³	kha²¹ pu²¹
姊妹	tha⁵⁵ tie⁵⁵ lai²¹ ; a⁵⁵ ze⁵⁵ lai²¹	a³⁵ ta⁵⁵ zuŋ⁵³			

注：姑舅亲，舅父即岳父，今称 $kha^{21}khe^{21}$；姨表亲，姨父即岳父，今称 $kha^{21}khe^{21}$。姑舅亲与岳母同称，姨表亲与岳母同称，舅姑亲与岳父同称，舅姑亲与岳母同称。姑表、姨表的嫂可称 $ko^{35}kui^{55}$。

3. 土家语常用单词选录

类别	1. 天象类（23）		
汉语	土家语汉字记音	土家语	汉语拼音
天	墨	me^{35}	mé
地	里	$lɿ^{55}$	lī
太阳	劳尺	$lau^{21}tshɿ^{21}$	lǎo cǐ
月亮	俗熟	$su^{21}su^{21}$	sǔ sǔ
星	司日	$si^{55}zi^{53}$	sī rì
云	墨哪翁	$me^{35}la^{55}oŋ^{21}$	mé lā ǒng
雨	墨则	$me^{35}tsie^{21}$	mé zǐ
雷	墨他泽	$mie^{35}tha^{55}tshie^{21}$	mé tā cì
风	热苏	$zie^{35}su^{55}$	ré sū
雪	述苏	$su^{35}su^{55}$	sú sū
水	撒	$tshe^{21}$	cì
霜	补里	$pu^{55}li^{55}$	bū lī
露	所泽	$so^{55}tshe^{53}$	sō cì
虹	铺	phu^{35}	pú
闪电	墨玉拉	$me^{35}ji^{35}la^{35}$	mé yí lá
晴天	墨岔	$me^{35}tsha^{35}$	mé cá
银	我	$ŋo^{55}$	ngō
铁	写	$ɕie^{55}$	xiē
石头	阿八	$a^{21}pa^{21}$	ǎ bǎ
金	翁科	kho^{55}	kō
火	米	mi^{55}	mī

续上表

烟	克卡	khie³⁵ kha²¹	ké kǎ
雾	所拍	so⁵⁵ phe²¹	sō pě

类别	2. 地舆类（11）		
汉语	土家语汉字记音	土家语	汉语拼音
路	哪	la⁵⁵	lā
溪	胡爬	xu²¹ pha²¹	hǔ pǎ
井	泽猛	tshie²¹ muŋ⁵⁵	cì mōng
山	苦咱	khu⁵⁵ tsa⁵⁵	kū zā
田	实克	si²¹ khie⁵³	sǐ kè
土	拍梯	phe³⁵ thi⁵⁵	pé tī
偏坡	把扎	pa⁵⁵ za⁵³	bā rǎ
坎	塔卡	tha³⁵ kha⁵⁵	tá kā
悬崖	阿查	a²¹ tsha²¹	ǎ cǎ
山湾	五壕	wa⁵⁵ xa⁵⁵	wū hāo
山顶	苦列	khu⁵⁵ le⁵⁵	kū lē

类别	3. 方位类（17）		
汉语	土家语汉字记音	土家语	汉语拼音
前	知给	tsi⁵⁵ kie⁵⁵	zī gē
后	他捏	tha⁵⁵ nie⁵⁵	tā niē
旁边	社他牌	sie³⁵ tha⁵⁵ pha²¹	sé tā pài
上面	嘎哈	ka²¹ xa³⁵	gǎ há
下面	八提	pa²¹ thi²¹	bǎ tǐ
里面	恶土	o³⁵ thu⁵⁵	wó tū
外面	恶塔	ɚo³⁵ tha²¹	wó tǎ
角落	阿扣	a⁵⁵ khou⁵⁵	ā kōu

续上表

汉语	土家语汉字记音	土家语	汉语拼音
天上	墨嘎	mie^{35} ka^{21}	mé gǎ
树上	卡蒙嘎	kha^{21} mog^{21} ka^{21}	kǎ mǒng gǎ
中间	糯里	lo^{35} li^{55}	luó lī
对面	特比	thie^{55} pi^{55}	tē bī
门口	哪眉兹格	la^{55} mi^{21} tsi^{55} ke^{55}	lā mì zī gē
这	界	kai^{35}	gái
这里	格	kie^{21}	gě
那里	恩格	ɛ^{55} kie^{55}	ēn gē
哪里	克斗	khei^{53} tu^{55}	kè dū

类别	4. 时间类（21）		
汉语	土家语汉字记音	土家语	汉语拼音
今年	龙拜	luŋ^{21} pai^{35}	lǒng bái
去年	拢东摆	luŋ^{55} tuŋ^{55} pai^{35}	lōng dōng bái
前年	爹拢摆	tie^{55} luŋ^{55} pai^{55}	dān lōng bāi
明年	纳壳	la^{21} kho^{21}	lǎ kǎo
后年	谜可	mi^{35} kho^{55}	mí kō
今天	乃	lai^{53}	lài
明天	闹子	lao^{35} tsi^{55}	láo zī
后天	谜捏	mi^{35} nie^{55}	mí niē
昨天	赴泥	phu^{21} nɿ^{21}	pǔ nǐ
前天	格拟	kʒ^{35} ni^{55}	géi nī
大前天	格打泥	kʒ^{21} ta^{55} ni^{21}	géi dā ní
白天	太业苦	thai^{55} ŋie^{21} khu^{55}	tāi niè kū
早晨	húlàn	húlàn	húl àn
夜里	南此彩	nan^{21} tshi^{55} tshai	lǎn cāi cāi
天亮	墨熟	me^{35} su^{21}	mé sǔ

续上表

天黑	纳也	la²¹ jie³⁵	lǎ yé
现在	睦朗	mu³⁵ lan⁵⁵	mú lān
今后	其捏	tchi²¹ ŋie⁵⁵	qǐ nié
先前	大别	ta³⁵ nie⁵³	dá biè
立刻	为抵	wei²¹ ti⁵⁵	wěi dī
刚才	母莫	mu⁵⁵ mo²¹	mū muò

类别	5. 动物类（60）		
汉语	土家语汉字记音	土家语	汉语拼音
水牛	日汪	zuan³⁵	ru án
黄牛	物	ʒu³⁵	wú
猪	紫	tsi⁵⁵	zī
羊	若	zuo³⁵	ruó
狗	哈列	xa⁵⁵ lie²¹	hā lě
猫	莫	mo²¹	mǒ
鸡	日阿	za²¹	rǎ
公鸡	日阿八	za²¹ pa²¹	rǎ bǎ
母鸡	日阿呢嘎	za²¹ ni²¹ ka²¹	rǎ nǐ gǎ
鸭	洒	sa⁵⁵	sā
兔子	毛讨里	mau²¹ thao⁵⁵ li⁵⁵	mǎo tāo lī
老鼠	热	zie²¹	rě
龙	铺	phu³⁵	pú
老虎	利	li³⁵	lǐ
猴子	尔	ʒe⁵⁵	ē
麂子	那几	la³⁵ tci⁵⁵	lá jī
野鸡	抱溪	pao³⁵ tchi⁵⁵	báo qī
竹鸡	卡壳溃	tcha⁵⁵ kho²¹ khei⁵⁵	qā kǒ guéi

续上表

野猫	座哭	tso³⁵ khu⁵⁵	zuó kū
鸟	捏毕	nie³⁵ pi³⁵	nié bí
老鹰	办	pan³⁵	bán
乌鸦	嘎	ka²¹	gǎ
喜鹊	岔差	tsha³⁵ tsha⁵⁵	cá cā
斑鸠	铺头	phu³⁵ thu⁵⁵	pú tū
燕子	墨差苦里	mie³⁵tsha⁵⁵khu⁵⁵li⁵⁵	mé cā kū lī
麻雀	卡拜	tcha⁵⁵ phai⁵⁵	qā bāi
青蛙	克切八	khe⁵³tshie⁵⁵pa⁵³	kè qē bù
鱼	送	suŋ³⁵	sóng
虫	特拍	thie³⁵ phæ²¹	té pě
蛋	阿劣	a⁵⁵ lie⁵⁵	ā lē
翅膀	借当克	tce³⁵ tan⁵⁵ khæ⁵⁵	jié dān kè
毛	是嘎	si³⁵ ka⁵⁵	sí gā
角	克	khæ⁵⁵	kē
尾巴	劣碰	lie²¹ phog³⁵	lě póng
蚂蝗	撇拉	phæ⁵⁵ la⁵⁵	piē lā
蚕	筛	sai⁵⁵	sāi
科斗	甘戈罗里	kan⁵⁵ko⁵⁵lo²¹li⁵³	gàn gō luǒ lī
虱蛋	列嘎里	lie³⁵ka²¹li⁵⁵	lé gǎ lī
松鼠	者嘎	tshie⁵⁵ kai²¹	zē gǎi
猫头鹰	马可池	ma⁵⁵kho⁵⁵tshi²¹	mā kuō cī
野兽	实	si²¹	sǐ
獐子	撒朗	tshie³⁵ lan⁵⁵	cé lān
蛇	窝	o⁵⁵	Wō
蜜蜂	米马	mi⁵⁵ ma⁵⁵	mī mā

续上表

汉语	土家语汉字记音	土家语	汉语拼音
蝴蝶	他使	tha^{55} si^{55}	tā sī
蜻蜓	软补里	zuan^{55} pu^{55} li^{55}	zuán bú lī
蟋蟀	地地库里	ti^{35} ti^{35} khu^{55} li^{55}	dí dí kū lī
蚂蚁	使尼	si^{55} ni^{21} ka^{21}	sī nǐ
蚱蜢	茶差库里	tsha^{21} tsha^{55} khu^{55} li^{55}	cǎ cā kū lī
蜘蛛	补此	pu^{55} tshi^{55}	bū cī
臭虫	去里力	khei^{35} li^{55} li^{21}	kéi lī lǐ
跳蚤	里力	li^{55} li^{21}	lī lì
虱子	司使	si^{55} si^{55}	sī sī
苍蝇	庇嘎	phi^{35} ka^{55}	pí gā
蚊子	马哭里	ma^{55} kho^{53} li^{55}	mā kǒ lī
蚯蚓	快七拉	khuai^{55} tçhi^{55} la^{55}	kuāi qī lā
蛆	斗必	tu^{55} pi^{21}	dū bǐ
团鱼	垄古	lug^{55} ku^{55}	lōng gū
螃蟹	旁嘎	phan^{55} ka^{55}	pān gā
虾	沙土	sa^{55} thu^{55}	sà tū

类别	6. 植物类（40）		
汉语	土家语汉字记音	土家语	汉语拼音
蕨	妥嘎	tho^{53} ka^{21}	tuō gǎ
葛	啊不	a^{21} pu^{21}	ǎ bǔ
树	卡蒙	kha^{21} mun^{21}	kǎ mǒng
树林	卡柯	kha^{21} kho^{21}	kǎ kuǒ
樟树	诺重卡蒙	lo^{35} tshog^{53} kha^{21} mog^{21}	ruó còng kǎmǒng
杉树	煞卡蒙	sa^{35} kha^{21} mog^{53}	sá kǎ mǒng
枫树	告色卡蒙	ka^{35} se^{53} kha^{21} mog^{53}	gǎ sě kǎ mǒng
竹子	母	mu^{55} nie^{53}	mū

续上表

笋子	谜米	mi³⁵ mi⁵⁵	mí mī
稻子	利布	li³⁵ pu⁵⁵	lí bú
高粱	翁巴	uŋ⁵⁵ pa⁵⁵	ōng bā
玉米	包谷	pao⁵⁵ ku⁵⁵	bāo gū
芋头	拟补	ni⁵⁵ pu⁵⁵	nī bū
芝麻	写布	ɕie⁵⁵ pu²¹	xiē bū
麻	泽枯	tshie²¹ khu³⁵	cě kú
茄子	卡且启	kha⁵⁵ tɕhie⁵⁵ tɕhi⁵⁵	kā qē qī
萝卜	拉白	la⁵⁵ pe⁵⁵	lā bē
蒜	石拖	si²¹ tho³⁵	sǐ tuó
姜	可苏	kho⁵⁵ su⁵⁵	kuō sū
辣椒	帕若古	pha⁵⁵ zo⁵⁵ ku⁵⁵	pā ruō gū
果子	布利	pu³⁵ li⁵⁵	bú lī
草	十卡查	si²¹	sǐ kǐ cǎ
茅草	行泡	ɕin²¹ pho³⁵	xǐn pó
菌子	土私	thu⁵⁵ si⁵⁵	tū sī
种子	捏朗	nie⁵⁵ lan⁵⁵	niē lān
根	几纳	tɕi⁵⁵ la²¹	jī lǎ
叶子	尔他	ɚæ⁵⁵ tha⁵⁵	ē tā
树枝	卡阿揭	kha²¹ tɕie³⁵	kǎ á jié
花	卡普	kha⁵⁵ phu⁵⁵	kā pū
穗子	阿拍	a⁵⁵ phe²¹	ā pě
刺	塔色	tha³⁵ sie²¹	tá sě
梨子	白列司	pæ⁵⁵ lie⁵⁵ si⁵⁵	bē lē sī
板栗	树使	su³⁵ si⁵⁵	sú sī
李子	沙劣司	sa⁵⁵ lie⁵⁵ si⁵⁵	sā lē sī

续上表

汉语	土家语汉字记音	土家语	汉语拼音
木耳	胖切	phan^{35} tçhie^{55}	pán qiē
荞子	启麦	tçhi^{55} me^{35}	qī mé
小米	而，乌所	ɚʒ^{35}	
扁豆	切可皮	tshie^{21} kho^{55} phi	qiě kō pǐ
豇豆	课剃	kho^{35} thi^{55}	kó tī
黄豆	气布	tçi^{35} pu^{55}	qí bū

类别	7. 人体生理类（49）		
汉语	土家语汉字记音	土家语	汉语拼音
身	所提	so^{55} thiu^{53}	suō tì
头	可巴	kho^{55} pa^{55}	kuō tī
头发	煞启	sa^{35} tshi^{55}	sá qī
脸	固他	ku^{35} tha^{55}	gú tā
脑髓	孔垄	khuŋ^{55} luŋ^{55}	kōng lōng
眉毛	诺布是嘎	lo^{35} pu^{55} si^{55} ka^{55}	luó bū sī gā
眼睛	诺布	lo^{35} pu^{55}	luó bū
眼泪	柏泽	pe^{55} tçhie^{21}	bē cě
鼻子	恩启	en^{35} tçshi^{55}	én qī
耳朵	恩切	ŋn^{21} tçhe^{35}	ong qié
嘴	砸启	tsa^{35} tçhi^{55}	zá qī
牙齿	司使	si^{55} si^{55}	sī sī
舌头	迁那	yi^{35} la^{55}	yí lā
胡须	拉粑	la^{55} pha^{21}	lā pǎ
脖子	孔抵	khoŋ^{55} ti^{55}	kōng dī
喉龙	泽罗剃	tshie^{21} lo^{21} ti^{55}	cě luǒ tī
肩膀	拍梯克	phe^{35} thi^{55} khe^{55}	pé tí kē
手指	借米梯	tgie^{35} mi^{55} ti^{21}	jié mī tǐ

续上表

手	借	tsie³⁵	jié
指甲	借米梯可他	tɕie³⁵mi⁵⁵ti²¹kho⁵⁵tha⁵⁵	jiémī tǐ kuō tā
胸雨	里可椿	li⁵⁵kho⁵⁵tshuŋ⁵⁵	lī kuō cōng
乳房	忙	man²¹	mǎn
肚子	墨各	mæ²¹ko²¹	mě guǒ
肚齐	麦梯苦里	mæ⁵³thɪ⁵⁵khu⁵⁵lɪ⁵⁵	mě tī kū lī
脚	及	tci²¹	jǐ
腿	比他	pi⁵⁵tha⁵⁵	bī tā
膝盖	及提克	tci²¹thi²¹khie⁵⁵	jǐ tǐ kē
骨头	鲁嘎	lu⁵⁵ka⁵⁵	lū gā
血	篾	mie⁵⁵	miē
肠	毕拉	pi³⁵la⁵⁵	bí lā
心	里可哩	li⁵⁵kho⁵⁵li⁵⁵	lī kuō lī
肝	阿挨	an⁵⁵ŋai⁵⁵	ān ŋuā
汗	古泽	ku⁵⁵tshie²¹	gū cě
鼻涕	恩启拉	oŋ³⁵a³⁵tshi⁵⁵la⁵⁵	én qī lā
痰	聋色	luŋ⁵⁵sie⁵³	lōng sě
口水	查比泽	tsha²¹pi⁵⁵tshie⁵³	cǎ bī cě
奶水	忙泽	man²¹tshie²¹	mǎn cě
屎	色	sie²¹	sě
尿	尔车	ɚie⁵⁵tshie⁵⁵	ē cē
屁股	色骨抵	sie²¹ku²¹ti⁵⁵	sě gǔ dī
女生殖器	特	thie²¹	tě
男生殖器	日	zi²¹	rǐ
眼珠	糯次里	lo³⁵tshi⁵⁵li⁵⁵	luó cī lī
眼皮	糯布他拔	lo³⁵pu⁵⁵tha⁵⁵pha²¹	luó bū tā pǎ

续上表

汉语	土家语汉字记音	土家语	汉语拼音
小舌	迁那毕	$i^{35}\ la^{35}\ pi^{35}$	yí lá bí
乳头	忙布里	$man^{21}\ pu^{35}\ li^{55}$	mǎn bú lī
手掌	借拉匹	$tɕie^{35}\ la^{55}\ phi^{21}$	jié lā pǐ
脚跟	及同	$tsi^{21}\ thuŋ^{35}$	jǐ tóng
脚板	及纳匹	$tɕi^{21}\ la^{21}\ phi^{21}$	jǐ lǎ pǐ

类别	8. 疾病类（10）		
汉语	土家语汉字记音	土家语	汉语拼音
疮	撒嘎	$tɕhie^{35}\ ka^{55}$	qié gā
脓	惹	ze^{35}	ré
天花	左	tso^{53}	zuò
疟疾	沙补	$sa^{55}\ pu^{55}$	sā bū
病、痛	地	ti^{35}	dí
痱子	不石	$pu^{21}\ si^{21}$	bǔ sǐ
哑子	嘎巴	$ka^{21}\ pa^{21}$	gǎ bǎ
聋子	聋通	$loŋ^{55}\ thuŋ^{55}$	lōng tōng
瞎子	糯子	$lo^{21}\ tsi^{55}$	luó zī
癞子	拉特	$la^{55}\ thie^{55}$	lā tē

类别	9. 称谓类（65）		
汉语	土家语汉字记音	土家语	汉语拼音
人	倮	lo^{53}	lò
男人	诺把爹	$lo^{55}\ pa^{55}\ tie^{55}$	luō bā dē
女人	麻麻爹	$ma^{21}\ ma^{21}\ tie^{55}$	mǎ mǎ dē
大人	诺此把	$lo^{55}\ tshi^{55}\ pa^{55}$	luō cī bā
小孩	波立爹	$po^{55}\ li^{21}\ tie^{53}$	buō lǐdè
男孩	倮俾	$lo^{55}\ pi^{35}$	lō bí

续上表

女孩	比尤	piu³⁵	bíu
老头儿	婆帕此	pho²¹ pha⁵⁵ tshi⁵⁵	puǒ pā cī
老太太	帕尼	pha³⁵ ni²¹	pá nǐ
别人	诺爹	no⁵⁵ tie⁵⁵	luō dē
自己	贯夺	ko³⁵ to²¹	guán duǒ
客人	补撮	pu⁵⁵ tsho²¹	bū cuō
官	嘎墨	ka³⁵ mæ⁵⁵	gá mē
医生	色作	sie²¹ tso³⁵	sě zuó
老师	破嘎	pho³⁵ ka⁵⁵	puó gā
猎人	石揭马	si²¹ tɕie⁵⁵ ma⁵⁵	sǐ jiē mā
牧童	物卡思	wu³⁵ kha⁵⁵ sei⁵⁵	wú kāsī
铁匠	写左	ɕie⁵⁵ tso⁵⁵	xiē zuō
佣人	胡日马	xu²¹ zi⁵⁵ ma⁵⁵	hǔ rī mā
巫师	梯玛	thi⁵⁵ ma⁵⁵	tī mā
土家族	毕兹卡	pi³⁵ tsi⁵⁵ kha²¹	bí zī kǎ
苗族	柏卡	pæ³⁵ kha²¹	bé kǎ
汉族	帕卡	pha⁵⁵ kha²¹	pā kǎ
高祖辈	格梯	ke⁵⁵ thi⁵⁵	gē tī
曾祖辈	捏梯	ŋie²¹ thi⁵⁵	niè tī
祖父	杷铺	pha²¹ phu⁵⁵	pà pū
祖母	阿拔	a⁵¹ pa²¹	ā pà
	阿妈	a⁵⁵ ma⁵¹	ā mà
叔祖父 伯祖父 姨祖父	杷铺	pha²¹ phu⁵⁵	pà pū
大公公	杷铺调巴	pha²¹ phu⁵⁵ thiau³⁵ pa⁵⁵	pà pū té bā
小公公	杷铺毕	phu²¹ phu⁵⁵ pi³⁵	pà pū té bā

续上表

叔祖母 伯祖母 姨祖母	阿妈 阿拔	a⁵⁵ma⁵⁵ a⁵⁵pa²¹	ā mā ā pà
大祖母	阿拔调巴	a⁵⁵pa⁵¹thiau³⁵pa⁵¹	ā pà té bà
小祖母	阿拔鼻	a⁵⁵pa⁵¹pI³⁵	ā pà bì
外祖父	嘎公（借汉）	ka⁵⁵koŋ⁵⁵	gā gōng
外祖母	卡不	kha²¹pu²¹	kà bǔ
父亲	阿巴	a²¹pa⁵¹	à bā
母亲	阿捏	a²¹ⁿie⁵¹	ā niè
伯父	白白	pa³⁵tshi⁵⁵	bǎ cī
伯母	捏此	nie²¹tshi²¹	niè cī
叔父	俺杯	an⁵⁵pei⁵⁵	ān bēi
婶娘	捏捏	nie²¹nie⁵⁵	niě niē
姑父、岳父	卡客	kha²¹khe²¹	kǎ kěi
姑母、岳母	麻马	ma²¹ma³⁵	mǎ má
妻子	倮嘎尼	lo²¹ka²¹ni⁵⁵	luǒ gǎ nī
丈夫	倮巴	lo⁵⁵pa⁵⁵	luō bā
兄、堂兄、姨表兄	阿阔	a²¹kho⁵⁵	ǎ kuō
嫂、堂嫂、姨表嫂	查次	tsha²¹tçhi⁵⁵	cǎ cī
表嫂妻嫂	阿答	a³⁵ta⁵⁵	á dā
弟、堂弟、表弟、姨表弟、妻弟	安埃	an⁵⁵ŋai⁵⁵	ān ngāi
妹、表姐妹	个闺	ko³⁵kui⁵⁵	guó guī
姐、堂姐、姨表姐	阿答	a³⁵ta⁵⁵	á dā
妹、姨表妹	(冗) 阿坐	a³⁵tso⁵⁵	á zuō
儿子	倮比	lo⁵⁵pi³⁵	luō bí
女儿	必优	piu³⁵	biu
侄儿、表侄儿	倮比	lo⁵⁵pi³⁵	luō bí

续上表

侄、表侄女	必优	piu^{35}	biú
孙	热	ze^{55}	rē
孙女	热必优	$ze^{55}piu^{35}$	rē biú
曾孙	嘎热	$ka^{21}ze^{21}$	gǎ rě
曾孙	嘎热	$ka^{21}ze^{21}pi^{35}$	gà rè bí
曾孙女	嘎热必优	$ka^{21}ze^{21}piu^{35}$	gà rè bíu
我、你、他	伢、你、个	$\eta a^{35} hi^{35} ko^{35}$	ngá ní guó

类别	10. 建筑类（16）		
汉语	土家语汉字记音	土家语	汉语拼音
房屋	挫	$tsho^{53}$	cuò
楼子	列	le^{35}	lé
柱子	卡通	$kha^{21}tho\eta^{35}$	kǎ tóng
墙	阿庇	$a^{21}phi^{35}$	ǎ pí
门	哪眉	$la^{55}men^{21}$	lā měn
木板	卡八	$kha^{21}pa^{21}$	kǎ bǎ
村子	诺友	$lo^{55}jou^{55}$	luō yōu
篱笆	那卡	$la^{35}kha^{55}$	lá kā
牛圈	物挫	$wu^{35}tso^{55}$	wú cuō
猪圈	知挫	$tsi^{55}tsho^{55}$	zī cuō
厕所	色骨咱	$sie^{21}ku^{21}tsa^{55}$	sě gǔ zā
灶	作空	$tso^{21}kho\eta^{21}$	zuǒ kǒng
火坑	米堂	$mi^{55}than^{21}$	mī tǎn
坟墓	左司克	$tso^{55}si^{55}khe^{55}$	zuō sī kē
院坝	天九	$tuan^{55}tc\text{ə}u^{55}$	tiān jiōu
朝门	砸墨	$tsa^{35}me^{55}$	zá mē

类别	11. 服饰类（17）		
汉语	土家语汉字记音	土家语	汉语拼音
头帕	借祝	tɕie^{35} tsu^{55}	jié zū
斗笠	业替	nie^{21} thi^{35}	niě tí
耳环	翁谷	uŋog^{55} ko^{21}	ōng guǒ
手镯	见嘎	tɕian^{35} ka^{55}	jián gā
衣服	司巴	si^{55} pa^{55}	sī bā
袖子	借洁	tɕie^{35} tɕie^{55}	jié jiē
蓑衣	则十	tsie^{21} si^{21}	zě sǐ
裤	哭	khu^{21}	kǔ
鞋	撮谢	tsho^{21} ɕie^{35}	cuǒ xié
被	司朗	si^{55} nan^{55}	sī lān
布	货	xo^{35}	huó
头绳	煞启尔拉	sa^{35} tɕhi^{55} ɚ^{35} la^{55}	sá qiē ē lā
草鞋	及哭	tɕi^{21} khu^{21}	jǐ kǔ
腰带	麦卜拉	me^{21} phu^{21} la^{55}	mě pù lā
尿布	色那爹	sie^{21} la^{21} te^{55}	sě lǎ dē
麻布	泽南	tshe^{21} lan^{21}	cě lǎn
丝布	沙泽	sa^{55} tshe^{21}	sā cě

类别	12. 食物类（21）		
汉语	土家语汉字记音	土家语	汉语拼音
米	直而	tsi^{21} e^{21}	zǐ ě
饭	直	tsi^{21}	zǐ
粥	卡别劣	kha^{55} pie^{55} lie^{55}	kā piē liē
油	色司	se^{21} si^{35}	sě sí
盐	那补	la^{35} pu^{55}	lá bū

续上表

肉	实	si²¹	sǐ
菜	哈车	xa⁵⁵ tshe⁵⁵	hā cē
酒	惹	zie³⁵	ré
茶	阿扯	a²⁵ tshie⁵⁵	rá cē
甜酒	惹粑	ze³⁵ tha⁵⁵	ré pā
蛋	阿劣	za⁵⁵ lie⁵⁵	rā lē
鸡蛋	扎劣	za²¹ lie²¹	rǔ lě
鸭蛋	沙劣	sa⁵⁵ lie⁵⁵	sā lē
蜜糖	撒泽	tshe³⁵ tshe⁵⁵	cé cē
豆腐	爹黑	tie⁵⁵ xɯ⁵⁵	dē hēi
团米散	沙米	sa⁵⁵ mi⁵⁵	sā mī
生团米散	直嘎	tsi²¹ ka²¹	zǐ kǎ
豆渣	爹咱	tie⁵⁵ tsa⁵⁵	dē zā
瘦肉	实梅	si²¹ mei⁵⁵	sǐ mēi
肥肉	是苦头	si⁵⁵ khu⁵⁵ thu²¹	sī kū tù
糠	拍他	phe⁵⁵ tha⁵⁵	pē tā

类别	13. 用具类（59）		
汉语	土家语汉字记音	土家语	汉语拼音
斧头	奥 kēi	ao⁵⁵ khi⁵⁵	āo kēi
柴刀	吐枯	thu⁵⁵ khu⁵⁵	tū kū
菜刀	驼脱	tho²¹ tho²¹	tuǒ tuǒ
锄头	普 kī	phu⁵⁵ khi⁵⁵	pū kōi
犁头	利克通	li khie⁵⁵ thoy⁵⁵	lí ké tōng
华口	卡特	kha⁵⁵ thie⁵⁵	kā tē
锯子	kéi	khɯ³⁵	kéi
针	阿挨	an⁵⁵ ŋai⁵⁵	ā āi

续上表

线	通蒙	thoy⁵⁵ moŋ⁵³	tōng m òng
绳子	而拉	ɚæ³⁵ la⁵³	é lā
枪	賨	tshoŋ³⁵	cóng
簸箕	塌 kī	tha³⁵ khw⁵⁵	tá qī
筛子	邪 cǐ	gie²¹ tchi²¹	xiě cǐ
磨子	波左	po⁵⁵ tso⁵⁵	buō zuō
碓	送嘎	soŋ³⁵ ka⁵⁵	sóng gā
锁	苏鄙	su⁵⁵ phi⁵⁵	sū pī
钥匙	央思	jian⁵⁵ si⁵⁵	yān sī
扫帚	舍 kī 八	se⁵⁵ khi⁵⁵ pha⁵⁵	sē kī pā
盖子	独咱	tu²¹ tsa³⁵	dǔ zá
脸盆	固窝 kī 梯	ku³⁵ wo⁵⁵ khw⁵⁵ thi⁵⁵	gú wō kī tī
脚盆	及窝取梯	tgi²¹ wo⁵⁵ khw⁵⁵ thi⁵⁵	jì wō kī tī
碗	切毕	tchie²¹ pi³⁵	qiě bí
筷子	补指	pu⁵⁵ tsi⁵⁵	bū zī
桌子	十贴	si²¹ thi⁵⁵	sǐ tī
椅子	快	khūai²¹	kuǎi
凳子	搓克、烟及	tsho⁵⁵ khe⁵⁵ yan⁵⁵ tsi²¹	cuō kē、ān jǐ
床铺	捏捧	nie⁵⁵ puŋ⁵⁵	niē pōng
箱子	妥	tho⁵⁵	tuō
梳子	卡血	tha²¹ gie²¹	kǎ xiě
篦子	削罪	ciao⁵⁵ tsui²¹	xiāo zǐ
灯	贴贴	thie³⁵ thie²¹	té tě
柴	卡	kha²¹	kǎ
灰	不次	pu²¹ tshi³⁵	bǔ cí
铁镖	拔述	pha²¹ su³⁵	pǎ sú

续上表

曾子	崩	puŋ⁵⁵	bōng
罐	梯苦	ti⁵⁵ khu⁵⁵	tī kū
碗柜	启波	tɕhi⁵⁵ po⁵⁵	qī bō
水竹筒	坝沙	pa³⁵ sa⁵⁵	bá sā
水桶	賨梯	tshuŋ³⁵ thi⁵⁵	sóng tī
晒垫	补舍	pu⁵⁵ se⁵⁵	bū sē
斗	颇	pho⁵³	può
升子	实柯	si²¹ kho²¹	sǐ kuǒ
秤	起	tɕhi⁵⁵	qì
纺车	差	tsha⁵³	cà
剃刀	梯堤	thi⁵⁵ thi²¹	tī tǐ
口袋	糯特	lo³⁵ thie⁵⁵	luó tē
扇子	南切	nan²¹ tɕhie²¹	lǎn qié
凿子	在	tsai³⁵	zái
火把	米帕	mi⁵⁵ pa⁵⁵	mī pā
连枷	南足	nan²¹ tsu²¹	lǎn zǔ
鱼网	日	zi⁵⁵	rī
木屑	卡屁	kha²¹ phi³⁵ phi³⁵	kǎ pí pí
背笼	哦杀	o²¹ sa²¹	wǒ sǎ
咱笼	冗梯	uŋ⁵⁵ thi⁵⁵	rōng tí
船	补	pu⁵⁵	bū
轿	堵子	tu⁵⁵ tsi⁵⁵	tū zī
鼓	黑	xæ²¹	hě
纸	此克他	tshi⁵⁵ khi⁵⁵ tha⁵⁵	cī kī tā
棺材	卡	kha²¹	kǎ

类别	14. 生活类（57）		
汉语	土家语汉字记音	土家语	汉语拼音
起床	捏柱	nie^{35} tsu^{35}	nié zú
睡	涅	nie^{35}	nié
打鼾	业克惹	ŋie^{35}khi^{35}ze^{55}	nié ké rē
醒	涅司	nie^{35} si^{55}	nié sī
洗脸	固窝	ku^{35} wo^{55}	gú wō
吃饭	直嘎	tsi^{21} ka^{35}	zǐ gá
拖新娘	左曳	tso^{55} je^{55}	zō yē
解便	恶他意	wo^{35}tha^{21}ɚw^{35}	wó tǎ yí
屙屎	色剥	sie^{21} po^{21}	sě bǒ
屙尿	尔扯剥	əæ^{55}tshie^{55}po^{21}	ē cē bǒ
煮饭	直伴	tsi^{21} pan^{35}	zǐ bán
洗脚	及窝	tɕi^{21} wo^{55}	jǐ wō
洗澡	泽咱	tshie^{21} tsa^{55}	cě zā
脱衣	思巴 hí	si^{55} pa^{55} xw^{35}	sī bā héi
换衣	思巴阿哩	si^{55} pa^{55} a^{35} li^{55}	sī bā á lī
穿衣	思巴大	si^{55} pa^{55} ta^{35}	sī bā dá
洗衣	思巴砸	si^{55} pa^{55} tsa^{35}	sī bā zá
梳头	刹且习	sa^{35} tɕhi^{55} ɕ i^{21}	sá qī cǐ
口渴	这嘎	tsie^{35} ka^{21}	zé gǎ
喝水	泽胡	tshie^{21} xu^{21}	cě hǔ
喝茶	阿扯胡	a tshie^{55} xu^{53}	á cē hù
饿	利阿	li^{35} ɚɑ^{55}	lí ā
饱	墨借	mæ^{21} tɕie^{35}	mě jié
抽烟	烟胡	ian^{55} xu^{21}	yān hǐ
玩	格次	ke^{21} tshi^{35}	gě cí

续上表

打猎	实姐	si²¹tɕie⁵⁵	sǐ jiē
喝酒	日而胡	ze³⁵xu²¹	ré hǔ
酒醉	日而接	ze³⁵tɕie⁵³	ré jiè
结婚	左阿	tso⁵⁵ɚa²¹	zuō ǎ
嫁女	比友坡	piu³⁵pho⁵⁵	piu pō
写字	此此啊	tshi⁵⁵tshi⁵⁵ɚa⁵³	cī cī á
读书	此吐	tshi⁵⁵thu⁵⁵	cī tū
看书	此普把	tshi⁵⁵phu⁵⁵pa⁵⁵	cī pū bā
讲话	刹栗	sa²¹li²¹	sǎ lǐ
声音	啊惹	a³⁵zie⁵⁵	á rē
作梦	木直	mu²¹tsi²¹	mǔ zǐ
影子	如乃	zu⁵⁵lai⁵³	luō rù lāi
鬼	阿耶	a⁵⁵jie⁵³	ā yè
磕头	卡他部	kha⁵⁵tha⁵⁵pu³⁵	kā tā bú
过年	此卡	tshi⁵⁵kha⁵⁵	cī kā
摆手舞	耶梯黑	je²¹thi²¹ke⁵⁵	yě tǐ kkě
讲笑话	涅池力	nie⁵⁵tshi⁵⁵li⁵³	niē cī lǐ
务农	借日	tɕie³⁵zi⁵⁵	jié rī
作工	胡日	xu²¹zi⁵⁵	hǔ rī
我	伢	ŋa³⁵	ngá
我们	伢义	an³⁵ŋi⁵⁵	án ní
你	义	ni³⁵	ní
你们	社	sie³⁵	sé
他	过	ko³⁵	guó
他们	格则	kw⁵⁵tsie⁵⁵	gēi zē
谁	阿色	a⁵⁵sie²¹	ā sè

续上表

什么	且昔	tshie^{55} çi^{21}	qiē xǐ
多少	改	kei^{55} çie^{53}	gāi xié
我的	伢涅	ŋa^{55} nie^{55}	ngā niē
你的	义涅	ni^{55} nie^{55}	nī niē
他的	过涅	ko^{55} nie^{55}	guō niē

类别	15. 行动类（166）		
汉语	土家语汉字记音	土家语	汉语拼音
看	把	pa^{55}	bā
见	一	ji^{21}	yǐ
睁眼	糯补痛	lo^{35} pu^{35} thoŋ^{35}	luó bú tóng
听	如	zu^{21}	rǔ
吃	嘎	ka^{35}	gá
喝	胡	xu^{21}	hǔ
咬	嘎	ka^{35}	gá
嚼	切	tɕhie^{21}	qiě
舔	那	la^{35}	lá
含	饿	ŋo^{35}	nguó
唷	思沙	si^{55} sa^{55}	sī sā
吞	热	zie^{35}	ré
吐	屁	phi^{35}	pí
咳	聋	luŋ^{55}	lōng
吹	篾	mie^{35}	mié
说	力	li^{21}	lǐ
读	土	thu^{55}	tū
喊	接	tɕie^{21}	jiě
拿	和	xo^{21}	huǒ

续上表

握	剋池	khi⁵⁵tshi²¹	kī cì
捏	渣	tsa⁵³	zà
摇	取其	tɕhi⁵⁵tɕhi²¹	qī qǐ
抱、搬	伯	pe⁵⁵	bē
踢	切	tɕhe³⁵	qié
跑	夫头	xu⁵⁵thu²¹	hū tǔ
跪	克	khw⁵³	kèi
踩	炸	tsa³⁵	zá
站	朱主	tsu⁵⁵tsu⁵⁵	zū zǔ
跨	阿炸	a³⁵tsa⁵⁵	á zā
走	意	ɚw³⁵	éi
坐	翁	oŋ²¹	ǒng
背	窝	wuo⁵³	wuò
跌	体克	thi⁵⁵khie⁵⁵	tī kē
爬	写	ɕie⁵⁵	xiē
靠	风	xuŋ³⁵	hóng
休息	否	xw⁵⁵	hēi
连接	阿沙	a⁵⁵sa⁵⁵	ā sā
搬	伯	pe⁵⁵	bē
抬	抵抵	ti⁵⁵ti⁵⁵	dī dī
挑	克	khie⁵³	kè
耕	切	tɕhie²¹	qiě
挖	嘎	ka⁵³	gà
栽、插	赊	sie⁵⁵	sē
种	日	zi⁵⁵	rī
洗	窝、炸	wuo⁵⁵	wō zá

续上表

割	哑	ŋa⁵³	ngā
砍	嘎	ka⁵⁵	gā
劈	沙	sa⁵⁵	sā
拔	撇	phie⁵⁵	piē
喂	阿	ɚa⁵³	à
牵	使	si⁵³	sì
织（布）	他	tha⁵³	tà
量	无	wu²¹	wǔ
买	铺	pnu⁵⁵	pū
卖	六	lu²¹	lǔ
数	h	xw⁵⁵	hēi
称	启	tɕhi⁵³	qì
教	啊	a³⁵ ɚw⁵⁵	
写	阿	ɚa³⁵	á
抹	夜	jie³⁵	yé
粘贴	顶	ten⁵⁵	dēnālàn
煮	糯	lo³⁵	luó
蒸	桶	thoŋ⁵³	tòng
烤	塔	tha³⁵	tá
杀	布	pu³⁵	bú
切	所	so⁵⁵	suō
剁	多	to⁵⁵	duō
剪	安卡	an⁵⁵ kha⁵⁵	ān kā
缝	纳	la²¹	lǎ
夺	嘿	xæ⁵³	hè
磨	簸	po⁵³	bò

续上表

打	瞎	xa²¹	hǎ
穿	大	ta³⁵	dá
戴	爹	tie⁵⁵	dē
脱	戏、补陆	xw³⁵	h
梳	习	si⁵³	xì sì
编	署	tshu⁵⁵	sū
扫	而	ɚw²¹	
开	痛	thoŋ³⁵	tóng
放	坡	pho⁵⁵	pō
包	拍	phæ⁵⁵	pē
捆	卜	phu²¹	pǔ
装	楚	tshu⁵³	cù
塞	送	soŋ²¹	sǒng
埋	崩	poŋ²¹	bǒng
藏	书苏	su su⁵⁵	sū sù
要	抵	ti⁵⁵	dī
遗失	比劣	pi⁵⁵lie²¹	biē lě
寻找	拟	ni⁵⁵	nī
用	私	si⁵³	sī
包围	禾	ɚuo²¹	wǔo
问	思劣	si⁵⁵ lie²¹	sī lě
答	替	thi³⁵	tí
还	拖	tho⁵⁵	tuō
给	裂	lie³⁵	lé
告诉	这	tsie³⁵	zé
帮助	打西	ta⁵⁵ çi⁵⁵	dā xī

续上表

分	匹	phi²¹	pǐ
欠	打	ta⁵³	dà
赔偿	拍	phæ³⁵	pé
等候	体钵	thi⁵³	tì
遇见	阿护	a⁵⁵u⁵⁵	ā hu
骂	罗	lo²¹	luǒ
打架	打哈	ta⁵⁵xa²¹	dā hǎ
打	哈	xa²¹	hǎ
躲	掖	yie⁵⁵	yē
追	姐	tɕie⁵³	jiè
抢	阿移	a⁵⁵yi²¹	ā yí
偷	二	ɚæ³⁵	é
笑	捏	nie⁵⁵	niē
哭	志	tsi³⁵	zí
爱	阿次	a³⁵tshi⁵⁵	á cī
知道	哈日	xa⁵⁵zi²¹	hā rí
记到	得波	tie³⁵po⁵⁵	dé bō
忘记	死麻	si⁵⁵ma²¹	sī mǎ
想	得	tie³⁵	dé
怕	给	kæ⁵³	gè
是	受	sou³⁵	sóu
有	谢	ɕie³⁵	xié
没有	太	thai³⁵	tái
来了	恩做	en²¹tsou³⁵	èn zóu
去了	皂	tsao²¹	zǎo
回	松可	soŋ⁵⁵kho⁵⁵	sōng kuō

续上表

到	也	je^{55}	yē
经过	拉卡	al^{55} kha^{55}	lā kā
出	住	tsu^{35}	zú
进	起劣	tɕhi^{55} lie^{55}	qiē lě
晒	塔、南烂	tha^{35} nan^{21} nan^{21}	tá、ǎn lán
流	夺	to^{21}	duǒ
溢	卜	phu^{21}	pǔ
浮	塔	tha^{21}	tǎ
掉	比劣	pi^{35} lie^{21}	bī liě
断	得、阔	kho^{21}	dě
破	皮	phi^{21}	pǐ
漏	黑	xæ^{21}	hě
滴	打	ta^{55}	dā
沸	拍	phæ^{55}	pē
生	拢、实	luŋ^{53} si^{21}	lōng、sì
长	翁	uŋ^{35}	óng
发抖	思十、克思	si^{55} si^{21}	sīsǐ、kēisī
肿	胡	xu^{21}	hǔ
死	射	sie^{21}	sé
飞	日阿	za^{55}	rā
吠	翁	ʔoŋ^{21}	óng
啼	冗	zoŋ^{21}	róng
孵	拍	pæ^{21}	pě
开花	卡普卜	kha^{55} phu^{55} phu^{21}	kā pū pǔ
结果	布立直	pu^{35} li^{55} tsi^{21}	bú lī zǐ
落	比劣	pi^{55} lie^{21}	bī liě

续上表

烂	聋	luŋ⁵⁵	lōng
锉	在	tsai³⁵	zái
背柴	卡窝	kha²¹ ɚo⁵⁵	kǎ wuō
挑水	泽克	tshie²¹ khe⁵⁵	cě kē
打枪	铳坡	tshoŋ³⁵ pho⁵⁵	cóng pó
打结	罗替虎	lo³⁵ thi⁵⁵ xu⁵⁵	luó tí hū
打谷子	立布哈	li²¹ pu⁵⁵ xa²¹	lí bū hǎ
拦路	拉端	la⁵⁵ tuan⁵⁵	lā duān
倒水	择土	tshie²¹ thu⁵⁵	cě tú
斗牛	物打挤	wu³⁵ ta⁵⁵ tɕi⁵⁵	wú dā jī
蹲下	古读剥	ku⁵⁵ tu²¹ po²¹	gū dú bǒ
多嘴	砸启日	tsa³⁵ tɕhi⁵⁵ zi²¹	zá qī rǐ
翻	阿汝	ʔa⁵⁵ zu⁵⁵	ā rū
放水	册坡	tshie²¹ pho⁵⁵	cě pō
放牛	物坡	wu³⁵ pho⁵⁵	wú pō

类别	16. 性状形态类（51）		
汉语	土家语汉字记音	土家语	汉语拼音
大	此	tshi⁵⁵ pa⁵⁵	cī
小	爽、毕亏	pi³⁵ khui⁵⁵	suān、í kēi
长	而	ɚe²¹	ě
短	总	tsuŋ⁵⁵	zōng
厚	哪	la³⁵	lá
薄	刹筛	sa²¹ sai⁵⁵	sǎ sāi
多	日	zi²¹	rǐ
少	普尺	phu⁵⁵ tshi⁵³	pū cǐ
横	大拖	ta²¹ thuo⁵⁵	dǎ tuō

续上表

直	出吹	tshu^{21}tshui^{55}	cǔ cūi
湾	库亏	khu^{35}khui^{55}	kú kēi
轻	汝	zu^{53}	rù
重	都	tu^{53}	dù
硬	尅	khɯ^{53}	kèi
软	柏柏得	pie^{21}pie^{55}te^{21}	bè bēi dě
亮	苦熟嘎	khu^{55}su^{21}ka^{35}	kū sǔ gá
暗	禾克克	ɚo^{21}khɯ^{55}khɯ^{55}	wuǒ kēi kēi
旱	拿嘎	la^{21}ka^{35}	lǎ gù
红	免姐	mian^{55}tcie^{55}	miān jiē
黄	王嘎拉	ɚan^{53}ka^{55}la^{55}	wàn gā là
白	阿十	ɚa^{21}si^{21}	ǎ sì
黑	烂嘎	lan^{35}ka^{55}	lán gā
美丽	惹瞌亏	ze^{53}kho^{21}khui^{55}	rè kuǒ kēi
乖	惹	ze^{55}	rē
丑	塔惹	tha^{35}ze^{53}	tá rē
胖	是	si^{35}	sí
干净	缩里	so^{35}li^{55}	suó lī
好	岔	tsha^{35}	cá
坏	得卡那	tie^{35}kha^{55}la^{55}	dé kā lá
快	写飞	ɕiao^{55}xui^{55}	xiē hūi
慢	爹	tie^{55}	dē
慢慢地	惹惹莫	ze^{55}ze^{55}mo^{21}	rē rē mǒ
干	阿嘎	a^{55}ka^{21}	ā gǎ
湿	卡别	kha^{55}pie^{55}	kā biē
新	阿是	a^{35}si^{55}	á sī

续上表

旧	阿排	$a^{35}phai^{55}$	á pāi
生（植物）	阿风	$a^{55}xoŋ^{55}$	ā hōng
熟	阿姐	$a^{55}tɕie^{55}$	ā jiē
快（刀）	西	$ɕi^{53}$	xī
钝	塔西	$tha^{35}ɕi^{55}$	tá xī
难	可剋	$kho^{55}khw^{55}$	kuō kēi
热	格	kw^{53}	gèi
冷	洒	sa^{55}	sā
苦	剋字子	$khw^{35}tsi^{55}tsi^{55}$	kéi zi zi
辣	哲是	$tsie^{35}si^{55}$	zé sī
臭	南	lan^{21}	lǎn
痒	思牙	$si^{55}ŋa^{21}$	sī ngà
富	谢	$ɕie^{35}$	xié
穷	太	$thai^{35}$	tái
害羞	汝嘎	$zu^{55}ka^{21}$	rū gǎ
没有	太	$thai^{35}$	tái

类别	17. 数词（10）		
一	那	La^{55}	lā
二	捏	nie^{55}	niē
三	梭	so^{55}	suō
四	（惹）	ze^{55}	rē
五	翁	$uŋ^{55}$	ōng
六	恶	O^{21}	wuǒ
七	业	nie^{21}	niě
八	叶	Je^{21}	yě

续上表

类别	17. 数词（10）		
九	格	ge⁵⁵	gē
十	嘿	xi⁵⁵	hī

（土家语集注：刘能朴　冉茂文　校　订：彭英子　田隆信）

第四章 习 俗

第一节 生活习俗

一、衣

《大明一统志》载:"土民服色斑斓。"清乾隆《永顺府志》亦称"土民喜斑斓服色"。清嘉庆、光绪《龙山县志》均如斯记云:"土民服饰无诡异,视贫富分华朴,贫者仅足蔽体,富者夏葛冬裘,雅丽自喜,冠履尚时样。妇女高髻阔袖,但平居不系,下裳不饰铅黛,岁节庆贺则为之。遇雨著油鞋,无贫富一也。""妇女喜垂耳圈,两耳之轮各赘之十饰、项圈、手圈、足圈以示富贵","贯耳多环,累累然缀肩下"。平时,"男女垂发,短衣跣足,以布勒额,喜斑斓服色"。土家族中青年男子多穿对胸短衣,领高,袖小而长,领、袖滚边,缀布纽排扣;头上青丝帕包成"人"字形,左边垂一截过耳,脚上多穿力士鞋或瓦瓦鞋,显得紧束轻便,透出英武之气。女装有姑、妇之分。妇女服饰颇为华丽,大衣大袖大裆,裤管宽大若裙,上衣为左开襟,袖大而短,领高一般只五分,镶三道小边,俗称"三股筋",领外托肩,托肩布多为兰黑相衬,领口、袖口及衣襟、裤袖等处均缀有梅条花边,岁节喜庆辄佩以银饰玉镯,透出一种雍容之美。土家姑娘的服饰以素见美,俗有"好吃不过茶泡饭,好看不过素打扮"之说。衣料多为青、蓝二色,以土家挑花为主装饰,从素中见高雅。头上为单长辫,结以红头绳。姑娘看重的是脚上一双鞋,鞋底用纯白的布壳纳成,鞋面绣花着色得体,绣工堪称一绝,是姑娘们待字闺中精心所制。土家族老年人在20世纪50年代仍保持着"男女服饰不分"的古风,穿大衣大袖的"琵琶襟",无领,襟边饰有梅条花边,托肩较宽。老汉的冬装有的为袍式,春秋装为长衫式,系布腰带,出门干活则将衣摆扎在腰带上,有烟瘾的还插上一根棒棒烟袋,脚上的象鼻鞋又暖和又结实。土家族童装极为讲究,从头到脚,尺幅寸心。童帽就有十多种,如春季的紫金冠,夏季的圈圈帽、蛤蟆帽,秋季的八角帽、冬瓜帽、凤尾帽，冬季的猫娃娃帽、兔娃娃帽、风雪帽等，除彩绣外还饰有大八仙、小八仙、十八罗汉等银饰。颈上戴项圈佩"百家锁"，以祈长命富贵，易养成人。手圈足圈佩挂金瓜、银槌、小银铃等饰物。土家童鞋也很精致，周岁前均为软底，会走路了，冬有棉鞋夏有凉鞋，春秋有单鞋，针针线线，缕缕母爱，即是一个肚兜、一个口水褡，都是精工挑绣的，对孩子的打扮是女性聪秀的标志。自20世纪中叶，土家族服饰逐渐汉化，近些年来民族服饰渐受青睐，土家服饰更显得丰富多彩。

土家服饰（一）

土家服饰（二）

土家服饰商品（女装）

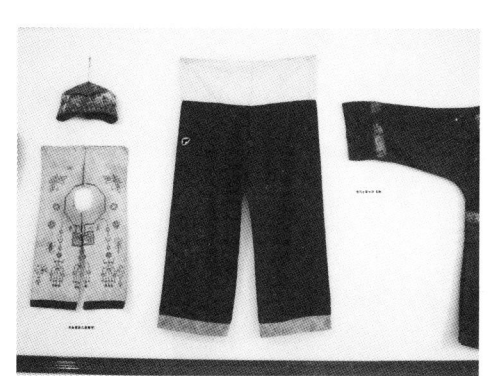

土家大裆裤、童帽、口水褡

二、食

土家人长期生活在山区，喜辛辣，在"粗粮细打办"的过程中形成独特的烹饪技术和餐饮习俗。饮料以油茶汤最负盛名。

油茶汤　土家语称"色斯泽沙"。其制作方法，清嘉庆《龙山县志》早有记述："有所谓油茶者，取黄豆、苞谷、芝麻、米花、腐干、干松菇、腊肉钉以脂油炮炒之，撩起，下水，油锅内加茶叶煎数沸，酌碗中泡诸物饷客以示敬。"苞谷俗称阴苞谷，它是采摘八成熟的鲜玉米煮熟晒干而成，油炸后酥松可口，成汤后仍不失香脆。油茶沸汤后再添入姜米、香葱、蒜叶、食盐即成。土家油茶汤香气浓郁，生津开味，驱寒散热，颇有风味。

甜酒　亦是土家风味饮料。甜酒，又称醪糟。多以糯米做成，亦有以高粱、小米为之。洗净后，经浸泡、滤干、蒸熟、加酒糵发酵后即可连糟带汁食用。冬则加水煮沸，汤内打荷包蛋，煮糯米丸，入碗，加白糖食用，能温胃驱寒；夏季取清冽山泉冲服，止渴散暑，爽心提神，还可添几份醉意。

土家饭食以大米、苞谷为主粮，有的还添以红豆、绿豆、薯类等杂粮。土家人多在火铺上为炊、就餐，那煨在火塘边的鼎罐饭，架在三脚上的火锅菜，热乎乎，香辣辣，别有一番滋味。土家副食丰富，诸如糍粑、团徽、油粑、粉粑、荞粑、苞谷粑等都很有特色。

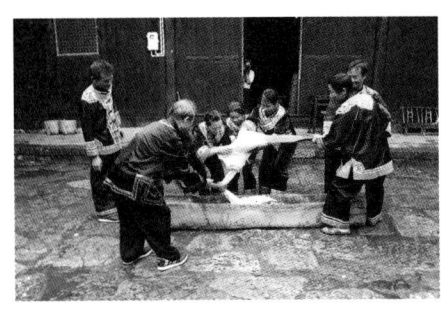

打糍粑

做团徽

糍粑　清乾隆《永顺风土志》释云"系糯米饭在石臼中杵如泥，压成圆形，形如圆月，大者径约五寸，寻常者四寸，厚三分至八分不等"，亦有以小米、高粱、糯米拌苞谷为之。压制时上下板涂有蜡油，制成风干几日，取立春前的腊水浸泡，至夏不腐不酸。年后耕锄樵猎或外出赶集带上几个，吃时只须文火烤熟，又方便又快当，沾上芝麻糖粉或酸菜、霉豆腐之类的小菜，吃得津津有味。

团徽　用优质糯米做成，将料洗净浸泡一夜后滤干，入甑蒸熟，以三分宽篾片制圆模，勺热腾腾的糯米饭放模内，一手转模，一手将饭揉匀，制成直径25厘米左右的圆饼，趁热以拌有品红品绿的糯米饭于饼面摆成福禄寿喜字样或花草图案，放在竹篾上晒干或用炭末文火烘干，吃时以沸油浸炸，酥香膨脆，可干食亦可用开水、白糖冲泡，糯软香甜，落口消融。烘干而未经油炸的叫生团馓，吃时先煎鸡蛋，用蛋汤将团馓焖熟，爽口健身，土家产妇多以此作早餐。

土家人喜食辛辣，清嘉庆《龙山县志》卷七记称："土民五味喜辛，每食不离辣子，盖丛岩邃岩中水泉冷冽，岚瘴郁蒸，非辛不足温胃脾，故群然资之。"土家辣味菜品种多样，腌制有方，风味独特，每餐不可缺。

土家人爱喝大碗酒，爱吃大片肉，洛塔大肉巴掌宽，指儿厚，每片足有二三两，但肥而不腻，鲜嫩爽口，比红烧肉有过之而不及。洗车河流域的土家腊肉风味独特，每年冬至后各家就杀猪宰羊，先将花椒、八角香、山胡椒等调料合盐炒香磨研成粉，待猪羊修净破腹后将肉分割，趁热拌上调料，在缸内腌制十天半月后取出上炕。炕肉时忌烧松杉等含烟脂重的薪柴，多以青枫、香叶树、土荆条等杂柴为薪，朝炊暮爨（cuàn），烟火不断，至次年立夏后才下炕，冷却后埋于稻谷中收藏。通过谷子吸水后腊肉更耐贮存，且经久不腐，剖开后肉质鲜嫩，或清蒸、清炖，或生炒鲜椒肉丝，或焖枞菌、豆腐，或煮熟后炒回锅肉片，吃起来香而不涩、鲜而不腻，有一种诱人的清香。

土家腊羊肉 亦如此腌制，只是在调料中加重了山胡椒的分量，有效减轻了羊肉的腥味，炒时加以辣椒、生姜、大蒜，橘叶，真是风味十足。

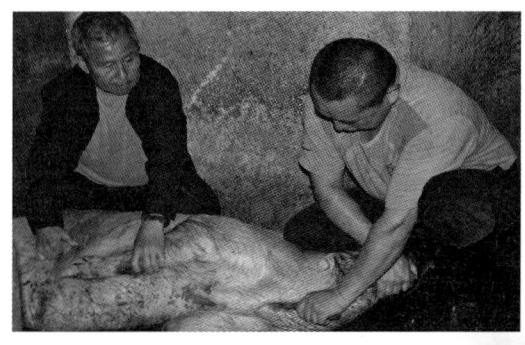

杀年猪

正在熏烤的苗市腊肉

三、住

土家木朝门

土家民居

土家火塘

土家转角楼

土家人住房过去多为青瓦木房，分正屋、偏房、吊楼子、朝门四个部分。正屋有三柱五棋、五柱八棋乃至七柱十二棋的。棋，是指安在排扇枋上的承重柱，柱多棋多则堂第深邃更显高大。一般人家是四排三间。正屋中间那间称堂屋，安有"本宗历代祖先神位"或"天地国亲师位"的神龛，平时一般不作他用，以供年节祭祖和婚丧喜庆用。左右为人间，均铺有地楼天楼，分前后两间，左前间设火塘，是土家人作炊、取暖、接待客人的地方，其后为主卧室。堂屋后面建有抱兜房，是祖父母的卧室，因前面安有神龛，中青年忌用。偏房俗称偏厦，建在正屋两侧，作厨房、厕所、碓磨房用。偏房前面是左、右厢房，亦有单面的，皆依地势高低形成两层楼。一楼低于正屋阶檐，设仓廪及猪栏鸡埘等；二楼高于正屋阶檐三尺许，多为转角楼，明窗亮格，专供土家姑娘织锦、挑花用。房屋四周或插篱为院或筑土成垣或垒石为墙，中留一门土家人称为朝门。修建房屋是土家人的大事，屋架立起后要举行上梁仪式，整个房屋装好后要举行"踩门礼"。土家大门共六扇，有"素板""三丘田""万字格花板"等式样。大门、朝门都讲究风水至向，动工要择吉日，完工要行踩门礼，以求居室平安，财源广进。美轮美奂的土家建筑是由古代"防禽兽、避瘴气、免时郁"的干栏式建筑演变发展而成。清嘉庆《龙山县志·风俗》载："土民依山结层，层垒排比无次第，每间撑五六柱，无窗户，檐低户小，俯首出入，设火床，翁姑子妇同卧处，客民至其家，眠一塌无嫌。牛羊鸡犬居其下，相习莫知其秽。"改土归流后，土家建筑才得以发展，光绪《龙山县志》就有"富族丽舍，一里率二三家"的记载。20世纪80年代后，逐渐富裕起来的土家人也修起了一栋栋小洋楼，全木结构的土家建筑因拘于砍伐而渐少见新修。

四、行

龙山"高峰丛杂，窄径绵延"，土家人逢山而登，遇水而涉，负重而行，艰难至极，故土家人把修桥铺路引为善事。或捐资修桥于溪河，或设义渡于渡津。或架悬索于深壑，或搭跳岩于山溪。跳岩，多见于溪沟或浅滩。选平整岩石按步铺通两岸，再一步一步跳过去往返其间，如果涨水，就得摸着石头涉水而过。过跳岩，要步履稳健快捷，稍有胆怯便会失足落水。正是这种险峻的生存环境，磨炼了土家人的意志，造就了土家人刚勇、敏捷、无惧无畏的品格。在1958年修通第一条公路——永龙公路以前，除县南的里耶、洗车河流域有舟楫之利，其他地区多靠肩挑背负或马帮驮运。土家背负工具颇有特色，背柴多用"柴马架"。因它使用的是两根形似羊角的树叉，故又称"羊角马架"。两叉间横以扁木，以此扛负重物，或柴薪，或盐巴，或肥料，翻山越岭，快捷如飞。土家人通常使用背篓、扎笼背运物资。关于土家背笼，早在宋代，朱辅的《溪蛮丛笑》就有这样的记载："负物不以肩，用木板为中枒之状，钳其顶，以布带或皮束之额上，名背笼。"清雍正《永顺县志》上亦有这样的记载："土民所居必择溪谷

土家竹编背笼

拉拉渡

跳岩

高峻之处，履险陡岭，捷足如飞，以背驮之，约绳于膊，伛偻而行，名曰背笼。"这些，当是土家人最早的背运工具。现在的土家背笼式样日新，有柴背笼，牛眼背笼，米背笼，花眼背笼站背，晒背等等。土家语称柴背笼为"禾煞"，称晒背为"克提巴"，称牛眼背笼为"卡纳车"，称背桶为"赛梯"。土家人在背背笼、扎笼负重行走时还辅以打杵，既是手杖，又可利用它歇气。这是一根T形木杖，土家人凭着对力的平衡，得手应心应用自如，累了只须把打杵往扎笼底下一撑，顿然失去重负，一声唔呼，山风徐来，好不爽快。

从20世纪90年代以来，全县扶贫工作扎实推进，在交通不便的土家山乡或于山溪小河上，或于两山对峙，一鸿深壑间，一座座铁索桥横空出世。其中靛房镇中心村苦列山上的铁索桥最为壮观。该桥东起苦列山，西至吴列山，长176米，宽2米，桥面距敖泽河水面170米。桥面用9根直径为32厘米的钢绳拴在苦列、吴列两山的崖壁上，桥面铺538块长3米、宽27厘米、厚8厘米的木板，用特号螺丝钉固定。两边铁丝网护栏高1.5米，桥的承压力2.75吨。人行其上，如荡秋千。若雨后初晴，云雾缭绕，弥天漫谷，人行其上，如腾云驾雾，别有情趣。

第二节　生产习俗

土家族是个古老的农耕民族，长期聚居在山峦重叠、沟壑纵横的武陵山区，过着"筚路蓝缕，以启山林"的原始渔猎农耕生活。在认识自然改造自然的历史过程中，积累了丰富的渔、猎、农耕经验，形成了独特的生产习俗。

一、渔

《溪蛮丛笑》等史籍载称，酉水流域的土家人在11世纪以前还过着"土俗不尚农，岂暇论肥硗，莫淫射禽兽，浮鼎烹鱼蛟"的渔猎生活。土家族传统捕鱼方法有：

接洞鱼　酉水流域属喀斯特地貌，河畔多洞泉，洞水冬暖夏凉，立冬后，河里的鱼成群结队逆洞泉而上，进入水洞中越冬。至次年立夏前后，暴雨倾盆，洞水陡涨，在洞内越冬的鱼群鱼贯而出，乘汛回归大河。土家人不失时机地在洞口安好壕网，让鱼顺水进入网中，须臾便是满满一网壕鱼，解开壕尾，只需取背篓一篓篓接好了，有时一天一夜要取几百斤。悠然间取一盆活蹦蹦的鲜鱼投入沸汤，那种"浮鼎烹鱼蛟"的鲜味堪称一绝。

安鱼梁　土家人抓住鱼群上溯时遇岩梁或拦河坝之类的障碍物必跳跃翻腾的习性，

趁鱼汛或枯水季节，于溪河落差较高处放置一些筛篮、箕、笊之类的竹器，鱼群上溯跳跃时自落其内，成为瓮中之鳖。

安鱼栏 夏季枯水季节于溪河滩口垒一道扇形石坝，空隙处扎塞稻草，尽量让河水集中往滩口流。就在石坝合龙处，安放鱼笕、虾扒之类的捕鱼竹器，待鱼顺水流下，将其尽收其内。

闹鱼 多在夏季水枯季节进行，冬天亦有闹洞的。药饵多用野生的苦楝子或茶枯之类的植物原料。将其烧焙，碾细，用筐篓装好于滩头冲放，凡药水所到之处，鱼如醉如疯，或浮出水面，或伏于河边，只需用捞兜随手捞取了。闹洞多在春节前几天进行，趁鱼群在洞潭里越冬，将制好的苦楝子粉或茶枯粉投入洞潭内，待药性发作，鱼自会浮出水面，成为乡民春节的盘中餐。

手捕 一是摸鱼，溪河多岩窝，鱼栖息其内，夏季下河洗澡，一个猛子潜入水中，寻着洞口顺手摸去，就是一条肥美的鲜鱼。二是砸鱼，有些小鱼如角角鱼、石兰鱼等常在浅滩鹅卵石下栖息，渔者用铁锤或石头敲击，刨开石块便能捡起被震昏的鱼儿。三是照鱼，夏夜闷热，邀几个伙伴打起火把或提着用铁丝编成的火罩，内燃松明，一路沿河边浅水走去，便会发现肥美的鱿鱼伏在河边，只需用刀轻轻一敲，便唾手可得。四是叉鱼，鱼汛期间，大江大河的鱼多上溯到溪河产卵，常如痴如迷群聚在浅水草滩之中，伺机飞叉捕杀，得来全不费功夫。

板罾 罾，是土家地区一种古老的方形鱼网，长宽均约三米，撑开如倒置的方形伞状。洪水期间于岸边回水处放罾，不堪激流冲击的鱼群纷纷游向缓水处，落入罾中，板起即是一网活蹦蹦的鲜鱼。若在枯水季节，板罾须辅以"赶白"程序。即先将罾在河中放好后，再由两人拿着一根串满麻叶的长绳分别从左右往上赶鱼，麻叶背面是白色，使鱼群视力发生错觉，纷纷逃遁，落入罾中，成为渔人所获。除板罾，土家地区常见的有打网、放丝卡子、拖草网等捕鱼方式。

捉团鱼 团鱼即鳖，对其生活习性土家有谚语："头伏潭二伏滩，三伏趴在沙中间。"会捉团鱼的，白天黑夜都有绝巧，白天找窝子，晚上看路子。白天团鱼藏身于细沙之中，仅露一点鼻孔以供呼吸，善捕者眼明心细，凡沙滩浅水处有水泡很规则的向外冒，便知沙中藏有团鱼，伸手摸去如取瓮中。晚上团鱼喜在沙滩上爬行，善辨行踪者一路寻踪，唾手可得。

捞虾 溪河多米虾，常聚两岸水草中，土家妇女持虾扒捞之，所获甚丰。这虾扒编织得十分精致，口大尾小，形如一朵硕大的龙虾花。若逢盛夏，土家妇女常摘些柏树之类的芬芳树枝放于河边静水处，形如凉棚，虾群栖息其内以避酷日曝晒，届时持虾扒捞取，所获较倍。

照黄鳝 夏夜，黄鳝喜在泥土外乘凉，乡民一手执燃有枞膏的火罩，一手拿"针抓"或竹夹，针抓上面安有数枚铁钉或钢针，在火光照耀下，黄鳝、泥鳅一动不动，被针抓抓住或被竹夹夹住便百无一失。除这类手捕外，还有用香饵诱捕的。诱笼颈小腹大，内置香味食物，黄鳝、泥鳅闻香而至，诱入笼中而不得回。

隆头网箱养鱼

二、猎

土家族地区山高岭峻，林深箐密，飞禽走兽养肥其间，延续了土家人善猎的历史。直到现在酉水流域还保持着"上山赶伏，见者有份"的原始公社制分配的部落遗风。其狩猎方式主要有：

赶仗 清嘉庆《龙山县志》卷七"风俗"记云："龙山深林密箐，往日皆土官围场，一草一木不许轻取。每冬狩猎，谓之赶仗，先令舍巴头人视虎所居，率数十百人大网环之，旋砍其草，以狗惊兽。兽奔则鸟铳、标枪立毙之，无一胸者。"在打山鸡时，"鸟枪以击飞，走发无不中。取山雉携囮置其处，雉性喜见囮昂颈鼓翅而前，先张青棚，手持火枪，击之无飞逸者"。在捕野兽时，"猎獐鹿各物，嗾犬逐之，先以人执火枪伏要隘处，待物挺而走其罗网中，可望执以归"。此习至今犹然，农闲时土家汉子身佩猎枪弓弩，逐犬猎于林间，所获则见者有份，颇具古风。

毒兽 用"三步倒"等植物类毒药包在薯块或肉块内，置于野兽出没之地，兽吃了后三步之内即毙命，猎夫取刀剖其胸腹，弃其内脏，不使毒药渗入血管，以免对人造成危害。如处理不及时则不能食用。近代以来市场有炸兽弹出售，按上法炮制，兽咬破诱饵，引爆炸弹，重则当场毙命，轻则带伤窜逃，逐犬追之，猎获于反掌之间。

套兽 湘西土家族在历史上以射杀白虎而著称，深谙弓弩弹力之法及绳索牵引、滑脱机关之巧技。在狩猎中按此原理制成多种捕兽的套子。如板杆套、铁套、索套、网套、竹套、笼套、陷套等，隐蔽地安装在野兽出没之地，并以各种野兽要吃的食物为诱饵引其上套，猎物被套住后，十有八九无法脱身，只能任其捕获或击毙。

套猴 龙山水沙坪人以善于套猴而远近闻名。猴子爱吃苞谷，每当苞谷成熟时便成群结队窜进苞谷林，一夜之间成块连片的苞谷被糟蹋殆尽。捕猴人按此特征，用苞谷诱其上套，这套笼足有半间屋大，笼内挂满玉米棒，笼子顶部盖好掩体，下面装以机关，人潜身笼下。待群猴一个个入笼后拉下机关将争食玉米的猴群尽囚其内。群猴被囚后毫无惧色，这时须认准猴王当着众猴以棒击之或以枪诛之，群猴惧，任其捕而驯之，驯后或放归山林，或肆以宠家。水沙坪人驯猴有术，他们模仿猴语编成猴歌，只要对着山上一唱，群猴便会拖儿带崽的纷纷从山林里跑出，接受人类善意的恩赐。君若去猛峒河旅游便能看到这和谐的一幕，这位神秘的驯猴人即龙山水沙坪人。这样的人在水沙坪并不鲜见，像该乡大寨的彭永刚、彭昌光，沙湾的张泽举、李飞龙等都是捕猴、驯猴的高手。

套雀 套雀有溜子套、筛篮套、笼套、网套诸种。溜子套用马尾毛或棕丝做成，滑度灵敏，套圈的大小因鸟而异，安装于竹丛林间鸟道上，鸟觅食其间，误入圈套，或足或颈被紧紧锁住，任人捕捉。筛篮套很简单，用一节叉形竹竿将筛篮一头撑起，竿上有机关与棚内的食盘相连，食盘上放谷物等诱饵，鸟进棚啄食触动机关，即被落下的筛篮关住。笼套做得很精致，分内外两层，中间一层放"媒子"即经过驯化的野鸡、画眉之类，外面一层四方开门，以鸟诱鸟，媒子挑逗啼啭引同类觅情而至，触动机关，成为失去自由的笼中鸟。网套是用麻绳织成的大幅套网，网口有竹片做成的机关可撑可收，挂在鸟道上，以石子或竹篙驱群鸟入网，按下机关将入网之鸟尽锁其中。近些年来，随着人们对自然保护意识的加强，以上捕禽猎兽之术已少见。

三、农

随着历史的发展，土家族逐步从"喜渔猎，不尚农"的渔猎时期进入刀耕火种的原始农耕生活。

刀耕火种 唐代诗人刘禹锡在一首《竹枝词》中对湘鄂西土家风情有这样描述：

"山上层层桃李花，云间烟火是人家；银钏金钗来负水，长刀短笠去烧畲。"乾隆《永顺府志》亦载："春斫木剃草，举火燔之，名曰剁畲，火熄乃播种，收获倍常。"清嘉庆《龙山县志》卷七载："邑山多田少，男女合作，终岁勤劬不休。方春，视山可垦处，剃草伐木，纵火焚之，火熄土松，肥腴异常，谓之烧畲。种植杂粮甚茂，包谷尤为大庄。府志载刀耕火种刘禹锡《巴渝竹枝词》'长刀短笠去烧畲'，此俗也。"至次年春，斫去杂草，稍加芸锄，又可复种。如此两三年，待地力贫瘠，即弃之，任其荒芜，涵养地力，数年又是竹木葳蕤。这种刀耕火种的生产方式对植被破坏大，20世纪60年代中期已基本绝迹。

农耕

春耕送肥

农业学大寨时开垦的洛塔梯田

群事耕耘 在农事上，土家族喜采用互相帮工、换工式的集体性劳动。嘉庆《龙山县志》卷七载："四五月耘草，数家趋一家，多至三四十人，一家耘毕又至一家，陇畔击鼓鸣钲以催功，随耘随歌，以助欢娱，谓之薅草鼓。"又载："夏日芸苗，数家人合在一起，彼此轮转，以次而周，往往数日为曹。中以二人击鼓鸣钲，迭相歌唱，余者进退作息，皆视二人为节，闻歌欢跃，劳而忘疲，其功较倍。"光绪《龙山县志》亦载："土民群事翻耕、插秧、芸草……间有鸣钲击鼓歌唱以相娱乐者，亦古田歌遗意然。"同治版《来凤县志》亦载："四五月耘草，数家共趋一家，一人击鼓，以助气力，一人鸣钲，以节劳逸，自成音节，谓之薅草锣鼓。"这种击鼓鸣钲、迭相歌唱、群事耕耘的生产方式在洗车河流域还有遗存。

开秧门 插秧是农家一年生产中的大事，过去须在谷种下田后的第四个卯日或辰日、午日举行"开秧门"仪式。主人备酒肉、糍粑、豆腐等祭品在秧田边行田祀，以祈丰收。祭毕，才能开始扯秧。插秧这天，主人盛宴款待前来帮忙插秧的乡亲邻里，俗称"插秧酒"。席间还兴讲四言八句，如主人给帮忙插秧的人敬酒时说："多喝一碗酒。"插秧人笑口相答："多打一担谷"等云云。

灌溉 明宋应星的《天工开物·水利》记曰："凡河滨有制筒车者，堰陡障流，饶于车下，激轮使转，挽水入筒，一一送于枧内，流入亩中，昼夜不息，百亩无忧。"这种古老的灌溉工具在土家族聚居的酉水流域常见不鲜。除使用筒车，土家人还使用戽斗、龙骨水车等灌溉工具。戽斗用木制成，形状略像斗，两边安有绳子，二人引绳提斗吸水，注入田内。龙骨车是一种木制的水车，将一块块规格一致的木板用榫连成环带形，用人力踩动，使一块块木板搅水入田以行灌溉。自改土归流以后，政府倡修水利，土家地区利用溪河围堰凿渠引水自流灌溉者多。

四、林

土家族地区林深树莽，许多珍贵的木材历为帝王修建皇宫所用。据《明史·土司传》记载，永顺土司多次向朝廷进贡大楠木。明正德元年（1506 年），永顺土司彭世麟向朝廷进贡大楠木 200 根；正德十三年（1518 年）复献大楠木 470 根。其采伐地多在通江达海的酉水流域，其木材资源如此丰富，当得益于土家人崇拜自然、对一草一木的保护意识。土家人有栽"女儿树"的习俗，女儿出生后，其父母须给女儿栽上数十棵梓、楠、樟、杉、椿树之类的优良树种，以备女儿长大出闺时置嫁奁用。并充分利用山区的土地资源，垦荒造林，蔚然成风，致使满目葱郁。在管理方面，土家人有立款封山等禁约，至今仍称森林为"禁山"，一个约定俗成的"禁"字，在土家人心目中形成一种不敢越雷池半步的护林意识，在土家山乡，封山碑、封山草标比比可见。如立于嘉庆二十年（1815 年）的长潭牙土村的一块封山育林碑就刻有"遵示五禁"的乡规民约。封山条款各地大同小异，如严禁在林区砍伐树木、砍柴、烧炭、烧香纸蜡烛、燃放鞭炮等。一经"立款"，便在四周界线挂以草标为记，任何人不得进入。有的还歃血为盟，以求天地共鉴。对村寨周边的风水林更是关爱有加，认为其枯荣盛衰与全寨兴衰攸关，致使寨前寨后古树葳蕤，成为山寨古老的标志。

五、牧

养牛 土家族作为一个古老的农耕民族，对牛爱若至宝。清嘉庆《龙山县志》卷七记曰："四月八无论土庶，砆书嫁毛虫字贴壁间，农人是日不耕作，牛亦休息。"这天，主人给牛饲以谷料、稀饭甚至鸡蛋、白酒等，作为对牛的报偿。在牛的繁殖上土家人更注重优选优配，其中传统品种湘西黄牛属役、肉兼用的地方良种。20 世纪 80 年代，里耶八面山被农业部定为南方高山草场畜牧基地，1988 年，全县养牛总量突破 10 万头。

养羊 土家人历来有养羊的习惯，一般以放养为主。山羊繁殖快，其性好动，善于攀援，在高崖陡坎觅食自如。其体型为中等，成羊肉重可达 20 公斤左右，其肉质细嫩，膻味轻，香味浓，湘西山羊肉是国内外市场最受欢迎的肉类之一。

养猪 土家人把养猪作为家庭的主要副业。品种过去以"武陵黑猎"居多，饲料以苞谷、红苕、洋芋、豆渣、酒糟、糠麸为精料，辅以薯叶、葛叶及各种野草，按猪的生长期灵活配置。奶膘猪以精饲料为主，拖架子猪饲料不宜精，并注重户外活动。架子长顶了才增加精饲料催膘壮肥。这种地方良种猪，肉质紧密细嫩，鲜美可口，营养丰富，是其他大型猪种无可相比的。

八面山草场

养鸡 土家养鸡多为放养，早放夜关，让其在屋前屋后空坪隙地中觅食蚯蚓等各类昆虫，这种吃活食长大的鸡，肉质细嫩，味极鲜香，市民称为土鸡或乡鸡。乡鸡蛋色鲜味香，营养丰富，成为市场上的抢手货。

养鸭 有家庭饲养和专业饲养两种。家庭饲养多则二三十只，少则五六只，以自食

高山牧羊

为主。专业养殖户俗称"鸭客"，家里多设有抱棚。从雏鸭出壳后即进行精心管理，待其羽毛初丰即成群放牧。牧鸭人一头挑着鸭棚，一头挑着被盖、炊具，带着牧犬，靠一根竹篙指挥鸭群，蹼行于乡间小道阡陌间。鸭子下田后，牧鸭人只要将这根竹篙一插，牧犬便会以此为界守护鸭群，鸭群亦不趋越。

六、副

油坊 油桐从宋代即有种植，桐油广泛应用于造船业及油漆制作，历史上求大于供。18 世纪中叶，随着国家海禁开放，山区的桐、茶油畅销中外，油桐种植、加工在县内兴起，涌现出一批桐油种植大户，其中规模最大、最具名气的要数贾家寨巴沙湖"向氏六大家"。巴沙湖向家是从向国书手上发家的。向国书生于清道光年间，祖籍苗儿滩搓咱里，咸丰年间考上贡生，可他淡泊名利，不羡官场重农耕，他看中巴沙湖地旷土肥，率子向世芳、向世标、向世堂、向世荣、向世杰、向世藻迁入巴沙湖垦地植桐，遂成大户。

由向国书六个儿子形成的"向氏六大家",每年平均可检桐籽 5 万多挑,可榨桐油 4 万多斤。至民国年间,仅其孙向恢驰一家每年的桐油产量就达 5 万多斤。他家修有 6 个油坊,一年四季榨油不止。随着油价看好,各地植桐榨油蔚然成风,油坊比比皆是。

油坊有水碾、旱碾两种,水碾以水能为动力,旱碾以畜力拉碾。修水碾或于溪河筑坝引水或于洞泉落差处建坊,引水入梘冲动水轮通过轴杆,带动石碾滚动碾压。水轮俗称水鼓,其形如轮。水头落差较高的多用立式,筑坝引水落差较低的多用平式,有中轴与碾盘相连。土家油坊梁柱高大,通为瓦面,一般不装板壁。内有碾盘、碾槽、石碾、油榨、油锤、炒锅、蒸锅等设备。石碾很大,直径在 1.2 米左右,碾柱与中轴相连,靠水鼓带动,反复辗转,昼夜不息。

榨油坊

水碾动力转盘——水鼓

水碾坊

油榨多用猴栗、桐木等硬质大树凿空制成,内径以枯饼宽度为宜。入碾前须将桐籽晒干或烘干,用晒耙反复搓揉,去其灰皮,以纯油质。桐籽碾细后,出槽、上甑,每甑限一个枯饼量。大火蒸透趁热入圈,用梳理编结好的稻草包成枯饼,每饼用两个铁圈箍紧,踩实后方能入榨。每榨约 15~20 个枯。按其加工量定。枯在碾槽里安好后,再安上油尖即按规制好的梗木楔子,再用油锤反复捶打,逐次加尖,挤压出油。油锤直径约 15 厘米,头镶铁板。锤杆长约 5 米左右,悬梁以缆绳吊紧。油匠进退操作,吭唷有声,借势发力,逼油渗出。20 世纪 80 年代以后这种传统榨油方式渐为机械榨油取代。

水碾、水磨坊 以水能为动力,建造与油坊所述同。只是碾米的石碾比油坊石碾小些,一般为 60~70 厘米左右。碾盘上增设石磨或砻。石磨用于加工玉米、面粉等;砻是一种专门用于稻谷去壳的工具,形如石磨,用青冈树削片制成扇形纹路,与磨扇同。砻去的谷壳称砻糠,只能作牛饲料。砻过的糙米过碾后雪白,米糠细柔,可掺兑玉米粉制成糠粑、苕粑等。

纺织 清嘉庆《龙山县志》卷七记载:"各

村市有机行，布皆机工织之，无论城乡，妇女四时皆业纺，半夜不辍。"织布者有的自产自用，有的生产后上市出售。县内石羔山、兴隆街、洗洛、遥见坪、里耶等地从事织布者居多，里耶新街有纺织户700多户，洗车河唐文章设有织布厂。1949年以前，兴隆街马家沟一带家家织布。仅石羔山冲天村三王塘在解放前夕，全村共有48户，从事织布的就有40户，占总户数的83%；全村18岁以上人口222人，从事织布生产的就有190人，占总人口的85%；全村年产土布至少在7000匹以上。过去，石羔山为龙山土布的主要集散地，墟日上市量千余匹，最多时达数千匹。其纺织工具在民国以前多为手梭木机，民国初期始有机梭木机（俗称扯机），至民国二十九年县内才出现铁木机，但大多还是使用木机。

第三节　礼仪节庆

一、婚姻

嘉庆《龙山县志》卷七记云："土人地处万山之中，凡耕作出入，男女同行，无拘亲疏。"并有"以歌为媒"等记载。由此可见，土家族婚恋在此前是比较自由的。改土归流以后，随着"学汉文，习汉礼"的推行，土家族婚姻渐受父母之命、媒妁之言影响，原本只需男情女愿、以歌以媒、经梯玛求神应允后便可结为夫妇的自由婚姻已为封建包办婚姻所取代，平生出请媒、求亲、行聘、拜年、取八字、过礼、迎娶、拦门、告祖、庙见、回门等繁缛礼节。清嘉庆《龙山县志·风俗》记曰："土人婚娶，其新妇擎雨伞自行，遇水人负以渡，近亦用轿，兴鼓乐迎之……所居多土籍者，其风亦渐革，并渐习华风。""男家多先求女家庚帖命卜者推算曰合婚，不合者仍以庚帖还之，士君子多不信卜者言，只访门户相匹，请媒妁求亲如允，择日备鸡、鹅、豚蹄等物，以鸾笺先书男庚于左，至女家书女庚于右，曰插香；女方酬以荷囊袜履，自此亲谊关切，或月内或岁内彼此折柬延饮曰会亲。""将婚，用豚酒纳吉，曰报期；以羊豕喜饼花钗衣饰馈女家曰过礼。"又曰："土民议婚，多访其女有私财者，然后请媒妁求之，既许，其女家也必索重聘，嫁时奁资极丰，棉被多至二十余铺。生女将字入其舅氏，必索财物，既慊，而后许之。"至20世纪50年代，境内还有"还骨种"遗风，云"嬷嬷女，伸手取；舅舅要，隔河叫"。在封建婚姻包办下土家姑娘只能接受嫁鸡随鸡、嫁狗随狗的命运安排，于是她们把满腔积怨泡在《哭嫁歌》里，一哭就是十天半月，一直到出闺那天早晨，才举行"上头"仪式。"上头"是土家族一种古老的美容方式，须请一位儿女双全的中年妇女进行。先是修眉,其方法是:取几根棉线搓紧,一头用牙咬住,右手捏住线的中端,左手捏住线头,使之交叉成人字形,再取子木灰抹在新娘眉额间,反复用线绞其眉间,把眉毛修成弯而细长的娥眉。修眉后"上头",这是土家姑娘将为人妇的人生转折,有挽粑粑鬏的,有缠麻花头的。套上青丝发套,别上金簪银簪即成。土家新妇头饰以贫富定华素,富者金簪玉簪,还饰以龙凤珠宝;贫者银簪红绳,更有一种天然去雕饰的淳朴之美。不等新娘梳洗完毕,男方的迎亲队伍一路打着溜子,吹着唢呐,放着鞭炮热热闹闹进寨了。这情景,正如清代土家族诗人彭勇行(1835—1891年)的一首竹枝词《里社》所写:"迎亲队伍过街坊,小儿争相爬地墙;'叭叭''隆隆'花轿到,唢呐巧配'得佩当'。"这时女方执事人员赶忙在朝门口摆上一张大方桌,桌上置大红蜡烛一对、酒一壶、酒碗两个,等迎亲队伍来了便举行拦门礼。拦门礼以对歌对诗讲四言八句为主,改土归流后在汉文化影响下新添了一些诸如"周公治礼"之类的词儿。双方一问一答定输赢,负者罚酒一碗,如男方连输三次,除讲礼先生接受三碗罚酒外,其领队的头嘎、二嘎即汉人所称的督官、礼官还得从拦门桌下钻过去,在一片哄笑声中女方才撤去香案,让迎亲队伍进门。至晚,来迎亲的小伙子们最提防又最爱逗的是"找摸米"。摸米,即新郎的代表,一般由新郎未婚的弟弟或表弟担任,负责应付迎娶中的未尽事宜,如离娘衣、背亲布、姊妹粑粑等等,尤其是姊妹粑粑不可少,否则姑娘们便会以此为碴儿,趁小伙子们猝不及防时把预先抹在掌心的锅烟墨向她们看准的小伙子脸上抹去。刹那间,后生们脸都变成了大花猫,一个个傻乎乎地向挑逗者追去,胳肢成一片笑声。这样一直闹到拂晓,迎亲乐队三吹三打,求女方发亲。土家发亲是有规矩的,先走一笼帐子和一套被盖,以便抢先在洞房开铺。再走嫁奁行头,最后才是铺盖箱子。其中最绝的是绑鳖,即将女方陪嫁的碗盏调羹等瓷器在一张小方桌上用红头绳绑成鳖鱼状,无论一路颠簸都不会掉落。发亲毕,身穿大红"露水衣"、蒙着红盖头的新娘才在"三请三催"的乐声中由伴娘扶到堂前辞拜祖宗,踩过方斗后将手中拿着的一把筷子往后甩一多半,往前甩一少半,说是把衣禄留给娘家。甩完筷子才由她的哥哥或弟弟背上花轿,花轿覆有大红轿衣,轿夫四人,二人持火把前行,土家人称为喜把,说是为了躲过白鼻子土王的初夜权,直到现在用豪华轿车迎娶,车内仍放有两束象征性的喜把。新娘上轿后,乐队又奏乐请"上亲客"即女方送亲的主宾出门,上亲客有四至八人的。一路吹吹打打抬到男方家以后,其婚俗正如清嘉庆《龙山县志》卷七所载:"女至婿门,婿家陈香楮酒醴,鸡一,祀护送神,曰堵煞;大门坎下燃灯一盏,列火七柱,罩以筛,轿从上过,曰烛邪;入门,婿至堂东,设香烛,铺氍毹,同拜堂上,曰拜堂;二女童执烛导入洞房,曰迎花烛;设酒果,婿西向,妇东向,行合卺酒,曰交杯酒;婿出,妇乃盛装同谒祖先,曰庙见;拜舅姑依次拜亲长,曰拜大小,择夫妇全而有福庆者先拜之,曰开拜;明日夙头,妇以袜履枣栗贽拜舅姑及诸亲长,曰拜茶,亲长各赠以喜钱曰拜仪,宴妇之伯叔兄弟姑姊妹曰宴上亲,备筵送妇父母曰报宴,取报谢之义,母家延客宴婿,曰陪郎;回日具米粢米徽礼物,遣之嫁奁厚薄视家贫富,富则赠袍服冠带加以钱或牛马,贫者弗论,也不索厚奁,故俗鲜溺女风,聘礼亦然。"至 20 世纪中叶,此风渐息,土家族婚姻又获自由,婚事新事新办,移风易俗,唯哭嫁、拦门、拜堂、闹洞房、拜茶、回门等习俗尚有传承。

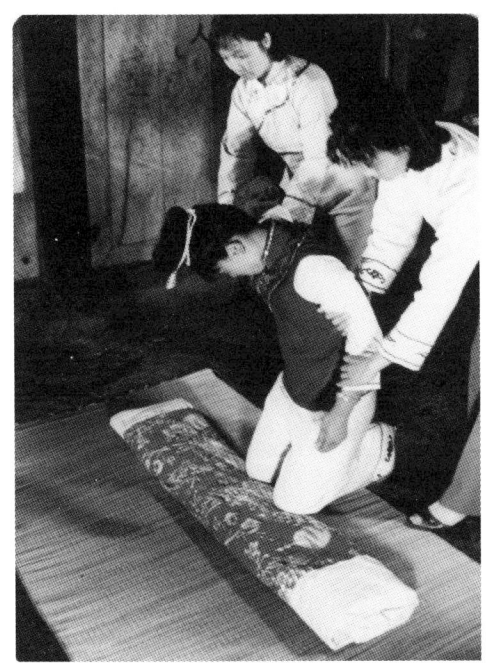

拜花堂

土家新娘辞祖宗

花轿迎新娘

第四章 习俗　99

哭嫁

土家族婚庆告祖

二、丧葬

土家族古有崖葬、火葬等习俗,明清以来皆为木棺土葬。父母丧曰"当大事",故婚丧有红白喜会之称,至今仍保持着"父母死,击鼓踏歌""亲属饮宴舞戏,鼙鼓以道哀"的古风。父母临终子女须守候榻前曰"送终"。终后取井水烧热,在死者胸前背后各抹三下以示净身,穿好寿衣寿鞋,用白布作垫将死者提在门板上,这叫"下柳床"。灵堂设本家堂屋,神龛上须贴上一张皮纸,以免玷污祖先。入殓后启办丧事。

土家族古葬礼——宋姆妥(一)

土家族古葬礼——宋姆妥(二)

土家族自古以梯玛治丧,不请僧道,改土归流后,此风渐息,唯县内坡脚一带至今还流行这种古老的葬俗。土家梯玛法事分三类,即用于还愿的"服司妥"、用于驱邪的"杰洛方"、用于治丧的"宋姆妥"。"宋姆妥"是一种吊唁性法事,有"宋姆列些"(即送新亡)、"子姐莫是"(即给新亡送猪)、"物姐莫是"(即给新亡送牛)、"宋姆搓啊"(即给新亡送灵屋)等程序,具有浓郁的表演性。4梯玛背着一个烂背篓,内装死者生前衣物,若新亡是女性篓内须放一个麻篮,若是男性要放一根旱烟袋。他边舞边唱,缅怀死者,抚慰生者,至情至善,是一部深切、哀婉的吊唁挽歌。

改土归流以后,境内渐以僧道治丧。孝男孝女披麻戴孝,礼行丧事,丧期有三朝、五朝、七朝之分,亦有长达十天半月的,有开路、荐亡、交牲、上熟、解灯、散花、解结、辞灵、闭殓、出丧、扫屋等程序。以葬前一天为"大葬日",亲戚朋友执礼物礼金吊唁,平辈烧香揖别,晚辈在灵前跪拜,孝家长子还礼陪跪。整个丧期,保持着"亲属饮宴舞戏,鼙鼓以道哀"的古风,"大葬日"的第二天清晨,择吉时出殡,孝男孝女一路哀号,护柩送葬。孝家长子捧灵牌,次子执引魂幡在柩前引路,至坟地,早有帮忙人挖好墓穴,于坑内烧芝麻秸秆称"热井",道士或风水先生将热灰摊平,用小米在坑内点画成八卦及富贵双全等字,并于八卦中心注入朱砂。"井"画好后,孝子将孝帕摘下垫在棺底，待棺材快放好才抽出孝帕，孝子须跪在棺材头上挖三锄，每挖一锄喊一声爹或妈。葬毕，孝子捧着灵牌一路喊着新亡的故考（妣）回家，至门口，帮忙人放炮火接孝子，将捧回的灵牌与灵屋一起焚化。葬后，孝子须在新坟前送三夜火把，至复墓后整个丧事才算完毕。土家族俗兴服孝三年，每年春社祭坟，三年满社尤为隆重。孝家为逝者树碑圈墓，土家人俗称"修新基"，碑有三厢、五厢、七厢、九厢及牌楼碑之分，举案齐眉、儿孙满堂的夫孺多修合棺碑墓。满社这天，孝女孝婿备羊在坟前钱血以祭，姑舅姨表、左邻右舍、亲戚朋友亦送鸡送酒至孝家，参加扫墓。正社那天，孝男孝女及侄甥都得包孝帕、挂红挂白在墓前拜祭。祭毕，将孝帕在坟前焚化，曰是脱了孝服运，遂杀鸡宰羊，大锅大鼎以飨客。

崖葬

三、喜　庆

土家"望月"

望月　生小孩是婚后大喜事，孕妇分娩后，其夫抱着一只鸡去岳父家报喜。若抱的是公鸡，娘家就知道生的男孩；抱的母鸡，就知道生的女孩。

即转告至亲，相邀去女儿家望月。望月以头胎最为隆重，婴儿满三朝，娘家至亲便挑着鸡、蛋、团徽、甜酒、大米，背着摇窝、裙被、衣物、鞋帽等礼物如期而至。满十朝，又有亲友来贺，或送鸡送蛋，或送衣服鞋帽，主人煮甜酒蛋、生团徽以待客。满月设筵致谢，俗称足米酒或满月酒。

寿庆 土家人若父母健在，即是儿孙绕膝亦不言生，待父母仙逝后，或花甲，或古稀，自有晚辈为之操办寿庆。德高望重者门庭若市，亲戚朋友皆备礼祝寿，女婿家备寿礼，送寿匾，请溜子队伍一路吹吹打打、热热闹闹来给岳父母祝寿，世人羡称"养女更胜男"。

四、节　日

土家族有自己的节日和礼仪，其主要节日有：

过年 过年是土家族现今最大的节日，比汉族提前一天，俗称"过赶年"。说是明嘉靖年间，倭患猖獗，沿海千里备受荼毒。我永、保、容美土司奉旨率兵赴苏淞抗倭。为提前赶到前线，决定提前一天过年，后相沿成俗，以勿忘先祖精忠报国之族风。土家过年时间持续长，岁过冬至，各家便忙着杀猪宰牛腌制腊肉，至腊月中旬，便着手打糍粑、做团馓、磨豆腐，准备过年物资。打糍粑时，取竹枝几桠，于枝上粘挂一颗颗调有品红的糍粑丸供在神龛上，以营造当年出征抗倭时在梅林过年的历史氛围。腊月二十三是小年，这天土家人擦洗锅灶打扫扬尘，把屋前屋后打扫干净，晚上在锅内用杯点油灯，说是送灶神菩萨上天。过年时无论远在千里都必须赶回与家人团聚，称为团年。土家团年饭很丰盛，饭是用甑子蒸的，饭上面蒸蒸肉。蒸肉是用腊肉切成坨，拌以糯小米，在饭上加盖蒸熟。熬肉以蹄膀为之，每坨大如拳。除鸡、鸭、鱼、肉，合菜不可

土家年习俗——贴春联

土家年习俗——吃团年饭

少，即将胡萝卜、白菜、萝卜、青菜、海带、油炸豆腐、香菇等素菜切成丝，再拌以瘦腊肉丝、粉丝、猪杂等合在一锅炒成八成熟盛入盆，吃时再一碗碗加热，因诸种合在一起，谐其音又称贺菜。据说这是当年抗倭时急于出征，肉来不及切细了，小菜没时间样

分开炒了。土家族过年保持吃大肉、吃合菜的习俗，是对先祖功德的缅怀。土家过年一般是中午，团年前先行祭祀，陈牲醴肴馔，敬家先，敬四官神，敬土地神。祭毕，全家人以序入席。团完年才开大门，称"开财门"。晚上全家人围火守岁，至凌晨鸡啼，各家争先放起炮火，称"抢年"，争先恐后地赶到水井边背水，曰"抢头水"。土家有拜年礼仪，大年初一早晨，小孩就给长辈拜年，邻里间相互遇见，道声祝福，算是拜年。年轻夫妇须备猪腿、团徽、糖酒等礼品去岳父母家拜年，在岳父家少则三五天，多则过十五以后才回来。过去最隆重的是给土王菩萨拜年，在洗车河流域几乎村村寨寨都建有土王祠，土家语称"耶搓"。初一各家备酒肉粢徽在土王祠祭祖，亦有按姓氏分两天祭的。如贾市免吐坪初一为彭姓行祭祀，初二才由入赘而来的贾姓拜祭。祭祀毕，于正月初三开始跳摆手，直到正月十五吃过猪头肉，才各自忙活路。

制作好的社饭

祭祖

二月二 土家族是个古老的农耕民族，对土地神敬畏有加，俗有"土地佬不松口，野猫不嘎鸡"之说。相传二月初二是土地佬生日，土家人备猪头、雄鸡在土地堂相祭，以祈六畜兴旺。

过社 立春后五戊为社，这天土家人给逝世未满三年的故父母扫坟，于坟上挂红挂白，俗称挂社，并煮社饭飨客。其做法是：取鲜嫩野蒿洗净、焙干，与腊肉丁炒香，拌以山胡葱备用。饭以三粘七糯合煮，先下粘米，煮沸后再下糯米，至半熟出锅滤干，拌入野蒿、肉丁、胡葱，回锅焖熟或用甑蒸熟，清香糯软，别有风味。旧时还请木偶戏班唱社戏，以行田祀。

过社现场

为牛梳毛、灭虱

喂草喂谷喂酒蛋，让牛吃饱

清明 土家过清明以腊猪头肉为主菜，扫墓等俗与汉族同。

四月八 四月八是土家人的大节期，有说是牛王节，有说是祭婆婆神、嫁毛毛虫的日子。清嘉庆《龙山县志》卷七记载："土人以（四月）十八日为大节，作粢宰豕，脱为大脔，糁糯米蒸之，祭先祖毕，环坐共啖兼延客。"这天忌用牛，并为牛添加精料、梳毛灭虱以示敬。

端午 清嘉庆《龙山县志》卷七载："五月端午悬艾于门，饮菖蒲酒，以角黍、盐蛋相馈遗，以雄黄点小儿额及手足心云避疫，采百草煎汤合家澡洗曰避疮疥。乡村以初五为小端午，十五为大端午，曰其俗自汉伏波始。"土家族过端午比汉族提前一天，初四为小端午，十四为大端午，新妇须回娘家过端午，亲朋之间，相互延请，主人以客多为荣。包粽子、赛龙舟等俗与汉族同。

六月六 六月六有说是茅岗土司覃垕王遇害的日子，有说是向王节，亦有说是太阳神的生日。过六月六主要有洗车河流域的田姓、严姓、杜姓、王姓等，过去还杀牛相祭，20世纪中叶渐淡化。但至今洗车河流域的土家人在六月六这天要翻晒棉袄，说是晒龙袍；有的还用盆盛水在太阳下晒热，为小孩洗头洗澡，据说可免疥痢。

土家族过中元、中秋、重阳等传统节日与汉族同俗。

冬月鬼 清嘉庆《龙山县志》卷七记载："冬月初一日，洛塔里土民家家享祀，宰豕作米粢设筵饮客如度岁，然谓之祭冬月鬼。余里土人亦无此风，相传吴著冲在洛塔山困毙故也。"洛塔瑞士科、列士车等村寨尚有此俗。

五、礼　仪

洗车河端午龙舟赛（一）

洗车河端午龙舟赛（二）

捞车河端午龙舟赛

土家人勤劳善良，通情顺理，崇尚礼仪，在长期的历史发展过程中形成了习已成俗的人生礼仪。一是交际礼仪：土家人出门路遇熟人，必相互打招呼问好，或曰吃饭没有或曰你去哪？一般忌问你干什么去之类打破坛子问（纹）顶底的话。家有客至，必请屋里坐，晚辈必给长辈让座，端茶上烟以示敬。若有老人，来者则借花献佛，回敬老人，决不到手就喝。有至亲好友，则杀鸡备肉相待。邻里之间哪家炒有好菜，左邻右舍可端起饭碗前来"赶菜"，主人从不吝不烦，尤显和气。有远亲不如近邻，大家吃大家香之说。邻里之间有大务小事，无论亲疏皆来帮忙。若有红白喜会，即是手头有急事也得搁下，主动去帮忙。土家人过节，如"四月八""六月六""吃新节"等，必邀请无此节俗的汉族苗族同胞来家过节，以客多引以为荣，有"客蓬旺家门"之说。过完节日还给客人赠以粑粑、菜肴之类礼品以向家人致意，分享节日吉祥。二是生活礼仪。土家人俗有"酒肉穿肠过，祖先心中留"之说，用餐前先将主菜夹一点放在饭碗上，插双筷子，请祖先尚飨。饮酒前，先用筷子在酒碗里沾酒三滴，点于地下，以祭祖先。作客他家，如斯以对主人的敬重。逢年过节或生辰寿诞，有婿备礼拜年或亲朋送礼，不得如数全收，须留一包面或一包糖以回谢。父母或祖父母寿辰，子孙聚而相贺。有父母在，子女即是花甲、古稀，都不得大操大办。小孩不庆生日，有"老人过生一餐呷，小伢过生一顿打"之说。在生育礼仪上，重头男长子。母系父系亲族备礼祝贺，称"望月"。小孩不好养，有求百家置"百家锁"或向街坊求饭讨"百家饭"的习俗，取意和合，和而活。

第四节 信仰 禁忌

一、信 仰

土家族崇拜祖先，崇拜自然，认为万物有灵，山有山神，水有水神，于是形成一个多神信仰的民族。

崇拜祖先 土家人的祖先崇拜最初表现在对部落酋长的崇拜上，尤其信奉八部大神。据清初刻本《永顺宣慰司志》载："古设庙以祀八部大神，每年正月初一日，巫祀杀白水牛以祀一年休祥。"从五代以后这种酋长崇拜渐转化为对土司的崇拜。清乾隆二十八编修的《永顺府志》卷十载："各寨有摆手堂，又名鬼堂，谓是已故土司阴署。"卷十二又载："土人度岁，先于屋正面供已故土司神位，荐以鱼肉，其本家祖先神位设于门后，家下鸡犬俱藏匿，言亡鬼在堂不敢凌犯惊动。"清嘉庆《龙山县志》卷七亦载"土民设摆手堂，谓是已故土司阴署，供以牌位，黄昏鸣钲击鼓，男女聚集，跳舞长歌"相祭之。直到民国十九年编修的《永顺县志》卷八"建置志"还有这样记载："土司祠，阖县皆有，以祀历代土司，俗称土王祠。"至 20 世纪 40 年代，仅洗车河流域就有大小土王祠 152 处，大则建庙堂，塑彭公爵主、向老官人、田好汉三尊神像；小则草堂竹簧，供田、彭、向三神位。除土王祠，土家人在堂屋里均设有本家祖先神位，岁节行家祭，曰是烟火不断。

祖先神龛

土地堂

崇拜自然 土家族地区至今还保留着许多崇拜自然的古老习俗，如敬土地、敬水井、给古树披红挂绿、过年给果木树喂饭，人与石头、水井打亲家，将子女寄拜给大自然为螟蛉之子，取名岩生、岩富、水生、水莲等等，保持着人与自然和谐相处的古敦民风。土家族视阳雀为吉祥鸟。土家人崇火，背婴儿出门或回娘家，须用旧布条搓成绳点燃，大人一路拿着，说是火伴，可避惊骇。土家人迷信诸神，如灶神、四官神、五谷神、麻麻帕帕等。

傩面具——土地公

傩面具——土地婆

吞口

崇龙崇凤 摆手节是土家族的文化盛会。至期，摆手堂上，龙凤旗迎风招展，这是土家族摆手节的会旗，也是湘西北土家族崇龙崇凤这一民族信仰的重要标志。至今这里还流传着"龙乳凤孵佑土家"的美丽传说。说是八部八神小时候险落虎口，是龙、凤赶走白虎，救了兄弟八人。八弟兄在龙哺乳、凤翼孵下长得门高树大，力大无穷，成了八个部落的首领。酉水北岸的首八峒"八部庙"的碑文记云："首八峒，历汉、晋、六朝、唐、五代、宋、元、明，为楚南上游。故讳八部者盖因咸镇八峒，一峒为一部落。"各地广修庙宇，把八部大王奉为族神千古祭奠，并荐以獐、麂、雉、兔等猎物以供生食，杀猪也不修毛，连毛带血敬供"茹毛饮血"的远祖。对此，首八峒八部庙有楹联记云："勋犹垂简篇驰封八部，灵爽式斯土血食千秋。"龙山里耶长潭着落湖大摆手堂的对联更明显地道出了土家族举办摆手活动的根本宗旨："守斯土抚斯土斯土黎民感恩载德同歌摆手；封八蛮佑八蛮八蛮疆地风调雨顺共庆丰年。"

二、禁 忌

忌白虎 湘西北土家族俗忌白虎，白虎是土家族原始宗教中的凶神。有"白虎当堂坐，无灾便有祸"之说，小孩受惊骇或家室不利，便认为是白虎为祟，必请梯玛作法驱赶之。

忌言 年节喜庆或出门远行，忌说不祥之言，年头年尾，忌哭闹，忌骂背时、砍脑壳等秽语，行船出车，忌说扑打翻滚之类的话。

忌行 过年妇女忌做针线活，避免与人发生口角；吃年饭忌泡汤，怕垮田坎；除夕不能吃糍粑，以免生疱疮；年三十不准杀鸡杀鸭，说"麻雀也有个三十夜"；正月初一不扫地，怕将财气扫出；元宵节以前忌剃头，以免秧苗长成"癞子头"；清明、立夏、四月八忌用耕牛，否则牛会生病；一、四、七、十月的巳日、冬月的酉日，三、六、九、腊月的丑日均视为"红煞日"，忌出远门，有"出门遇红煞，一去不归家"之说；月逢"甲丙两个寅，壬辰并戊辰，庚申并己卯"为破禽日，忌杀禽畜。

忌事 孕妇家中忌随意动土、钉钉子、拆门、移动大型家具，以免惊动胎气导致堕胎；忌孕妇观看婚礼，说碰到"四眼人"会造成夫妇不和；不准对着别人当面吐口水，否则会被认为鄙视别人；不准客人与媳妇坐在一条凳子上，否则，视为不恭；在土家人家里烤火，不准踩三脚，不准将鞋袜或其他脏物放在灶上，不准在灶上煮狗肉，以免亵渎神灵；不准扛着锄头或挑着粪桶进堂屋，否则对祖先不敬；不准在堂屋里扑撮箕，否则有死亡兆头；不准在屋里吹口哨、打呜呼，怕引起火灾；不准把野外捡到的死雀鸟拿回家，说是不祥之物；不准小孩吃鸡爪，说长大写不好字；不准小孩或未婚男女吃猪蹄，怕把姻缘叉脱；在外殒亡的人不得抬进堂屋，须在门外搭棚治丧；土家草医忌吃狗肉及五爪兽肉等。

上述禁忌，有的因时而易，有的仍在沿袭。

第二篇

苗 族

第一章 习 俗

在长期的历史发展过程中，县境苗族人在婚姻、丧葬、节俗、禁忌等方面有相沿已久的独特习俗。由于与土家、汉族长期相处，相互交融，其习俗日渐趋同，但至今也保留了一定特色。

第一节 婚 姻

明清以来，县境苗族青年尚自由恋爱。家长"弗之禁，以为悦其女美"（清嘉庆《龙山县志·风俗》）。家庭多为一夫一妻制，一夫多妻现象极罕见。苗族人十分珍惜家庭，女"嫁（后）则防范极严，夫前妻后，有犯之者，辄露刃相向"（引文同上）。

苗族青年男女通过赶场、节庆、对歌等结识相恋后，由男方请两个媒人（谓"双媒"）去女方家提亲。媒人去时携带酒、肉、糖果等礼物，无论晴雨媒人均带雨伞登门。女家通过明察暗访，媒人第三次登门才明确表态，称"三媒六证"。女方不同意，请媒人将三次礼物悉数带回；同意，则请家族到场吃"放口炮酒"。男方燃放鞭炮，宣示订婚。男青年改口以女友口气称呼其家长及家族老小，但其未婚妻不准露面。

订婚后，男方备齐礼物，择吉日将男青年生辰写于庚帖左方，一并送至女家，称讨红庚。女方将其女生辰写于其右，俗称配八字（年月日时各2字，共八个字填庚书时按农历，纪年用干支，十一、十二月，简写为冬、腊月；十一日以上，省日字；二十日以上，写合体廿、卅）。讨红庚常同拜端午、拜年一并进行。

准备结婚的当年正月，男方须给岳父家及其至亲拜大年，每家送猪腿一只，束以红纸，其余礼品须成双数。给岳父家的猪腿上须带尾巴，礼品上有油炸过的盖面糖八个，盖面糍粑二个。女方不同意当年结婚的将猪尾巴割下带回，同意则留下。

婚宴之前，男方过礼，主要是供女方办酒席的猪肉、白酒、食油、粉条、海带等物质，女方穿戴的衣饰、鞋袜等和聘金（彩礼）等，女方回赠以衣、鞋等。

待嫁前月余，姑娘忙着给未婚夫家做新布鞋，以为见面礼。有时也哭，但不如土家族哭嫁一哭就是十天半月甚至一月。家族各户依次请她吃"离娘饭"。

到迎娶日，娶亲队伍吹吹打打走到女家门口，燃放鞭炮，送"开门"礼钱，方能进屋。吃过早饭，整装完毕的新娘，由女亲或族内长者为新娘撑开"露水伞"，由胞兄弟或堂兄弟背其出门。"苗人旧日娶新妇，（其）自行擎雨盖（伞），遇水人负以渡。近多用轿，鼓吹前导。近客民居者，渐知学客礼。"（引文同上）娶亲队伍回到男家门口时，将轿子放下，经人用雄鸡"拦煞"后，请新娘下轿。大门口放篾筛一只，新娘跨筛而入，到新房火塘边面朝内坐下。圆亲娘揭新娘喜帕。女童送洗脸水一盆，新娘新郎和原躲开的一家老小出来洗"和气脸"。洗毕，主婚人唱"合事歌"，祝愿新郎新娘，然后喜宴大开。旧时亦有男女双方的巴江沙（歌师）在新房火坑旁围炉对歌一天一夜甚至三天三夜，新婚新人暂不同宿的习俗。

婚后第三天，新郎陪新娘带礼回娘家，以谢大恩，当晚须赶回婆家。

苗族婚姻自由，夫妇不合，可以离婚。若男子提出，要退女子的陪嫁物，并打发钱；若女子提出，男方不退女子陪嫁物。若一方故去，均可再婚。

第二节 丧 葬

苗族人去世，须立即烧落气纸钱，放落气鞭炮。孝子到水井打净水，请人给亡人额上、前胸、后背各抹三下称洗身，然后给亡人穿布衣裤（一般衣穿5件、裤穿3条，均为单数），包青帕（父母健在的亡人包白帕），穿布鞋。亡人穿戴好后上木板柳床，脸盖纸钱，然后入棺。棺材放在堂屋正中，棺材下点脚灯。棺内空隙扎亡人的衣物等。亡人手拿桃树丫（男左女右），闭殓时取出扔掉。然后请道士绕棺做法事，直至三朝出殡。抬丧不走弯路，逢山翻山，遇水镪水，沿途丢下纸钱作"买路钱"。坟地请阴阳先生事先择定，坟穴挖好，阴阳先生用小米在穴内画八卦，用鸡血淋地面，烧纸钱，放朱砂安龙神。在坟头撒大米，孝男孝女反站，用后衣襟接，称富贵米。其米三年满社后全家煮稀饭吃（里耶卡把湖苗人当天将其煮稀饭吃）。棺材入穴后，正孝子跪在棺材头上先挖三锄新土垒坟。送亡者凡是踩了新坟地的人，一律要回孝家堂屋退新土。葬后，坟上一般不动土。清代县境有亡人上山第二年二月"家属躲鬼"习俗。三年满社后可堆坟、栽松、立碑。

大葬时，将亡人的铺草、扎棺未用完的衣、被单等物放在屋前院坝以外的地方与用纸钱封的包一并烧掉，其灰烬搭棚遮盖，点三夜亮。迷信传说亡人第三天"回煞"，从灰迹可知已转世成人或畜。

伥死者（苗语叫"达枷"，即非正常死亡）的灵柩不能停屋内，入棺后请人作简短法事后即行埋葬，但不能同正常死亡人同坟地。死者家里将所有坛坛罐罐抛出摔碎；不摔碎者，倒掉坛内物品，置空坛于野外，数日后取回。夭亡人亦不停灵，尸体置屋外，仅用木匣装之及时埋葬。

第三节 节 庆

过 年 春节为苗族人第一大节。腊月打年粑时，苗民将第一槽的两砣八个年粑盛好先祭祖先。旧时曾有将年猪杀死后，用蓑衣盖住，挂上帐子，家人假哭的习俗。除夕夜，屋四角点烛焚香，点燃路灯。新年零时过年，先祭祖先，次给牛栏、猪栏、鸡笼装香倒食，祈六畜兴旺。然后燃放鞭炮，紧闭四门，全家团年。团年只吃蒸熟的大块肉或砣砣肉和饭，不办别的菜。饭后碗筷不洗，晚餐又拿自己的碗筷用。火坑烧一大树蔸，称年火蔸，火大寓来年兴旺。正月初一清晨，小孩们带一根燃香到寨内各家拜年，主要是讨鞭炮及小吃。正月，苗家在神龛和土地堂点灯三天，而火坑右边的中柱脚的祖先神位则点灯半月，并只用菜油或茶油。

春 社 立春后第五个戊日为春社。亡人三年满社，孝家杀猪羊待客。

端 午 农历五月初五这天，苗家吃粽粑喝雄黄酒，门上挂菖蒲驱魔邪。屋内外洒雄黄酒以驱蜈蚣、虫、蛇之类。

吃 新 农历六月初六清晨，苗族人拔禾穗数枝或嫩玉米数个蒸熟尝新。一般先敬老人。

月 半 即农历七月半，习称鬼节。七月十二日下午一时许，苗族人给已故先辈烧用纸钱封好的包或钱纸，摆上饭、酒、茶以祭奠亡人，意为让其"吃"了好去赶盂兰盆会。祭后全家聚餐。

重 阳 隆头蹬上苗家将此节列为全年第二大节。农历九月初九每户打糍粑，用小碗做盖碗粑粑。先用一个没压扁的粑粑置碗底，上放一个能盖住碗口的大粑粑，共做七碗。祖先神位前放五碗，灶上祭灶神放一碗，大门外放一碗祭屋檐童子（把门神）和四官大人。每处要奠五巡酒。这天杀鸡、鸭、鱼，似过大年。出嫁女子亦回娘家拜节。

此外，苗家还有"正月半"农具解禁，"二月二"祭土地神，"三月三"歌舞会，清明节前两天坟头挂"清明纸"、扫墓等习俗。

第四节 禁　忌

忌晚上在家里打口哨，谓口哨带风，邪魔会乘风而入。苗族人尊重三脚为原始图腾崇拜，其上圆圈象征天，放置的火坑为地，寓天圆地方。因而忌踩三脚，更不允许小孩对着三脚撒尿。放置三脚有讲究，其中一脚须对准上正中柱，苗语为"夯果"，即长位，意为祖先神位，仅本族老人可坐。清晨及腊月忌说龙、蛇、虎、鬼之类及不吉利的话。过年吃饭时不接客、不讲话、不喝酒。正月初一清早起床不准互相呼叫，这天不吃糍粑，不挑水，不扫地，妇女不动针线，不泼洗脸水。正月头三天不推磨，不舂碓。隆头蹬上苗族人忌给已故老人修坟、打碑，若坟垮塌，仅清明节可垒坟。农历四月初八不准用牛，更不能杀水牛。清明节不用黄牛。逢七不葬父，逢八不葬母。农历七月前半月忌坐门槛。忌吃羊、马、狗肉，相传羊、马、狗是苗家祖先的救命恩人。

第二章 语　言

　　龙山苗族自称 sã⁵⁴（苗族/苗语）bja²² sã⁵⁴ nɤ⁴⁴ 或（说苗语的）。1956 年语言普查时，县境使用苗语的人口有 4000 余人。经五十余年后，现县境苗语使用人口不超过 500 人，并且年纪都在 40 岁以上，主要分布在隆头镇的新双村第 5 组，地名叫蹬上（读音 then³⁵ sã⁵⁴）和里耶镇的太平村。另与这两个乡镇毗邻的内溪乡砂湖溪村和长潭乡青江溪村还有一些高龄老人会说苗语。此外，与龙山苗语相通的还有永顺县首车乡傍湖村和梭他湖村的部分人所说的苗语。使用人口加起来总计不超过 600 人。这些苗语共同组成湘西苗语的第六土语，该土语区处于汉语的包围中，是一个非常濒危的语种。

　　下面以蹬上苗语为例做简要介绍。

第一节　语　音

　　苗语有声母、韵母、声调之分。

　　声母共 40 个：p、ph、b、m、w、pj、phj、bj、mj、ts、tsh、dz、z、s、t、th、d、n、l、ʈ、ʈh、ɖ、ʎ、tɕ、tɕh、dʑ、ɽ、ʐ、ɕ、k、kh、g、ŋ、ɤ、x、kw、khw、gw、ŋw、xw。

　　韵母共 34 个：ɿ、i、ĩ、e、ẽ、ɛ、ɛ̃、a、ã、u、ɯ、ɯ̃、o、õ、ɤ、ɔ、io、iɛ、iẽ、ei、eĩ、ui、ue、uɛ、uẽ、ua、uã、uo、in、en、an、uen、un、ər。

　　声调 4 个：阴平 54、阳平 44、阳上 35、去声 22。

第二节　词　汇

　　龙山蹬上苗语由于受汉语影响严重，半数以上的词汇借用汉语。有的苗语词汇单念时说苗语，但在句子中往往习惯改说汉语，这样，句子中汉语词汇出现的频率更高。一些词汇出现苗汉两种说法并存并用现象。构词方法以苗语固有特征为主，也从汉语中吸收少量苗语所没有的构词方法。

一、构词法

（一）单纯词

单音节：tɕi²²（风）、nã²²（雨）、sɔ⁵⁴（雷）、bei²²（雪）、wu⁵⁴（水）、la²²（土）、lɔ²²（铁）、nei⁴⁴（人）、tshe²²（血）、mja²²（舌头）、mjɯ⁴⁴（耳朵）、ɾa⁵⁴（胡须）、wei³⁵（我）、mu³⁵（你）、kɔ⁵⁴（白）、kwi⁵⁴（黑）、tshe²²（红）等。

多音节：pa⁴⁴ken⁴⁴da²²（天）、ma³⁵kã²²（虹）、tsɿ³⁵le⁴⁴（田）、ka³⁵the²²（火）、ta⁴⁴tɯ⁴⁴（坟墓）、ka³⁵tshu²²（山）、pha²²me²²（脸）、kɯ⁵⁴tɕhi²²（心脏）、sã⁴⁴sã⁴⁴（骨头）、ba⁴⁴dzɛ²²（兵）、pa⁴⁴tɕhã²²tɕhã²²（羊）、kwi²²kwi³⁵zã²²（阳雀）、pu⁵⁴kɔ⁴⁴ɣɣ⁵⁴（蜘蛛）等。

（二）派生词

只有"前缀+词根"和"词根+后缀"两种构词方式。其中龙山苗语固有的构词方式只有"前缀+词根"一种（固有前缀有3个：pa³⁵ a⁴⁴ ɕi⁴⁴）。汉语借词两种形式都有，其中后一种构词方式完全是从汉语借过来的。分别举例如下：

前缀+词根：pa³⁵gɛ³⁵（疯子）、pa³⁵ga⁵⁴（哑巴）、pa³⁵tu²²nei⁴⁴（主人）；a⁴⁴gɔ²²（嫂嫂）、a⁴⁴ʐa²²（姐姐）、a⁴⁴phu⁴⁴（祖父）、a⁴⁴ɾã²²（祖母）、a⁴⁴ma²²（岳父）、a⁴⁴ne²²（岳母）；ɕi⁴⁴pha⁴⁴（扒开）、ɕi⁴⁴pei⁵⁴（掰）、ɕi⁴⁴bei²²（分）、ɕi⁴⁴sa²²（抚摩）、ɕi⁴⁴bu²²（编）、ɕi⁴⁴nõ²²（咳嗽）；lɔ³⁵pjɔ⁵⁴（老俵）；tshu⁴⁴zi⁵⁴（初一）、tshu⁴⁴ɚ²²（初二）、tshu⁴⁴sɛ⁴⁴（初三）。

词根+后缀：sa⁴⁴tsɿ⁵⁴（沙子）、tshuen⁴⁴tsɿ⁵⁴（村子）、ʐen³⁵tsɿ⁴⁴（痕迹）、thɔ²²tsɿ²²（圈套）、zã³⁵tsɿ⁴⁴（样子）、zin²²tsɿ²²（银子）、ʐen²²tsɿ⁵⁴（影子）、ʐa²²tsɿ²²（鸭子）、wen²²tsɿ²²（蚊子）、ten⁴⁴tsɿ²²（钉子）、wa²²tsɿ²²（袜子）；ʐi³⁵dɯ̃⁵⁴（芋头）、tsu²²dɯ̃⁴⁴（柱子）。

（三）合成词

主谓式：ɾa⁴⁴tɕi²² 年纪　ɾɛ³⁵tɕhin⁵⁴ 年轻　ke³⁵la³⁵bo²²so⁵⁴ 月晕
　　　　年纪　　　　年　轻　　　月背蓑衣

述宾式：tɛ⁴⁴tshɛ⁵⁴疮　　tsa³⁵wu⁵⁴痢疾　tsen⁴⁴dɯ⁴⁴枕头
　　　　长疮　　　　炸水　　　　枕头
述补式：ʎã³⁵khwɛ̃²²凉爽　thã⁴⁴dʑa²²听见 thui⁴⁴thuo⁴⁴推脱
　　　　凉快　　　　听到　　　　推脱
并列式：ʐa²²kɯ⁴⁴姐妹　nã⁵⁴nã⁵⁴哥哥　ɕõ⁴⁴wo⁵⁴凶恶
　　　　姐妹　　　　兄兄凶恶
正偏式：wu⁵⁴ɕɔ²²口水　ȵɾi⁴⁴gwɛ²²黄牛　ei⁵⁴mjɔ⁵⁴青菜
　　　　水嘴　　　　牛黄　　　　菜青
偏正式：wu²²nei⁴⁴朋友　sɯ⁵⁴mu²²小麦　ɕɕɔ⁵⁴mi⁵⁴小米
　　　　好人　　　　小麦　　　　小米

（四）借　词

借用当地汉语方言词汇，读音与当地汉语方言相同或相近。蹬上苗语的借词量相当大，占词汇量的一半以上，一些基本词汇也借汉语。借词的方式有：

全译音：ze³⁵ʎã²²（月亮）、ɕĩ⁴⁴ɕĩ⁴⁴（星星）、ʑin²²（云）、wu²²tsɔ²²（雾）、sa⁴⁴tsɿ⁵⁴（沙子）、dã⁵⁴（塘）、ʑin²²tsɿ²²（银子）、dõ²²（铜）、ku²²ɕi⁴⁴（骨髓）、kã⁵⁴（肝）、xwei²²（肺）、xɛ²²sui⁴⁴（汗水）、ɾɛ³⁵tɕhin⁵⁴（年轻）、tɕɔ³⁵（嚼）。

半译音（一半苗，一半汉）：wu⁵⁴pa²²（水坝）、ga³⁵tsõ⁵⁴（种类）、lɔ⁵⁴pɛ̃⁵⁴（脚板）、lɔ⁵⁴pei²²（脚背）、lɔ⁵⁴ʑin²²（脚印）、lɔ⁵⁴tsɿ²²dɯ²²（脚指头）、dɯ³⁵pɛ̃⁵⁴（手板）、dɯ³⁵kwe⁵⁴kwe⁵⁴（手腕子）、dɯ⁵⁴thɔ²²（手套）、ʑɯ²²dɯ³⁵（右手）、tso⁵⁴dɯ³⁵（左手）、ɾi⁴⁴tɕin⁴⁴（牛筋）、meĨ⁴⁴tɕi⁴⁴mɕ²²（马鬃）、tɕi²²miɯ⁴⁴（鲫鱼）、ka⁵⁴kuɛ⁴⁴tsɿ²²（鸡冠）、dɯ³⁵kɛ̃⁵⁴（树干）、ei⁵⁴pjɔ⁴⁴（草标）。

全译音加苗语注释：wɛ³⁵suen⁴⁴ka⁴⁴（外孙）、ʐã²²su³⁵dɯ³⁵（杨树）、ʎu⁵⁴su³⁵dɯ³⁵（柳树）、tɕhi³⁵su³⁵dɯ³⁵（漆树）、sa⁴⁴su³⁵dɯ³⁵（杉树）、sõ⁴⁴su³⁵dɯ³⁵（松树）、pei⁵⁴tsɿ²²dɯ³⁵（柏树）、tsuɛ⁴⁴mi⁵⁴dzɔ²²（粘米）、lɔ³⁵mi⁵⁴dzɔ²²（糯米）、lɔ³⁵dei⁴⁴tsɿ²²（蹄子）。

二、苗语的词汇对当地汉语方言的影响

苗语的部分词汇很可能被当地汉语方言吸收，今从蹬上附近的里耶镇汉语方言（以该镇吴家溪村汉语为例，据考该村中华人民共和国成立前人们曾经操苗语）的一些特有词汇里看出与苗语相通。略举数例如下。

吴家溪汉语	蹬上苗语	吴家溪汉语	蹬上苗语
爷爷	阿铺 a^{44}phu^{44}	奶奶	阿娘 a^{44}ɽa^{22}
姑妈	麻麻 ma^{22}ma^{35}	馋嘴	夏ç ça^{35}
给	冈 gã^{22}	猫头鹰	猫冬果 mɔ^{44}tõ^{44}kɔ^{22}
蚯蚓	蚯算子 dzɯ^{35}sɛ^{22}tsʅ^{22}	黎明	麻麻擦 ma^{22}ma^{22}tsha^{44}
癞蛤蟆	休子克蟆 tɕhɯ^{44}tsʅ^{22}ge^{35}ma^{22}	脸颊	耳巴子 ɣɣɣ^{54}pa^{22}tsʅ^{22}
僵洽	dza^{54}		

吴家溪汉语里还有一些词组或者说法与蹬上苗语相通或相近。例如：

吴家溪汉语	蹬上苗语
打喷嚏	打奋 bo^{44}xwen^{35}tɕhɔ^{54}
荡秋千	打位秋 bo^{44}wei^{44}tɕhɯ^{54}
捉迷藏	多位 to^{44}wu^{22}wei^{44}
滑溜溜	冠及及 kwã^{35}tɕi^{54}tɕi^{54}nɣ^{55}
不要紧	不怕的 tsʅ^{44}（不）ʎei^{22}（要）tsha^{22}（怕）
踢毽子	打鸡 bo^{35}（打）ka^{54}（鸡）

此外吴家溪汉语里也有一些特别的词或者说法与蹬上苗语不相同。例如：一软（一圈）、阿煤/阿麻（妈妈）、索利（干净）、海角（辣子）、麻麻淹（蜻蜓）、破索（蜘蛛）、狗加（吝啬）等。这些词是否来源于苗语，还有待进一步考证。

第三节 语 法

一、词 类

词类主要有名词、动词、形容词、代词、数词、量词、副词、介词、连词、助词、叹词等 11 类。

(一) 名 词

1. 名词在句子中主要充当主语、宾语和定语。例如：

nã⁵⁴nã⁵⁴ ke⁵⁴ sɔ⁵⁴do²² nɤ⁴⁴ neĩ²² saŋ³⁵ ɡa⁴⁴　哥哥给老师的母亲送药。
哥哥　给　老师的　母亲 送 药

2. 主要受名词、形容词、代词、数量词组修饰。这四种修饰成分一般放在前面，但名词和形容词修饰成分有的放在前面，有的放在后面。分别举例于下。

名词、形容词修饰名词。(特指对象下划"﹏"，下同) 例如：

修饰成分居前：dɯ³⁵(手) pɛ̃⁵⁴(板)　手板　kha⁴⁴(干) tsʅ³⁵le⁴⁴(田)　旱田

修饰成分居后：se⁴⁴(齿) kɯ²²(锯)　锯齿　nei⁴⁴(人) ŋeĩ⁴⁴(懒)　懒汉

代词、数量词组修饰名词。例如：

wei³⁵(我) tɯ⁵⁴bu²²(家)　我家　ɡe³⁵(这) wo⁴⁴(衣) 这衣服
ta³⁵(一) thɛ⁴⁴(件) wo⁴⁴(衣)　一件衣服

(二) 动 词

1. 在句子中主要充当谓语和补语。例如：

ta⁴⁴tei⁴⁴(孩子)　ɕin⁵⁴(醒) zɔ⁴⁴(了)　孩子醒了。
ta⁴⁴tei⁴⁴(孩子)　ɕin⁵⁴(醒) lɔ⁴⁴(来) zɔ⁴⁴(了)　子醒过来了。

2. 主要受副词、形容词、时间名词等修饰。修饰成分一般居前，有的可以居后（当修饰成分充当补语的时候，要居后）。例如：

pu³⁵(我们) xa²²(都) lɔ⁴⁴(来)　我们都来。
pu³⁵(我们) tsha²²(怕) lɔ⁴⁴(来)　我们怕来。
pu³⁵(我们) ta³⁵mẽ²²(明天) lɔ⁴⁴(来)　我们明天来。
pu³⁵(我们) lɔ⁴⁴(来) a⁴⁴(一) kã⁵⁴(刚)　我们来一会儿。

3. 动词后面接 nɤ⁴⁴(的) 变成名词。例如：

dɯ²²(戴) nɤ⁴⁴(的)　斗笠　nã⁴⁴(吃) nɤ⁴⁴(的)　吃的东西
ne³⁵(穿) nɤ⁴⁴(的)　穿的东西 zi̥ zõ²²(用) nɤ⁴⁴(的)　用的东西

4. 动词后面可带 zɔ⁴⁴(了)、tsɔ²²(着)、kwa²²(过) 分别表示动作完成、进行和经历三种体。其中 tsɔ²²(着) 及其用法完全借自当地汉语方言。

xwi³⁵(走) zɔ⁴⁴(了)　走了
xwi³⁵(走) tsɔ²²(着)　走着

xwi³⁵（走）kwa²²（过）　走过

(三) 形容词

1. 在句子中主要充当谓语、补语和定语。例如：

ge³⁵（这）pjɯ⁴⁴（房子）wu²²（好）　这房子好。

bu³⁵（他）xwi³⁵（走）te²²（得）sã²²（快）　他走得快。

bu³⁵（他）ɻi²²（是）lei⁵⁴（个）xen⁴⁴（很）ʐoŋ⁴⁴（勇）kɛn⁴⁴（敢）nɤ⁴⁴（的）nei⁴⁴（人）　他是个很勇敢的人。

2. 受副词修饰。副词修饰语居前则为状语，居后则为补语。分别举例于下。

居前：e²²（哎）ʐɔ²²（哟），tsen⁴⁴（真）nã²²（冷）．哎哟，真冷。

居后：ge³⁵（这）pjɯ⁴⁴（房子）wu²²（好）te²²（得）xen⁴⁴（很）．这房子好得很。

3. 可以重叠。常见重叠方式有"AABB""ABB"和"AA的"两种形式。例如：

tɕe²² tɕe²² pa⁴⁴ pa⁴⁴　结结巴巴　　xɔ²² xɔ²² mu²² mu²²　和睦

mɛ̃²² lã⁵⁵ lã⁵⁵　明亮　　　　　gwe³⁵ tshɛ²² tshɛ²²　黄灿灿

dzɛ̃³⁵ dzɛ̃³⁵ nɤ⁴⁴　冰凉　　　　kɔ⁵⁴ kɔ⁵⁴ nɤ⁴⁴　白花花的

(四) 代 词

1. 可以分为人称代词、指示代词和疑问代词三类。例如：

wei³⁵（我）、pu³⁵（我们）、pu³⁵ wu⁵⁴ le⁵⁴（咱俩）、mu³⁵（你）、mĩ³⁵（你们）、bu³⁵（她，他，它）、dzɯ³⁵ mẽĩ⁵⁴（他俩，他们）、a⁴⁴ ɕe²²（大家）、ka³⁵ xa²²（各自）。

ge³⁵/tẽ³⁵ ne⁴⁴（这）、tei³⁵ ne⁴⁴（这儿）、ge³⁵ ɻã⁴⁴（这些）、tei³⁵ i⁴⁴（那，那里）、ga²² ɻã⁴⁴（那些）、ga²² nɔ⁴⁴（那样）。

mu²²（几）、tsɛ³⁵ tɕa⁴⁴（哪）、tsɛ³⁵ tɕa⁴⁴ lei⁵⁴（谁/哪个）、ka³⁵ nã²²/ki⁴⁴ tsʅ⁴⁴ nɤ⁴⁴（什么）、ki³⁵ tsʅ⁴⁴ nɔ²²（怎么）。

2. 代词在句中主要充当主语、宾语和定语。例如：

ge³⁵ ɻã⁴⁴（这些）ken⁴⁴（给）tsɛ³⁵ tɕa⁴⁴ lei⁵⁴（谁）？　这些给谁？

ken⁴⁴（给）wei³⁵（我）kɔ²² kɔ²²（父亲）。　给我父亲。

(五) 数 词

基数：a⁴⁴/ta³⁵（一）、wu⁵⁴（二）、phu⁵⁴（三）、pei⁵⁴（四）、pja⁵⁴（五）、tsɔ²²（六）、dzã³⁵（七）、ʑi³⁵（八）、dzɯ²²（九）、ku²²（十）。

位数：pa^{22}（百）、$a^{44}mĩ^{44}de^{35}la^{22}$（千，万）、$a^{44}mĩ^{44}de^{35}la^{22}/ʑi^{22}$（亿）。

（六）量　词

1. 与数词组成数量短语修饰名词。例如：

a^{44}（一）de^{35}（棵）$dɯ^{35}$（树）一棵树、a^{44}（一）$dɯ^{35}$（束）$ɣã^{44}$（稻草）一束稻草、ta^{35}（一）lei^{54}（个）$tsei^{22}$（碗）一个碗、ta^{35}（一）$dzã^{44}$（床）po^{54}（被子）一床被子。

2. 大多能重叠，重叠后表示每一的概念。例如：

$lei^{54}lei^{54}$个个、$thɛ^{44}thɛ^{44}$件件、$phjẽ^{22}phjẽ^{22}$遍遍。

（七）副　词

龙山苗语固有的副词很少，大多数是借用汉语。例如：

$tsʅ^{44}$（不）、$tsʅ^{44}ʌei^{22}$（不必）、$tsʅ^{44}ga^{22}$（不太）、$tsʅ^{44}dzɔ^{22}ʌei^{22}$（不要）、xa^{22}（都）、$dzɛ^{22}$（才）、$dãz^{22}dãz^{22}$（常常）、$kã^{22}dzɛ^{54}$（刚才）、xen^{44}（很）、$xɛ^{54}$（还）、$tɕɯ^{22}$（就）、$phiɛ^{54}phiɛ^{54}$（偏偏）、$ʑe^{54}$（也）。

副词的功能主要是居前修饰动词或者修饰形容词做状语；若居后修饰动词或者修饰形容词，则充当补语。（参见动词和形容词）

（八）介　词

龙山苗语固有的介词不多，但功能较强。汉语的一些主要介词也借入苗语中，成为造句的重要手段。例如：

$tɛ^{44}/dzõ^{22}$（从）、$gã^{22}$（给/让）、$gɛ^{22}$（拿）、$zõ^{22}$（用）、wei^{22}（为）、ken^{44}（跟）、$tsɛ^{35}$（在）、$tsʅ^{44}dzõ^{22}$（自从）等。

介词"把"（pa^{44}）字句。例如：

xu^{22}（富）$lɔ^{44}$（老）ken^{44}（庚）$xɛ^{33}$（还）pa^{44}（把）$dzɔ^{44}$（穷）$lɔ^{44}$（老）ken^{44}（庚）$gwã^{22}$（赶）$tshu^{35}$（出）$zɔ^{44}$（了）$dzɯ^{35}mei^{54}$（他们）$tɯ^{54}bu^{22}$（家）$nɤ^{44}$（的）dzu^{54}（门）.（富老庚还把穷老庚赶了出去）

pa^{44}（把）$ge^{35}ɣã^{44}$（这些）thu^{44}（土）tei^{54}（地）$khɛ^{44}$（开）$khen^{54}$（垦）$dzen^{22}$（成）$ʌã^{35}$（良）$ɖɛ^{22}$（田）.（把这些土地开垦成良田）

介词"被"（pi^{22}）字句。例如：

bu^{35}（他）pi^{22}（被）bo^{35}（打）.他被打。

蹬上苗语的"被"字句是受汉语影响产生的。在民间故事里，几乎看不到"被"字句，与汉语对应的"被"字句，在民间故事里一般都用主动句表达。"pi^{22}（被）"借自汉语。

（九）连　词

龙山苗语固有的连词很少，主要是借用汉语。常见连词有：$xɔ^{22}$（和）、$ʑa^{35}/ʑɯ^{22}$（又）、$tɕe^{22}tsɔ^{22}$（接着）、$zu^{35}kɔ^{22}$（如果）、tse^{22}（则）、$tɕã^{54}zu^{22}$（假如）、$xwɛ^{35}tse^{22}$（或者）、$ʑin^{44}wei^{44}$（因为）、$suo^{54}ʑi^{54}$（所以）。

（十）助　词

1. 结构助词。有 $nɤ^{44}$（的/地）和 te^{22}（得）两个。$nɤ^{44}$（的/地）是本语词，主要用于定中结构、状中结构和动词的名词化（参见动词）。te^{22}（得）是从当地汉语方言中借入，主要用于述补结构。例如：

wei^{35}（我）　$nɤ^{44}$（的）　do^{35}（书）　　我的书。
$mã^{35}mã^{35}$（慢慢）　$nɤ^{44}$（地）　$xwei^{22}$（走）　　慢慢地走。
$dɯ^{22}$（戴）　$nɤ^{44}$（的）　　斗笠
$thã^{54}$（听）　te^{22}（得）　$tɕhin^{44}$（清）　$tɕhin^{44}$（清）　$tshu^{54}$（楚）　$tshu^{54}$（楚）　听得清清楚楚。

2. 语气助词。有 $nɤ^{44}$（的）、$zɔ^{44}$（了）、ma^{22}（吗）等等，一般置于句末。例如：
wei^{35}（我）　$kɔ^{22}kɔ^{22}$（父亲）　xwi^{22}（会）　$lɔ^{44}$（来）　$nɤ^{44}$（的）．　我父亲会来的。
se^{44}（想）　$zɔ^{44}$（了）　phu^{54}（三）　nei^{54}（天）　$zɔ^{44}$（了）．　想了三天了。
$ʑe^{44}$（也）　xwa^{22}（发）　lei^{54}（个）　$dʑɛ^{44}$（财）　ma^{22}（吗）．　也发个财吗。

3. 时态助词。$zɔ^{44}$（了）、$tsɔ^{22}$（着）、kwa^{22}（过）（用法参见动词）

（十一）叹　词

因心情变化或肉体受刺激所发出的感叹语气，主要出现在句尾或充当独立语。例如：a^{22}（啊）、e^{22}（唉）、$e^{22}zɔ^{22}$（唉哎）、wei^{54}（喂）、$a^{44}li^{54}li^{54}$（啊嘞嘞）、$a^{44}la^{54}la^{54}$（啊啦啦）等。数量不多。

二、句　法

（一）句　型

根据结构类型划分为单句和复句。

1. 单　句

句子成分有主语、谓语、宾语、定语、状语和补语。句子的主要语序是"主语+谓语+宾语"。定语可居前也可居后修饰中心语，但主要是居前。状语居前修饰中心语。补语居后补充说明中心语。

"主语+谓语+宾语"位置，例如：

xã^{44}xã^{44}（河） meĩ^{44}（有） mjɯ^{44}（鱼）　河里有鱼。

定语位置，例如：

bu^{35}（他） ɕi^{22}（是） kɔ^{35}（老） nei^{44}（人）　他是老人。

bu^{35}（他） ɕi^{22}（是） nei^{44}（人） ŋeĩ^{44}（懒）　他是懒汉。

状语和补语的位置参见形容词。

2. 复　句

主要有联合复句、假设复句、因果复句、条件复句、转折复句、选择复句等。例如：

bu^{35}ɕi^{22}nã^{54}nã^{54}，wei^{35}ɕi^{22}tei^{35}tei^{35}。　他是哥哥，我是弟弟。

他　是　哥　哥，　我　是　弟弟。

zu^{35}kɔ^{22} mu^{35} tshu^{22} tsʅ^{44} dʑɯ^{35}，tɕhin^{44} bu^{35} paŋ^{44} tshu^{22} pa^{22}。　如果你做不完，请他帮忙吧。

如果　你　做　不　完，　请　他　帮　做　吧

ʑin^{44}wei^{22}da^{35}nã^{22}ʐɔ^{44}，wei^{35}tsʅ^{44}mã^{35}ʐɔ^{44}　因为下雨，我不去了。

因　为　下　雨　了　我　不　去　了

tsʅ^{22}ʐɔ^{35}po^{22}tsʅ^{44}ʐɔ^{44}，tɕɯ^{35}ʌei^{22}so^{44}lɔ^{44}　只要醒了，就该起床。

只　要　睡　醒　了　　就　要　起　来

wei^{35}sui^{44}zan^{22}ɕi^{22}xan^{35}tshu^{54}，kɔ^{54}sʅ^{35}ʑe^{44}xwei^{35}bja^{22}sã^{54}

我　虽　然　是　汉　族　　可　是　也　会　说苗语

我虽然是汉族，可是也会说苗语。

mu^{35}ɕɛ^{44}mã^{35}xɛ̃^{22}ɕi^{22}wei^{35}ɕɛ^{44}mã^{35}　你先去还是我先去。

你　先　去　还　是　我　先　去

（二）句 类

1. 陈述句

如：wei^{35}（我）ɻi^{22}（是）bja^{22}sã^{54}nɤ^{44}（苗族）　我是苗族。

2. 疑问句

又分以下几种：

①特指问　mu^{35}（你）ɻi^{22}（是）tsɛ^{35}tɕa^{44}（哪）lei^{54}（个）？　你是谁？

②正反问　ɻi^{22}（是）mu^{35}（你）nɤ^{44}（的）xɛ^{22}（还）ɻi^{22}（是）bu^{35}（他）nɤ^{44}（的）？　是你的还是他的？

③是非问　ɻi^{22}（是）mu^{35}（你）nɤ^{44}（的）？　是你的？

3. 祈使句

常省去主语，主要靠语气来表达。如：khuan^{22}（快）mã^{35}（去）pa^{22}（吧）！快走吧！

4. 感叹句

一般在句子前面或者句末加上感叹词。例如：e^{22}ʐɔ^{22}（唉哎），tsen^{44}（真）nã^{22}（冷）！哎哟，真冷！wei^{54}（喂），khwɛ^{22}（快）lɔ^{22}（来）！喂，快来！

第四节　龙山苗语与湘西其他五个苗语地区的异同

一、六个苗语区苗族自称的异同

湘西苗语共分六个土语：第一土语（代表点花垣吉卫）、第二土语（代表点吉首阳孟）、第三土语（代表点保靖中心）、第四土语（代表点泸溪小章）、第五土语（代表点吉首丹青）、第六土语（代表点龙山蹬上）。各土语区苗族的自称不尽相同，但均为同源词。现列出各土语区苗族自称及语音对应如下。

例字土语区	吉卫	阳孟	中心	小章	丹青	蹬上
苗族	qo^{35}ɕoŋ^{35}	qo^{54}ɕoŋ^{54}	o^{55}ɕaŋ^{53}	te^{53}suaŋ^{53}	gɔ^{35}sɤ^{53}	sã^{54}

（说明：自称为二个音节的，第一个音节为前缀，词根是第二个音节。有的前缀可要也可不要。）

各土语区自称，词根的声调都是第一调（即阴平调），符合对应规律。前缀也大多形成对应规律（除丹青的前缀特殊，蹬上无前缀之外）。词根的声母和韵母的对应规律如下（说明：下表符号"——"表示没有这个词的本语词讲法，其讲法已改用汉借词）：

例字\土语区	吉卫	阳孟	中心	小章	丹青	蹬上
声母对应规律	ɕ	ɕ	ɕɕ	s	s	s
灰 ɕ	ɕi^{44}	ɕi^{44}	ɕi^{44}	(be^{55}) sʅ^{55}	——	sʅ^{44}
牙齿 ɕθ	ɕɛ^{44}	ɕɛ^{44}	ɕe^{33}	sɛ^{55}	sɛ^{55}	se^{54}
休息 θ	ɕɔ^{54}	ɕoŋ^{35}	ɕɯ^{31}	sɤ^{33}	sɔ^{31}	s^{22} (kha^{22})
韵母对应规律	oŋ	oŋ	aŋ	Uaŋ/ɑŋɣ	ɯʊ	ã
酒曲	soŋ^{35}	soŋ^{54}	saŋ^{54}	suaŋ^{53}ŋ	sɯ^{53}	——
楼板	pɛ^{44}tsoŋ^{42}	pɛ^{44}tsoŋ^{31}	pɛ^{33}tsaŋ^{31}	pe^{55}zuaŋ^{21}	pɛ^{35}dʑɯ^{31}	——
陡	dʑhoŋ^{35}	dʑhoŋ^{54}	dʑhaŋ^{35}	tshuaŋ^{53}ŋ	——	——
骨头	qo^{35}soŋ^{44}	qo^{54}soŋ^{44}	o^{55}saŋ^{33}	ɕi^{21}saŋ^{55}	qu^{31}sɤ^{55}	sã^{44}sã^{44}
送（一客）	soŋ^{54}	soŋ^{35}	saŋ^{31}	saŋ^{33}	sɤ^{31}	sã^{22}
听	toŋ^{54}	toŋ^{35}	taŋ^{31}	thaŋ^{53}	thɤ^{53}	thã^{54}
七	tɕoŋ^{31}	tɕoŋ^{11}	tɕaŋ^{11}	zaŋ^{24}	dʑɤ^{11}	dʑã^{35}

二、语音和语法上的异同

语音上，与汉语相比较，湘西苗语的共同特点是声母和声调多、韵母少，有浊塞音、塞擦音声母，有复辅音声母等特点。由于龙山苗语受汉语影响极其严重，语音特点比较接近汉语一些。也即声母和声调数量比较其他土语相对少一些，韵母则多一些，浊塞音、塞擦音声母和复辅音声母保留得少一些（因篇幅所限，各土语代表点的声、韵、调不再列出）。

语法上，各土语基本相同，差异主要有几点。

1. 各土语区固有的一套构词前缀保留数量不一致。列出于下：

吉卫苗语构词前缀　　ɑ^{44}　qo^{35}　ta^{35}　tɕi^{44}　ma^{42}　pa^{44}

阳孟苗语构词前缀　　ɑ^{44}　qo^{54}　ta^{54}　tɕi^{44}　ma^{31}　pa^{44}

中心苗语构词前缀　　ɑ^{33}　o^{55}　ta^{33}　tɕi^{33}　ma^{35}　pa^{33}

小章苗语构词前缀　　ɑ^{55}　ɕi^{21}

丹青苗语构词前缀　ɑ^{55}　qu^{53}　çi^{55}　/tçi^{55}　pɑ^{55}

蹬上苗语构词前缀　ɑ^{44}　çi^{44}　pɑ^{35}

2. 语序上的不同。因龙山蹬上苗语受汉语影响严重，一些构词语序趋同汉语，与中心区的苗语（如吉卫、阳孟、中心）不一样。例如：

例字	吉卫	阳孟	中心	小章	丹青	蹬上
一月	lhɑ^{54}ɑ^{44}	lhɑ^{54}ɑ^{44}	lhɑ^{31}ɑ^{33}	tsen^{53}ʑe^{33}kɛ^{53}	ɑ^{55}lhɑ^{31}	ɑ^{44}lɑ^{22}
二月	lhɑ^{54}ɯ^{35}	lhɑ^{35}ɯ^{54}	lhɑ^{31}ɯ^{44}	u^{53}lhɑ^{33}	ɯ^{53}lhɑ^{31}	wu^{54}lɑ^{22}
三月	lhɑ^{54}pu^{35}	lhɑ^{35}pu^{54}	lhɑ^{31}pu^{55}	pu^{53}lhɑ^{31}	pɔ^{53}lhɑ^{33}	phu^{54}lɑ^{22}
……	……	……	……	……	……	……
老人	ne^{42}qɔ^{54}	ne^{31}qoŋ^{35}	ne^{35}qɯ^{31}	qɤ^{33}nen^{21}	qɔ^{33}ne^{31}	kɔ^{35}nei:^{44}

三、词汇的异同

六个土语区相同（或相近）的词汇，例如：

例字	吉卫	阳孟	中心	小章	丹青	蹬上
太阳	nhe^{35}	nhe^{54}	nhe^{55}	nhe^{53}	nhe^{53}	nei^{54}
雨	noŋ^{31}	noŋ^{11}	naŋ^{11}	naŋ^{24}	naŋ^{35}	nã^{22}
雷	sɔ^{35}	soŋ^{54}	sʅ^{55}	sɤ^{53}	sɔ^{53}	sɔ^{54}
水	u^{35}	u^{54}	u^{55}	u^{53}	ɯ^{53}	wu^{54}
地方	qo^{35}te^{42}	qo^{54}te^{31}	o^{55}te^{35}	ci^{21}di^{53}	qu^{53}dei^{31}	di^{35}
路	kɯ^{44}	kɯ^{44}	kɯ^{33}	kɯ^{55}	kɯ^{55}	kɯ^{44}
铁	l̥ho^{54}	l̥ho^{35}	l̥ho^{31}	t̪ho^{33}	t̪ho^{31}	lɔ^{22}
家	pl̥ɯ^{44}	pl̥ɯ^{44}	pl̥ɯ^{33}	pɯ^{55}	pjɯ^{55}	pjɯ^{44}
力气	ʐɔ^{31}	ʐoŋ^{11}	ʐɯ^{11}	ʐo^{24}	ɣaŋ^{11}	ɣɔ^{22}
尿	ʐɑ^{22}	ʐɑ^{33}	ʐɑ^{33}	ʐɑ^{33}	ɣɑ^{55}	ʐɑ^{35}
身体	qo^{35}tçɯ^{44}	qo^{54}tçɯ^{44}	o^{55}tçɯ^{33}	ci^{21}t̪ɯ^{55}	qu^{53}t̪ɯ^{55}	tçɯ^{44}
舌头	qo^{35}mja^{22}	qo^{54}mhja^{21}	o^{55}mja^{33}	ci^{21}mja^{35}	qu^{53}mja^{35}	mja^{22}
胡须	qo^{35}ɾi^{31}	qo^{54}ɾoŋ^{31}	o^{55}ɾɦi^{11}	n^{24}	ɾe^{11}	ɾã^{54}

续上表

例字	吉卫	阳孟	中心	小章	丹青	蹬上
耳朵	mɻɯ^{42}	mɻɯ^{31}	mɻɯ^{35}	mɯ^{21}	mjɯ^{31}	mjɯ^{44}
头	pɻei^{44}	pɻei^{44}	mɻɯ^{35}	mɯ^{21}	mjɯ^{31}	mjɯ^{44}
屁	pu^{44}	pu^{21}	pu^{33}	pu^{35}	pɔ^{35}	pu^{22}
骨头	qo^{35}soŋ^{44}	qo^{54}soŋ^{44}	o^{55}saŋ^{33}	ci^{21}saŋ^{55}	qu^{31}sɤ^{55}	sã^{44}sã^{44}
屎	qɑ^{44}	qɑ^{44}	qɑ^{33}	qɑ^{55}	qɑ^{55}	kɑ^{35}
肉	ʐɑ^{42}	ŋɑ^{31}	ɲe^{35}	ŋɑ^{21}	ŋɑ^{31}	ŋɑ^{35}
人	ne^{42}	ne^{31}	ne^{35}	nen^{21}	ne^{31}	nei^{44}
母亲	ne^{44}	ne^{21}	ne^{33}	nɛ^{55}	a^{55}nɛ^{35}	neĩ^{22}
孩子	te^{35}	te^{54}	te^{55}	te^{53}	tɑ^{53}te^{53}	tei^{54}
姐姐	ɑ^{35}ʑɑ^{31}	ɑ^{31}ʑɑ^{11}	ɑ^{55}ʑɑ^{55}	ʑɑ^{24}ʑɑ^{24}	ɑ^{55}ʑɑ^{11}	ɑ^{44}ʑɑ^{22}
孙子	cɑ^{44}	kɑ^{44}	cɛ^{33}	kɑ^{55}	kɑ^{55}	kɑ^{44}
狗	qwɯ^{44}	qwɯ^{44}	qwɯ^{33}	qo^{53}	qω^{55}	ku^{44}
鸡	qɑ^{35}	qɑ^{54}	qɛ^{55}	qɑ^{53}	qɑ^{53}	kɑ^{54}
猪	bɑ^{54}	bhɑ^{35}	bje^{31}	be^{35}	bɑ^{31}	bɑ^{22}
毛	pi^{35}	pei^{54}	pi^{55}	fi^{53}	pɻei^{53}	pi^{54}
鸟	nu^{31}	nu^{11}	nu^{11}	noŋ^{13}	nɔ^{11}	nõ^{22}
虫子	cen^{35}	koŋ^{54}	ci^{55}	ce^{53}	ci^{53}	ke^{54}
猴子	mɻɛ^{35}	mɻɛ^{54}	nɛ^{55}	mje^{53}	mɻɛ^{53}	me^{54}
蛇	nen^{35}	noŋ^{54}	nei^{31}	ne^{53}	nɛ^{53}	ne^{54}
鼠	nen^{22}	noŋ^{33}	nen^{33}	ne^{55}	nɛ^{35}	ne^{54}
鱼	mɻɯ^{22}	mɻɯ^{33}	mɦɻɯ^{33}	mɤ^{55}	mjɯ^{33}	mjɯ^{44}
果子	pi^{44}	pei^{44}	pi^{33}	pi^{55}	pi^{55}pi^{55}	pi^{44}
竹子	lhɔ^{44}	lhoŋ^{44}	lhɯ^{33}	tɕhɤ^{55}	tɕhɔ^{55}	lɔ^{35}
盐	dzɯ^{44}	dzɯ^{44}	dzɯ^{33}	zɿ^{55}	dzω^{55}	dzɯ^{44}
药	gɑ^{35}	gɑ^{31}	gɑ^{55}	kɑ^{53}	kɑ^{53}	gɑ^{54}

例字	吉卫	阳孟	中心	小章	丹青	蹬上
米	dzo⁵⁴	dzho³⁵	dzo³¹	zo²⁴	dzɔ³¹	dzɔ²²
布	dei³⁵	dei³¹	dei⁵⁵	de²¹	dei³¹	dei⁴⁴
被子	pɤ³⁵	pɤ⁵⁴	po⁵⁵	pɑ⁵³	pɑ⁵³	po⁵⁴
船	ŋaŋ⁴²	ŋaŋ³¹	ŋaŋ³⁵	ɲe²¹	ŋaŋ³¹	ŋɯ³⁵
纸	dɤ⁴⁴	dɤ⁴⁴	do³³	dɑ⁵⁵	dɑ³³	do³⁵
鬼	qwen⁵⁴	qwoŋ⁵⁴	qwei³³	qwe⁵³	qwɛ³⁵	kwe⁵⁴
月	lha⁵⁴	lha³⁵	lha³¹	ʈha²¹	ʈha³¹	la²²
晚上	mhaŋ⁵⁴	mhaŋ³⁵	mhaŋ³¹	mhaŋ³³	mhaŋ³¹	mã²²
一	ɑ⁴⁴	ɑ⁴⁴	ɑ³³	ɑ²¹	ɑ⁵⁵	ɑ⁴⁴／ta³⁵
二	ɯ³⁵	ɯ⁵⁴	ɯ⁵⁵	u⁵³	ɷ⁵³	wu⁵⁴
我	we²²	we³³	we³³	wei⁵⁵	we⁵⁵	wei³⁵
你	mɯ⁴²	moŋ³¹	mɯ³⁵	m³⁵	mu³¹	mu³⁵
矮	ŋɑ⁴⁴	ŋa⁴⁴	ŋa³³	ŋɑ⁵⁵	ŋɑ⁵⁵	ŋa³⁵
黑暗	pɭu⁴⁴	pɭu²¹	pɭɯ³³	pɯ³⁵	pjɯ³⁵	pjɯ⁴⁴
白	qwɤ³⁵	qwɤ⁵⁴	qo⁵⁵	qwa⁵³	qwa⁵³	kɔ⁵⁴
长	dɯ⁴⁴	dɯ⁴⁴	dɯ³³	dɯ⁵⁵	du⁵⁵	dɯ³⁵
短	le⁴⁴	le⁴⁴	le³³	li⁵⁵	li⁵⁵	lei⁴⁴
许多	tɕu³⁵	tɕu⁵⁴	tɕu⁵⁵	ʈɯ⁵³	ʈɕɔ⁵³	ʈɕɔ⁵⁴
干	qha⁴⁴	qha⁴⁴	qhɛ⁵⁵	qhe⁵⁵	qhɛ⁵⁵	kha⁴⁴
大	ʎɔ⁴²	ʎɔŋ³¹	ʎɯ³⁵	ʎhɤ⁵³	ɕhɔ⁵³	ʎɔ⁴⁴
厚	ta³⁵	ta⁵⁴	tɕe⁵⁵	tɛ⁵³	tɛ⁵³	ta³⁵
苦	ɛ³⁵	ɛ⁵⁴	ɛ⁵⁵	e⁵³	ɛ⁵³	ɛ⁵⁴
亮	mɭen³¹	mɭoŋ¹¹	mɭen¹¹	mjɛ³⁵	mje¹¹	mɛ̃²²
满	pe⁴⁴	pe⁴⁴	pe³³	pi⁵⁵	pe⁵⁵	pei⁴⁴
忙	pɭo⁴²	pɭo³¹	pɭo³⁵	bjɔ²¹	qo³¹pɭɔ³¹	bjɔ⁴⁴

续上表

例字	吉卫	阳孟	中心	小章	丹青	蹬上
硬	ta⁴⁴	ta⁴⁴	ȶe³³	te⁵⁵	tɛ⁵⁵	ta⁴⁴
远	qɯ³⁵	qɯ⁵⁴	qɯ⁵⁵	qɯ⁵³	qu⁵³	kɯ⁵⁴
补	ba⁴⁴	ba⁴⁴	ba³³	bɑ⁵⁵	bɑ⁵⁵	ba³⁵
吃	noŋ⁴²	noŋ³¹	naŋ³⁵	nɑŋ²¹	naŋ³¹	nã³⁵
穿（一衣）	nhen⁴⁴	nhoŋ⁴⁴	nhen³³	nhɛ⁵⁵	nhɛ⁵⁵	ne³⁵
活（还一着）	ʐu²²	ʐu³³	ʐu³³	ʐoŋ⁵⁵	ʐɯ⁵⁵	ʐi⁵⁴
哭	ʐɛ⁴⁴	ʐɛ⁴⁴	ɳe³³	ʐi⁵⁵	ʐe⁵⁵	ʐẽ⁴⁴
来	lɔ²¹	loŋ³³	lɯ⁵⁵	lɤ⁵⁵	lɔ³³	lɔ⁴⁴
骑	dzaŋ⁵⁴	dzhaŋ³⁵	dzaŋ³¹	zuaŋ³⁵	dzɤ³¹	dzã²²
去	moŋ²²	moŋ³³	maŋ³³	mɑŋ⁵⁵	maŋ³³	mã³⁵
杀	ta⁵⁴	ta³⁵	ta³¹	tɑ²¹	tɑ³¹	ta²²
烧	o³⁵	o⁵⁴	o⁵⁵	o⁵³	ɔ⁵³	ɔ⁴⁴
睡	pɤ⁵⁴	pɤ³⁵	po³¹	pɑ³³	pɑ³¹	po²²
听	toŋ⁵⁴	toŋ³⁵	taŋ³¹	thɑŋ⁵³	thɤ⁵³	thã⁵⁴
摘	ʎu⁴⁴	ʎu²¹	ʎu³³	ʎɑ³⁵	ʎɑ³⁵	ʎɯ³⁵

蹬上与小章、丹青相同（或相近），与吉卫、阳孟、中心不相同的词汇，例如：

例字	吉卫	阳孟	中心	小章	丹青	蹬上
风	ci⁵⁴	ci³⁵	ci³¹	tɕi³³	tɕi³¹	tɕi²²
肚子	tɕhi³⁵	tɕhi⁵⁴	tɕhi⁵⁵	pje⁵³	pi⁵³	pi²²
血	dʑhen⁴⁴	dʑhoŋ⁴⁴	dʑi⁵⁵	tshi⁵⁵	tshe⁵⁵	tshe²²
媳妇	ɳen⁴²	ɳoŋ³¹	ɳei³⁵	me²¹	te⁵³mɛ³¹	tei⁵⁴mɛ⁴⁴
嫂嫂	ta³⁵so⁵⁴	ta³¹so⁴⁴	ta³⁵so⁵⁵	a²¹gɤ³³	a⁵⁵gɛ³¹	a⁴⁴gɔ²²
盖子	qo³⁵dhe⁵⁴	qo⁵⁴dhe³⁵	o⁵⁵de³¹	ci²¹pɤ³³	phɔ³¹phɔ³¹	phɔ²²phɔ²²

续上表

例字	吉卫	阳孟	中心	小章	丹青	蹬上
油	ɕɛ³⁵	ɕɛ⁵⁴	ɕe⁵⁵	se⁵³	sɛ⁵³	sɛ⁵⁴
牙齿	ɕɛ⁴⁴	ɕɛ⁴⁴	ɕe³³	se⁵⁵	sɛ⁵⁵	se⁵⁴
虎	tɕɔ⁴⁴	tɕoŋ⁴⁴	tɕɯ³³	tsɤ⁵⁵	tsɔ⁵⁵	tsɔ³⁵
柴	tɤ²²	tɤ³³	to³³	dɑ⁵⁵	dɑ³³	do³⁵
枪	pho⁵⁴	pho³⁵	pho³¹	tshoŋ⁵⁵	tshuŋ³¹	tshõ³³
歌	sa⁴⁴	sa⁴⁴	sɛ³³	qhɛ²¹	qhɛ³¹	khɛ²²
话	tu⁵⁴	tu³⁵	tu³¹	sɑ⁵⁵	mɯ³¹	sã⁴⁴
苗族	ɕɔŋ³⁵	ɕɔŋ⁵⁴	ɕaŋ⁵⁵	suaŋ⁵³	sɤ⁵³	sã⁵⁴
年	tɕu⁵⁴	tɕu³⁵	tɕu³¹	tsu³³	tsɔ³¹	tsɯ²²
好	ʐu⁵⁴	ʐu³⁵	ʐu³¹	ɯ³³	ɯ³¹	wu²²
红	dʐhen⁵⁴	dʐhoŋ³⁵	dʐi³³	tshei³³	tshe³¹	tshe³⁵
黄	qwen⁴²	kwoŋ³¹	kwei³⁵	gwe²¹	gwɛ³¹	gwe³⁵
背	pu²²	pu³³	pu³³	pɑ²¹	pɑ³¹	bu²²
打	pɤ⁴²	pɤ³¹	po³⁵	ba²¹	ba³¹	bo³⁵
死	ta³¹	ta¹¹	ta¹¹	da²⁴	da¹¹	da²²
臭	tɕɤ⁵⁴tɕa⁴⁴	tɕɯ³⁵tɕa⁴⁴	tɕu³¹	xaŋ³³	xaŋ³³tsa³⁵	xã²²
完	tɕu²²	tɕu³³	tɕu³³	ɟɯ³³	dʑɯ³³	dʑe³⁵
剥（一皮）	tɯ⁴⁴	tɯ⁴⁴	thɯ³³	pha⁵⁵	pha⁵⁵	ɕi⁴⁴pha⁴⁴
薅（一田）	dhɔ⁵⁴	dhoŋ³⁵	dɯ³¹	tho⁵⁵	thɔ³¹	thɔ²²
脱（一衣）	dha⁴⁴	dha⁴⁴	da³³	tha⁵⁵	thi⁵³	tha³⁵
想	bɛ⁴²	tɕi⁴⁴bɛ³¹	ɕaŋ³¹	se⁵⁵	sɛ⁵⁵	se⁴⁴
像	ʁa⁴²	ʁa³¹	daŋ³⁵	da⁵⁵	ɟa³⁵	dza³⁵
栽	tɕaŋ³¹	tɕaŋ¹¹	tɕaŋ¹¹	za³⁵	dza³⁵	dzɯ²²

蹬上与吉卫、阳孟、中心、小章、丹青不相同的词汇，例如：

例字	吉卫	阳孟	中心	小章	丹青	蹬上
肥	taŋ^{31}	taŋ^{11}	taŋ^{11}	daŋ^{24}	ɟɯ^{11}	dzã^{22}
梨	pi^{44}ẓa^{42}	pei^{44}ẓa^{31}	pi^{31}ẓa^{35}	pi^{53}ja^{24}	pi^{55}ɣa^{31}	pi^{44}tsho^{44}
辣椒	ʂei^{44}ta^{22}	ʂei^{21}ta^{33}	ʂei^{55}ta^{55}	xe^{33}tɕɤ^{55}	xɛ^{35}tɕɔ^{53}	pa^{35}mẽ^{22}
女婿	ɕe^{35}	ɕe^{54}	ɕe^{55}	wei^{55}	wei^{55}	ten^{35}tɕhi^{22}
近	ẓɯ^{54}	ẓɯ^{35}	ẓɯ^{31}	ɯ^{33}	ju^{31}	kɔ^{22}te^{35}
嫩	ẓaŋ^{54}	ẓaŋ^{35}	ẓaŋ^{31}	jaŋ^{33}	ɯ^{31}	ɣã^{44}
轻	ɕa^{35}	ɕa^{54}	ɕe^{55}	sui^{53}	sui^{53}	ɾe^{35}
稀（—疏）	ʂu^{35}	ʂu^{54}	ʂu^{55}	ɕɑ^{53}	ɣɑ^{53}	la^{44}
盖（—锅）	dhe^{54}	dhe^{35}	de^{31}	go^{55}	gɔ^{35}	phɔ^{22}
糊	ce^{35}	ci^{54}	ce^{55}	tɕɤ^{55}	tɕɔ^{55}	dɛ^{22}ẓo^{44}
埋葬	ʌaŋ^{22}	ʌaŋ^{33}	ʌaŋ^{33}	lɤ^{35}	lɔ^{35}	nɯ̃^{35}
筛	ɕo^{54}	ɕo^{35}	ɕo^{31}	suo^{33}	sɔ^{31}	kwa^{35}

附　蹬上简介

蹬上是隆头镇新双村一个山清水秀的自然寨。2004 年全寨 64 户 288 人，户主全是苗族，只有张、向二姓。特产为水稻、柑橘。公路到寨，自来水到户。全寨会说苗语的有 100 多人，另有少数人会说土家语，寨内通行汉语。蹬上被人们戏称为"龙山的联合国"。

第三篇

汉族及其他少数民族

龙山县是以土家族、苗族、汉族为主体的多民族杂居区，据全国第六次人口普查统计，2010年12月龙山县总人口为573261人，其中土家族315726人，占55.07%；苗族76604人，占13.36%；回族4165人，占0.73%；汉族175725人，占30.65%；侗、瑶、彝、壮、黎、白、土、满、藏、蒙古、塔吉克等民族合计1041人，占0.19%。其中，土家族、汉族、苗族和回族人口占了全县总人口的99.81%，本书仅记录这四个民族的情况，除此之外，散居在县境之内的其他民族不一一赘述。

龙山县各民族和睦相处，休戚与共，为维护社会稳定，推动社会进步和建设绿色、文化、开放、和谐的新龙山做出了不可磨灭的历史贡献。

第一章 汉 族

县境汉族生存繁衍于武陵山腹地，先秦时期已有不少外地家族迁入。他们与境内土家族、苗族先民长期交往、交融，其习俗与其他地区汉族比较，有独特个性。

第一节 习 俗

一、生活习俗

衣 县境种桑养蚕、织锦纺绸历史可追溯至秦汉时期。清末民国初，县境汉族一般民众多穿青、蓝、白、土红色家织布衣。男女分着对襟、满襟上衣，女左向扣扣。皆着便裤，系以布带。成年人常包青丝帕或白布帕，未婚男子多光头，少女打独辫。富裕人家男人与读书人着满襟长衫，戴丝质瓜皮帽（俗称顶子帽）。"富者夏葛冬裘，雅丽自喜，冠履尚时样"，而"贫者仅足蔽体"（清嘉庆《龙山县志·风俗》）。中华人民共和国成立后，特别是20世纪80年代后，人们服饰日趋多样，"新三年，旧三年，缝缝补补又三年"成为历史。

食 明清以来，县人主食大米与包谷。大安、猛必、洛塔、八面等高寒山区，土多田少，除年节外，皆以包谷、杂粮为主食。俗有"走溜路搭快，吃大米饭不要菜"之说。副食嗜辣、酸和腊味，亦常将蔬菜腌制或在开水中焯过晾干，以备稀缺时佐餐。20世纪80年代后，肉、禽、蛋、鱼供应充裕，大棚菜四季俱全，人们饮食向营养型转变。喜会以四方桌就餐，八人一桌，其座位以背靠家先牌位面向大门为尊，下为次尊，左右为卑，右上位为酌酒位。客人坐齐，长者或主人邀约，方动杯箸。

住 明清以来，县境汉人木房多简陋。一般为四排三间，木架有三柱四棋或五棋，亦有墙上架双三角形"剪刀夹"以撑屋顶的。习用土砖（以长一尺、宽六寸"井"字形木砖盒踩制）、岩石砌墙，或用挡土板筑墙。上覆杉树皮或茅草。条件稍好的上下左右安以木板，屋上盖青瓦，曰天楼地阵。富户的房木架有五柱八棋或更多，常为三进两天井或三天井,后者即第二进左右各一天井,上有木楼。天井内置花木盆景或消防岩缸,其上四合(排)水又取光,人称印子屋。特殊的有里耶"长九间"及桶车乡桶车村夏德铭家有二十四个天井近两百间房屋。民国年间,县城最高的忠恕药局仅三层砖房。中华人民共和国成立后,木房渐被青(红)砖楼房取代。2000年建成的时代大酒店,规模创边区之最。

县人进新居,必在堂屋(四排三间居中一间,三进屋为第二进居中)壁之中上方安家先,又称神龛。中书"天地君亲师位",民国后改"君"为"国"。写家先规矩为:以整张大红纸,用墨汁或金粉竖写繁体字;"天不盖地(天字大小不超过地),地不分离(地字须左右偏旁相连),国不缺口(国字四围封口),亲不闭目(繁体'亲'字右'见'左上不封口),师不带刀(繁体'师'字省左上撇),位不离人(位字左右偏旁须相连)";写前须净身,不食荤腥不饮酒;同姓人不能写,因写家先人即为祖辈,平日不相见,见之必行大礼。中行其左用稍小字体写"某某堂上历代祖先",其右写"九天司命太乙府君"(灶神)。两旁另裁红纸写对联,有"德积百年元气厚,书经三代善人多","宝鼎呈祥香结彩,银台报喜烛生花",有"金炉不灭千年火,玉盏常明万岁灯"等内容。横批均为"祖德流芳"。牌下有木制神台(一般为两个三角形木架上横置一木板),上设三个香炉及神像几尊。神台下为倒贴的"福"字斗方,用稍小的红纸直书"安神大吉",两旁有"堆金高北斗,积玉比南山"等小对联。神龛下多设一大方桌,祭祀时陈酒馔牲礼用。婚礼告祖、拜堂,丧礼置棺木做道场等均在堂屋内举行。后者须用白纸书一大"奠"字或拉一布帷将家先盖住,以免惊扰祖先(俗谓新亡人尚未入列)。县人搬新居,必先安好家先,于次日凌晨一人执竹条扎成的喜把,一人捧香炉至神台上点燃香烛,并在火塘或火盆中将火引燃,曰接香火。白日方能搬家具。

行 县境丛崖邃谷,深林密菁,多危径一线。明清以来,县人尚行善积德,或许愿求子、常募捐化缘,或独资请工修桥铺路。清同治年间张廷辉(亦名廷纲)独资打通通永顺府的汝池河畔插耳岩,至今传为美谈。一般民众行走多以背笼、箩筐、芭篓等载物,凡对面遇老小、妇女,多让其居中或靠山内侧再擦身而过;同向行走则打过招呼再趋前。1958年后,公路通达四方,外出履险若夷,但让道、打招呼等古风犹存。

言 县境汉人对话用西南官话(详见下节),语风诚朴而婉约、机智。面对别人夸赞,常说"麻雀吃米汤,打湿得个嘴"。"屋有一两间,躲得个露水"。"聪明么子,他(多指自己晚辈)鸡儿遇到米头子"等。面对别人不幸事,则用婉语。如有人去世,常说"他家老了人","他屋婆婆走了"。有人生病,常说"他这一向好波阿蚀(方言,念pha^{44}sl^{22},疲乏、软弱意),在看药匠(医生)"。请人到家里玩,说"到我那茅棚棚受下捱"。请人吃肉，叫"多拈辣子吃（因炒肉必佐以辣椒）"，请人吃鱼叫"试下这摆尾子有不有盐"。送客则一再表示"有好客无好主，得空又来玩"。即使碰上骄傲、不知礼的人，也仅说"他屋家里宽（出手阔绰，富有），讲话有点大句"。

县境汉人忌直呼其姓名。多称呼其职业、职务，"老师""医生""师傅""村长"等。平辈间亦以晚辈称呼呼之。如亲家间，称"公公""婆婆"，"嘎公（外公）""嘎嘎（外婆）"；称弟弟叫"叔叔"，弟媳为"婶娘"；称兄嫂亦称"伯伯""伯娘"等。对晚辈亦用第三代口气称呼的，如称女婿为"姑爷"。相互熟稔的则直呼其名，常省其姓，或以绰号称呼。中华人民共和国成立以来，亲属称谓如常，称同事姓前加"老""小"，不熟悉者多呼"同志""师傅"等。

二、节庆习俗

县境汉人以过春节为大节。俗以一家老小团圆为盛，外出者多必赶回。谓"麻雀也有个三十夜"。除夕须上已故亲眷坟前"送亮"，点烛焚香陈牲礼以示敬。除夕宴一般为腊月三十或月小二十九。宴前必先敬祖宗，燃放鞭炮后团年。俗谓"生不接，年不请"，关大门曰关财门。除夕晚常在火坑中烧"年蔸"，即事先备好的大树根蔸，寓来年喂的猪大。举家围炉夜话，吃水果瓜子，或热菜宵夜，凌晨方寝，曰守岁。正月初一大早一般晏起，曰挖窖（梦中得财宝）。小孩给大人拜年，当面或在枕头下能找得压岁钱。县境年前老人去世的家庭，正月初一则在大门前贴孝联，即在绿纸上写白字，或在白纸上写黑字，内容有"思亲腊尽情难尽，望父春归人未归"，"念慈母音容犹在，感爱心亲情永存"等。这天亲朋至其家，除礼物外必带香烛纸钱鞭炮，径直入堂屋，主人不接背笼。客人在遗像前点燃香烛，叩首后再出门燃放鞭炮，曰看新灵。孝家则称过孝年。第三年正月初一孝家不再贴孝联，春社日亲朋皆来坟前祭奠，曰烧社。此俗在里耶、召市、红岩等地区今仍保留。相互拜年一般从正月初二开始。初一至十五晚，城镇绅商集资的龙灯、狮子灯、蚌壳灯、马儿灯、挑花灯、采莲船等沿街轮番上演。商户接灯，常燃放鞭炮、供烟茶果饼以致谢。玩灯以元宵为最盛。十六凌晨，各灯队至河边，点燃香烛祭祀，再将纸糊篾扎灯具一并焚化，曰送灯。20世纪80年代后，除夕夜收看央视台春节联欢晚会，零点燃放鞭炮、烟花，成为一道新的风景。

清明、端午、七巧、中元（农历七月十五）、中秋、重阳等节与其他汉族地区无大异。

第二节 方 言

县域汉语方言属北方语区西南官话。其源流很长，先秦时期县域属楚之黔中地。三国时起，与巴蜀交往增多。五代时，江西吉水彭氏豪族带其宗族千余人进入湘西，取代吴著冲等部落酋长成为湘西地区统治者。清代改土归流后，民族交往增多，私塾遍及城乡，"三、百、千"及儒家经典均用西南官话传授。清廷规定，凡举人、生员、贡生、监生、童生不会官话者，一律不准送试。民国年间新学用官话教学。中华人民共和国成立后，人们外出增多，20世纪80年代后，县人外出打工以数万计。在外学说普通话，加之广播、电影、电视普及，县人教学用语、舞台演出（汉戏、阳戏例外）、接待来宾等大都用普通话，但西南官话仍是县境人们日常口头交流的通用工具。

一、方 音

（一）分 区

按照传统音韵学对语音采用声、韵、调系统的分析方法，县域汉语方言发音虽较复杂，但大体可分为西部、东部两大方音区。两区有同有异，特点明显；各自又有若干次方言。均可用普通话为坐标对照并相互比较。

西部方音区（以民安、召市为调查点），范围含民安、华塘、新城、洗洛、白羊、湾塘、兴隆街、桶车、石牌、石羔、三元、沙子坡、茅坪、召市、火岩、桂塘、辽叶、瓦房、贾坝、老兴、咱果等乡镇场。

东部方音区（以乌鸦、洛塔、农车、苗儿滩、内溪为调查点），范围含茨岩塘、大安、乌鸦、水田坝、猛必、比溪、水沙坪、西湖、红岩溪、农车、塔泥、曾家界、洛塔、猛西、干溪、凤溪、洗车河、苗儿滩、他砂、坡脚、靛房、内溪、贾市、岩冲、长潭、八面、里耶、隆头等乡镇场。

（二）方音声母

有19个，以国际音标记录，为方便读者，表中括号内注汉语拼音，二者相同的不注，下同。

发音方法＼发音部位	塞音		塞擦音		鼻音	擦音		边音
	清音		清音		浊音	清音	浊音	浊音
	不送气	送气	不送气	送气				
双唇音	P（b）	Ph（p）			m			
唇齿音						f		
舌尖前音			ts（z）	tsh（c）		s	z（r）	
舌尖中音	t（d）	th（t）			n			
舌面音			tɕ（j）	tɕh（q）		ɕ（x）		
舌根音	k（g）	kh（k）			ŋ（ng）	X（h）		

从声母表可以看出，与普通话比较，县域一般没有 tʂ（zh）、tʂh（ch）、ʂ（sh）、ʐ（r）等舌尖后音（翘舌音），通常以 ts（z）、tsh（c）、s、z 代。东部方音区的乌鸦、大安、水田坝、猛必、比溪因与桑植邻近，多年联姻与交往，部分村寨的人们有舌尖后音，但不普遍。

县域普遍将零声母音节加 n 或 ŋ，是普通话没有的声母。如 ŋai44（哀）、ŋai22（癌）、ŋai14（爱）、ŋai31（矮）、ŋan44（安）、ŋan14（岸）、ŋaŋ44（肮）、ŋaŋ22（昂）、ŋau22（熬）、ŋau14（傲）、ŋo22（恶）、ŋo14（饿）、ŋo31（我）（"我"与"我们"的读音变音较多：西部方音有 ŋo31、ŋou31、ŋou31 mən22；东部方音有 ŋo31 muŋ22、uŋ31 muŋ22 等。）、ŋəu44（恩）、ŋou44（欧）、ŋou14（怄）、ŋou31（藕）、ŋA22（牙）、ŋai22（岩）、ŋan31（眼）、ŋən14（硬）等。零声母音节加 n 的如：næin22（严）、næin14（验）、niaŋ31（仰）、niɛ22（业）、ni14（义）、ni22（谊）、ni14（艺）等。

县域方音 n、l 不分，通常将普通话的 n 声母音节读成 l 声母音节。如 lai44（奶）、ləi14（内）、lan22（南）、lan22（男）、laŋ22（囊）、luŋ22（农）、lou31（努）、luan31（暖）、luo14（糯）等。

县域方音 f、x（h）不分，通常将 f 声母音节读成 x（h）声母音节，西部方音区尤甚。如 xua22（发）、xuan22（翻）、xuan22（烦）、xuan14（饭）、xuaŋ44（方）、xuaŋ22（房）、xuəi44（飞）、xuəi22（肥）、xuəi31（匪）、xuŋ44（风）、xuŋ14（凤）、xu14（副、父）等。东部方音区水田坝次方言有将 x 声母音节读成 f 声母音节的，但不普遍。

普通话里的 ɕ（x）声母音节，在县域方言中有的变成 x（h）声母音节，有的变成 tɕh（q）声母音节。如 xa14（下）、xa22（瞎）、xan14（陷、限）、xaŋ22（项、巷）、xai22（鞋、蟹）；tɕhi44（奚、溪、蹊）、tɕhaŋ22（祥、详、翔）、tɕhiaŋ14（象）等。"孩"

"鞋"不分,让人忍俊不禁,外出甚至闹出笑话。

(三) 方音韵母

有 38 个,见下表。

韵母＼发音	开口呼	齐齿呼	合口呼	撮口呼
单韵母		ɿ	u	y(ü)
	A	iA	uA	yA(üa)
	o	io	uo	
	ɛ	iɛ		yɛ(üa)
	ʅ			
	ɚ(er)			
复韵母	ai		uai	
	əi(ei)		uəi	yi(üi)
	au(ao)	iau(iao)		
	ou	iou		
鼻音韵母	an	iæn(ian)	uan	yan(üan)
	ən(en)	in	uən(uen)	yn(ün)
	aŋ(ang)	iaŋ(iang)	uaŋ(uang)	yaŋ(üang)
	uŋ(ong)	iuŋ(iong)		

与普通话比较,县域汉语方音少了 əŋ(eng)、iŋ(ing)、uəŋ(ueng)、ɤ(e) 等 4 个韵母,但却多了 io、ya(üa)、yi(üi)、yaŋ(üang) 等 4 个韵母。

与普通话和县域东部方音区里耶次方言比较,县域西部方音区城郊次方言的方音韵母突出特点是,把合口呼的 u 读成撮口呼的 y(ü),单韵母 3 个、鼻音韵母 3 个皆如此。由此连带的是改变声母。其规律是将 tʂ(zh) 改成 tɕ(j),将 tʂh(ch) 改成 tɕh(q),将 ʂ(sh) 改 ɕ(x),将 ʐ(r) 声母丢掉变成零声母 y(ü)。

单韵母如:tɕy⁴⁴(猪)、tɕy¹⁴(住)、tɕyA⁴⁴(抓);tɕhy²²(出)、tɕhy³¹(处);ɕy⁴⁴(书)、ɕy³¹(暑、鼠)、ɕy¹⁴(树)、ɕya⁴⁴(刷)、ɕya³¹(耍)、ɕyɛ⁴⁴(衰)、ɕyɛ¹⁴(帅)、ɕyɛ²²(说)、ɕyai³¹(甩);iy²²(如)、iy³¹(乳)等。

鼻音韵母如:tɕyan⁴⁴(专)、tɕyan¹⁴(转)、tɕyan¹⁴(赚)、tɕyaŋ⁴⁴(装)、tɕyaŋ¹⁴(状)、tɕyi⁴⁴(锥)、tɕyn³¹(准);tɕhyan⁴⁴(穿)、tɕhyan²²(船)、tɕhyan³¹(喘)、tɕhyaŋ⁴⁴(窗、疮)、tɕhyaŋ²²(床)、tɕhyaŋ³¹(闯)、tɕhyi⁴⁴(吹)、tɕhyi²²(锤)、tɕhyn⁴⁴(春)、tɕhyn³¹(蠢);ɕyan⁴⁴(拴)、ɕyaŋ⁴⁴(双)、ɕyaŋ³¹(爽)、ɕyi²²(谁)、ɕyi³¹(水)、ɕyi¹⁴(税、睡)、ɕyn¹⁴(顺)、ɕyan⁴⁴(酸)、ɕyan¹⁴(蒜);yan²²(阮)、yan³¹

（软）、yi⁴⁴（蕊、瑞、锐）、yn²²（润）等。因上述音变，城郊次方言出现被人挖苦的"猪（tçy⁴⁴）脑（lau³¹）壳挂到柱（tçy¹⁴）头上，风（xuŋ⁴⁴）一吹（tçhyi⁴⁴），打个转转（tçyan¹⁴tçyan¹⁴）"的笑话。

与普通话和西部方音区比较，东部洛塔、苗儿滩、内溪次方言的方音韵母的突出特点是 an、aŋ（ang）不分，多以 an 代 aŋ，亦有以 aŋ 代 an 的。如：pan⁴⁴（邦、帮）、pan³¹（榜、绑、谤）、pan¹⁴（磅、棒、膀）；tshan⁴⁴（仓、苍、舱）、tshan²²（藏）；tan⁴⁴（当、裆）、tan³¹（挡、档、党）、tan¹⁴（荡、凼）；fan⁴⁴（方、芳）、fan²²（妨、房、防）、fan³¹（访、仿、纺）、fan¹⁴（放）；kan¹⁴（扛）、kan⁴⁴（钢、刚、缸、冈）、kan³¹（港）；xan²²（杭、航、行）、xan¹⁴（巷）；tçiæn⁴⁴（将、浆、江、僵、姜）、tçiæn³¹（蒋、桨、讲）、tçiæn¹⁴（酱、匠、犟）；khan⁴⁴（康、糠）；lan²²（郎、廊、狼）、lan³¹（朗）、lan¹⁴（浪）；man²²（忙、盲、氓）；phan²²（旁、滂、胖）；tçhiæn⁴⁴（腔、枪）、tçiæn³¹（抢）、tçiæn²²（墙、蔷、强）；zan¹⁴（让）；san⁴⁴（商、伤）、san³¹（赏、响）、san¹⁴（上、尚）；than⁴⁴（汤）、than²²（唐、糖、塘）、than³¹（淌、躺）；uan⁴⁴（汪）、uan²²（王）、uan³¹（往、网）、uan¹⁴（望、旺）；çiæn⁴⁴（相、湘、香、乡）、çiæn³¹（想、享、响）、çiæn¹⁴（向、象）、iæn⁴⁴（央、鸯）、iæn²²（羊、阳、杨、扬）、iæn³¹（养、痒、氧）、iæn¹⁴（样、漾）；tsan⁴⁴（赃、张、章）、tsan³¹（掌、涨）、tsan¹⁴（丈、帐、胀）等。

与普通话和西部方音区比较，东部水田、洛塔次方言的 ən（en）韵母一般说成 uŋ（ong）。有将声母 f 连带变成 x（h）的，如 xuŋ⁴⁴（分、吩、纷）、xuŋ²²（坟）、xuŋ³¹（粉）、xuŋ¹⁴（粪）等；不改变声母的，如：puŋ²²（本）、puŋ¹⁴（奔）、muŋ²²（门、闷、们）、phuŋ²²（盆）等；有变成零声母的，如 uŋ⁴⁴（温、瘟）、uŋ²²（文、蚊、闻）、uŋ³¹（吻、稳）等。但在声母 k（g）、kh（k）、z、ts（z）的音节中 ən 韵母不变。

普通话 t（d）、th（t）两声母与 in、iŋ 两韵母相拼的音节，县域方音中，普遍将 in、iŋ 变为 ən（en）韵母。如 tən⁴⁴（丁、叮、钉）、tən³¹（顶、鼎）、tən¹⁴（定）；thən⁴⁴（厅、听）、thən²²（亭、停、廷、庭、蜓）、thən³¹（挺、艇）等。

普通话 l 声母与 in、iŋ 两韵母相拼的音节，县域方音普遍将 in、iŋ 均变为 ən 韵母。如 lən²²（鳞、林、临、邻）、lən³¹（檩）、lən²²（凌、陵、零、玲、灵）、lən³¹（领）、lən¹⁴（另、令）等。

普通话里 əŋ（eng）韵母音节，县域方言大多读成 ən（en）或 uŋ（ong）韵母音节。如 tshən⁴⁴（撑、称）、tshən²²（层、成、程、乘、承）、tən⁴⁴（灯、登）、xuŋ⁴⁴（丰、风、封、蜂）、xuŋ²²（逢、缝）、muŋ²²（蒙、萌）、muŋ³¹（猛）、muŋ¹⁴（梦）、lən²²

（能）、phuŋ²²（彭、鹏、蓬、朋）、sən⁴⁴（声、生、升）、sən¹⁴（盛、剩、胜、圣）、thən²²（誊、腾）、tsən¹⁴（正、征）、tsən⁴⁴（争、蒸）、tsən¹⁴（证、政、甑）等。

普通话中 iŋ（ing）韵母音节，县域方言大多读成 in 韵母音节，有的读成 yn（ün）韵母音节。如 pin⁴⁴（冰、兵）、pin³¹（丙、柄、饼）、pin¹⁴（并、病）、tɕin⁴⁴（经、京、睛、精）、tɕin³¹（井、景、警）、tɕin¹⁴（劲、净、竟、靖、静、敬）；tɕhin⁴⁴（青、轻、亲）、tɕhin²²（情、晴）、tɕhin³¹（请）、tɕhin¹⁴（庆）；yn²²（营、萤）、tɕhyn⁴⁴（倾、顷）等。

普通话里的 u 韵母，县域西部方音区大多读为 ou。如：lou²²（炉、卢、颅、鸬、六、鹿、绿、奴）、lou¹⁴（路、露、鹭）、sou²²（速、肃）、thou³¹（土、吐）、tou²²（督、毒、读、独）、zou²²（辱）、tsou³¹（祖、阻、组）等。

普通话里的 yɛ（üe）韵母音节，县域大多变成 io 韵母音节。如 io²²（约、跃、岳、钥、药）、ɕio²²（学、削）、tɕhio²²（却、鹊、雀）、nio²²（疟、略、掠）、tɕio²²（爵）等。

普通话里的 y（ü）韵母音节，县域有的变成 iou 韵母音节。如 iou¹⁴（育、欲）、iou²²（狱）等。

普通话中的一些合口呼的韵母音节，县域方音常有合口呼元音 u 消失的现象。如：tɑn⁴⁴（端）、tɑn³¹（短）、tɑn¹⁴（段、缎、断）、təi⁴⁴（堆）、təi¹⁴（对、队、兑、碓）、tən⁴⁴（敦、蹲）、tən¹⁴（吨、盾）、thən⁴⁴（吞）、thən²²（囤）、thɑn²²（团）、thəi⁴⁴（推）、thəi³¹（腿）、lɑn³¹（暖、卵）、lɑn¹⁴（乱）、lən²²（轮、伦、纶）、lən¹⁴（论）、tsən⁴⁴（尊、遵）、sən⁴⁴（孙）、sən³¹（损、笋、榫）等。

（四）方音声调

县域汉语方言的声调调值普遍比普通话调值略低，其声调主有高平调（44）、低平调（22）、中升调（14）和中降调（31），如图所示。

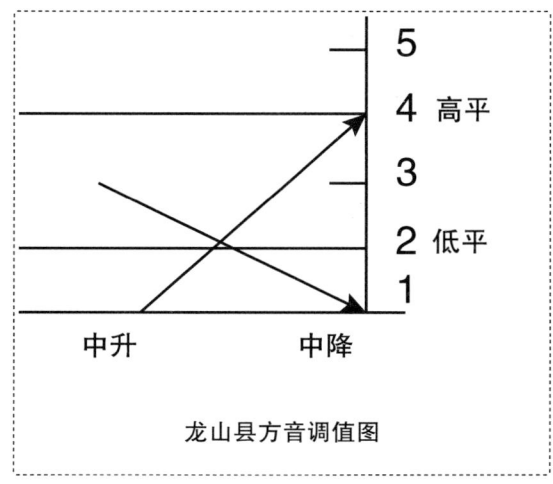

龙山县方音调值图

县域方言声调与普通话比较，其基本对应规律为：普通话第一声阴平 55 在县域读成 44 调，第二声阳平 35 调在县域读成 22 调，第三声上声 214 调县域读成 31 调，第四声去声 53 调在县域读成 14 调。但也有不符合这种对规律的变调情况，主要存在于高平调。

普通话阴平 55 调的字在县域读成 22 调的如：$pɛ^{22}$（八、捌）、pi^{22}（逼）、$piɛ^{22}$（鳖）、po^{22}（拨、剥、钵）；$tshA^{22}$（擦）；$tɕhi^{22}$（吃）、$tɕhy^{22}$（出）；$tɑ^{22}$（搭）、$fɑ^{22}$（发）、fan^{22}（帆）、fu^{22}（孚、孵）；kuo^{22}（鸽）；xu^{22}（忽、乎、惚）；$tɕi^{22}$（击、激）；i^{22}（一、壹）等。

普通话阴平 55 调的字在县域读成 14 调的如：$tuən^{14}$（吨）、$tɕhin^{14}$（侵）、iA^{14}（亚）、in^{14}（应）、$iuŋ^{14}$（佣）等。读成 31 调的如：$piæn^{31}$（蝙）、kan^{31}（竿）、$xuŋ^{31}$（轰）、$khuo^{31}$（棵）、phA^{31}（趴、啪）、$suɑi^{31}$（摔）、$iuŋ^{31}$（拥）等。

土家语苗语与汉语方音 县域东线中南部属土家族、苗族聚居区。少数民族（县境为多数）说汉语方言，多或少受原有语种发音的影响。

土家、苗族说汉语发音上突出特点是无撮口呼音节 y（ü），县域东部方音区中南部次方言将其发为齐齿呼（i）。如：i^{44}（迂）、i^{22}（于、鱼、渔、愚、娱）、i^{14}（愉、渝、芋、裕、遇）、i^{31}（雨、禹、语）；$iæn^{44}$（鸳、冤、渊）、$iæn^{22}$（员、元、原、袁）、$iæn^{31}$（远）、$iæn^{14}$（怨、院、愿）、$iɛ22$（月、悦、越）、$in44$（晕）、in^{22}（云、匀）、in^{31}（允）；$tɕi^{44}$（居、拘）、$tɕi^{31}$（举）、$tɕi^{14}$（巨、句、具）、$tɕiæn^{44}$（捐、鹃）、$tɕiæn^{31}$（卷）、$tɕiæn^{14}$（倦）、$tɕiɛ^{22}$（决、绝、崛、蕨）、$tɕin^{44}$（军、均、君）、$tɕin^{14}$（菌、俊、峻、郡）、ni^{31}（女）；$tɕhi^{44}$（区、岖、驱、躯）、$tɕhi^{22}$（曲、屈）、$tɕhi^{14}$（去、趣）、$tɕhi^{31}$（取、娶）；$tɕhiæn^{22}$（权、全、泉、拳）、$tɕhiæn^{14}$（劝）、$tɕhiæn^{31}$（犬）、$tɕhiɛ^{22}$（缺）、$tɕhin^{22}$（裙、群）；$ɕi^{44}$（须、嘘、墟、需）、$ɕi^{14}$（序、绪）、$ɕi^{22}$（絮）、$ɕiæn^{44}$（宣、轩）、$ɕiæn^{22}$（悬、玄）、$ɕiæn^{14}$（旋）、$ɕiæn^{31}$（选）、$ɕiɛ^{44}$（靴）、$ɕiɛ^{22}$（薛、雪、血、穴）、$ɕin^{44}$（勋、熏）、$ɕin^{22}$（旬、寻、巡、循）、$ɕin^{14}$（训、讯、迅）等。

土家族、苗族说汉语方言特别是东部方音区洛塔、苗儿滩、内溪次方言没有 ɚ（er）韵母，下列字发音特殊：$ɛ^{22}$（儿）、$ɛ^{31}$（耳、洱、饵、尔、迩）、$ɛ^{14}$（二、贰）等。

土家族、苗族说汉语方言声调上的突出特点，是将普通话中的一、三声的某些字（县域方音多念为 22 调），念成如普通话的第二声阳平 35 调音。这一特殊音变在东部方音区水田、洛塔次方言表现明显。将普通话第一声念成 35 调的，如 pa^{35}（八）、$kɛ^{35}$（疙、格）、ko^{35}（鸽）、$xəi^{35}$（黑）、sA^{35}（杀）、$ɕiɛ^{35}$（歇）、tsl^{35}（织）、tso^{35}（桌）等；将普通话第三声念成 35 调的，如 tha^{35}（塔）等；将普通话第四声念成 35 调的，如 pi^{35}（毕、必）、$tshɛ^{35}$（彻、厕）、lou^{35}（六）、lo^{35}（落）、$miɛ^{35}$（篾）、$iɛ^{35}$（叶）、io^{35}（药）

等。还有下列字在西部方音区念 22 调，在东部方音区念 35 调，正好与普通话音同调，因仅此字突兀其中，给人感觉是特殊方音，如：笛、鹅、苗、拿、螺、骡、梨、泥、菩、棋、球、舌、熟、蛇、扎、昨、值等。

（五）普通话与汉语方音

中华人民共和国宪法规定："国家推广全国通用的普通话。"改革开放以来，随着内外交流增多，电广媒体传播的普及，普通话受到全县各族人民的认同，学用普通话成为潮流，连句句押西南官话韵的花鼓词，也在某些句尾采用普通话音为韵脚。如："回家就坐车，车费钱不给。吹牛我去带几百，今天遇扒客。""给"在这里发的是近似普通话音 $kɛ^{44}$。又如："边认就边说，好像是四哥，答应是也没有错，志同道不合。"方言中，"说"念 $ɕyɛ^{22}$，这里采用近似普通话音。还有普通话某些字与人体生殖器官同音的，如批评的"批"，温暖的"暖"，中华人民共和国成立初期人们羞于出口，改成 $phə^{44}$、$z̩uan^{31}$，现在读成 phi^{44}、$nuan^{31}$，没有人大惊小怪。

二、语　汇

县域汉语方言语汇具有西南官话的一般特征，因为长期民族交融，受土家语、苗语影响，又有独具的地方特色。下列举例的词语含东西部方音区，不再一一分列。无近似汉字用反切注音。

（一）人际称谓

tiA^{44}（爹）、iA^{22}（牙—爹）、$A^{31}niaŋ^{22}$（阿娘—母亲）、$man^{22}man$（满满—叔父）、$iau^{44}iau$（幺幺—幺叔）、$niaŋ^{44}niaŋ$（嬢嬢—姑母）、$mA^{22}mA^{44}$（麻妈—姑母）、$tɕhiən^{44}iɛ^{22}$（亲爷—岳父）、$tɕiən^{44}niaŋ^{22}$（亲娘—岳母）、$tsaŋ^{22}nɚ^{31}$（丈老儿—岳父）、$kuŋ^{44}kuŋ$（公公—祖父）、$tiA^{44}tiA$（爹爹—祖父）、$pho^{22}pho^{44}$（婆婆—祖母）、$kA^{44}kuŋ^{22}$（嘎公—外公）$kA^{44}kA$（嘎嘎—外婆）、$thai^{22}thai$（太太—曾祖父）、$phu^{22}sA^{44}$（菩萨—高祖父）、$lau^{31}lau$（佬佬—弟弟，也用于叫儿子）、$tsai^{31}$（崽—子辈）、$ŋAɚ^{22}$（伢儿—子辈）、$iA^{44}thou^{22}$（丫头—女儿）、$uai^{14}uai$（外外—外甥）等。

（二）人体称谓

$lau^{31}kho^{22}$（脑壳—脑袋）、$liɛn^{31}puɚ^{31}$（脸部儿—脸庞）、$pi^{22}liaŋ^{22}tɕin^{44}$（鼻梁筋—鼻梁）、$tɕiaŋ^{31}kən^{22}$（颈根—颈部）、$ɕiən^{22}khou^{31}$（心口—胸口）、$tou^{22}ɕiən^{22}$（独心—心

脏)、iau⁴⁴kan³¹（腰杆—腰部）、sou³¹kan³¹（手杆—手臂）、sou³¹pɚ³¹（手板儿—手掌）、tsl²²mɚ²²（指拇—拇指）、tɕio²²kan³¹（脚杆—大腿与小腿）、khɛ¹⁴ɚi²²（客膝—膝盖）、tɕio²²pɚ³¹（脚板儿—脚掌）等。

（三）代词

tsɛ¹⁴khɚ（这口儿—这里）、tsɛ¹⁴tho²²tho（这坨坨—这里）、tsɛ¹⁴than²²than（这团团—这里）、tsɛ¹⁴thaŋ²²kho²²（这堂可—这里）、tsɛ¹⁴laŋ²²tshaŋ²²（这廊场—这里）、mo³¹tsl³¹（么子—什么）、laŋ³¹mən²²（浪门—怎么）等。

（四）名词

时间类：tɕiɚ⁴⁴（今儿—今天）、mɚ²²（明儿—明天）、xɚ²²（后儿—后天）、sA²²fuən³¹tsl³¹liaŋ²²（煞粉子亮—拂晓）、mA²²tshA³¹（麻察—黄昏）、mA²²ŋan³¹（麻眼—黄昏）、sA²²xəi²²（煞黑—近夜晚）、iɛ¹⁴ɕi²²（夜习—夜晚）、saŋ¹⁴pan²²thiæn¹⁴（上半天—上午）、ɕiA¹⁴pan²²thiæn¹⁴（下半天—下午）、kən³¹thiæn¹⁴（整天）、kən³¹iɛ¹⁴（整夜—通宵）等。

食物类：maŋ⁴⁴maŋ（牦牦—童语，饭）、pau⁴⁴ku²²（包谷—玉米）、iaŋ²²y²²（洋芋—马铃薯）、xuŋ²²sau²²（红苕—红薯）、tɕio²²pan²²sau²²（脚板苕—山药）、kA³¹kA（尕尕—童语，肉）、tɕy⁴⁴lau³¹kho²²（猪脑壳—猪头）、tɕy⁴⁴tou²²ɕən²²（猪独心—猪心脏）、tɕy⁴⁴iau⁴⁴tsl²²（猪腰子—猪肾）、tɕy⁴⁴ɕiA¹⁴ɕyəi³¹（猪下水—猪肚、肠、油等）、tɕy⁴⁴khu¹⁴thi²²（猪裤踢—猪脚骨）、piæn¹⁴（鞭—雄性动物生殖器）、tshɛ³¹kən²²tshai¹⁴（扯根菜—菠菜）、tsl²²ɚ²²kən²²（植耳根—鱼腥草）、mu²²tɕiaŋ²²tsl²²（木桨子—山苍子）、tA¹⁴tou²²tshai¹⁴（大莼菜—凤尾菜）、pəi¹⁴kuA⁴⁴（北瓜—南瓜）等。

讥讽类：xA³¹pau²²（哈包—傻瓜）、sau²²pau²²（苕包—傻瓜）、pau³¹（宝—傻）、uaŋ²²piaŋ²²（王波羊—无用人）、lan³¹than²²khɛ²²（卵谈客—吹牛、讲空话的人）、kuA³¹xuA²²khɛ²²（寡话客—讲空话的人）、uaŋ⁴⁴tan¹⁴zən²²（汪蛋人—说话做事不负责的人）、ɚ¹⁴tɕhi²²zən²²（二气人—有骄、娇二气的人）、sl²²ŋan³¹zən²²（四眼人—孕妇）、uaŋ²²ŋan³¹tɕiən²²kou³¹（亡眼睛狗—忘恩负义人）等。

排泄类：ŋan³¹liou²²suəi³¹（眼流水—眼泪）、pA³¹pA（把把—童语大便）、ɕiæn²²khou²²suəi³¹（涎口水—口水）等。

工具用具类：tsho²²tɕl²²（撮箕—箢箕）、po³¹tɕl²²（簸箕：圆形，较大盛物竹器）、liau²²tɕl²²（辽箕：较小盛物竹器）、tA²²tou²²（打斗—扮桶）、zA³¹luŋ²²（乍笼—半圆锥形大背篓，有背带）、tA³¹tshu³¹（打杵）、piæn³¹thiau⁴⁴（扁挑—扁担）、pA⁴⁴lou³¹（笆篓：盛物能挑的长方体篾器，有盖）、so²²tsl²²（索子—棕绳）、kɛ¹⁴tsl²²（锯子）、tən³¹kuan²²（鼎罐）、san⁴⁴tɕio²²（三脚）、phiau²²kuA⁴⁴（瓢瓜—勺子）等。

疾病类：tA³¹pai³¹tsl²²（打摆子—疟疾）、lau²²pin²²（痨病—肺病）、tsoŋ⁴⁴pan³¹tsən²²（中板症—肝腹水）、o⁴⁴li²²（屙痢—痢疾）、pai⁴⁴tsl²²（波哎子—瘸子）、tɕi⁴⁴mau²²iæn³¹（鸡毛眼—夜盲症）、ɕiuŋ¹⁴ɕiɚ³¹（嗅嗅儿—近视眼）等。

（五）动词

tai³¹（吃、喝、抽、做、弄、打、挑、抬等多义）、thai²²（抬、拿、端等义）、tA³¹tiən²²tuŋ²²（打叮咚—打架）、tA³¹lau⁴⁴tɕhyan⁴⁴（打捞川：走路不稳）、kho⁴⁴li²²tɕyai²²（柯栗坠：用食指弯曲打人）、tshan³¹ɚ³¹sl²²（铲耳屎—打耳光）、tiaŋ⁴⁴（得央—单手提）、yA¹⁴（挜—用手舞动）、kuai³¹（克歪—用单肩挂或以袋盛物）、puŋ¹⁴（迸—扑）、ɕiau⁴⁴（消—推）、pu¹⁴（布—偷看）、ŋA⁴⁴（额阿—张开）、piau⁴⁴（飙—跑）、piau⁴⁴（飙—喷、流）、ŋA²²（额阿：压）、tshən31（揕—按）、lo⁴⁴（逻—寻找、讨）、tshuŋ¹⁴（从—借）、tso³¹（左—借）、piæn⁴⁴khuŋ⁴⁴（编匡—借贷）、pA⁴⁴（巴—搭在肩或背）、liA⁴⁴（哩丫—贴）、tA²²（打—甩、扔）、sA²²（靸—把布鞋后帮踩在脚后跟下）、ŋaŋ¹⁴（昂—抬起）、pi²²mi³¹thaŋ⁴⁴（滗米汤）、sA²²thiɛ²²（洒贴—检拾）、pai³¹sl（摆拾—整理）、pan⁴⁴pən³¹（扳本）、ɕiaŋ¹⁴xuo³¹（向火—烤火）、tɕhi²²sA³¹u³¹（吃晌午—吃中饭）、pai⁴⁴（波哎—骗）、thaŋ²²（趟—骗）、kuA³¹（刮—骗）、tA²²phu²²phA²²（打扑扒—跌跤）等。

（六）形容词

kuai⁴⁴（乖—漂亮）、pA⁴⁴（巴—烫）、piau⁴⁴（标—英俊，多指小伙子）、phiau⁴⁴phiau⁴⁴iau²²iau²²（飘飘摇摇—潇洒）、pəi²²sA³¹sA³¹（白飒飒—很白）、liaŋ¹⁴sA³¹sA³¹（亮飒飒—很亮）、liaŋ¹⁴tsA²²tsA²²（亮炸炸—极亮）、tɕhy⁴⁴xəi²²（黢黑—漆黑）、xəi²²uŋ²²uŋ²²（黑蓊蓊—很黑）、lou²²iən⁴⁴iən⁴⁴（绿阴阴—很绿）、lan²²fən⁴⁴fən⁴⁴（蓝芬芬—很蓝）、xuaŋ²²tɕhiən²²tɕhiən²²（黄芩芩—很黄）、liaŋ¹⁴səi²²（亮色：色彩鲜亮）、ŋA³¹səi²²（哑色：色暗淡）、paŋ⁴⁴ŋən²²（梆硬—很硬）、phA⁴⁴xo²²（坡阿和—软和）、ɕyA²²thaŋ²²（刷趟—利索）、liou¹⁴ɕyA²²（溜刷—快当）、lən²²kan²²tɚ¹⁴（能干豆儿—能干婆）、pA⁴⁴ɚ³¹to³¹（坡阿耳朵—怕妻者）、so²²li¹⁴（索利—干净、清爽）、khuan³¹sl²²（款饰—漂亮、豪华）、lai⁴⁴tai³¹（癞歹—肮脏）、liA¹⁴kA³¹（拉牙嘎—懒惰、邋遢）、thai⁴⁴（胎—很大）、xuəi²²thuo³¹thuo³¹（肥妥妥—很肥）、ŋai³¹to¹⁴to¹⁴（矮堕堕—很矮）、pA⁴⁴thou²²tɕiou¹⁴lau²²（疤头

就脑—就，凑近，引申为偏斜，此语说不合常规的人体或物体）、pu^{44}thou^{22}pu^{44}lɑu^{22}（庸头庸脑—凹凸不平）、tɕhiou^{44}thou^{22}kuɑi^{14}lɑu^{22}（秋头怪脑—忸怩作态）等。

三、语　法

包含词法和句法的汉语语法，县域方言与普通话无大差异。因与土家族、苗族长期交融，汉语方言用词造句有一定特色。

（一）方言词汇概略

1. 实词举例

名词类如"蚊子"，既包括一般蚊子，也包括苍蝇、蠓子，因而改称 tshaŋ^{22}tɕio^{22}uən^{22}（长脚蚊）、xuɑn^{22}uən^{22}tsl^{22}（饭蚊子）、lou^{22}uən^{22}tsl^{22}（绿蚊子）、miɛ^{22}miɛ^{22}uən^{22}（蠛蠛蚊）等。动词如逮（念 tɑi^{31}），是县域方言使用频率最高的及物动词，有吃、喝、抽、做、写、画、唱、演奏、讨、送、弄、打、挑、抬、搞等多义。例：逮饭/逮水/逮茶/逮酒/逮烟/逮架/逮一针/逮工夫/逮阳春/逮幅字/逮幅画/逮首歌/逮一曲二胡/逮排溜子/把你纸给我逮几张/给你逮100块压岁钱/我在屋里逮瞌睡，他一来，把我逮醒了/这么大挑谷，你逮得起？/我俩抬这檩子，我逮大头/这事逮得太好了等等。抬念 thai^{22}，除"抬"义外，还有"拿、取"等义，其对象可大可小，分量可重可轻。例：四个人抬坨岩头/抬个碗来/抬颗针，抬串线来等。形容性粗俗词组"象卵形"，褒贬义混用，表示程度很深，一般作补语。随着文明程度的提高，正日渐消失。方言数词的特点为口语中省去"一"。上例的"挑谷""坨岩头""个碗""颗针""串线"即如此。量词中，县人多用"排""道"代表遍、次、回、趟等。例：打几排/练几排/讲几排/讲几道/狮子玩三道无人看/我来几排，你都没到屋/这条路我不晓得走了好多道等。

2. 虚词举例

方言介词"巴"与普通话"跟"同义，表示动作位置、方向。例：巴山去/巴边走/巴堰沟回来/巴东方上开（车）等。方言介词"帮"常取代普通话的"把"。可用于表处置，例：帮作业交上来/帮他打恼火了/帮信息发出去等；可用于表示致使，例：帮鞋都走破了/帮手都拍痛了/帮锄头挖卷口了等；可用于表示动作的处所、范围，例：帮巷子里的人都问高（念 kɑu^{44}，遍）了，没这人/帮新手机么子功能都学会了等；可用于表示对象，例：你帮他怎么办？/你帮我再讲一排等。方言"遭"（念 tsɑu^{22}），通常讲不愉快、不吉利的事：一种相当于介词"被"，例：遭他骗了/谷子遭雨淋湿了/寨子遭火烧了等，一种则转化为动词，有"碰到""遇到"等义。例：遭灾/遭病毒/遭批评等。方言副词"好"，相当于普通话"多""特别"等义。例：好香/好臭/好亮/好黑/他人好好啊等。

3. 词汇重叠

重叠方式有"AA"式，名词如盘盘儿、杯杯儿、碗碗儿等，表示数量较多；形容词如高高、深深、红红等，表示程度不一般。动词如走走、看看、跑跑等，表示一般化。"AA 老老"式，如坑坑老老、灰灰老老、刺刺老老等，有令人不快的意思。"A 天 A 地"式，一般为动词，如喊天喊地、骂天骂地、闹天闹地等，用于表示厌恶。"A 头 A 脑""A 头 B 脑"式，一般为形容词，如苕头苕脑、怪头怪脑、秋头怪脑、油头滑脑等，多用于讥讽。"A 得 A"式，动词、形容词皆有，如痛得痛、苦得苦、好得好等，"得"字稍拉长音，表示程度很深。"AB 得 AB"式，双音节动词、形容词皆有，如高兴得高兴、快活得快活、舒服得舒服、漂亮得漂亮等，表示程度很深。

4. 词序颠倒

与普通话比较，县域少数双音词的词序颠倒，但意义相同。如热闹—闹热、刚才—才刚、拇指—指拇儿（念 $tsl^{22}mɚ^{22}$）、纸钱—钱纸、积攒—攒积等。禽兽类如公鸡—鸡公、母鸡—鸡娘、黄鼠狼—黄狼鼠等，其他兽类名称一般不颠倒。

(二) 语序变化

1. 介词后置

一般为"犄捯在"式，如他读书在/我吃饭在/我们等车在等。

2. 宾语前置

口语问答中，县域方言宾语常在谓语（动词）前。如：你饭吃没？饭吃了/会开没？会开完了/书读没？书读在/等。

3. 定语后置

定语放在被修饰的名词后往往成了补语，表示强调。如：我屋门口一口塘水——满满的/他屋今年喂的两头年猪——肥鲁鲁（念 $lou^{44}lou^{44}$）的/他屋那台电视机——一天到晚唱亢亢（念 $ŋaŋ^{44}ŋaŋ^{44}$）的等。

4. 词缀

普通话一般不加后缀"子"的，县域方言也加"子"。如星子、树子、蚂蚁子、老鼠子、虫三子（蚯蚓）、鹅子、豺狗子、窗子、粉子、浆子等。加中缀的有"里"，成"A 里 AB"式，如怪里怪气、秋里秋气（装俏、装小的样子）、二里二气、傻里傻气等，用于讥讽。

第二章 回 族

龙山回族主要分布在县境东北部的兴隆街乡、大安乡、桶车乡、石羔镇泗坪村、岩冲杜家坡等地，在里耶街上、洗车河铁匠湾也有零星分布。据全国第六次人口普查统计，全县回族人口为4165人，占全县总人口的0.75%。姓氏多为马姓、简姓及大安乡苏姓、岩冲杜姓等，其中苏姓从祖母简姓而登记回族族别。

据《马氏家谱》记载，龙山回族为"扶凤堂龙公宗枝"的回民家族，祖籍陕西省兴平县扶凤茂陵。其远祖马援，字文渊，于公元25年后即东汉初期统军征战四方，立下汗马功劳，誉为伏波将军。授封新息侯。82岁时仍统兵出征，因中疫，在湖南沅陵县的壶头山病故。扶凤堂龙公宗枝始祖马龙，原生地为湖北荆州道监利县宏泥湖，清康熙五十二年（1714年），率子马伦、马杰等人从湖北荻根潭黄泽楼迁至湖南常德浪水石、龙阳县，再迁入龙山县大安乡杉树槽。马龙季子马进在迁徙途中分散，不知去向，仅长子马伦、次子马杰随父迁入大安杉树槽。这里风景秀美，四面碧峰如屏，古木参天，东与猫儿洞相邻，西靠竹坪半坡新龙拐，山下是开阔盆地木鱼坪。马氏父子在此拓荒种地，繁衍生息，立扶凤堂龙公宗枝，建马氏宗祠于山上，系六间青瓦木房，周有青石围墙。从此人丁兴旺，安居乐业。至清甲午（1894年）年间，马氏已发展成为当地旺族之一，居住地拓展到竹坪、木鱼坪、桶车、兴隆等地，部分后裔涉足县内各地，如县城马家沟、洗车河铁匠湾、石羔山泗坪等地。据2003年编修《龙山县龙公宗枝马氏家谱》时统计，龙山回族人口仅兴隆、桶车一带就达1000多人。其中聚居较集中的回族村寨有：

兴隆街乡黄土村俗称黄土坡，距县城7千米，全村175户762人，是多民族杂居村。其中汉族349人，土家族246人，苗族24人，回族17户79人。全村耕地面积444亩，其中稻田372亩，旱土72亩。村书记马本杰、综治委员马本让等村主干均为回族。他们迁入黄土坡已有300多年，与当地土家族、苗族、汉族和睦相处，通婚联姻，亲如一家。其风俗习惯基本与当地汉族相同，无回语，无清真，在饮食上也与当地其他民族一样，服饰鞋帽已没有回民特色。但回民豁达、睿智，村支书马本杰及其胞弟本忠，自幼丧母；

父续弦莫氏,继母对本杰、本忠视为已出,兄弟两家对继母孝敬有加,远近传为佳话。2013 年,马本杰与马余富、马金玉联合投资 100 万元承包了龙山县山水烟花爆竹厂,该厂是龙山铁合金厂办的一个分厂,据原厂负责人介绍,该厂年总产值可达 2000 万元,产品很有特色,畅销湘鄂渝边区,只要把好安全关,年利润至少可达 200 万元。在马本杰的带动下,全村一门心思奔富路,从 20 世纪 80 年代至 90 年代的"四子经济"即篾刀子、菜篮子、斧头子、秤杆子发展到以种植百合、烤烟为主的农业产业化的生产格局,全村 90%的农户修了新房,至 2014 年 12 月,已新修的砖混结构新房达 167 栋,全村人平纯收入已达 4000 多元,过上安居乐业的小康生活,全村外出务工的不上 20 人,仅占全村人口的 3.2%。回族同胞马本杰、马金玉、马余富、马余双等成为全村致富带头人。

桶车乡大塘村位于龙山县城至石牌镇公路东侧,与兴隆街乡白洞村交界,最高海拔 832 米,全村 390 户,总人口 1460 人,其中回族人口 120 多人。集中居住在马家坝。村支书马本武很有头脑,村里人平耕地仅只 6 分稻田,近些年来他带领村民科技兴农,广种百合,全村人平年纯收入达 5000 元以上,有一多半人都折去旧房盖新房,呈现出一派繁荣景象。

龙山回族同胞重德守信,忠厚勤俭,族内团结,扶贫济困,堪称楷模。如桶车乡大塘村马家坝的马本贵、杨玉莲夫妇,在 20 世纪 90 年代末遭受火灾,房屋、财产化为灰烬。当时马本贵夫妇孩子还小,家底薄,遭受火灾后衣食住荡然无存。马氏家族男女老少,看在眼里,痛在心里,当时族内几位老者站出来一声号召,大家团结救灾,扶贫建房,有力者出力,有物者出物,请来瓦匠木工,一日三餐伙食,每户负责三天。经过一个多月努力,一栋青砖瓦房拔地而起,马本贵一家搬进新屋,重新创业,现儿女长大,过上了丰衣足食的日子。

道德养人,钟灵毓秀,正是这种优良的族风,使龙山的回族同胞英杰辈出,据调查,仅兴隆街乡、桶车乡的马姓人口就有数十人参加了革命工作,其中代表性人物有民国时期为抗日捐赠 10 万大洋的里耶回民马泽惠先生,原吉首大学党委书记、校长马本立,有在救灾抢险中壮烈牺牲的革命烈士马本炎等,村组干部更是出类拔萃,为维护民族团结,发展地方经济做出了不可磨灭的贡献。

第四篇

民族文化·体育·医药

第一章 文 化

第一节 民间故事

一、神 话

神话是远古人类对所接触的自然现象、社会现象而幻想出来的具有艺术意味的解释和描述,龙山土家、苗、汉各族人民都保留着自己独特的神话,其中土家族的神话最为丰富,流传最广。主要有:

(一) 开天辟地

土家族神话传说,古时候宇宙间一片漆黑,无天无地、无日无月。突然一阵狂风把黑暗吹散了,宇宙间出现一朵白云,云里面有一个大卵,卵白似天形,卵黄似地形。卵生下无极,无极生下太极,太极生下两仪,两仪有阴有阳,就像两个人。他俩自己取名字,阴问阳:"你姓什么?"阳说:"不是姓李就是姓张。"于是阳就自称张古老,阴就自称李古娘。"从此二人制天地,张古老制天,李古娘制地,并限定时间一起把天地制完。制的时候张古老很用功,把天制得平平坦坦;李古娘却睡着了。醒来一看,天都制好了,她慌慌张张拿起拐杖,东一棍西一棍的把地制得坑坑洼洼,高低不平,高的成了大山,深的成了河谷,有些平原大坝还是她未打瞌睡以前制的哩。

八面山睡美人

（二）八部大王

酉水流域的土家族信奉八部大神，认为八部大神是其远祖。相传古时候有对老夫妇年过半百还无子嗣，有天他们在坡上背柴，遇挖药老人以茶相赠："回去泡茶吃了就会生贵子。"妇人吃后果然有喜了，一日三、三日九，足足怀了三年零六个月。这天夜里雷鸣电闪，天地一团漆黑，鸡开口了，妇人临盆了。雷公不停地哼，突然一声炸雷，房里传出一片婴儿哭声，老头子进屋一看，床前像冬瓜一样滚着八个儿子，一个个灵睛鼓眼地望着他，他只当是怪物，趁妇人产后昏迷未醒，一扎篓背到禁山里倒了。这八个娃崽被抛到山里以后哇哇直哭，哭声被山上一只白虎听到了，它顺着哭声走来，见是八个肥冬冬的小伢，馋得滴着涎水张牙舞爪向他们扑来。正在危急关头，猛然从东方飞来一条金霞霞的龙，从西方飞来一只金霞霞的凤。白虎见了与龙厮斗起来，凤凰一翅飞去，像母鸡孵鸡儿一样用羽翼护住这八弟兄，白虎夹起尾巴跑了。龙用乳汁喂养这八弟兄，凤用羽翼温暖这八弟兄，在龙乳凤孵下，这八弟兄长得门高树大。这天，龙凤开口说话了："你们该找父母去了，他们就住在山下寨子里。"说完，龙凤都飞去了，八弟兄对天磕了几个响头，便邀邀搭搭回来了，一进屋，这个喊阿捏阿巴，那个喊阿巴阿捏，爹娘听说他们受了龙乳凤孵之恩，娘欢喜得要死，爹羞愧得要死，俩老你一句我一句的给八个儿子取名字，老大叫敖潮河舍，老二叫西梯佬，老三叫西阿佬，老四叫里都，老五叫苏都，老六叫那乌米，老七叫拢此也所也冲，老八叫接也会也那飞列也。这八兄弟的本能厉害得不得了，捉只老虎就像逮只小猫，拔棵大树就像扯根小葱，后来成了八个部落的首领。为感龙乳凤孵之恩，土家人至今在跳摆手舞时还要把龙凤旗作为福荫万代的神旗以祭之。

第一章 文化　159

八部大王神像　老大：敖潮河舍

八部大王神像　老二：西梯佬

八部大王神像　老三：西阿佬

八部大王神像　老四：里都

八部大王神像　老五：苏都

八部大王神像　老六：那乌米

八部大王神像　老七：拢此也所也冲

八部大王神像　老八：接也会也那飞列也

（三）兄妹成亲

相传远古洪荒，涨了齐天大水，天变成地了，地变成天了，人世间只剩下补所、雍妮两兄妹，在神人龙巴洛里、麦巴洛里帮助下，坐着葫芦仙舟飘呀飘到了天王界，他们往左边一看，没有人烟了；他们往右边一看，狗没吠了，鸡没叫了。渴了渴了没水喝，饿了饿了没饭吃。神要他俩结成夫妻繁衍人类，他们说："我们是同父同母的亲兄妹怎么能够成亲呢？"在神的一再相劝下，他们提出了劈竹子、滚磨子、烧烟子等难题想难住神，以取消兄妹成亲的念头，结果哩，劈成两半的竹子又合成一根子，从山上滚下的两扇石磨又合成一副了，在东山西山烧起的两堆火，烟子又合在一起了。不可能的事都成可能了，兄妹没有话说，只好一个往东边跑，一个往西边跑，跑去跑来，兄妹俩又相遇了，两眼相望了，两手相捏了，在神的撮合下兄妹成亲了，三年后雍妮生下一个肉团，按神的指点，他们把肉团剁成七十二坨，合着泥土撒出去，天脚下便有了土家；合着青草撒出去，天脚下便有了苗家；合着砂子撒出去，天脚下便有了客家（指汉人）。直到现在土家人称夫妻不称"小俩口"而称"俩姊妹"，当是受这种神话的影响。土家族神话十分丰富，如反映自然及其变化的《卵玉射日》，反映文化起源的《梯玛取经》，反映植物来源的《五谷娘娘》等神话都很有特色。

洛塔姊妹岩

二、传　说

传说是群众口头流传的关于某人某事某地的叙述或某种说法，流传在龙山的民间传说有人物传说，如《贺龙怒斩熊贡卿》《贺龙不讲私情》《接龙桥》等近代人物传说以及《八部大王》《向老官人》《田好汉》《科洞毛人》《哈力嘎巴》《布莉和格拉》《梯玛巧配天师女》等土家族古代人物传说，有史事传说，如《红军围攻龙山城》《夜战象鼻岭》《吴著厅的传说》等。有地方传说，如《青龙山，鲤鱼岔》《火烧岩的传说》《雷打岩》《能借东西的洞》《挖断山的传说》《洗车河的传说》等。有动植物传说，如《王家凄凄恰恰》《嘎妮召召》《哭切卡卜》《红嘴鸟》《牛为什么没有上牙》《荞、麦、豌豆为什么各不同》等。有民间工艺传说，如《西兰卡普》《百果花》《苗花的故事》《匀刀和剪刀》等。有风俗传说，如《土家族过年为什么要提前一天》《秦家寨的摆手为什么要多摆一天》《摆手节的传说》《宝贝咚咚喹》《马蹄寨大摆手半个排的来历》《着落湖八部大神为什么要插两根寒鸡毛》《冬瓜儿学法》《新姑娘遇官不下轿的来历》《九节牛角和田庹不开亲的根巴》《打花鼓的根巴》《打挖土锣鼓的根巴》《唱孝歌的根巴》等等。这些传说具有很强的地方性，如流传在洗车河一带的《青龙山，鲤鱼岔》叙述很久以前下老峒有户财主，占有良田好土，富甲一方却吝啬无比，经常挖苦穷人。有天来了一位讨米的婆婆，到他家讨点施舍，他家把一碗白米饭倒在地上让狗吃，也不给婆婆一点。婆婆摇头而去。顷刻，狂风暴雨，河水陡涨，把他家在鲤鱼岔的几百亩稻田冲刷一空，至今还是芦苇丛生的草滩。现在这里只剩青龙山、鲤鱼岔两处地名了。

三、故　事

讲故事在龙山俗称"摆龙门阵"，是人们在茶余饭后、取暖纳凉时常用的一种口头文学形式，流传在龙山的民间故事十分丰富，有生活故事，如：《姊妹岩》《一根藤》《俩兄弟分家》《俩个嫂嫂》《土地树》《贪财的县官》《金鸭子和银鸭子》《言子张三》等，有幻想故事，如《东山郎和西山妹》《钓鱼郎和三公主》《鸟哥和鸟嫂》等；有动植物故事，如《会唱歌的狐狸》《蛤蟆告状》《土家过年为什么要先给狗喂肉喂饭》等；有机智人物故事，如《巧妹》《嘎老贵和"客其八"》《财主和裁缝》《陈二郎的故事》《陈枝波的故事》等。

四、笑　话

笑话一般以讽刺、嘲笑为主，故事简短，语言精练，寓教于笑中。如《木叉都是向上的》这则笑话，说某家的板凳脚是用两根向下的木叉做成的，坏了一根，父亲叫儿子去山上砍根木叉换换。儿子翻山越岭地找了一天，没见一根木叉朝下长的，他两手空空回来没好气地对父亲说："我跑了一天，木叉都是向上长的，板凳脚换不成了。"他爹气得一耳光打去……民间笑话成串，给生活增添很多乐趣。

第二节 谚语谜语

谚语是语言中的金子，是人们在认识自然，认识社会的长期过程中的智慧结晶和哲理性总结，是人们审时度势、处世为人、教人律己的圭臬之言。龙山谚语传承丰富，分为时政类、事理类、修养类、社教类、生活类、自然类、生产类等，其中流传在洗车河流域和里耶一带的土家语谚语更显得弥足珍贵。如：

一、社会谚语

以下为土家语、国际音标、汉语译意对照。

<u>泽澎</u>　　<u>那澎</u>　　<u>铺</u>　　<u>捏只</u>　　<u>嗡塔替</u>
tshe^{21} phoŋ^{21}　la^{55} phoŋ^{21}　phu^{35}　nie^{55} tsi^{55}　oŋ^{25} tha^{35} thi^{53}
<u>苦咱</u>　　<u>那布</u>　　<u>利</u>　　<u>捏拢</u>　　<u>拍塔替</u>。
khu^{55} tsa^{55}　la^{35} pu^{35}　li^{35}　nie^{55} loŋ^{53}　phe^{21} tha^{21} thi^{55}
一个潭坐不得两条龙，一座山藏不得两只虎。

<u>卵</u>　<u>利啊了</u>　　<u>汝嘎大</u>，　<u>刹</u>　<u>利啊了</u>　　<u>诺格他</u>。
lo^{55}li^{35} a^{55} lian^{55}　zu^{55} ka^{21} ta^{35}ʐa^{21}　li^{35} a^{55} liau^{55}　lo^{55} ke^{55} tha^{35}。
人饿了不怕丑，鸡饿了不怕人。

<u>立乎</u>　<u>得那的</u>，　<u>嗡乎</u>　　<u>乜那的</u>。
li^{21} xu^{55} te^{35} la^{55} ti^{21}, oŋ^{21} xu^{55}　mie^{35} la^{55} ti^{21}。
讲话先要想一下，坐凳先要吹一下。

<u>空话</u>　　<u>不得劲</u>，　　<u>爹嘿</u>　<u>送嘎撑</u>。
khoŋ^{35} sa^{21}　cie^{53} tɕhi^{53} thai^{35},　te^{55} xei^{55}　soŋ^{35} ka^{35} tshen^{35}。
讲空话如同豆腐撑碓。

那这立　　那这打，　　刹备　　泽服　　墨那吧。
la³⁵ tse³⁵ li²¹　la³⁵ tse⁵⁵ ta⁵³，za²¹ pi³⁵　tshe²¹ xu²¹　me³⁵ la⁵⁵ pa⁵³。
讲话要先想一想，鸡崽吃水要望天。

卡务　　空心多，　　卵日　　忠心多。
kha²¹ wu³⁵ khoŋ⁵⁵ cin55 to⁵⁵，lo⁵⁵ zi⁵³　tsoŋ⁵⁵ cin⁵⁵ to⁵⁵。
烧柴要空心，为人要忠心。

爽住　　立他，　　此了　　立替。
suan⁵⁵ tsu²¹ li²¹ tha⁵⁵，tsi⁵⁵ liau⁵⁵　li²¹ thi³⁵。
小时不讲，大了难讲。

哈尔　　这卵哈，　　哈次尔　　借卵哈。
xa²¹ e⁵⁵　tse³⁵ lo⁵⁵ xa²¹，xa²¹ tshi²¹ e⁵⁵　tcie³⁵ lo⁵⁵ xa²¹。
会打口打人，不会打手打人。

那意夺大　　松可歹昔，　　杀立夺大　　松可他梯。
la⁵⁵ ji³⁵ to²¹ ta³⁵　soŋ⁵⁵ kho⁵⁵ te⁵⁵ ci²¹，sa²¹ li²¹ to²¹ ta³⁵　soŋ⁵⁵ kho⁵⁵ tha⁵⁵ thi⁵³。
路走错了可返回，话讲错了难收回。

若可巴　　去去，　　哈业　　食六。
zo³⁵ kho⁵⁵ pa⁵⁵　tci⁵⁵ tci²¹，xa⁵⁵ lie²¹　si²¹ lu²¹。
挂羊头，卖狗肉。

二、生活谚语

切嘎　　使伢　　岔乎，　　糯布　　使伢　　弟乎。
tchie³⁵ ka³⁵　si⁵⁵ nŋa²¹　tsha³⁵ xu⁵⁵，lo³⁵ pu⁵⁵　si⁵⁵ nŋa²¹　ti³⁵ xu⁵⁵。
疮疮痒了要好了，眼睛痒了要痛了。

可谢　　　我谢　　务起起，　　惹谢　　备谢　　笑话日。
kho^{55} cie^{35}　ŋo^{55} cie^{35}　u^{35} tchi^{55}，　re^{53} cie^{35}　pi^{35} cie^{35}　nie^{55} sa^{21} zi^{21}。
有金有银冷冰冰，有儿有孙笑盈盈。

服谢　　　捏谢　　拖嘎他卡，　　　惹谢　　食谢　　补撮卡。
xu^{21} cie^{35}　nie^{55} cie^{35}　tho^{55} ka^{21} tha^{55} kha^{53}，ze^{35} cie^{35}　si^{21} cie^{35}　pu^{53} tsho^{21} kha^{55}。
有工有时莫挖蕨，有酒有肉好待客。

直嘎多，　　里卡夺，　　食嘎多，　　知拢夺。
tsi^{21} ka^{35} to^{55}　li^{55} ka^{55} to^{21}，si^{21} ka^{35} to^{55}　tsi^{55} loŋ to^{21}。
要吃饭，先挖土，要吃肉，先喂猪。

列查　　不过　　早古得　　　一些，　　嘎查　　不过　　知列碰　　　一节。
ȵie^{35} tsha^{35}　pu^{35} ko^{35}　tsau^{55} ku^{53} te^{55}　ji^{55} cie^{35}，ka^{35} tsha^{35}　pu^{35} ko^{35}　tsi^{55} lie^{21} phoŋ^{35} ji^{55} tcie^{35}。
好睡不过早晨一歇，好吃不过猪尾巴一节。

乂也岔　　伢也岔，　　刹劣　　那布　　嘎记大。
ni^{55} je^{55} tsha^{35}　nga^{35} je^{55} tsha^{35}，sa^{53} le^{55}　la^{35} pu^{53}　ka^{35} tci^{55} ta^{35}。
你也好我也好，一个鸡蛋吃不了。

龙卡　　直泽渣，　　十克　　塔卡垮。
loŋ^{21} kha^{55}　tsi^{21} tshe^{21} tsa^{55}，si^{21} khe^{53}　tha^{35} kha^{55} khua^{55}。
过年饭泡汤，田土要垮坎。

得辽　　铺他，　　此了　　铺替。
tie^{21} liau^{21}　phu^{35} t ha^{53}，tshi^{55} liau^{55}　phu^{35} thi^{53}。
破了不补，大了难补。

比优岔　　骂岔多，　　毕岔　　铺岔多。
piu³⁵ tsha³⁵　ma³⁵ tsha³⁵ to⁵⁵，pi³⁵ tsha³⁵　phu³⁵ tsha³⁵ to⁵⁵。
女好婿要好，儿好媳要好。

摆酒他，　　惹令他。
pai⁵³ sa⁵⁵ tha⁵⁵，ze³⁵ len³⁵ tha⁵⁵。
伢不冷，酒不凌。

巴尔　　卵必巴，　　巴此尔　　家务巴。
pa⁵³ e⁵⁵　lo⁵⁵ pi²¹ pa⁵³，pa⁵³ tshi²¹ e⁵⁵　tcia⁵⁵ u²¹ pa⁵³。
会看看儿郎，不会看看田庄。

惹　　卵得胡，　　糟子　　子得嘎。
ze³⁵　lo⁵⁵ te⁵⁵ xu²¹，tsau⁵⁵ tsi⁵⁵　tsi⁵⁵ te⁵⁵ ka³⁵。
酒是人吃的，糟是猪吃的。

三、气象谚语

龙拜　　树树蓬，　　拿壳　　月岔乎。
loŋ²¹ pai³⁵　su³⁵ su⁵⁵ phoŋ，la²¹ khuo²¹　je²¹ tsha³⁵ xu²¹。
今年下大雪，明年好收成。

卡蒙　　嘎哈　　树树借，　　拿壳　　利布　　哈树些。
kha²¹ mu²¹　ka²¹ xa³⁵　su³⁵ su⁵⁵ tcie³⁵，la²¹ kho²¹　li³⁵ pu³⁵　xa³⁵ su⁵⁵ cie³⁵。
今年大雪上了树，明年谷子无其数。

墨差苦里　　墨嘎谷，　　闹子　　密捏　　捞池乎。
me³⁵ tsha⁵⁵ khu⁵⁵ li⁵⁵　me³⁵ ka²¹ ku²¹，lau⁵⁵ tsi⁵⁵　mi³⁵ nie⁵⁵　lau²¹ tshi²¹ xu²¹。
燕子飞到半空云，明天后天定要晴。

墨差苦里　　　　里提途，　　　闹子　　　密捏　　　墨折乎。
me^{35} tsha^{55} khu^{55}　li^{55} li^{53} thi^{21} thu^{21}，lau^{35} tsi^{55}　mi^{35} nie^{55}　me^{35} tse^{21} xu^{21}。
燕子飞得低，明日雨凄凄。

磉磴　　　泽注大，　　　闹子　　　墨折它。
san^{55} ten^{55}　tshe^{21} tsu^{35} ta^{35}，　lau^{35} tsi^{55}　me^{35} tse^{21} tha^{53}。
磉磴不出汗，明日雨不见。

惹耙拍，　　　墨折折。
ze^{35} pha^{21} phe^{55}，　me^{35} tse^{21} tse^{21}。
甜酒鼓泡，大雨要到。

冉补里　　　墨嘎逻，　　闹子　　　捞池岔。
zuan^{35} pu^{55} li^{55}　me^{35} ka^{21} lo^{21}，　lau^{35} tsi^{55}　lau^{21} tshi^{21} tsha^{35}。
蜻蜓空中玩，明日好太阳。

冉补里　　　里提逻，　　闹子　　　墨折乎。
zuan^{35} pu^{55}　li^{55} li^{53} thi^{21} lo^{21}，lau^{35} tsi^{55}　me^{35} tse^{21} xu^{21}。
蜻蜓巴地飞，明日要落雨。

那布　　卡别　　　墨折谢。
la^{35} pu^{55}　kha^{55} pie^{55}　me^{35} tse^{21} cie^{35}
盐发潮，雨难逃。

墨查苦立　　　搓卡，　　　闹子　　　墨折坡拉。
me^{35} tsha^{55} khu^{55} li^{53}　tsho^{55} kha^{53}，　lau^{35} tsi^{55}　me^{35} tse^{21} po^{55} la^{55}。
燕子守窝，明日雨多。

冉补立　　　泽塔，　　　墨折　　接拿。
zuan^{35} pu^{55} li^{53}　tshe^{21} tha^{21}，　me^{35} tse^{21}　tcie^{21} la^{21}。
蜻蜓点水面，大雨就要见。

思尼嘎　　卡蒙谷，　　　闹子　　墨折乎。
si^{55} ni^{21}　　ka^{21} kha^{21} mu^{21} ku^{21}，lau^{35} tsi^{55}　me^{35} tse^{21} xu^{21}。
蚂蚁上了树，明日雨不住。

扎疋　　卵嘎　　墨折乎。
tsa^{55} pi^{55}　lo^{55} ka^{35}　me^{35} tse^{21} xu^{21}。
沙蚊子咬人要落雨。

刹以爹，　　墨折谢，
za^{21} ji^{55} tie^{55}，me^{35} tse^{21} cie^{35}。
鸡归迟，雨等时。

刹以早，　　墨查了，
za^{21} ji^{55}　tsau^{55} me^{35} tsha^{35} liau^{55}。
鸡归早，天气好。

窝八谷，　　墨折乎。
o^{55} pa^{21} ku^{21}，me^{35} tse^{21} xu^{21}。
蛇上坡，雨要落。

扎否嘎　　卵蓬鲁，　　墨折折　　　的乎。
za^{21} phi^{35} ka^{21}　lo^{55} phoŋ^{21} lu^{53}，me^{35} tse^{21} tse^{21}　ti^{35} xu^{21}。
霉霉蚊子咬人，大雨要来临。

刹尼嘎　　通巴，　　墨折　　玻拉。
za^{21} ni^{21} ka^{21}　thoŋ^{55} pa^{53}，me^{35} tse^{21}　pho^{55} la^{55}。
鸡婆看窝，大雨必多。

克拉　　米借　　捞他捏。
khe^{53} la^{55}　mi^{55} tcie^{35}　lau^{35} tha^{55} nie^{55}。
烟尘接火还要晴。

莫顾　　窝那　　捞池乎。
mo²¹ ku³⁵　o⁵⁵ la⁵⁵　lau²¹ tshi²¹ xu²¹。
猫儿洗脸天要晴。

克切八　　　　卡蒙谷，　　墨则　　则的乎。
khe⁵⁵ tchie²¹ ma²¹　kha²¹ mu²¹ ku²¹，me³⁵ tse²¹　tse²¹ ti³⁵ xu²¹。
蛤蟆上了树，大雨落不住。

哈　列意　那别，　墨折　　就格也。
xa⁵⁵　le²¹ ji⁵⁵　la⁵⁵ pie⁵⁵，me³⁵ tse²¹　tciu⁵³ ke²¹ je⁵⁵。
狗子伸舌条，大雨就要到。

铺土　　末夫　　捞池乎，　嘎　　末夫　　卵射乎。
phu³⁵ thu⁵⁵　mo³⁵ xu⁵⁵　lau²¹ tshi²¹ xu²¹，ka²¹　lmo³⁵ xu⁵⁵　l lo⁵⁵ se³⁵ xu⁵⁵。
斑鸠叫要天晴，乌鸦叫要死人。

哈列　　泽乎，　　墨折　　折乎。
xa⁵⁵ le²¹　tshe²¹ xu²¹，me³⁵ tse²¹　tse²¹ xu²¹。
狗子吃水要下雨。

南起　　　刹莫夫，　　米个　　搓务乎。
lan²¹ tshi⁵⁵　za²¹ mo³⁵ xu⁵⁵，mi⁵⁵ ko³⁵　tsho⁵⁵ wu³⁵ xu⁵⁵。
夜里鸡乱叫，火烛要来到。

砂缸　　泽注那，　　　墨折　　折坡他。
sa⁵⁵ kan⁵⁵　tshe²¹ tsu³⁵ la⁵⁵，me³⁵ tse²¹　tse²¹ pho⁵⁵ tha⁵⁵。
水缸出了汗，大雨不断线。

墨折　　墨翁别，　　墨折　　日嘿泽。
me³⁵ tse²¹　me³⁵ oŋ²¹ bie²¹，me³⁵ tse²¹　zi²¹ xei²¹ tshe⁵⁵。
雷公先唱歌，有雨都不多。

保靖　　墨折折，　　初波　　惹（ra）　　他别。
pau⁵³ tcin²¹　me³⁵ tse²¹ tse²¹，tshu⁵⁵ po⁵⁵　za³⁵　tha⁵⁵ pie⁵⁵。
保靖落了雨，赶不到屋里。

永顺　墨折笑，　　立布　　直而照。
永顺　me³⁵ tse²¹ nie⁵⁵，li³⁵ pu⁵⁵　tsi²¹ e²¹ tsau³⁵。
永顺有了雨，晒谷又晒米。

清明　捞塔，　　借日　　龙岔。
清明　lau²¹ tshi²¹，cie³⁵ zi⁵³　loŋ²¹ tsha³⁵。
清明照阳，丰收在望。

谷雨 墨折它，　　写捧　　耶糯打。
谷雨 me³⁵ tse²¹ tha⁵⁵，cie⁵⁵ phoŋ⁵⁵　je²¹ lo⁵⁵ xa²¹。
谷雨雨不落，鼎罐无米作。

立夏　　捞池，　　耶日　　他的。
立夏　　lau²¹ tshi²¹，je²¹ zi⁵³　tha⁵⁵ ti²¹。
立夏天晴，年无收成。

立夏　　墨折折，　　立布　　直而谢。
立夏　　me³⁵ tse²¹ tse²¹，li³⁵ pu⁵⁵　tsi²¹ e²¹ cie³⁵
立夏落雨，存谷烂米。

小满　　折他，　　龙拜　　耶打。
小满　　tse²¹ tha⁵⁵，loŋ²¹ pai³⁵　je²¹ ta⁵³。
小满不满，今年粮减。

素素　　卡蒙谷，　　龙耶　　岔乎。
su⁵⁵ su⁵⁵　kha²¹ mu²¹ ku²¹，loŋ²¹ pai³⁵　tsha³⁵ xu⁵³。
大雪上树梢，今年年成好。

六月　　　格他，　　耶阿　　　拍他。
o²¹ si²¹　　kei²¹ tha，　je⁵⁵ a⁵⁵　　phe⁵⁵ tha⁵⁵。
六月不热，五谷不结。

借日　　　业别则，　　闹子　　　墨折折。
tɕie³⁵ zi⁵³　nie³⁵ pie⁵⁵ tse²¹，lau³⁵ tsi⁵⁵　me³⁵ tse²¹ tse²¹。
做工瞌睡多，明日有雨落。

四、农事谚语

子巴　　　拿夺，　　子毕　　　坡夺。
tsi⁵⁵ pa⁵³　la²¹ to²¹，　tsi⁵⁵ pi³⁵　po⁵⁵ to⁵⁵。
大猪要烂，小猪要游。

日主　　　日他，　　嘎住　　　叶打。
zi⁵³ tsu⁵⁵　zi⁵⁵ tha⁵³，ga³⁵ tsu²¹　je²¹ ta⁵³。
做时爱玩，吃时无粮。

桐油　　　卡普卜，　　包谷　　　日底乎。
thoŋ²¹ jou²¹　kha⁵⁵ pu⁵⁵ pu²¹，pau⁵⁵ ku⁵⁵　zi⁵³ thi²¹ xu⁵⁵。
桐子花开日，包谷下种时。

立夏　墨　　折折，　　南起　　　实克切。
立夏　me³⁵　tse²¹ tse²¹，lan²¹ tshi⁵⁵　si²¹ khe⁵⁵ tshe²¹。
立夏雨绵绵，夜里忙耕田。

立夏　　墨折大，　　则十　　　业替挂。
立夏　me³⁵ tse²¹ ta³⁵，tse²¹ si²¹　nie²¹ thi²¹ kua³⁵。
立夏雨不下，蓑衣斗笠挂。

十克　　立布提，　　务色　　他普池。
si²¹ khe⁵⁵　li³⁵ pu⁵⁵ thi²¹，　u³⁵ se²¹　tha⁵⁵ pu⁵⁵ tshi²¹。
田里要得谷，牛粪不可无。

拍梯　　耶岔多，　　坐使　　阿刺多。
phe³⁵ thi⁵⁵　je²¹ tsha³⁵ to⁵⁵，　tso³⁵ si⁵⁵　a²¹ tshi³⁵ to⁵⁵。
土里要增粮，攒劲砌岩坎。

立布　　黄昔岔，　　坐使　　塔卡炸。
li³⁵ pu⁵⁵　xuan²¹ ci²¹ tsha³⁵，　tso³⁵ si⁵⁵　tha³⁵ kha⁵⁵ tsa³⁵。
谷子正发黄，攒劲修田坎。

耶爹　　早塔他，　　那捏　　所且把。
je²¹ te⁵⁵　tsau⁵⁵ tha⁵⁵ tha⁵³，　la⁵⁵ nie⁵⁵　so⁵⁵ tchie⁵³ pa⁵³。
五谷不失掉，一天看三道。

借日　　龙岔多，　　拍梯　　色兔多。
tcie³⁵ zi⁵³　loŋ²¹ tsha³⁵ to⁵⁵，　phe³⁵ thi⁵⁵　se²¹ thu³⁵ to⁵⁵。
生产年成好，土里肥莫少。

日列　　管他，　　顺如　　日打。
zi⁵³ le⁵⁵　kuan⁵⁵ tha⁵⁵，　顺如　zi⁵³ ta⁵⁵。
种了不育，等于没做。

铺细　　普池，　　捏朗　　他的。
phu³⁵ ci⁵⁵　phu⁵⁵ tshi²¹，　nie⁵⁵ lan⁵⁵　tha⁵³ ti²¹。
薅的欠缺，种子不得。

那志　　翁岔，　　嘎直　　翁他。
la³⁵ tsi⁵⁵　oŋ³⁵ tsha³⁵，　ka⁵⁵ tsi²¹　oŋ³⁵ tha⁵³。
一根肯长，几根难长。

乡里所　　色嘎，　　街上所　起嘎。
乡里所　　se²¹ ka³⁵，　街上所　tchi⁵⁵ ka³⁵。
乡里人吃粪，街上人吃秤。

爬普　　　卡蒙舍，　　惹逼　　墨路也。
pha²¹ phu⁵³　kha²¹ mu²¹ se⁵⁵，ze⁵³ pi³⁵　me³⁵ lu³⁵ je⁵³。
爷爷栽树，孙儿歇凉。

卵苕　　此吐多，　　卵穷　　子拢夺。
lo⁵⁵ sau²¹　tshi⁵⁵ thu⁵³ to⁵⁵，lo⁵⁵穷　tsi⁵⁵ loŋ⁵⁵ to²¹。
人蠢要读书，人穷要养猪。

可搓　　　劣碰此，　　拢剥　　年足日。
kho⁵⁵ tsho⁵³　le²¹ phoŋ²¹ tshi⁵⁵，loŋ⁵⁵ po²¹　nian²¹ tsu²¹ zi⁵³。
头大尾巴粗，喂起做年猪。

惹统　　　爹嘿波，　　子拢　　耶他夺。
ze³⁵ thoŋ⁵⁵　te⁵⁵ xei⁵³ po⁵⁵，tsi⁵⁵ loŋ⁵⁵　je²¹ tha⁵⁵ to²¹。
煮酒推豆腐，喂猪不要谷。

日大　　日格，　　日了　　以爹。
zi⁵³ ta³⁵　zi⁵³ ke⁵⁵，zi⁵³ liau⁵⁵　ji⁵⁵ tie⁵⁵。
不做怕做，做了易做。

狠他杀，　　日狠夺。
xen⁵³ tha⁵⁵ sa⁵⁵，zi⁵³ xen⁵³ to²¹。
不要狠做，只要肯做。

抗舍　　　卡你他，　　初也　　卡务打。
khan²¹ khu⁵⁵　kha²¹ ni⁵⁵ tha⁵⁵，tshu⁵⁵ je⁵³　kha²¹ u³⁵ tha⁵⁵。
山里不勾腰，家中无柴烧。

五、谜　语

谜语俗称"猜谜子"。境内各族人民都有猜谜语的习惯，不论男女老少都能以隐语、形似、暗示等手法，组成各式谜面、或歌谜、或诗谜、或口谜、或字谜，想象丰富，构思曲折，是人们茶余饭后休闲消遣的娱乐形式，有益开发智力，启迪思维，故深受群众喜爱。

如歌谜：

问："什么开花满树红？什么开花白蒙蒙？
　　什么开花看不见？什么开花一场空？"

答："桃子开花满树红，梨子开花白蒙蒙；
　　白果开花看不见，映山开花一场空。"

问："何人何事吹牛角？何人何事吹海螺？
　　何人何事敲木鱼？何人何事打挤钹？"

答："梯玛法事吹牛角，道士法事吹海螺；
　　和尚念经敲木鱼，婚嫁喜庆打挤钹。"

如诗谜：

盘石转转而不颠，路途遥遥而不远；
雷声隆隆而不雨，大雪纷纷而不寒。

（谜底：水磨）

如口谜：

对门树上一个碗，天天落雨落不满。

（谜底：鸟窠）

稀奇稀奇真稀奇，两层骨头一层皮；
骨头长在皮子外，皮子包在骨头里。

（谜底：油纸篾斗篷）

如字谜：

上不在上，下不在下，
卡在中间，且宜在下。

（谜底：一）

二人力大冲破天，十女耕种半边田；
八王生在我头上，千里连土土连田。

（谜底：夫、妻、义、重）

第三节 民间歌谣

一、长篇古歌

（一）梯玛歌

《梯玛歌》是在梯玛跳神时用土家语演唱的一种古歌。其格局宏大，篇幅浩繁，长达数万行。它句式自由，是一种吟唱式的长篇史诗。对土家的发祥、远古的历史、民族迁徙、生产生活、信仰禁忌及天性劲勇的民族性格和原始质朴的自然观、道德观等等，都做了宝贵的记述。被誉为"研究土家族方方面面的百科全书"，2008年6月被公布为国家级非物质文化遗产。

《梯玛歌》是一部"人定胜天"的檄文。梯玛作为一种崇拜自然、崇拜祖先的原始宗教文化现象，既有对自然的崇拜、关爱、珍惜的一面，也有不屈不挠、敢于与天斗、与地斗的一面。在《墨日里日》这段神歌中，叙述了原始初民处在一个混沌初开的年代，日月不明，昼夜不分，"天和地隔得太近了"，于是铁汉大哥、铜汉二哥上树戳天；后来天上又冒出九个太阳，卯羽又站在马桑树上，用箭射下七个太阳，只留下一个太阳和一个月亮。尤其是那场毁灭性的大洪荒，人们面对"天变成地了，地变成天了"这种天翻地覆的大裂变，毫无惊惧之色，竟然发出了"天垮了用杈子叉起来，地塌了用钩子勾起来的"伐天檄文，在现场听了，真的给人一种热血充沛的振奋感。

彭继龙

《梯玛歌》是一部以拯救灵魂为主旨的招魂曲。在梯玛法事中多次反复出现捞魂、赎魂、造魂等情节，而且还臆造出大称称人山、大斗量人山等衡量善恶、惩恶扬善的鬼域。罪恶、肮脏的灵魂在通过五马分尸山、大甑蒸人山、大锅煮人山等鬼域时，要遭受五马分尸之苦，要受到釜烹鼎煮的酷刑。它以触目惊心的场面，宣扬因果报应，以现身说法的手段，制造一神"善有善报、恶有恶报"的戏剧性氛围，以此向恶者提出警示，实现抑恶扬善，劝人为善的目的。尤其是"造魂"这一节，梯玛为了拯救那些用"金钱"都难以赎回的灵魂、不惜用自己瘦骨皱皮的肌肤承受着石磨的重压，苦苦向神祈求，请给他一个新的魂魄吧。即便是平时为恶的人见了梯玛那种忍辱负重的样子，其心也当为之一振，从此洗心革面，弃恶向善，珍惜这来之不易的新魂。

土家族梯玛歌国家级传承人彭继龙

《梯玛歌》是一部"天人合一""人神合一"的畅想曲。在土家人的心目中，梯玛是"天人合一""人神合一"的统一体。在梯玛法事中，他时而代表人向神陈述人的祈求，时而又是神的化身，向人转达神的旨意。他可以与南斗六星、北斗七星称兄道弟，他可以把阴兵阴将召来帮他伐木采石修保郎桥，他可以把蜜蜂，蜻蜓、蚂蚁、喜鹊、雀鸟、麂子、野猪、熊呀虎呀这些家伙请来试他的保郎桥。他可以凭他的飞飞白龙马往返于阴阳之间，引渡凡人到阴间拜祖宗、省祖探亲。他可以与土地神像老朋友一样拉家常，他可以到天河潭与岩上歌娘、岩下歌仔唱"三十六天故王坡"盘歌。尤其在梯玛法事中每逢杀牛时，梯玛神歌中透露出来的那种惜牛、爱牛之情更是入骨三分。在梯玛文化影响下，土家人与自然界建立了美好的关系。诸如土家人与山石林泉打亲家、过年时给果木树喂年饭、"四月八"过牛王节敬牛等等风俗习惯，都呈现出人与自然和谐相处的美好的氛围。

《梯玛歌》是一部载歌载舞、娱人娱神的舞蹈诗。梯玛活动既带有宗教的仪式性亦具有表演的艺术性。歌舞用于巫事古亦有之。正如《尚书·伊训篇》所载："巫以歌舞事神，故歌舞为巫觋之风俗也。"土家梯玛跳神，以歌舞贯穿始终。既有深沉，忧郁的古歌，也有轻松、欢快的盘歌，既有抒情、哀婉的祈祷辞，也有风趣、滑稽的玩笑话。其舞，有豪放者如《墨日里日》，有潇洒者如《坐马》《起堂》，有缠绵者如《解钱》《造魂》，有粗犷者如《大赏兵》，有风趣者如《选男选女》，有洒脱者如《摆郎》等等。由于梯玛在舞蹈中的主要舞具是铜铃，故称之为"八宝铜铃舞"。其形式有梯玛单独表演的"独舞"，亦有陪神、香倌随之唱合的双人舞或三人舞。舞蹈语汇极为丰富，主要动作有踩十字、踩罡步、踩八卦、坐马、奔马、旋转及舞司刀、舞铜铃等，均以写意性动作为主，舞时，铜铃既是舞具又是乐器，它与牛角、司刀配合有致，形成独特的舞蹈旋律。梯玛边舞边唱，动作飘逸而雄健，把歌与舞融为一体，形成有表有叙、亦歌亦舞的长篇舞蹈诗。

《梯玛神歌》是一部珍贵的民族史诗。"梯玛歌"以大量的篇幅，叙述了盘古开天、卵羽射日、远古洪荒、兄妹成亲、人神再续等神话传说，揭开了《创世纪》的历史。继而又在"嘎麦起业"等法事中，向人们托出一幅古老的民族迁徙图。从中可以看到，其土著先民活动的区域基本上在酉水流域一带。这与古籍上所记载的先秦至秦汉时活动在酉水流域的八蛮当是一脉相承。"梯玛歌"叙述，这些土著先民是在遭到迫害遭到欺凌后才举族迁徙的，如"梯玛歌"所唱"放水把金州金殿冲走吧，放火把银州银殿烧了吧"，便是这段反迫害、反欺凌的历史的见证。从敬八部大神可以看出部落社会的痕迹。后来进入土司统治时期，梯玛神系中又在"八部大神"的基础上多出向老官人和彭公爵主，这是远古时期酋长崇拜的延续。"神歌"脉络清晰，语言朴实，把族源、历史融于民俗之中，世代口碑相传袭。

《梯玛歌》，是一部丰富的土家语辞典。传承在龙山洗车河流域的"梯玛神歌"全部使用土家语演唱，保留了许多濒临失传的土家语词汇。从这些古老的土家语中，我们可以研究出许多颇有价值的土家文化。一是可以作时间考证，"神歌"中出现的人名，皆是有名无姓，如八部大神，他们分别叫敖潮河舍、西梯佬、西呵佬、里都、苏都、那乌未、拢此也所也冲、接也会也那飞列也。我们把这些人名同后来的一些土家语人名联系一下，如五代时期吴著冲，惹巴冲，建于宋仁宗皇佑五年（1053年）的来凤散毛土司第一代土司王墨来送，以此推算，土家族地区到11世纪时，基本上还处于母系社会时期。二是可以作物种考证。在"神歌"中，这一带早期粮食作物有利布（稻谷）、气布里

（黄豆）、乌所（小米）、翁巴（高粱）等，而以汉语相称的荞、麦、玉米等则传入较晚些。蔬菜品种当时已经有拉白（萝卜）、细捧（青菜）、石拖（大蒜）、可苏（生姜）、帕若古（辣椒）、爹嘿（豆腐）等，而瓜类及白菜传入较晚。水果中板栗与核桃相比，板栗称"树喜"，核桃谐音克讨，板栗当为本地土产，而核桃当是引进的品种。当然这里只能略以举例了。

土家语词汇丰富，不能一一赘述。下面从神歌《创世纪》中的"兄妹成亲"一节中摘选几段歌词略加赏析吧。

"神歌"叙述八兄弟捉雷公触怒玉帝，发令要涨齐天大水把整个人类毁灭。麦巴洛里龙巴洛里慌了，忙派喜鹊衔着一粒葫芦种子送给补所和雍妮。兄妹俩把这粒种子播在园圃里。

土家语汉字记音：

拉捏把，泡泡 谷了；

捏业把，卡结 作了；

梭捏 把了，尔他 时了；

惹捏 把了，阿揭 习了；

嗡捏 把了，卡普 卜了；

禾捏 把了，布乃 结了。

汉语意译：

第一天看，开始萌芽了；

第二天看，吐出嫩芽了；

第三天看，长叶子了；

第四天看，分枝牵藤了；

第五天看，开花了；

第六天看，结果子了。

到了第七天早晨，这葫芦瓜长得"三抱粗、四抱大"了。麦巴洛里、龙巴洛里又派老鼠精把瓜内瓤儿吃干净了，补所、雍妮好奇地钻了进去，洞口马上被派来的乌龟用塞子扎好了。齐天大水涨起来了，兄妹俩坐在葫芦船里漂呀漂，只觉得"天变成地了地变成天了"，葫芦船漂呀漂，漂到了天王界，麦巴洛里、龙巴洛里叫乌龟把塞子咬脱了，兄弟俩出来一看：

土家语汉字记音：
塔不姐 把了，
卵古 卵舍 一到；
铺姐摆 把了。
卵古 卵舍 尺到。
刹皱 它，（刹读 rá）
嘎皱 了；
哈列 嗡到，
泽松 那麂 嗡了。
这嘎 这嘎 服尺太，
利啊 利啊 嘎尺太。

汉语意译：
往左边一看，没见人烟了；
往右边一看，没见人影了。
鸡没叫了，乌鸦叫了；
狗没吠了，沟边麂子叫了。
渴了渴了没水喝，
饿了饿了没吃的。

多云凄凉的情景啊。用"鸡没叫了，乌鸦叫了；狗没吠了，麂子叫了"这些色彩鲜明的对比句，神笔般地刻画出洪水给人间带来的一派荒芜，真是触目惊心，催人泪下。

神歌接着叙述，滔天洪水后，人类毁灭了，在麦巴洛里、龙巴洛里的劝说下，通过滚磨子、劈竹子、烧烟子、跑趟子等情节周旋，补所和雍妮在苦楝树下成亲了。雍妮怀胎三年零六个月，生下一个肉团，经麦巴洛里，龙巴洛里指点，兄妹俩把这肉团剁成一百二十坨，合上泥土撒出去，便有了土家；合上青草撒出去，便有了苗家；合上沙子撒出去，便有了客家。从此，人类又繁衍起来了。兄妹俩站在天王界上一看：

土家语汉字记音：
塔不姐 把了，
毕兹 卵里 米玛 火火火；
铺姐摆 一劳，

白尼、帕尼 使尼写 诺诺诺。

汉语意译：
往左边一看，
土家人像蜂子一样闹哄哄的；
往右边一看，
苗家人客家人象蚂蚁蠕动。

多么热闹的世界啊，多么美妙的语言。土家人在近处，兄妹俩听到了闹哄哄的声音；苗家人、客家人在远处，只能看到那像蚂蚁一样蠕动的人群。寥寥一句，竟然把远处、近处、动的、静的描绘得栩栩如生，让人们从蜂子、蚂蚁这种比喻上感觉到人数的众多。

《梯玛神歌》是一部百科全书。它是土家族人民在认识自然、改造自然的长期历史发展过程中所积累而成的长篇古歌，内容涉及天文、地理、历史、民族、民俗、生产、生活、婚恋、生育诸方面，其中许多歌词都是圭臬之言或经验之谈。如几处出现的"泽澎 拉澎，铺 捏只 嗡它替；卡蓬 拉蓬，利 捏拢 拍它替"，就宣扬了"天不可二日，国不二君"的酋长崇拜思想，就像一个潭里容不下两条龙，一个山头容不下两只老虎一样。如在"搓落"这堂法事中梯玛与陪神、香倌调侃时唱的，"空话不得劲，爹嘿 送嘎撑"这类的话，就成了土家人踏实做人、不讲空话的修身格言。如"起堂"时唱的"直嘎多，里卡夺；食嘎多，知拢夺"，成了土家人勤俭扶持家的治家谚语。有些"神歌"还传述了天象、物候、农时、农事、烹饪、生育等知识，对指导人们的生产、生活起到了很好的作用。

《梯玛神歌》是原始宗教的"活化石"。崇拜祖先（含灵魂崇拜）、崇拜自然是原始宗教的基本特征。梯玛法事自始至终以自然之神和祖先神为崇拜偶像，从头至尾形成了一个完整的宗教仪式过程，但无教派教义，不具备宗教的完整含义。它以歌舞事神，带有浓厚的表演色彩，在娱人娱神的法事过程中也起到了抑恶扬善、劝人为善的作用。虽然后面由于受汉文化的影响人为地加进了一些诸如三清真人之类的"客籍"神灵，但瑕不掩瑜，以土家语为传承载体的梯玛神歌始终改变不了它那种原始质朴的本色。虽然这些客籍神灵被舞文弄墨的读书人画上了最高位置，但梯玛始终我行我愫，不给这些客籍神灵一点当神的面子，不给一点俸禄，而让这些至高无上的客籍神在"大赏兵"时与那些鸟首蛇身的十二瘟头神及虫虫蚂蚁等等去接受那点点少得可怜的施舍，从而更加突出了梯玛的原始宗教特色，展现出泾渭分明的源与流，使梯玛这种古老的文化现象更显得弥足珍贵。

(二) 摆手歌

摆手歌，土家人俗称"舍巴歌"，从清代文人的《竹枝词》中就可以看到其历史的盛况。如清同治年间贡生彭施铎的"红灯万盏人千叠，一片缠绵摆手歌"；清同治年间秀才彭勇功的"土王祠里人如海，婉转缠绵摆手歌"；清咸丰永顺知县陈秉钧的"而今野庙年年赛，里巷犹传摆手歌"；清光绪年间向晓甫的"摆手堂前艳会多，携手联袂缓行歌"；清末秀才向乃祺的"踏歌摆手春赛神，祠宇荒凉对叠嶂"等等。

土家摆手舞有大摆手、小摆手之分，"摆手歌"亦随之分为大摆手歌和小摆手歌两种。大摆手歌主要分布在龙山县的农车、马蹄寨、洗车河、里耶长潭等地。小摆手歌分布在龙山洗车河流域及里耶管理区一带。由于摆手歌是由历代土家人的口头文学积累而成，各地演唱的内容亦有大同小异之处。如龙山县农车乡的大摆手歌就按照当地摆手舞的仪程，分为祭祀歌和伴舞歌两大部分。摆手队伍进堂，先由掌堂师扫堂。他手持扫帚，以高亢激越的音调庄严宣布：八部子孙，嫉恶如仇，为富不仁，大称小斗的，偷鸡摸狗的，奸淫嫖娼的，好吃懒做的，虐老欺幼的，统统扫出去！众人一齐呼应。扫堂毕，掌堂师端起酒碗，向列祖列宗奠酒，随即率众单腿跪下，唱起祭祀歌：

土家语汉字记音：
<u>拿洞</u> <u>请了</u> 格派也，
<u>拿洞</u> <u>请了</u> 克者也，
<u>拿洞</u> <u>请了</u> 哩，
<u>业坡</u> <u>我坡</u> 巴莫 嗯至谢，
<u>业路</u> <u>我路</u> 巴莫 扎的谢。

汉语意译：
列祖列宗啊，
我们请了一遍又一遍。
请你们看着挂有金斗银斗的地方走来，
看着撒有金钱银钱的路上踩过来。

"请神"完毕，即举行小祭祖。由掌堂师与祭礼队合唱《祭祀歌·"梭尺卡"》：
土家语汉字记音：

麦尼业，思宝甲；

me^{55} ni^{21} ni^{55}，si^{55} pau^{55} tia^{21}；

泽尼业，抵宝甲；

tshe^{35} nit^{21} ni^{55}，ti^{53} pau^{55} tia^{21}；

若尼业，夫宝甲；

zo^{53} ni^{21} nie^{55} æ，xu^{55} pau^{55} tia^{21}；

社外业、社孔杀；

se^{53} wai^{53} nie^{55}，se^{53} khuŋ tsa^{21}；

里外里，里孔扎，

li^{53} wai^{53} li^{55}，li^{53} khuŋ^{55} tsa^{21}；

若打，吉米查。

zo^{53} ta^{55} ti^{55}；mi^{21} tsha^{35}。

里丰业，梭且吉了，

li^{53} xen^{55} nie^{55}，so^{55} the^{53} ti^{55} liau^{55}。

剎那 剎斯，那抵 抵了。

sa^{55} la^{55} sa^{53} si^{55}，la^{55} ti^{53} ti^{55} liau^{55}；

玛丰尼，梭且 吉了，

ma^{55} xen^{55} nie^{55}，so^{55} the^{53} ti^{55} liau^{55}。

玛那 玛斯，那比 比了。

ma^{55} la^{53} ma^{55} si^{55}，la^{35} pi^{55} pi^{55} liau^{55}；

舍巴龙旗，梭否 梭打 抵了，

se^{53} pa^{55} luŋ^{35} tni^{35}，so^{53} xəu^{53} so^{53} ta^{53} ti^{53} liau^{55}。

卜纳泽思，梭否 梭土 打了。

pu^{21} la^{21} tshe^{55} si^{55}，so^{53} xəu^{53} so^{53} thu^{55} ta^{55} liau^{55}。

踏尼 社皂，梭孟 瘪了，

tha^{35} ni^{55} se^{55} tsau^{55}，so^{53} muŋ^{55} pie^{55} liau^{55}。

梭月唛，哈夫了，

so^{53} je^{53} me^{35}，xa^{55} xu^{55} liau^{55}；

惹日唛，阿大了。

ze^{35} zi^{53} me^{35}，a^{35} ta^{55} liau^{55}。

子也 龙扎波，麦波 可铁 透了；

tsi⁵⁵ khuŋ⁵³ luŋ²¹ tsa⁵⁵ po⁵⁵, me³⁵ po⁵⁵ ko⁵⁵ the⁵⁵ thu⁵⁵ liau⁵⁵;
思孔 龙扎波，麦波 我铁 啊了。
si⁵⁵ khuŋ⁵⁵ luŋ²¹ tsa⁵⁵ po⁵⁵, me³⁵ po⁵⁵ nŋo⁵⁵ the⁵⁵ a²¹ liau⁵⁵。
坨坨 帮刀 合哩，里抵六，
tho²¹ tho²¹ pan⁵⁵ tau⁵⁵ xo²¹ li⁵⁵, li⁵⁵ thi²¹ lu²¹,
卡梯思，拍了麻，里且六。
kha⁵⁵ thi⁵⁵ si⁵³, phe³⁵ liau⁵³ ma²¹, li³⁵ tshie²¹ lū。
苏苦，那土 摆泊了，
su³⁵ ku⁵⁵, la³⁵ thu lai⁵³ po²¹ liau⁵⁵,
婆四 婆龙，坡了。
po³⁵ si⁵⁵ po³⁵ luŋ²¹, po⁵⁵ liau⁵⁵。
那麂摆呀，甫哈六，
la³⁵ ti⁵⁵ pai⁵⁵ ja²¹, phu⁵³ xa²¹ lu²¹,
送此摆剥，四沙六。
suŋ³⁵ tshi⁵⁵ pai⁵⁵ po⁵⁵, si³⁵ sa²¹ lu²¹。
哭那摆呀，里比董么，
khu²¹ la⁵⁵ pai⁵⁵ ja²¹, li³⁵ pi⁵³ tuŋ²¹ mo²¹,
里比且夺，里比董么，
li³⁵ pi⁵³ thie⁵⁵ to²¹, li³⁵ pi⁵³ tuŋ²¹ mo²¹,
里比止夺，结冲结也；
li³⁵ pi⁵³ tsi⁵⁵ to²¹, tie³⁵ tshuy³⁵ tie³⁵ je⁵⁵;
里比董么，里比且夺，
li³⁵ pi⁵³ tuŋ²¹ mo²¹, li³⁵ pi⁵³ the⁵⁵ to²¹。
里比董么，里比止夺。
li³⁵ pi⁵³ tuN²¹ mo²¹, li³⁵ pi⁵³ tsi²¹ to²¹,

从这段"摆手歌"中，我们看到土家人对自然，对祖先崇拜之虔诚。在土家人心目中，天地万物都有灵，一个个请到了，一个个敬到了，人与自然相处和谐，就像左邻右舍一样。他们挥着板刀畲刀斩棘辟荆了，他们扛着犁耙锄头垦地耕田了，他们看见山上的麂子肥了，河里的鱼虾大了……好一幅古色古香的渔猎农耕图展现在人们面前。

祭祀歌有《长玛辞》《短玛词》《惹撮辞》《嘎麦请》《嘎麦嗡》等，主要用于"排甲祭祖""闯驾进堂""祭八部""扫堂纳福"等祭祀场面。伴舞歌则随舞而歌,"农事舞"则唱时令、季节和农事。

农事歌:

正月 结了唛,　　　　　青青昌昌 结了。(喜鹊)
tsen⁵⁵ je⁵³ tie³⁵ liau⁵⁵ me⁵⁵,　thin⁵⁵ tshan⁵⁵ tshan⁵⁵ tie³⁵ liau⁵⁵。

二月 结了唛,　　　　　给忍刹风 结了。(锦鸡)
er³⁵ je⁵³ tie³⁵ liau⁵⁵ me⁵⁵,　te⁵⁵ zen²¹ za⁵⁵ xuŋ⁵⁵ tie³⁵ liau⁵⁵。

三月 结了唛,　　　　　清明卡亏 结了。(杜鹃)
san⁵⁵ je⁵³ tie³⁵ liau⁵⁵ me⁵⁵,　thin⁵⁵ min²¹ kha⁵⁵ khui⁵⁵ tie³⁵ liau⁵⁵。

四月 结了唛,　　　　　王八娘娘 区区且克 结了。(黄莺)
si³⁵ je⁵³ tie³⁵ liau⁵⁵ me⁵⁵,　wan⁵⁵ pa²¹ nian²¹ nian⁵⁵ thi⁵⁵ thi⁵⁵ the³⁵ khe⁵⁵ tie⁵⁵ liau⁵⁵。

五月 结了唛,　　　　　坐苦 干乃乃 结了。(野猫)
u⁵⁵ je⁵³ tie³⁵ liau⁵⁵ me⁵⁵,　tso³⁵ ku⁵⁵ kan⁵⁵ lai⁵⁵ lai⁵⁵ tie²¹ liau⁵⁵。

六月 结了唛,　　　　　快冲嘎嘎 结了。(布谷)
lu⁵⁵ je⁵³ tie³⁵ liau⁵⁵ me⁵⁵,　khuai³⁵ tshuŋ²¹ ka⁵⁵ t ie²¹ liau⁵⁵。

七月 结了唛,　　　　　元温 兰兰结了。(蝉)
thi²¹ je⁵³ tie³⁵ liau⁵⁵ me⁵⁵,　jan²¹ wen⁵³ lan²¹ lan²¹ tie²¹ liau⁵⁵。

八月 结了唛,　　　　　烂烂里董 结了。(猫头鹰)
pa²¹ je⁵³ tie³⁵ liau⁵⁵ me⁵⁵,　lan³⁵ lan³⁵ li⁵⁵ tuŋ⁵⁵ tie²¹ liau⁵⁵。

九月 结了,　　　　　　克克里抵 结了……(蟋蟀)
tiu⁵⁵ je⁵³ tie³⁵ liau⁵⁵,　khe⁵⁵ khe⁵⁵ li⁵⁵ ti⁵⁵ tie²¹ liau⁵⁵。

以上每段第一句是说某月某月到了;第二句是说这个月什么鸟来了,什么虫叫了。

掌堂师用土家语演唱着《农事歌》,人们随着歌声,表演着砍火畲、播种、栽秧、薅秧等农事内容。

《农事歌》汉语意译:

我们披荆斩棘,刀耕火种。

在布谷鸟声中,

我们播下了

像马牙齿一样的苞谷种子。

在阳雀声中,

我们播下了像珍珠般的谷种。

满山的枇杷熟了,

我们用一根根秧苗,

编织着翠绿的春色。

石榴花红了,

我们开始薅秧了,

蜻蜓在我们身前飞舞,

黄莺在我们耳边歌唱。

我们一脚一脚地踩呀踩呀,

用满田笑语谱写着丰收的旋律……

"军前舞"则唱古代征战及民族英雄人物故事如"匠帅拨普"等;"狩猎舞"则唱猎事、猎神等等。流传在洗车河三月堂的土家大摆手歌表现出水上迎神的特色。

土家语汉字记音:

刹货 也了 泽图佬,

铺货 也了 八谷佬。

刹西 泽图 咚咚咚,

母西 八谷 嗬嗬嗬。

他们拖着杉木船上来了,拖着龙船上来了。

掌堂师虔诚地跪在船头,用土家语唱起《请神歌》:

土家语汉字记音:

破,麦嘎墨 八部傲头 起业,

龙摆 龙岔,捏卡岔,

乃 劳尺 住了,

枯咱 是抵 卡普 扑了。

泽乐 里乐 写飞夺,

实克 禾土 泽满剥。

甘戈罗里 劣碰比例六,

卡七八 实克 塔卡 格次朵。

泽 禾土 送此了,

卡蒙科 那几 是了 抱溪 是了。

八部 傲头哩。
剁货 也了 八提佬,
铺货 也了 八谷佬。
拔普 拉洞 请了,
帕帕 捏洞 杰了。
课业 搓克 义奉了,
西兰卡普 义奉了,
课业 翁谷 义奉了,
我业 见嘎 义奉了。
测库 丝巴 义奉了,
阿西 借祝 义奉了。
拔普 服业 惹 颇拿 颇拿糯了,
拔普 嘎业 食 白杯 白杯梦了。
帕若古 坡了,
石拖 可苏 那了,
嘎岔哩 嘎岔。
盖时甲 三月堂 皂,
补 痛西,
炮竹 坡些,
嘿 哈些, 糯哈些,
扁冬 扁冬 日阿些。

汉语意译:
啊,天子龙王八部大神啊,
今年年岁好年成好,
今天天晴了,太阳出来了,
山里遍开鲜花,
溪水沟水流得好快啊,
田水都满了。
小蝌蚪的尾巴掉落了,
(变成) 青蛙跳到田坎上玩哩。

河里的鱼儿长大了,
林中的麂子、野鸡肥了。
八部大神哩,
我们开着船下来接您,
请您坐着龙船去吧。

而流传在龙山靛房镇百型村的小摆手歌更具品位,它采用纯土家语传承,把这里的自然环境和土家人崇拜祖先、崇拜自然的虔诚心理以及土家人的清贫生活表现得淋漓尽致。如靛房镇百型村田景银老人(时年89岁)用纯土家语演唱的土家舍巴歌:

毕兹卡 苦列 把扎嘎 嗡剥拿,	土家人住在山顶上住在偏坡上,
那农 嘿农,农太 诗太了。	一年十年,没年没月了。
捞尺 注丢 借日多,(我们)	日出而作,
捞尺 比列 借颇乎。	日入而息,
啊不 尔它 作大住 也扎多,	葛根还没发芽的时候开始砍火畲了;
妥嘎 信嘎 作大住 也务多。	蕨苔还没发的时候我们烧火畲了。
嘿太 克梯里枯 哈,	没有鼓我们就敲脸盆底底吧,
糯太 些捧独咱 哈。	没有锣我们就敲鼎罐盖子吧。
嘿迭 哈莫 肚读乎,	打鼓的一抖一耸地好精神啊,
糯迭 哈莫 数扑乎。	打锣的出棰收棰好熟练啊
哈列王八 实姐乎,	看,毛古斯催赶猎犬在狩猎哩,
达铺 禾奉乎。	听,大家打起唔呼在围猎啰
摇脚 摆手乎,	手舞足蹈啊,
立斯哪他莫 把剥,	那高兴的样子从来没见过,
里丝哪 他莫 糯次里卡别了。	欢喜得眼珠子都湿了。
麦熟了。子事抵习,	天一亮,我们就给您送猪来了,
捉克克 思帕抵习。	我们是摸黑爬着来的。
科他 糯布 熟剥,	眼睛突然一亮,
义夫 卡它 切剥。	额上都笑开皱纹了。
那耶 黑黑 打剥大,	每位菩萨我们都没欠您啊,
那密 黑黑 啊剥大。	哪样东西我们都送来了。

沙米卡奈 龙拜业 惹业，	今年的团撒炸得好漂亮啊，
子吉潘太 龙拜业 蛊业。	今年的猪腿也比往年大。
那者胡 那克啊，	你们吃一口我给您喂一口，
那者耶 那克打。	我们烧一张纸就是送一张钱。
塔布姐 它塔，	左边的莫让太阳晒着，
铺姐摆 它刹。	右边的莫放冷啊。
青中麦 毕卡，	我们的土王天子吔，
给惹耙，格也纳，	这点甜酒，我们为您收到这里了，
毕毕 蛊巴迭，	老老少少们哎。
啥可 母太乎。	要修屋，先砍竹子哩。
借日 里嘎乎，	要做阳春，先挖土哩。
这姐　立塔标，	其他不说什么了，
刹吉　额它标。	当说的已经说完了。
呸——	喂！
青中麦毕卡，	土王天子啊，
惹打 义剥 惹弄抵，	欠您的酒我们已经给您煮了，
食打 义剥 食啊抵。	欠您的肉我们已经给您送来了。
惹 补梯么 它最，	酒喝了莫乱动，
食 补梯么 它意。	肉吃饱了莫乱走。
惹结么 住剥，	酒醉了就站一下，
食结么 嗡剥。	肉吃饱了再坐一会。
惹列 把业 气套，	现在酒都敞气了，
食列 把业 痛套。	摆着的肉没热气了。
可主 我姆 吐乎，	我们用金香银烛敬您啊，
桥戈 补子 撇乎。	现在把供品上的筷子都扯出来了。
泽梭 米颇乎。	用三瓢水把火泼息吧。
桥戈 补子 撇乎，	现在把供品上的筷子都扯出来了，
泽梭 米颇乎。	用三瓢水把火泼息吧。
米事　义剥 子务乎。	在余下的火灰上我们为您浇纸了。
皮箱 子楚啵，	皮箱里装的是钱哩，
板箱 我楚啵。	板箱里装的是金子哩。

为凭 作主剥,	是神就要为我们作主啊,
为马 坐骑剥。	是马就要让人骑啊。
这咱 煞咱剥,	您要把万事掌握好啊,
这卡 刹卡剥。	把大务小事都管好。
人口 清吉剥,	保佑我们人人平安,家家顺利,
百事顺遂剥。	百事兴旺,子孙绵绵。
锣鼓 哈剥 里嘎乎,	我们就要打起锣鼓挖土啊,
树苦 拍剥 也在乎。	搬起畲刀砍灰啊。
吔——喂!	吔——喂!

土家摆手歌以史诗般的结构和独特的语言表达形式,唱述民族历史,歌唱生存和劳作,表现开天辟地、人类繁衍、民族迁徙、渔猎采集、刀耕火种、桑蚕绩织、古代征战、神话传说等广泛而丰富的社会生活内容。承载了土家族崇祖爱国、守礼重孝、睦邻善处等道德文化,对土家族人文社会影响深远。

二、风俗歌

(一) 哭嫁歌

哭嫁歌是土家族妇女长期积累的集体创作,经过一代代的不断加工,逐渐丰富、定型的。这是一部充满亲情、乡情的抒情诗,是一部控诉封建婚姻的血泪史,其歌委婉,其情动人,主要内容有哭爹娘、哭公婆、哭哥嫂、哭姐妹、哭姑母、哭叔伯、哭舅父舅母、哭姨父姨母、哭上头、哭戴花、哭离娘席、哭辞祖先、哭上轿等。在坡脚、靛房、他砂、干溪、洗车河、苗儿滩、隆头、岩冲、长潭等乡镇,哭嫁歌词大多是土家语,采用长短句的自由诗体结构,韵脚灵活,情感流畅,歌泣相融,催人泪下,如《哭爹娘》:

土家语汉字记音:

伢业 阿巴 阿捏哩,

社 志业 糯布 递了,

伢 志业 糯布 蔑 (miè) 住了。

乃 子格 好日哩,

伢拢提,义各 泽蓬 禾土 兔剥 沙;

乃 子格 哈日嘛,

伢拢提，社各 阿吉 八提 坡剥 沙；
泽蓬 禾土 坡了嘛，
泡泡 那怕 谷些；
阿吉 八堤 坡迭些，
子席 拉崩 翁谢。

汉语意译：
我的爹啊，我的娘，
你们眼睛都哭痛了，
我的眼睛都哭出血了！
早晓得这一天嘛，
你们刚把我生下时，
为什么不把我往泥潭里泡了哩；
早晓得这一天嘛，
你们刚把我生下时，
为什么不把我往岩坎脚下甩了哩。
丢在泥潭里，
还能起个水泡泡哩；
甩在岩坎下，
还能长蓬猪草哩。

又如：
我的爹，我的娘，
您下贱的女儿，
象窝里的小鸟，
热火火的伏在娘的羽翼下，
今日离娘飞，
一无枝歇，二无窝归，
孤孤单单冷凄凄。
在家我是贵重女，
出门做人媳妇变贱人。

我的头发还没有长齐，
我的牙齿还没生根，
好比山中初生笋，
好此浮萍未定根，
您们为什么那样狠心，
硬要把苦命的女儿赶出门？

女儿离去，爹娘更是肝肠寸断，泣不成声：
我的女儿我的崽，
我的心肝我的肉，
不是爹娘心肠狠，
不是把你赶出门。
树大要分丫，
女大要出嫁，
伏天一过阳雀去，
鸡崽长大离鸡娘。
女儿如今长成人，
离爹离娘去成亲。
我的儿呀，我的崽，
你脚踩葡萄丫，
你去当大家；
你脚踩葡萄叶，
你去创大业；
你脚踩葡萄藤，
你去当贵人。

这些言非由衷的奉承话女儿听腻了，她把一腔积怨洒在媒婆身上：
你做媒人想穿鞋，
树上的鸟儿哄得来；
你做媒人想喝酒，
山上的猴子哄得走。

花言巧语几箩斗，
不愁钱财不到手；
好比我家馋嘴狗，
东家走了西家走。

新娘又哭：
我不是人家怀里抱的，
人家不痛心；
我不是人家身上落的，
人家不可怜；
自己的爹娘口里栽黄连，
口苦心也甜；
别人的爹娘口里栽甘草，
口甜心不好。
人家爹娘的口是蜂糖口，
人家爹娘的心是苦瓜心。
蜂糖口，甜不久，
苦瓜心，苦顶头。
天上大星对小星，
世上只有父母亲，
今日丢下爹娘去，
叫儿怎么不伤心……

嫂嫂听到妹妹骂媒人，劝道：
我的妹呀，
你少寒心呀。
你往远处看，
你往好处想。
后园有颗离娘树，
离娘离爹无其数；
后园有蓬离娘草，

离娘的多跟娘少；
后园有座离娘山，
离爹离娘离得远；
后园有朵离娘花，
离了穷家到富家。
自古婚嫁天下传，
哪有女儿不离娘，
皇帝女儿招驸马，
仙女下凡配董郎。
劝妹不要太伤心，
你脚踩大路去，家发人也旺。

歌由情发，泪随歌涌，当父母的千叮咛万嘱咐，要女儿孝敬公婆，尊敬丈夫，姊妹相爱妯娌相亲：

冷茶冷饭你要吃，
冷言冷语你要忍。
勤劳苦做创家业，
是非小话你莫听。
婆媳相敬又相爱，
夫妻相爱敬如宾。
兄宽弟忍才和睦，
妯娌互助又互亲。
成事全靠人心齐，
自古家和万事兴。

一部土家族《哭嫁歌》就是一部道德经，哺育了一代代仁爱宽厚、勤劳善良、抱淑守贞、知法懂礼的土家儿女，成为至善至美的千古绝唱。

（二）望月歌

主东今日添了喜，
西眉山上送竹米。

盘古开天有世界,
阴阳和谐生儿女。
亲戚朋友来祝贺,
左邻右舍来贺喜。
来道喜,喜盈门,
嘎嘎舅娘挤满门。
园内竹子发新笋,
凤落梧桐把蛋生。
生子当如孙仲谋,
生女好比穆桂英。
积善人家庆有余,
桂馥兰芳万世荣。

(三) 上梁歌

修造新居是土家人建家立业的大事,按土家传统习俗,须择定吉日良辰,在立屋上梁那天,请歌师与掌墨木匠一起举行上梁仪式。亲戚朋友都来祝贺,至亲还要为新居披红上彩送贺匾,以示家族兴旺。仪式开始,从屋架上放下红绳,把画好的梁木徐徐拉上去合榫,由掌墨师与请来的歌师一步一句的相互对唱,其内容有"开梁口""掉梁布""上梁""讲梁""讲梯""上梯""攀枋""赞屋场""盘华堂""盘梁""盘梁耙""下梁"等。

土家上梁

讲此梁，说此梁

此梁生在西眉山上，

长在九龙头上。

日月三光扶它生，

雨露茫茫扶它长。

身有千围大，

叶有几尺长。

根子穿过千重岭，

叶子遮过万重山。

张良得见，拿斧去砍；

鲁班得见。拿尺去量。

大的量得四丈八，

小的量得丈把长。

头筒拿来修金殿，

二筒拿来修学堂。

三筒生得标立笔直，溜溜条条，

主东请来几位猛力儿郎，

一路吹吹打打，火炮连天，

抬进屋场做大梁。

斧头砍得平平整整，

刨子刨得溜溜光光，

中间钉了莲花出现，

两边钉了双凤朝阳。

莲花出现生贵子，

双凤朝阳地久天长。

(上梯) 上一步，望宝梁，

一轮太极在中央。

上二步，望宝梁，

瑞气绕梁呈吉祥。

上三步，喜洋洋，

乾坤二字写两旁。

上四步，步步高，
日月争辉耀华堂……

(四) 踩门歌

踩门礼是整个新屋落成后举行的一种庆贺仪式，由掌墨师任踩门先生，他用茶盘端着一个大冬瓜和四枚铜钱站在门外，与屋内的主人和主人特地请来的歌师一问一答唱起踩门歌：

外：
我是天上紫微星，
玉帝命我下红尘。
来到红尘无别事，
专为主东踩财门。
来到门前望四方，
四面八方有祥光。
山也青来水也秀，
主东坐的好屋场。
风水宝地长富贵，
紫气东来绕华堂。
富贵有根长在书香门第，
黄金无种偏生勤俭人家。
恭贺主东家发人发。

双方盘天盘地唱了半天，最后掌墨师将盘内冬瓜和铜钱从门槛上滚进屋内，以示家发人发，瓜蒂绵绵，财源滚滚。再唱些恭维之词，如"左脚踏门看，子孙中状元；右脚踏门看，富贵两双全"等等。

(五) 丧歌

土家族有"父母死，击鼓踏歌""亲属饮宴舞戏、鏊鼓以道哀"的古老民俗。清嘉庆《龙山县志》卷七"风俗"记："俗初丧举家散发披麻，族里亲疏毕集，曰坐夜；鸣钲击鼓，歌咏达旦，曰闹丧。"这种鏊鼓悼哀的歌谣，流传至今的有《跳丧歌》和《丧堂孝歌》两种。《跳丧歌》是一种吊唁式挽歌，其歌古老粗犷，音乐原始，多以单一的三声腔行腔而歌，其"起堂"时唱的《开天辟地》歌显然受汉文化影响，如："开天，天有八面；开地，地有四方；乐土在下，祖先在上。爵主开疆辟土，吾辈守土安邦。勤于稼穑，精其农桑，睦邻而善处，家和乃族旺。根深叶则茂，源远而流长。"《丧堂孝歌》分坐堂鼓、行堂歌两种，有单唱、联唱，对唱等形式，歌手自唱自打鼓，不绕棺，不做动作，歌词内容以劝人行孝为主，如《十月怀胎》《二十四孝》《劝世文》等。尤其在"点孝"时根据亡人生前事迹即兴编唱的"点孝歌"，具体到亡人的儿子、媳妇、女儿、女婿及外甥、孙等，贴人贴事，入情入理，委婉揪心，催人泪下，听者无不潸然。

土家族以歌舞治丧的古老民俗使《丧歌》赖以继承发展，尽管受汉文化的影响而涂上一些儒家文化色彩，但从中表现出来的那种重生歌死的生命意识和不悲不贱的人生态度，仍是土家人的秉性所在。

三、劳动歌

（一）挖土锣鼓歌

土家族团结和群，睦邻善处，农耕渔猎及建造，喜采用互相帮工，换工式的集体劳动。嘉庆《龙山县志·风俗》载称："土民群事翻耕、插秧、芸草"，"间有鸣钲击鼓、以歌相娱乐者，亦古田歌遗意然。"土家人上山有山歌，打猎有猎歌，打渔有渔歌，打柴有樵歌，织锦有十二月织花歌，抬岩有岩号子，打夯有夯号子，伐木、放排有拖料号子、放排号子，借以让疲劳、苦累在歌声中消失。在诸多劳动歌中，最著名的是《挖土锣鼓歌》，亦称"薅草锣鼓歌"。因农事而定。清嘉庆《龙山县志》卷七曰："夏日芸苗，数家人合在一起，彼此轮转，以次而周，往往数日为曹。中以二人击鼓鸣钲，迭相歌唱，其余芸者进退作息，皆视二人为节，闻歌欢跃，劳而忘疲，其功较倍。"

《挖土锣鼓歌》内容丰富，分歌头、请神、扬歌、送神四个部分。歌头的一般唱词是："清早起，雾沉沉，雾雾沉沉不见人。东边一朵红云起，西边一朵紫云腾，红云起，紫云腾，红旗冉冉下天庭，红旗插在田坎上，来了你我唱歌人。"请神部分的歌词及其所请之神亦有俗成，先请歌娘歌爷，再依序请五方神、太阳神、土地神和八部大神。唱词与其他祭祀歌不同，如请歌娘歌爷的唱词中，叙述歌娘歌爷唱歌遭到官府的反对，要抽"歌税"。歌娘歌爷不屈服，索性从山上砍来七七四十九根楠木，请木匠架起七七四十九层歌台，歌娘歌爷站在台上用歌声召集天下歌手，于是"歌声传到九州城，/惊动天下唱歌人/，天下歌手都赶到，/内三层来外三层/，台上台下把歌唱，/五湖四海尽歌声/，唱得天摇地也动，/唱得日月放光明/，官府不敢收歌税/，三天不敢开衙门/，从此山歌传后世,/土家代代唱歌人/"。扬歌是《挖土锣鼓歌》的主体所在,它既可即兴创作,歌唱当天的劳动场面,或褒贬勤怠,或风趣逗乐,或夸主人家贤达,边敲边唱,一唱一合,妙趣横生。扬歌也有固定曲目,如优美动人的土家族民间故事《百果花》《东山郎西山妹》《恶鸡婆》等;亦有从明清小说《三国演义》《水浒传》《隋唐演义》《说岳传》《封神演义》等书中改编而成的通俗唱段。

资华筠教授在靛房现场观看土家族挖土锣鼓

船行河滩时酉水号子:纤夫拉纤唱起纤号子共同拉动上行的船只

(二) 酉水号子

酉水是土家人的母亲河，河谷狭窄，水急滩险。船工们搏击风浪，发出力的旋律——酉水号子。在里耶、隆头、苗儿滩、洗车河一带流传的酉水号子有纤号子、橹号子、桨号子等。"橹号子"由一人领唱，主旋律轻松悠扬，起伏跌宕，众人以四度音音程，以衬词"咳哈""咳咳哈"伴唱，曲调上繁下简，旋律突出。"纤号子"是酉水纤夫挚滩冲浪的生命交响，浑厚苍劲，如鹰啸空谷，动人心弦。"桨号子"悠然、舒展，是船工们在风平浪静的平水河段唱的，透出一种在逆水而上的航程中难得的轻松。2008年入选国家级第二批非物质文化遗产名录传统音乐类。

(三) 酉水船歌

酉水是湘鄂渝边人货出入的重要通道。一代代酉水船工在航运生涯中创作、积累了大量的歌谣，有对沿岸山水、码头的记述，有对沿途险滩暗礁的提示，有讲述土家根巴的神话传说，有脍炙人口的趣闻逸事。并配合着橹号子、桨号子、拉纤号子等吭唷吭唷，形成酉水船歌的地域特色。是一部口碑相传的酉水水经注，一本酉水航运史。其语言通俗，表述细腻，内容丰富，是船工们赖以消除疲劳的苞谷酒，又是船工赖以航行的坐标书。2012年公布为省级非物质文化遗产。酉水船歌的内容大多是描写从常德至秀山石堤、隆头至洗车河一路逆水而上所遇到的险滩和所看到的风景名胜、乡土人情等。如：

石楼洞，雀儿岩，
船儿要到望乡台。
教场坪，教场滩，
诵经念佛狮子庵。
保靖码头很有名，
"天开文运"在对门。
保靖街上赶场去，
船工哥哥打牙祭。
酒四两，肉半斤，
豆腐两块不要称。
末船哥哥你莫挨，
船儿拢了鸬鹚岩。
黄狗恋窝吼一吼，

八部大王坐江口。
界碑岩，满天星，
驼背老虎战兢兢。

这么一直唱拢里耶，又继续往前走：
八面山高一只船，
船儿拢了鲁必潭。
鲁必潭，来得快，
龙岩上头撑放赖……

四、生活歌

（一）山歌

山歌有广义和狭义之分，广义泛指古歌、仪式歌、风俗歌、生活歌、劳动歌等民间歌谣，狭义仅指在田间地头、红白喜会、歌场赛会等场合即兴而唱的歌谣。其格式有七言四句，七言五句两种。七言四句俗称"四句头"或"四句歌"，有沿河腔和坡头腔两种，洗车河流域多属沿河腔，老兴、大安等地有坡头腔流传。七言五句的俗称五句子歌，是由一个重复的上下句中间插进一句变化句而成，有的插在二、三句之间，有的插在三、四句之间。四句歌有用于盘歌的七言两句和用于对唱的七言一句的，俗称啄啄歌（啄方言读 zhuā）。四句头一般属平腔，音域不宽，旋律为多级进或三度进行。早在明代，土家族的五句子山歌就出现在冯梦龙收编的《山歌》一书中，如《送郎》这首："郎上孤舟妾倚楼，东风吹水送行舟，老天若有留郎意，一夜西风水倒流，五拜拈香三叩头。"

（二）情歌

情歌是爱情的心语，是恋人之间心领神会的千古绝唱。据史料记载，土家族在改土归流以前婚姻是比较自由的。《龙山县志》嘉庆版卷七就有这样的记载："土人地处万山之中，凡耕作出入，男女同行，无拘亲疏。"在跳摆手时，"男女相携，翩跹进退"，"以歌为媒"，相互爱恋定情。这种以歌为媒的风俗，使土家族情歌蔚为大观，滚珠落玉，脍炙人口。它所表现的内容涉及到男女爱情生活的各个方面，包括挑逗、试探、追求、初交、相慕、赞美、约会、离别、相思、波折、不幸、责难、怨恨、反抗、斗争等儿女之情。以此分为《相思歌》《初会歌》《求恋歌》《浓恋歌》《接郎歌》《送郎歌》《望郎歌》《失恋歌》《分离歌》《劝婚歌》《抗婚歌》等。其积之深厚，内容丰富，有比有兴，含意深刻，情感强烈。

1. 相思歌

隔河看见一枝花，郎变蜜蜂花上身（读 nia），

劝姐莫打蜜蜂子，郎的真魂就是它。

隔河看见花绕绕，郎想过河没有桥；

隔河看花花空好，回家得了相思痨。

2. 挑逗歌

姐到对岸守黄牛，牛角弯弯不抬头；

牛不抬头为吃草，姐不抬头为害羞。

月亮出来亮堂堂，一照照到姐的房；

姐的房中种种有，多个枕头少个郎。

3. 初会歌

桐子开花一口钟，二人玩耍莫漏风；

燕子衔泥紧闭口，蚕儿吐丝在心中。

金盆打水起旋涡，姐洗白米用手搓；

有心留郎吃餐饭，筛子关门眼又多。

4. 求恋歌

郎在后园把土挖，挖起园圃种丝瓜；

姐是园中桂花树，郎种丝瓜好攀花。

板栗熟了不用捶，二人好了不用媒；

多个媒人多张嘴，媒人口里出是非。

5. 定情歌

细细麻线紧紧搓，做双鞋子送给哥；

我郎莫嫌鞋子丑，背到爹妈打黑摸。

不唱山歌不开怀，郎用山歌买姐爱；

去年唱歌得姐话，今年唱歌得姐鞋。

6. 浓恋歌
韭菜开花细茸茸，有心恋郎莫怕穷；
只要二人情意好，冷水泡茶慢慢浓。
郎是青藤绕过沟，妹是沟边花石榴；
青藤缠在花树上，树死藤干两不丢。

7. 接郎歌
我姐坐在沟沟里，莫喂狗来莫喂鸡；
喂狗怕打蓬蓬架，喂鸡怕的漏消息。
为姐坐在沟沟里，要喂狗来要喂鸡；
夜里喂个接郎狗，早晨喂个送郎鸡。

8. 失恋歌
苋菜无盐莫打汤，姐无真心莫恋郭；
寡蛋莫送鸡婆抢，没有鸡崽害鸡娘。
打破鸡蛋散了黄，打破菜碗泼了汤；
打破黄桶散了箍，打散鸳鸯失了郎。

土家族情歌以质朴的语言、真挚的感情，优美的比兴、清新的格调而独具特色，传唱千古，"以歌为媒"成为土家族长盛不衰的习俗。

(三) 摇篮曲

土家语	汉语意译：
哎啰啰 义捏毕剥，	哎啰啰你快睡着，
哎啰 哎啰 哎啰啰……	哎啰哎啰哎啰啰
伢业 惹阿科，煞如夺。	我的乖孙孙，你听话啊，
哎啰啰 义捏毕剥	哎啰啰你快睡着。
哎啰 哎啰 哎啰啰。	哎啰哎啰哎啰啰。
阿捏 阿巴 上枯六，	你爸爸妈妈上坡去了，

阿妈 个义 卡剥乎。	奶奶我守着你啊。
义乜 阿妈业 煞如夺。	你听奶奶的话啊，
利啊 你波 耶啊夺。	饿了我给你弄饭吃，
这嘎 你颇 泽捏夺。	渴了我给你送水喝。
卡洞 禾了麻 怕介夺，	摇篮里睡得好暖和，
哎啰啰 哎啰啰，	哎啰啰 哎啰啰，
哎啰 哎啰 哎啰啰，	哎啰 哎啰 哎啰啰。
阿科 塔太啵，	宝宝你莫做声啊，
挫业 坐苦谢。	屋后有野猫。
坐苦 嗯做 嘎细嗝	野猫来了要咬人哩，
哎啰啰 哎啰啰，	哎啰啰 哎啰啰，
伢惹阿科呗 义嗡夺。	我的乖孙孙啊你好好躺着吧，
卡里哩，蛮吐夺，	长大了，去读书，
蛮蛮吐了 嘎麦惹，	读书了好当官哩，
颇业 捏毕六，	宝宝睡着了，
阿妈 耶弄胡	奶奶弄饭了。
阿科 嗝它夺，	宝宝你不用怕，
卡洞把 伢义 抵胡。	我在摇篮边陪着你哩。
哎啰啰 哎啰啰……	哎啰啰 哎啰啰……

五、红色歌谣

1. 当兵就要当红军

当兵就要当红军，处处工农受欢迎。
能做工的有工做，会耕田的有田耕。
当兵就要当红军，工农配合打敌人。

2. 茨岩塘扎了红军营

桑植出了贺将军，茨岩塘扎了红军营；
石家垭大破周矮子，乌云散了天要晴。

3. 要当红军打江山

脚杆打断筋没断，接好骨头又爬山；
鲤鱼敢跳千尺浪，穷人就是要翻天。
要跟红军打江山，不怕头落肠子断；
阎王殿上蹬三脚，当鬼也要拖枪杆。

4. 海枯石烂不变心

映山开花为报春，穷人当兵为翻身；
一心跟着红军走，海枯石烂不变心。

5. 小公鸡

小公鸡，跳花台，天天只盼红军来；
吃碗安心饭，穿双合脚鞋。
小公鸡，喔喔叫，天天只盼红军到；
说句开心话，睡个太平觉。

6. 红军回来了

鸡不叫，狗不咬、红军回来了。
堂屋开地铺，不吵也不闹。
光着头，赤着脚，半夜三更把敌剿，
摸到土匪用刀杀，捉到土豪用索绉。
敌人看到缩脑壳，穷人见了哈哈笑。

六、儿 歌

土家族有语言无文字，在龙山县的坡脚、靛房、他砂、苗儿滩、岩冲、长潭、洛塔、猛西、干溪、洗车河、凤溪等乡镇的部分村寨，至今仍以土家语为母语，直到进入小学一、二年级，还实行土家语、汉语双语教学。土家族儿歌成为土家幼儿的启蒙教材，被誉为土家族的"幼学琼林"。

土家族儿歌充满童趣，贴近生活，内容广泛，有的涉及天文地理，如《大月亮，小月亮》《烟子烟，烟上天》等；有的涉及虫鸟花木，如《夜火帕帕》《啄木官》《百果花》《娑罗树》等,有的具有游戏性,如《羊子吃麦子》《讨狗儿》《排排坐》等;有的涉及日常生活,如《张打铁,李打铁》《王八丽奴》(即黄莺)等等。儿歌按幼儿年龄而定,尚在"吖吖"学语时,大人们就用"虫虫飞""打掌掌""波左波"(即推磨)等儿歌来激发幼儿活动四肢的兴趣,既具有游戏性,又把至美至善的亲情融于儿歌之中。如《虫虫飞》"虫虫飞,飞到嘎嘎屋,(嘎嘎即外婆),嘎嘎不赶狗,咬了虫虫手,嘎嘎不打蛋,虫虫不吃饭……"这些寓教于宠的儿歌对幼儿的技能教育和亲情教育都颇有益。如《推磨》:"推磨,嘎磨,推豆腐,接舅母,舅母不吃酸豆腐;推粑粑,接嘎嘎,嘎嘎不吃冷粑粑……"歌声中,大人把小孩放在膝盖上,边唱边摇,俯仰有度,让幼儿在甜甜蜜蜜的歌声中做完了一节保健操。孩子长大了,能跑能跳了,土家儿歌又赋予孩子们认识自然、感知事物的新内容,如《春雨》:

土家语音译:	汉语意译:
<u>墨</u>,<u>墨</u>,<u>快则些</u>,	雨啊雨啊快下吧,
<u>泽乐</u> <u>里乐</u> <u>快夺些</u>;	溪水沟水快流吧;
<u>刹妮嘎</u>,<u>桶巴剥</u>,	老母鸡看着窝吧,
<u>墨差枯里</u> <u>搓卡剥</u>。	小燕子守着家吧。
<u>墨则</u> <u>墨则</u> <u>快则些</u>,	雨啊雨啊快下吧,
<u>泽乐</u> <u>里乐</u> <u>快夺些</u>。	溪水沟水快流吧;
<u>泽澎</u> <u>时特</u> <u>泽满剥</u>,	塘里田里水满了,
<u>送拢</u> <u>虾拢</u> <u>洒拢夺</u>。	好养鱼虾好养鸭。

从这首儿歌中,我们看见一群天真活泼的土家娃,在雨中一路欢蹦,相互嬉戏的情景。他们嘱托老母鸡守着窝吧,小燕子守着家吧,我们要去追赶奔流的小溪,去放牧快乐的小鸭。

土家儿歌淳朴自然,童趣十足,山味十足,形象鲜活,寓教于歌,在引导幼儿认识自然、感知事理的过程中,起到了如雨润物的作用。

第四节 民间音乐

一、吹奏乐

咚咚喹

咚咚喹是土家族的一种极其古老的簧管气鸣乐器。从 1994 年 5 月在沅水湘西段贝丘遗址发现的两枚骨哨来看，"咚咚喹"当起源于距今6500~7000年以前的新石器时代早中期，形成从只能吹一个音的骨哨到能吹两个音的鸟哨再到三孔一筒音的咚咚喹这样一个历史发展过程。盛行民间，如清代的一首《竹枝词》记："流水淙淙白云飞，翠色重重笼四围；三五村姑齐吹奏，婉啭悠扬咚咚喹。"

咚咚喹取材方便，制作简单，以径约1厘米的细竹尾为管体，长约10~14厘米，上端留节，于节下削簧凿孔，形成三孔一筒音即成。其发音清脆、明快，具有打音、颤音兼备的特点，从模拟鸟语虫鸣、风泉之声而形成写意性的音乐语汇和它固定的音乐曲牌。在湘西龙山县洗车河流域的他砂、靛房、坡脚、苗儿滩、隆头、贾市一带，普遍流行的传统曲牌有"咚咚喹""巴列咚""呆嘟哩""乃哟乃""拉帕克"等20多种。有词有曲，可吹可唱，吹唱结合，唱词内容以土家语儿歌为主。

咚咚喹演奏时为竖吹，左手食指按第三音孔，右手食指分别按第二、第一音孔，用口衔住上部舌簧处吹奏。左手专打节奏，右手专按旋律，龙山县坡脚有吹双管的，左、右手各持一根咚咚喹，用娴熟的技巧，一只手按一根乐管，双管齐吹同一首曲牌。龙山县的土家族咚咚喹以其独特的音乐特色，早于20世纪60年代初期就晋京演出，1987年9月又到波兰演出，博得了中外音乐界专家们的一致好评。2008年6月7日公布为国家级非物质文化遗产。

国家级代表性传承人严三秀吹奏咚咚喹

湖南省级传承人田采和、湘西州级传承人彭继蓉接受湖南国际频道采访表演咚咚喹

吹木叶

吹木叶是土家族山区常见的一种口弦乐器。取材方便，树叶、竹叶、包谷叶均可，其中以檀木叶、香叶子最佳，其音委婉、脆亮，簧音悠扬，宜吹奏山歌风味的曲调。土家族在砍樵、耕耘等劳累之余，借以抒发情感，消除疲劳，聊以自娱。

土家族吹木叶

吹牛角

牛角是古代用于战争的号角，后来演变为土家族祭祀音乐中的主奏乐器，继而发展为土家族民俗歌舞活动中不可缺少的民族音乐。如摆手舞、八宝铜铃舞都要吹牛角。它是用水牛角制成，有安哨子的亦有不用哨子的。通常吹的曲牌有"高音吾哩""低音吾哩""快吾哩""慢吾哩"等，一曲分两口气吹完，要有一定长气和吹奏技能者才能吹得深沉雄壮，造成一种古老、肃穆的气氛。

吹野喇叭

野喇叭是土家族民俗文化活动中配合牛角或代之牛角而吹奏的一种自制的土乐器，俗称"土号"。它是生长在砂壤荒土里的一种野生植物，长约两米以上，头粗尾细，内空外圆，口径约五至六厘米。秋后，表皮呈黄褐色即可采制，其音都都，昂扬激越，颇具军号之势。

二、打击乐

打溜子

打溜子是流传在湘西北的一种古老的土家族民间打击乐,以龙山县流布最广,曲牌最为丰富。其历史悠久,多应用于年节、婚娶、起屋上梁、祝寿贺生等喜庆场合。正如清代的一首竹枝词《里社》所写:"迎亲队伍过街坊,小儿争相爬上墙;叭叭隆隆花轿到,唢呐巧配得佩铛"。

打溜子"锦鸡出山"

打溜子"雄鸡争艳"

音乐起源于劳动,土家人长期生活在大山深处,从远古击石为乐到使用铜乐器,他们或仿效风泉之声,或模拟虫鸟之鸣、绘声绘色、惟妙惟肖。土家族打溜子又有打挤钹、家伙哈、五子家伙哈等称,有以四人为伍的,分别操有头钹、二钹、马锣、大锣四件青铜乐器,亦有五人结队的,另加进一管唢呐形成土家吹打乐,俗称"五子家伙"。也有加板鼓的,形成6人吹打乐。操钹者技法娴熟,间或亮打、闷打、侧打、揉打,或挤钹,或磕边,飞舞自如,变化莫测,两副钹交错敲击,配合默契。大锣又称填锣,直径约35厘米,锣面平坦而光华,音色浑厚而宏亮,时敲时逼,或边或中,轻重有致,花招迭变。马锣又称"绞子毕",以指弹空于反面敲击,不留余音,有单锣、花锣等打法,音脆而亮,诙谐有趣,给人一种喜悦、欢快之感。四件乐器的相互配合,节奏紧密,起落有韵,延滞有节,如此四部组成一律,独成一家。流传区域不广,仅流传在洗车河流域的坡脚、靛房、他砂、农车、塔泥乡及与之毗邻的永顺、保靖县的部分乡镇,土家族打溜子一般是家传,不传外姓,近代亦有舅传甥的。小孩从五六岁便跟着大人学打溜子,一代代在创造发展中约定俗成,从而形成了土家族打溜子的独特乐句、乐汇、乐段和曲牌。

土家溜子曲牌大体由头子、溜子两大部分组成。头子部分千变万化,是其主要描写部分，也是曲牌的主体所在。溜子部分由绞子、溜子三部分组成。现流传在坡脚、靛房、他砂、农车一带的就有120多套，按其所表现的题材内容来看，大致可分为象声、拟神、写意三大类。

象声类即指以自然界的风雨流泉之声及动物的叫声、行动声为乐思的曲牌。诸如"鲤鱼飚滩""鲤鱼晒花""狗吠""喜鹊闹梅""鸡婆抱蛋""蛤蟆闹塘""八哥洗澡""画眉跳杠""锦鸡拖尾""野鸡拍翅""燕拍翅""凤点头""蚂蚁上树""狮子滚绣球""双龙出洞""黄龙缠腰""老龙困潭""龙王下海""龙摆尾""马过桥""牛擦痒"等。这些曲牌，以对鸟兽虫鱼的叫声和行动声的模拟性描写，栩栩如生的展现出自然界生机蓬勃、生气盎然的景象。如《鲤鱼飚滩》就活生生地展现出一群逆水而上的鲤鱼劈波斩浪、跳越滩头，勇往直前的形象。

拟神类的曲牌以描写日常生活神态为主，诸如"小纺车""慢纺车""大纺车""弹棉花""一字清""尖布里""羽令牌""小梅花条""大梅花条""闹年关"等等。这类曲牌，采取拟人拟事的手法，把日常生活中一些事物绘声绘色地反映出来，让人听出个中奥妙。

写意类的曲牌则以抒发人们的美好追求和吉祥愿望为其创作动机。如"野鹿衔花""四季发财""观音坐莲""龙王下海""凤点头"等曲牌，表现了人们对吉祥如意的寄托，对幸福美满的向往。这些曲牌，节奏欢快，形象逼真，多在喜庆时用，再配以"安庆""黄莺儿""大摆队"等唢呐曲牌，吹打合一，气氛热烈，给人一种喜洋洋的感觉。2006年5月12日由国务院公布为第一批国家级非物质文化遗产。

打安庆

是流传在内溪一带的一种民间吹打乐，俗称"打安庆"。以唢呐为主要乐器，再配以堂鼓、板鼓、大锣、小锣、钹等打击乐器，其曲牌丰富，通常使用的有安庆、迎风、将军令、秋赛、黄莺儿、水龙吟等，其气氛热烈者如江河流水，苍凉者如秋风萧瑟，按其氛围，分别应用于民间红白喜会中。过去著名艺人有内溪乡灭贼湖村的欧阳昌梁、欧阳昌栋等，现有子侄传承。

打安庆"吹打八仙"

打围鼓

打围鼓是从汉剧、辰河高腔中分化出来的一种民间吹打乐,其形式有坐唱和行进式两种。坐唱俗称围鼓戏,以坐唱戏曲为主,吹打乐为辅。行进式俗称大摆队,多用于婚丧喜庆,以鼓为主奏,吹打结合,其套曲唢呐曲牌十分丰富,有迎风、乙字调、凡字调、安庆调、朱相臣、恨梁山、娘哭女、女哭娘等20多种。击乐牌子有大摆队、迎风、撩子将军令、四门进、风落大等。

第五节 民间舞蹈

一、土家舞蹈

(一)摆手舞

土家族是个能歌善舞的民族,古籍称其"天性劲勇,锐气善舞",并说汉"高祖乐其猛锐,数观其舞,使乐人习之",遂在民间广为流传,以至"凡百户之乡,有市之邑,歌谣舞蹈,触处成群。"以土家摆手而著称的湖南龙山,"俗喜歌舞"之风更盛。据清嘉庆《龙山县志》载:"土民赛故土司神,旧有摆手堂。供土司某神位,陈牲礼。至期既夕,群男女并入,酬毕,披五花被锦,帕首,击鼓鸣钲,跳舞唱歌,竟数夕乃止。""其期或正月或三月或五月不等。"在"红灯万盏人千叠,一片缠绵摆手歌"中,"男女相携,翩跹进退,故谓之摆手"。

土家族摆手舞"闯甲绞旗"

土家族摆手舞"大纺车"

土家族摆手舞　"大团摆"

土家摆手舞以祈求吉祥幸福为主题，是一种历史悠久的传统文化现象。它以集歌、舞、乐、剧于一体的庞大艺术载体，表现开天辟地、人类繁衍、民族迁徙、狩猎捕鱼、桑蚕绩织、刀耕火种、古代战事、神话传说及饮食起居日常生活等广泛而丰富的社会生活内容，以史诗般的结构和炽热的色彩，向人们展示出一幅幅气势磅礴的民族历史画卷和风情浓郁的土家生活画卷。土家族摆手舞按规模分为"大摆手""小摆手"两种，其形式有单摆、双摆、回旋摆等，按其举行的时间，各地又有"正月堂""二月堂""三月堂""六月堂"之分。按其内容而分，有带有原始宗教色彩的祭祀舞，有反映古代渔猎生活的狩猎舞，有表现刀耕火种等生产活动的农事舞、有反映民俗风情的民俗舞，有体现古代战争题材的军前舞等。土家摆手以自然、洒脱的舞姿，真实、生动地再现生活，表现生存和劳作，表现欢乐和向往，给人一种亲切的直观感受。2006年5月12日公布为第一批国家级非物质文化遗产。

土家摆手舞粗犷、潇洒、热烈、雄浑，其动作十分丰富，仅流传在龙山洗车河流域的就有120多种。其动作称谓全部使用土家语，传统摆手舞动作主要有：

有模仿动物动作的，如：

土家语汉字记音	国际音标	意译
"物打挤"	u³⁵ta⁵³tɪ⁵³	（牛打架）
"杰炭克习"	tɕe³⁵tan⁵³kei⁵³si²¹	（张开翅膀）
"卡其八他卡跳"	khe⁵³thi²¹pa²¹thau³⁵	（青蛙跳坎）
"里汝烈碰也"	li⁵³u³⁵le²¹poŋ⁵³le⁵³	（锦鸡拖尾）
"暮顾窝"	mo²¹ku³⁵o⁵³	（猫洗脸）

有反映原始渔猎生活的，如：

土家语汉字记音	国际音标	意译
"唉毕姐"	e⁵³pi²¹tɕe⁵³	（赶猴子）
"利禾"	li³⁵o³⁵	（围老虎）
"嘎哈"	ka²¹xa²¹	（打老鸹）
"宋坐"	soŋ³⁵tso³⁵	（捕鱼）
"拢古补不"	loŋ⁵³ku⁵³pu⁵³pu²¹	（摸团鱼）
"沙土拍"	sa⁵³thu⁵³phe³⁵	（捞虾）

有表现农事活动的，如：

土家语汉字记音	国际音标	意译
"捏那易"	le⁵³lan⁵³i³⁵	（播种）
"利布赊"	li³⁵pu⁵³se⁵³	（插秧）
"思力习"	si⁵³li⁵³i²¹	（薅秧）
"利布哑"	li³⁵pu⁵³ŋa⁵³	（割谷）
"利布哈"	li³⁵pu⁵³xa²¹	（打谷子）
"利布克"	li³⁵pu⁵³khe⁵³	（挑谷子）
"利布兰浪"	li³⁵pu⁵³lan²¹lan⁵³	（晒谷子）
"利布塔启"	li³⁵pu⁵³xa⁵³	（簸谷）
"吉哭大"	ti²¹khu²¹ta³⁵	（穿草鞋）

续上表

土家语汉字记音	国际音标	意译
"也扎"	ie^{53}ta^{35}	（砍火畬）
"不次务"	pu^{21}tshi^{53}u^{35}	（烧灰）
"不次歇"	pu^{21}tshi^{53}e^{35}	（筛灰）
"里嘎"	li^{53}ka^{53}	（挖土）
"里切"	li^{53}the^{21}	（耕土）
"里铺"	li^{53}phu^{35}	（薅草）
"起苦土松苦土"	thi^{53}khu^{53}thu^{21}soŋ^{53}khu^{53}thu^{21}	（打转转旋）
"乌梭贴"	u^{21}so^{53}te^{35}	（摘小米）
"气布撒"	thɪ^{35}pu^{53}phie^{53}	（扯黄豆）
"南提气布哈"	lan^{21}tso^{53}le^{53}thi^{35}pu^{53}xa^{21}	（用连枷打黄豆）
"宝布禾"	pau^{53}ku^{53}o^{53}	（背包谷）

有表现工匠劳作的，如：

土家语汉字记音	国际音标	意译
"阿巴拗"	a^{21}pa^{21}ŋau^{35}	（撬岩）
"阿巴克"	a^{21}pa^{21}khe^{53}	（抬岩）
"卡蒙他"	kha^{21}mon^{21}tha^{53}	（砍树子）
"卡筒子阿汝"	kha^{21}thoŋ^{21}tsi^{21}a^{53}u^{53}	（翻树子）
"卡窝"	kha^{21}o^{53}	（背柴）
"卡筒也"	kha^{21}thoŋ^{21}le^{53}	（拖木料）
"色斯哈"	se^{21}si^{53}xa^{21}	（打油）

有表现家庭绩织的，如：

土家语汉字记音	国际音标	意译
"撤苦比此"	tshe^{21}khu^{53}pi^{53}tshi^{21}	（破麻）

续上表

土家语汉字记音	国际音标	意译
"撒苦扯"	tshe²¹khu⁵³tshe⁵³	（绩麻）
"撒尺克挽"	tshe²¹tshi²¹khe⁵³ie⁵³	（挽麻团）
"桶蒙扎"	thoŋ⁵³moŋ⁵³tsa³⁵	（纺线）
"桶蒙使"	thoŋ⁵³moŋ⁵³ie⁵³	（牵线）
"撒南他"	tshe²¹lan²¹tha⁵³	（织麻布）
"卡普他"	kha⁵³phu⁵³tha⁵³	（织锦）
"烂得哈"	lan⁵³te⁵³xa²¹	（打缆子）
"吉哭苏"	ti²¹khu²¹su⁵³	（打草鞋）
"则十纳"	tse²¹si²¹la²¹	（编蓑衣）
"撮谢里铺哈"	tsho²¹e⁵³li⁵³phu⁵³xa²¹	（打鞋底）

有反映日常生活的，如：

土家语汉字记音	国际音标	意译
"劳尺塔"	lau³⁵tshi²¹tha³⁵	（照太阳）
"劳尺挡"	lau²¹tshi²¹a⁵³	（遮太阳）
"南切刹"	lau²¹the⁵³a⁵³	（扇扇子）
"刹且习"	sa³⁵the⁵³i²¹	（梳头发）
"泽诺汝里"	tshe²¹o²¹u⁵³li⁵³	（对水照影）
"思巴砸"	i⁵³pa⁵³tsa³⁵	（洗衣服）
"里力克斯"	li⁵³li²¹khi⁵³si⁵³	（抖狗蛋）
"马哭里哈"	ma⁵³kho⁵³li²¹xa²¹	（打蚊子）
"那嘎皮"	la⁵³ka²¹phi²¹	（绽冰口）
"卡他部"	kha⁵³tha⁵³pu³⁵	（磕头）
"波左簸"	po⁵³tso⁵³po⁵³	（推磨子）
"送嘎布"	soŋ³⁵ka⁵³pu³⁵	（舂碓）

续上表

土家语汉字记音	国际音标	意译
"起业哈"	$thi^{53}ie^{21}xa^{21}$	（把粑粑）
"沙米日"	$sa^{53}mi^{53}i^{53}$	（做团馓）
"子布"	$tsi^{53}pu^{35}$	（杀猪）
"土丝里"	$thoŋ^{53}si^{21}i^{53}$	（捡枞菌）
"贴特和剥"	$the^{53}the^{53}xo^{21}po^{21}$	（抬灯笼）
"米帕梯"	$mi^{53}pha^{21}thi^{35}$	（点火把）
"物坡"	$u^{35}pho^{53}$	（放牛）
"若颇"	$o^{35}pho^{53}$	（放羊）

有体现古代战争题材的，如：

土家语汉字记音	国际音标	意译
"物克篾"	$uan^{35}khe^{53}mie^{35}$	（吹牛角号）
"给嚎麻嚎"	$moŋ^{53}pho^{35}$	（跑马）
"打布"	$ta^{53}pu^{35}$	（拼刺）
"冲特巴打哈"	$tshoŋ^{35}the^{35}$	（土王与客王打仗）
"嘿哈"	$xe^{21}xa^{21}$	（击鼓助威）
"箭坡"	$a^{53}pho^{53}$	（射箭）
"铳坡"	$tshoŋ^{35}pho^{53}$	（打火枪）
"吐枯沙"	$thu^{53}khu^{53}sa^{53}$	（劈刀）
"知给他捏炸"	$tsi^{53}ke^{53}tha^{53}ie^{53}tsa^{35}$	（踩方步〈来回〉）
"堵子嗡"	$thu^{53}tsi^{21}oŋ^{21}$	（坐轿）
"惹服"	$e^{35}xu^{21}$	（喝庆功酒）

（二）铜铃舞

铜铃舞是流传在土家族梯玛跳神活动中的一种祭祀性舞蹈。形式有独舞、双人舞、三人舞、群舞及伴唱性的舞蹈。其主要舞具是铜铃与司刀，铜铃既是舞具，又是主要乐器，它与牛角、司刀配合有制，组成独特的舞蹈旋律。其舞蹈语汇极为丰富，主要动作有踩十字、踩罡步、踩八卦、坐马、奔马、旋转及舞司刀、舞铜铃等，均以写意性动作为主，富有浓重的浪漫色彩和飘逸感。在踩罡步斗时，有严格的规程，它是以八卦为方位，以金、木、水、火、土五行为定向，以阴阳为气韵的舞步图式结构，这与《抱朴子·内篇》所载的"禹步"颇有相似之处，是原始宗教文化世代传袭之遗存。

铜铃舞"庆丰收"

（三）梅嫦舞

梅嫦舞是土家族祭猎神时所用的一种原始舞蹈。梅嫦是土家族所尊崇的女猎神，其形象与屈原笔下"被薜荔兮带女萝"的"山鬼"形象颇为相似。传说白虎为患，她替民除害，在与老虎搏斗中被虎抓得片纱无存，羞愤中抱起老虎跳崖身亡，被土家人奉为猎神，至今土家猎户仍有供梅嫦、祭梅嫦的习惯。因她死时是裸体，不便塑像，祭时以草码代之。为博得女猎神欢悦，在跳梅嫦舞时其形粗鄙，语多俚词，据说这么做是为了博得女猎神的欢悦。舞蹈动作以"反胴体"的摆动律，粗犷、原始，有开山、围猎、敬神、封山等内容。现部分边远山寨在猎事活动中还保留着供梅嫦、祭梅嫦等习俗，但梅嫦舞已基本失传。

(四) 跳丧舞

土家族跳丧舞是流传在土家丧俗中的一种较原始的吊唁舞蹈。各地称谓不一，有以性质相称的，谓"跳丧舞"；有以形式相称的，如"散花""打绕棺"等；有以"丧歌"中的衬词相称的，如鄂西一带所称的"萨尔嗬""萨忧尔嗬"。跳的时候，舞众头上均包着白布孝帕，由一长者司鼓，伴以锣、钹、唢呐等民乐，众踏鼓为节，脚跟鼓点鼓跟脚，先由二人或四人对舞灵前，再以双对渐次进入舞圈，插花交错成环形，翩翩绕棺而舞，舞蹈时而高昂激越，时而低沉舒缓，场面欢畅，无悲戚感。舞者头、肩、腰、臀、腿、脚尖齐动，锣鼓烟花杂其间，还伴有以领唱为主、众合以衬词的跳丧歌。

跳丧舞"踩八卦"

跳丧舞的动作有单滚柱（又称单穿花）、双滚柱（又称双穿花）及狮子滚绣球、老龙脱壳、美女梳头、八字连环、蜻蜓点水、画眉跳杆、幺妹簸米、幺妹筛米、野猫戏虾、海底摸沙、雪花盖顶、黄龙缠腰、双龙抱柱、童子拜观音等。整套动作以反胴体的摆动为基本动律，动作自然、活泼、奔放、流畅，如勾、踏、跳、转、跑、跨等。队形多变，使观众目不暇接。常用乐器有唢呐、鼓、铙钹、小钹、大锣、包包锣等。在这些吹打乐中，二人相对而舞，时而相互击掌，时而绕背穿肘，触地衔物，时而踮脚旋转，气氛粗犷热烈，颇具"伐鼓以祀，叫啸以兴丧"的民族古风。

跳丧舞"穿花"

土家族这种以歌舞治丧的古老民俗表现出土家人那种重生歌死的生命意识和不悲不贱的人生态度，对土家族人文社会产生了深远影响。作为一种舞蹈文化，跳丧舞承载了土家族传统舞蹈中"反胴体摆动"的丰富舞蹈语汇，为研究土家族舞蹈提供了珍贵的资料。蕴含在跳丧舞中的传统音乐，具有委婉、抒情、高亢、悲壮等特色。在1983年龙山县晋京演出中创作的以纪念贺龙元帅为题材的《望乡台》就吸取了土家族跳丧舞中的许多音乐符号，取得了良好的效果。

（五）跳花灯

在地方花灯影响下，民间艺人利用花灯曲牌作音乐蓝本，编写曲目，演唱故事，表现男女情爱及日常生活，并日臻成型，形成富有地方特色、丰富多彩的龙山花灯歌舞及一批具有故事情节、人物、唱白的花灯歌舞小戏，民间俗称跳花灯。其形式有一旦一丑的双人花灯，有二旦一丑的三人花灯，亦有四人以上的花灯歌舞。以花扇为主要道具，有单扇、双扇两种，亦有一扇一帕的，耍扇的花样很多，常用的有握扇、开扇、引扇、斜扇、平扇、竖扇、推扇、绞扇、旋扇、绕扇、照扇、盖扇、抖扇、摇扇、抛扇、抓扇、斟扇、背扇、收扇等20余种，如用一扇一帕，还有旋帕、抛帕、丢帕、咬帕等动作。扇子功在跳花灯中起着重要作用。行话说："要学花灯先学扇，一手五指轮流换；抛抓抖摇推旋绕，手随眼动灵活转"；在表情上，"嬉笑逗耍，暗送秋波，不丢色眼，神形谐合"。龙山花灯歌舞丰富多彩，通常演唱的传统节目有《梳妆台》《双采茶》《采茶扑蝶》《跳粉墙》《双探妹》《双盘花》《小放牛》等。有说有唱，唱时多由师傅在幕后歌唱，乐队帮合，表演者亦歌亦舞，其道白、唱词都十分风趣。

跳花灯（一）

跳花灯（二）

除以上诸种，龙山通常流行的还有彩莲船、车灯、马儿灯、春牛灯、挑花灯、蚌壳灯、鱼灯、虾灯、乌龟灯及踩高跷等。其造型夸张，色彩艳丽，工笔彩绘，形神栩栩。过去，民安镇胡绍湘、洗车河张子仪、苗儿滩晏世礼、靛房黄万全、兴隆街夏松龄的纸扎工艺都非常到家，颇有名气。

二、土家花灯

(一) 送嘎洒嘎

在龙山众多花灯中,最古老最有特色的要数坡脚苏竹卡柯的"送嘎洒嘎"了。"送嘎洒嘎"是土家语,传说是远古时的一种神兽,样子很像犀牛,鼻子上长有一只角,浑身锦毛斑斓,是一种吉祥之物。玩的时候,两个人的双脚相互勾绊起来,以手代足成兽状,盖上五彩斑斓的土花铺盖,以象征锦色毛皮。玩的人以手代足时纵时跳,像汉族人玩狮子灯,但比玩狮子灯的难度大多了。玩狮子可以手脚并用,或仰或卧纵跳有余,而玩"送嘎洒嘎"的两个人始终要把双脚紧紧地凌空勾绊起来,双腿挺起保持平直度,这需要功夫和劲道,如果没勾紧或力度达不到,弯弯曲曲的就不像兽身子,那就是对神兽的亵渎,相传会给寨上带来不祥。所以玩"送嘎洒嘎"的人必须用虔诚和劲道,要出神兽雄风,以驱赶那些危害庄稼、危害人畜的野兽。土家人利用花灯形式以兽治兽,并燃放爆竹为"神兽"助威,其形式和气氛都别具一格。

(二) 板凳龙

过去境内还有玩板凳龙驱邪、玩草把龙祈雨的习惯。板凳龙是用长条凳做的,饰有龙头形木雕或纸扎装饰,一般是二人对舞,在堂屋里舞动翻旋,以驱邪气,传说是以射杀白虎而著称的板楯蛮遗风。

板凳龙

(三) 草把龙

草把龙的龙头龙身龙尾皆用稻草扎成。玩时各家门前备水一盆，等草把龙玩到门口便立即将水泼洒出门，说是借水送旱龙入海而降化甘霖，这显然带有古雩祭色彩。后来，这种习俗演变成儿童游戏，孩子们有空就聚在一起，把一节节草把插上一根根木把，再用稻草绳一节一节连成长龙。选两位精灵的舞龙头龙尾，一人玩"宝"，其余皆舞龙身，他们时高时低，时伸时屈，左旋右转，学着大人的样子，或演习双龙盘柱，或舞起二龙抢宝，这些小精灵长大就成了舞龙高手。

(四) 龙灯

玩龙灯是土家族受汉文化影响后由板凳龙、草把龙发展而成。一般以竹篾织成9至11个龙节，用清明纸裱糊，配以制作精致的龙头、龙尾，再覆以绘有龙鳞的龙皮，便成了栩栩如生的一条龙。一般是晚上玩，龙眼饰有用干电池照明的灯泡，故有龙灯之称。玩时一般是两条龙雌雄对舞，常用的套路有二龙出水、二龙戏水、二龙戏珠、二龙抢宝、二龙盘顶等花样。洗车、里耶一带一般是大年三十出灯，十五烧灯，玩到哪里鞭炮烧到哪里，以祈天龙送瑞，万家吉祥，风调雨顺，五谷丰登。故民间有"纸糊篾扎，一年一发"的说法。

龙灯

（五）狮子灯

在众多花灯中，有功夫的要数狮子灯了。龙山通常都是双狮，也有单狮表演的。每对狮子由11人组成，1人舞"宝"，4人舞狮，4人打锣鼓家什，1人饰笑和尚，1人饰孙猴子。笑和尚大腹便便，轻摇蒲扇，笑容可掬；孙猴子抓耳摇腮，踌躇跳跃，灵慧可爱。玩"宝"的手执宝球，逗戏双狮，纵跳自如，更要几份功夫。重点主要在狮子上，每狮二人，头尾相应，融合如一，纵跳腾跃功夫尽在手脚上，俯仰伏卧神态全在技巧中，动辄雄风慑人，静辄温驯如猫。过去龙山著名的狮子灯班子有猛西邬都的彭家班和桶车花棚的彭家班。这两个班子在表演时可以叠四十八张桌子，以品字形层层升高，最高层只有一张方桌，四脚朝天，高数丈。两个活蹦蹦的狮子一跳一纵，叠次而上，跳桌飞角，灵敏快捷，至顶层，舞狮人须用踩梅花桩、大鹏展翅等动作，方显其造诣之高深。过去这两个彭家班常常应邀到各地表演，现邬都传人有彭英明等，花棚传人有彭志忠、田礼华等。平时表演的动作主要是"双狮过岗""双狮抢宝""狮子滚球""雄狮卧滩""雌雄逗情""古树盘根"及"拜财门"等动作。

舞狮

第六节 文化节庆

一、土家族舍巴日

2012年9月10日,第三届中国民族节庆峰会在吉林省延边朝鲜族自治州延吉闭幕,会议评选出"最具特色民族节庆"10个。湘西自治州的土家族"舍巴节"在报名参评的200多个民族节庆活动中位居榜首,成为"中国最具特色民族节庆"之一,此为湘西州第一个"国字号"节庆文化品牌。此前湘西州土家族舍巴日曾于2006年6月7日被列为湖南省首批非物质文化遗产。

"舍巴日"是一种古老的民间文化现象,从其祭典中敬天敬地敬祖先的祭祀内容来看,它当是随着"崇拜自然、崇拜祖先"的原始宗教的产生而产生、发展而发展,从而形成的一种风格独特的民间节庆文化,与土家族的历史有深厚的渊源关系。

土家族自称毕兹卡,即本地人的意思。对其族源众说纷纭,各地学者正在悉心研究中。但文物是历史的科学物证,中华人民共和国成立后在湘西酉水流域的龙山里耶、保靖东洛坪等地发现的旧石器时代、新石器时代和商周时期文化遗址、里耶战国——秦汉古城及出土的37000多枚秦简来看,早在人类最初阶段,酉水流域就有古人类活动。随着历代的军事、经济和文化交往而造成的民族融合,逐渐形成拥有共同语言、共同风俗习惯和共同生活地域的民族共同体。对这个在历史上曾以賨人、板楯蛮、八蛮等族称出现的古老民族,《华阳国志》《太平寰记》等古籍都有记述,称其"天性劲勇、俗喜歌舞","锐气喜舞",从"武王起兵,前歌后舞""巴师劲勇、歌舞以凌",到汉高祖以賨人歌舞激励士气而一举平定三秦的历史当是一脉相承。这不仅说明土家族"俗喜歌舞"的历史悠久,而且它在历史上曾多次将歌舞用于战争。起到了鼓舞士气和威慑敌人的作用。清嘉庆《龙山县志》卷十一就有这样的记载:"相传某土司于前明时征调某县,城守坚,屡攻不下,时某(指土司)军营南门外乃令士兵半(扮)女妆,连臂喧唱,守城者竟集观之,并动于歌,流荡无坚志,则某以精兵潜逼他门,跃而入,遂克城。归后演为舞节,盖亦蹈咏武功之意"。明代史官严守升在《明世宗实录》中记曰:"会倭平班师,胡公(指浙直总督胡宗宪)张筵饯送,时与宴者,永顺宣慰彭翼南、桑植安抚向鹤峰……酒酣,命席间讴歌为乐,及,向歌《楚江秋》、彭歌《大江东》各一阕。胡公笑曰:'我固谓彭宣慰面似梨花,果然矣'。盖彭在家常歌舞为乐"。正是这些"天性劲勇,俗喜歌舞"的湘西土家军,以忠勇报国的精神,取得"自有倭患以来,东南抗倭第一功"。现在流传在龙山洗车河流域土家舍巴日中的大摆手、小摆手歌舞仍具有显著的古战舞色彩,正是土家族"锐勇善舞"的民族遗风。

比大摆手更古老的是传存在土家舍巴日中的小摆手、毛古斯等文化现象。毛古斯以结草为服的简朴、稚拙的美学形态,以近似戏曲的写意、虚拟、假定等艺术手法,表现土家先民渔、猎、农耕及古代群婚制时期的情恋生活等内容。表演中那种屈膝、下臀、摇头抖肩、蹋踏而行模仿的正是人类初学步行走的样子。艺术产生于劳动,从酉水流域的土著先民以石斧辟地,用木棒猎食,采撷、渔猎,到刀耕火种、稻作、农垦、桑蚕、绩织,这一幕幕筚路蓝缕、艰苦创业的历史进程,都在舍巴日中的毛古斯、小摆手中表现得惟妙惟肖,淋漓尽致,这是文化的奇迹。难怪专家们把这称为"中华古文化之遗",它确实古得出奇。

洗车河舍巴日三月堂——水上迎神

祭祀队

舍巴日大团摆

舍巴日活动

舍巴日祭拜八部大王

进堂

  这种古文化，还镌刻在湘西古老的民俗上。一块复制于明洪武年间的保靖县拔茅乡（今碗米坡镇）首八峒的摆手碑文上就有这样的记载："首八峒，历汉、晋、六朝、唐、五代、宋、元、明，为楚南上游。故讳八部者，盖因咸镇八峒，一峒为一部落。"复修于明永乐年间的龙山县里耶长潭的土家大摆手堂的堂联更加道出了土家族举行摆手的目的和宗旨："守斯土抚斯土斯土黎民感恩载德同歌摆手；封八蛮佑八蛮八蛮疆地风调雨顺共庆丰年。"八蛮，据《湘西文化大辞典》第4页和岳麓书社1991年出版的《土家族土司史录》第6页注，八蛮是先秦时期活动在酉水流域的一个部落群体，与湘西土家族有深厚的渊源关系。这就是一直存活在土家舍巴日中的八部大神。根据土家族《梯玛歌》和《摆手歌》的传释，这个部落群体中的八个部落首领分别叫做——敖潮河舍、西梯佬、西阿佬、里都、苏都、那乌米、拢此也所也冲、接也会也拉飞列也。

  舍巴日作为一种基于民间信仰的古老文化，自五代以来更为土司政权所器重，所利用。为了树立土司集族权、神权于一身的统治形象，土司把溪州土司始祖彭世愁推上最高神位，而把土家族传说中的民族英雄向老官人、田好汉列为下臣；并规定由地方官"舍巴"专司祭祖盛典。日，在土家语中读 yí，是做或举办的意思。于是土家人从此把这种由地方官主持的酬神赛会叫做"舍巴日"，刻在永顺老司城的翼南牌坊和"双狮铜钟"上的"舍巴"二字至今还依稀可见。另外，还有些学者从土家语研究方面认为，舍巴日还有"大家看望祖先"或"祖先回来看望大家"的意思。显然具有"人神合一"的原始宗教色彩。如清道光二十四年冬复修的洗车岔堤的土王祠碑文记曰："盖闻：自古至今，人有诚心，神有感应，昭昭在人耳目之间。及我永邑彭公爵主皆护国佑民治世福神也哉，况彭公自主以来世袭赵王，因以统领十八土司二十二小司，忠于君，佑于民，追雍皇改土归流以来……大观庙宇绽（渐）坏，延清石匠抄化阖姓等重修整顿，以表神灵显化之妙……"如复修于清乾隆辛巳年壬辰月（1762年）的西湖乡（今属红岩溪镇）卸甲寨摆手堂碑文记云："盖闻朝廷有太庙，乡党有宗祠。庙也者，神之居官室也，自我老公爵主历代建庙供养侍奉以来，数百余岁矣。每岁逢三月十五日进庙，十七圆散，男女齐集神堂击鼓鸣钲歌舞之，名曰摆手。以为神之欢也，人之爱也……庙宇巍峨大观，计造大鼓一面，报钟一口……香火朝夕、灯火不断。"因其酬神歌舞的基本特征是"甩同边手"，汉语将其称为"摆手"。各地广修土王祠，以祀这位"护国佑民的福神"也哉，以至出现了"红灯万盏人千叠，一片缠绵摆手歌"的历史盛况。

自清雍正七年（1729年）改土归流以后，舍巴日这种民族传统文化就遭到官方的禁锢和摧残。清嘉庆《龙山县志》记称："土民设摆手堂谓是已故土司阴署，供以牌位，黄昏鸣钲击鼓，男女聚集跳舞长歌，名曰摆手。有以正月为期者有以三月为期者，惟董补，五寨二里最盛。屡出示而禁不止，亦修其教不易其俗，而依然其间。"（志书中所载的董补、五寨二里均在洗车河流域，是土家文化保存得最全面，最丰富的地区。）在清朝官府的禁令下，土家舍巴日活动只能躲躲闪闪，如清咸丰永顺知县陈秉钧诗中所写"而今野庙年年赛，深巷犹传摆手歌"。歌躲在深巷唱，庙也只能设在野外，而且"皆鄙陋狭隘，远逊丛林，即所塑神像亦无金碧辉煌之侈。"（见《永顺县志》同治版卷八十六）真是"五十八旗人散尽，梅花开乱土王祠"。民国期间，虽无严格禁令，但落红随水去，只能任其自生自灭。

中华人民共和国成立以后，在党的民族政策的呵护下，舍巴日老树绽新花。龙山坡脚乡的土家摆手舞早于1964年就晋京演出，受到了毛主席、周总理、朱德、刘少奇、邓小平等党和国家领导人的亲切接见。1983年2月，中断37年的龙山县农车乡土家大摆手活动得到恢复，使全州北四县的土家文化如沐春风。2001年以后坡脚、靛房等地相继恢复了中断半个多世纪的土家族舍巴日活动。但因各地传承人年事与日俱高，舍巴日活动区域日见缩小，有的地方已近濒危，加强保护、抢救势在必行。

土家族多按姓氏聚族结寨而居，各寨舍巴日活动由舍巴头人主持，由摆手掌堂师或梯玛主祭。中华人民共和国成立前，各地舍巴堂大多设有庙田，或合族耕耘或租佃分成，所获以资赛神费用，庙产宽裕的还集体聚餐，名曰摆手宴，大碗酒大块肉吃出土家人的豪爽，真有点"桑榆影斜春社散，家家扶得醉人归"的古风。

舍巴日作为以歌舞酬神的土家族祭祖盛典，其内容主要有祭典仪式和酬神歌舞乐剧两大部分。

二、祭典仪式

土家舍巴日按其祭祀内容和活动规模，分为大摆手、小摆手两种。大摆手祀土家民族远祖八部大神即八峒部落酋长。中华人民共和国成立前，酉水流域凡有市之邑均建有八部庙，对其祭祀，《永顺县志》民国版卷八载："八部庙在司治前江西岸凹内，以祀八部大神，每年正月初一日弑白水牛以祈祥。"这种弑牛以祭的风俗早已不复存在，代之以渔猎诸物及猪、羊、鸡、犬相祭。小摆手则祭祀溪州土司祖彭公爵主和传说中的民族首领向老官人、田好汉，他们有功于国，有德于民，故世代享祭。

舍巴日具有祈福庆丰的民俗意识，其祭典隆重，陈牲醴，奉肴馔，香烛朝夕，灯火不断，男女聚集，跳舞长歌，娱人娱神，不亦乐乎。其祭典仪式各有风格，不尽相同。以龙山县的四处大摆手堂为例，洗车河三月堂依山傍水，祭典中有水上迎神仪式，由柏那田姓、支家湖秦姓、东铺向姓三大家轮番主持。至期，三姓各备彩船一只，祭典一开始，三只船在三月堂前一字排开，船头桅杆上插有三姓大旗，船头置雕花太师椅一张，用崭新的土家织锦作椅垫，上面放有供八部大神夫人"帕帕"穿戴的衣、饰诸物。一路顺水而下，到溪州八峒之一的洗车老峒迎接八部大神及其夫人。乃至，由掌堂师唱迎神歌，众虔诚跪拜。

把神请上船后，各船桨橹齐下，纤夫拼注全力负舟逆水顶浪而上，一路吆喝喧天，锣鼓喧天，炮竹喧天，好不热闹，展示出逆水赛舟的水乡风格。其祭品除獐、麂、兔、雉等猎物外，还以鲜鱼供案，表现出部落时期的渔猎生活特色。

里耶长潭着落湖的舍巴祭则以猪祭为主。这里的大摆手每年从正月初二进堂，初三圆散，由附近的八个自然村的田、彭二姓主持，其特色是猪祭，由哪个寨子献祭都是先年在八部庙拈阄定好了的。祭典那天，各户早已把猪在担架上绑好，选两名气力猛壮的汉子在家等候。鸡一开口，八部庙锣声三响，各户便抬起肥猪一路飞跑，争先恐后如风而至，先到达者视为一年大吉大利。担架一放下，各户又匆匆把猪解开，一刀捅去，刷刷几刀连毛带血取下脯腹（土家人称"没梯"），又争先恐后地呈于神案，以博神之欢悦。献牲毕，各户将猪修白，在河边垒石为灶，大锅烹煮，聚族而食，酒肉飘香，歌舞缠绵，又别有一番风情。

农车、马蹄寨两处大摆手堂相距不远，堂前古木参天，粗及数抱围，其庙宇宏伟壮观，堂前巍然耸立一座朱红牌楼，两旁金龙抱柱，托起一块黑底金字的匾额，上书"大摆手堂"四个大字。左右门楣上书有"风调雨顺""国泰民安"，这是土家祭祀的主题祝辞。摆手堂按东进西出布局，正殿供有八部大神及其夫人神像，慈祥而神骏。土家人亲切地称之为"拔铺""帕帕"即祖父、祖母，这种把远祖作近亲的称谓，大大缩短了人神之间的距离。这里的舍巴祭风格独特，有牛角队、土号队、龙凤旗队、披甲队、炮杖队等古代军仪。按三年两祭的约定俗成举行祭祖盛典，其具体程式有：

1. **出旗** 正月初一凌晨，在此起彼应的鞭炮声中，各家由户主亲自把一面条形或三角形的旗帜挂在檐前一杆竹篙上，这旗两尺见长，颜色不拘，一瞬间，村村寨寨彩旗飘扬，以此象征民族昌盛，人丁兴旺，有除旧布新，祈祥纳福之意。

2. **排甲起程** 农车、马蹄寨两地大摆手基本上是合二为一，轮番在两地进行。每年从正月初九开始，十一圆散，历时三天三夜，凡有大摆手的乡镇，各村寨还建有小摆手堂即土王祠。启程前，各排先在土王祠前整好队伍，接受土王菩萨的检阅，这叫排甲。排，排列；甲，甲土，摆手时，舞众以土家织锦代甲衣，称为披甲。"排"是军政合一的溪州土司五十八旗以下的基层组织。清乾隆《永顺县志》卷廿四载："旗各有长管辖，有事则调集为军，以备战斗；无事则散处为民，以事耕凿。"龙山苗儿滩镇红光村搓咱里向姓，至今称本家族是"五排下"的。农车、马蹄寨至今还把一支摆手队伍称为一个排，还有排甲、披甲等军仪，显然是军政合一的土司制度遗风。排甲时，队伍按龙凤旗队→祭祀队→摆手锣鼓队→舞队→溜子队→小旗队→披甲队→炮杖队的编排秩序依序站好，由掌堂师带领在土王祠前行祭事，酬毕，炮杖齐发，"唔呼"声四起，各寨的摆手队伍，一路旌旗猎猎，一路锣鼓喧天，在一片缠绵摆手歌中，向大摆手堂进发。

3. **闯驾绞旗** 行至堂前的十字路口，各排摆手队伍依序停下，由各排精选一位剽悍后生手持龙凤旗，以单淘汰的方式循环绞旗，如乙方的旗帜被甲方裹住且挣脱不开，则输于甲方，得让甲方先进堂，胜方视为周年如意，人口清洁。所以各排对"闯驾绞旗"看得至关重要，双方都想取胜，两个旗手亦在角逐中竭尽全力，围观者呐喊助威，显得紧张而热闹。

4. **进堂献祭** 进堂时按东进西出的规矩依序而进，土号嘟嘟，牛角呜呜，鼓手击"过三十六滩"的鼓点，鼓声由慢到紧，由轻到重，用鼓点衬托出急湍的水声、河鹰拍翅声，生动形象地表现出土家人民一直在酉水流域迂回的历史行程。进堂后祭祀队中负责扛抬全猪全羊和各种猎物的土家汉子、抱着"福"字、"丰"字酒坛的地方头人，用茶盘端着糍粑、团徽及高粱、小米等谷物的姑娘们，虔诚地把祭品献于神案，各供品上都饰有红纸圈，团徽上还用品红做有"福禄寿禧""五谷丰登"等字，透出一片祥和。

5. **扫堂除邪** 进堂后，各排队伍依序站好，由掌堂师先行扫堂。他手持扫帚，以激越高亢的音调庄严宣布："八部子孙，嫉恶如仇。为富不仁的、大称小斗的、偷鸡摸狗的、嫖娼赌钱的、好吃懒做、游手好闲的、虐老欺小、忤逆不孝的，统统扫出去！"显示出土家族舍巴日抑恶扬善、净化风尚的文化内涵。

6. 还愿祈福 土家舍巴祭带有许愿还愿的傩文化色彩。乡民求子求财，向神许愿，如能如愿以偿，必做鞋帽或披红挂绿谢神。马蹄寨大摆手堂的供架上挂满了还愿谢品，显出庙宇灵气。还愿后，寨上近期新婚媳妇随着掌堂师为大家面神祈福，土家人把新媳妇称为"新贵人"，享有至高无上的祭祀权，很受社会尊重。奉祭时，众单腿下跪，在掌堂师的领唱下伴唱祭祀歌。

7. 歌舞酬神 除农车、马蹄寨、洗车河三月堂、长潭着落湖四处以大摆手为主，其余各乡镇均以小摆手为主，靛房、坡脚、贾市兔吐坪及隆头、岩冲等地还表演一场"毛古斯"。其中还有打溜子、吹咚咚喹、唱山歌比赛等丰富多彩的民间文化活动。从而使舍巴日成为土家族民间文化的综合传承载体。

8. 扫堂 整个以歌舞酬神的祭典活动结束后，乡民将一条肥狗用绳吊在堂前的树枝上，由一屠手持刀一刀剖开狗之肚腹，双手掏出血淋淋的内脏，热气腾腾地捧献于神案前，以供茹毛噬血的远祖享用，乡民谑称为"打狗下场"。

第七节 传统戏剧

一、毛古斯

毛古斯是一种具有人物、对白、简单的故事情节和一定的表演程式的原始戏剧活动，土家语称为"帕帕格次"或"拨步卡"，汉语多称为毛古斯或毛猎舞。它以近似戏曲的写意、虚拟、假定等艺术手法，表演土家先民渔、猎、农耕等生产内容，既具有舞蹈的雏形，又具有戏剧的表演性，两者杂糅交织，形成浑然一体的祭祀性舞剧。

"毛古斯"主要流传在洗车河流域。其特点一是有人物，如《搓里》《借日》中的"婆帕此"、帕尼，《宋六》中的牯六子，《实姐》中狩猎人和由人扮演的猎犬，《左阿》中的新娘，《舍左诊病》中的医生，《蛊吐》中的"破嘎"即教书先生，《哭切卡卜》中的"嘎嘎"（外婆）、"四乃阿大"（姐姐）、"杀乃雍嘎迭"（妹妹）等；二是有用土家语表述的人物对白；三是有简单的故事情节；四是有能够让观众看懂的手语、哑语及一些近乎程式化的动作。从毛古斯《借日》即做阳春这场来看，其中有播种、插秧、打谷、打粑粑等稻作文化动作，这与酉水流域发现的新石器时代文化遗址所提供的稻作文化信息互相印证。所以毛古斯被专家们誉为"中国戏剧活化石"和"中国史前稻作文化的活化石"。

坡脚报格村表演的毛古斯共分七夜，一夜一场。第一夜表演《搓里》，即迁徙时找屋场；第二夜表演《写的》，即打铁、打农具；第三夜表演《借日》，即做阳春，刀耕火种；第四夜表演《实姐》，即狩猎；第五夜表演的是《舍左递撇》，即医生诊病，（土家语中的"舍左"即医生，"递"是痛或病的意思，"撇"本意是拔，土医治病多采用打火罐、扎银针，"撇"是拔出病根的意思）；第六夜表演的《灭扎》，即纺棉花；第七夜进行《扫堂》，有除旧布新、扫除瘟疫邪气、祈求吉祥等意思。各地表演内容不尽相同，如坡脚石堤村侧重于"狩猎"系列；贾市兔吐坪地处高山，侧重于刀耕火种；隆头镇杉树坪、捞田溪一带距洗车河、酉水河不远，这里"毛古斯"显然带有渔业色彩，如《宋坐》（捕鱼）、《宋六》（卖鱼）

土家族毛古斯国家级传承——彭南京

等。这里的毛古斯还有寓言剧式《哭切卡卜》（即熊外婆）的故事等节目。

国家级非物质文化遗产土家族毛古斯代表性传承人——彭南京

土家族毛古斯大型山水实景剧《石林远古人》在洛塔石林隆重上演

毛古斯表现的内容与摆手舞基本相同，但表现形式却不一样。摆手舞是以定型的舞蹈动作来体现，毛古斯则是通过一定情节、人物对话及动作等戏剧手法而再现生活。如《实姐》这场，以"报信""开山""理脚迹""围山""倒杖""分肉""祭梅山""封山"等一系列情节，真实、古拙地再现了原始社会中土家先民共同劳动、平均分配的生活情景。《接新娘》这场，出场人物有新娘和毛古斯，"新娘"由男人反串，以宽大的桐叶或芭蕉叶作头巾，以桐叶柄扯成丝或一串红玉米作耳环，正月多用红布头巾和红色的"露水衣"装扮"新娘"。由两人双手交叉组成一乘轿子，抬起"新娘"，一路唔呼连天的颠啊，跑啊，最后在举行拜堂成亲时，在互不相让下引发争斗，谁打赢了谁就当"新郎"。这种"争婚"的闹剧，显著地展现了群婚制向偶婚演变时代的婚姻特征。2006年5月12日公布为国家级非物质文化遗产。

二、傩愿戏

傩愿戏是经过几千年历史、辗转流传在湘鄂西边区的龙山、宣恩一带的一种古老的剧种，它是由傩坛巫师在酬神还愿时所用的巫傩歌舞基础上逐步加入世俗人物、情节和娱人成分发展而成，民间俗称还傩愿、傩愿戏、傩堂戏、傩戏。傩戏历史悠久，在古代与蜡祭、雩祭并称为中国三大祭。中国傩种类繁多,主要有乡人傩、宫廷傩、军傩、寺院傩四大类。湘西北的傩戏约形成于明代。

傩舞

清乾隆《永顺县志·风俗》卷记载:"永俗酬神,必迎师巫唱演傩戏,至晚,敲锣打鼓,人各纸面,有女妆者曰孟姜女,男妆者曰范七郎。"清同治《龙山县志》亦记:"祭时必设傩王男女二像于庭中,旁列满堂轴神像。""供傩神男女二像于堂,荐牲牢馔醴,巫者戴纸面具,演古事如优伶,……逾日乃已。"明清以来,傩愿戏在龙山北半县普遍流行,其中以大安乡五星村的傩戏班子保存得较为完整,剧目也很丰富。现大安、乌鸦、桶车等地尚有艺人健在。

龙山傩愿戏过去分为高傩、阴傩、低傩三大类,高傩又称大傩,低傩又称阳傩,有"大傩三十六戏、阳傩二十四戏、阴傩一十二戏"之说。在唱腔上有九板十三腔及民间花灯小调等。其剧目丰富,分为傩坛正戏和傩坛外戏两大类,正戏又称神戏,有《发猖》《打路》《开山》《安营扎寨》《出白旗》《搬土地》《搬师娘》《搬先锋》《搬秦童八郎》《搬笑和尚》《搬算匠》《搬铁匠》《搬判官》等;外戏又称世俗戏,主要剧目有"姜女戏""龙女戏""庞女戏"和"鲍家庄"等。"姜女戏"又分《姜女下池》《姜女晒衣》《姜女寻夫》等场,"龙女戏"即《柳毅传书》。除大戏外,流传在龙山大安乡一带的还有《张梢子打渔》《寄妹打样》《狗老爷招亲》《卖货》等小戏。这些剧目，唱词通俗，道白风趣，具有浓厚的地方色彩。

三、木偶戏

木偶戏俗称木脑壳戏，是流传在湘西北的一种古老而稀有的剧种。它是在土家族的祭祀戏、青苗戏、土地戏的基础上，不断吸收荆河戏、辰河高腔、汉剧等戏曲艺术而形成的一种地方剧种，多在院落、坪坝支庐围帐演出，民间俗你"矮台班"。据湘西州《文化志》98页载，"木偶戏传入境内约有300年历史"。

龙山木偶戏属杖头傀儡戏。龙山县的木偶戏班最早见于清嘉庆末年创办的洗车东平街的郭家班和靛房街上的吴家班。郭家班第一代班主艺名"星子"；第二代班主艺号"月亮"；第三代班主名讳不详；第四代班主郭光照；第五代班主郭光明，字丙斋，续弦坡脚里彭氏，光绪三十年（1905年），收继子侯才玉为徒，才玉聪慧好学，尤善旦行，学成后回坡脚里开创侯家班。民国元年（1912年），郭丙斋复收10岁童文隆海为徒，文唱做兼优，又随师兄侯才玉跟班参艺，成年后回家乡岩冲大湾另创文家班，成为县南最活跃的木偶戏班。与洗车郭家班、靛房吴家班同期创立的有牛行堡陈家班。牛行堡，时称牛厂，即华塘乡流芳村。道光初年，他砂里贾家坝创办余家班，班主余昌银、余昌维兄弟，在外潜心学艺多年，广泛吸取昆腔、高腔艺术，回乡后以唱腔正规、行当齐全、剧目丰富而独树一帜。与此同时创办的有猛西湖的余家班、二梭里的向家班、明溪里的向家班、土车高家班等，活动远及川鄂。光绪年间，有县衙退役班头杨典字明卿者，聘玉福班名艺人张海洲领班科徒，在首善镇创办木偶戏班杨家班，杨不惜耗尽多年攒积，购置了全新苏绣戏装，素有锦衣班之称。民国时期，战乱匪祸，灾难连年，艺人们过着近乎靠施舍的"下九流"生活。

1952年5月下旬，县文化馆举办全县木偶戏会演，参加会演有的岩冲文家班、猛西余家班、土车高家班。1953年8月，在这次会演的基础上，县木偶剧团正式成立，由县文化馆代管。剧团坚持"古为今用，推陈出新"的方针。在继承上力求创新，成功地创用了点烟、吐烟雾、持枪、射击及童话剧、神话剧中的幻境效果等特技，开始使用灯光布景和机关布景。

龙山木偶戏剧目十分丰富，多以古典章回小说改编为连台戏。通常演出的有《三门街》《隋唐》《说岳》《杨家将》《三国》《水浒》《封神榜》《粉妆楼》《征西》《五美再生缘》等。有些剧目，脍炙人口，如《诛仙阵》《小商河》《王佐断臂》《大堂别》《寒江关》等，过去几乎是家喻户晓，常演不衰。

1952年成立县木偶剧团以后，在党的"百花齐放，推陈出新"的文艺方针指引下，龙山县木偶剧团积极上演现代戏，如《水牢记》《血泪仇》《箭杆河边》《送肥记》《三丑会》《红嫂》《智取威虎山》《彩虹》《杨立贝》《苗寨惊雷》等。

木偶戏《猪八戒背媳妇》（一）（彭梁心摄影）

木偶戏《猪八戒背媳妇》（二）（彭梁心摄影）

龙山木偶戏的唱腔以汉剧唱腔为主，有些剧目兼唱辰河高腔。有南路、反南路、北路、反北路、南夹北、四平调等，都有成套板式，自成系统。板式有倒板、一流、二流、三流、消眼、垛子、三眼、滚板、哀子等，北路曲调慷慨激昂，多用于弓马戏；南路曲调缠绵委婉，多用于家庭戏或历史悲剧。木偶戏的音乐伴奏，俗称"场面"，管弦乐称文场，打击乐称武场。演出时，凡剧中人的唱、做、念、打以及表现戏剧环境、气氛、段场衔接等，都需要音乐伴奏，俗有"场面半台戏"之说。

1966年"文革"爆发后，以演封建帝王将相、才子佳人的木偶剧团被勒令解散，全套木偶及服饰道具均付之一炬。1976年欲重新恢复，但时过境迁艺老花黄，人们的欣赏情趣早已被电影电视所取代，文隆海、余大厚等老艺人已作退休处理，年近花甲的余大元安排在县文化馆工作。1981年，他配合贾坝乡文化站辅导员周绍良组织当地"余家班"重操旧业，由21人组建成"贾坝乡木偶剧团"，1982年9月参加了在里耶举办的全县业余剧团汇演，此后不久剧团解散。为抢救这一古老剧种，县文化馆采取办班科徒的形式，请余大元执教科班，重新购置木偶及一应演出设备，再组木偶剧团，先后排演了《大闹满春园》《嫦娥奔月》《猪八戒背媳妇》等节目。下到各乡镇演出很受欢迎，因受编制和办团经费制约而夭折。现贾坝乡余家班尚有部分艺人和木偶、戏装、盔头、把子等。2012年公布为省级非物质文化遗产。

四、汉剧

汉剧是我国戏曲艺术中的一个大剧种，流行于湖南、湖北及陕、豫、粤、闽等省的部分地区。旧称楚调、汉调，约有300多年历史。早期同徽剧经常相互影响，在发展过程中形成了荆河、襄河、府河、汉河四支，对湘剧、川剧、赣剧、滇剧等剧种的形成和发展都有影响。清嘉庆、道光年间，汉剧流行到北京，加入徽剧班社演唱，逐渐融合而形成京剧。

龙山汉剧属荆河戏派系，其历史悠久，早在清道光初年，我县桂塘坝二梯岩就创办了湘西乃至湘鄂渝边区第一代汉剧科班凤鸣班；道光二十三年（1843年），这里又开办了第二代汉剧科班九红班；光绪十一年（1885年），张九寿、李宏高在二梯岩开办了第三代汉剧科班玉福班；民国三年（1914年），县城同春堂老板郑雄出资，偕蒋瑜在县城开办了第四代汉剧科班同庆班。角色齐全，唱红一方，对龙山汉剧及来凤南剧都产生了深刻的影响。演出队伍有高台班（即舞台演出）、矮台班（即木偶戏）、围鼓班（即坐唱）等形式，音乐伴奏俗称"场面"，管弦乐称"文场"，打击乐称"武场"。通常使用的唱腔有南路、反南路、北路、反北路、南杂北、四平调等，有些剧目兼唱辰河高腔。

北路曲调慷慨激昂，多用于弓马戏；南路曲调缠绵委婉，多用于家庭戏或历史悲剧。汉剧的脚色分为生、旦、净、丑四行，表演讲究内八功、外八功，其传统剧目极为丰富，仅汉剧艺人王老容掌握的汉剧传统剧目就达 100 多个。2007 年 7 月 21 日公布为州级非物质文化遗产。

汉剧《樊梨花》（一）（彭梁心摄影）

汉剧《樊梨花》（二）（彭梁心摄影）

五、坐堂戏

坐堂戏又称打围鼓或围鼓戏，是由汉剧艺人、票友组成的汉剧坐唱，俗称"八仙班子"，仅用于婚、丧、寿诞等红白喜会。艺人不化妆，锣鼓点子及管弦乐伴奏按高台演出不变，即使一些过场戏、做作戏都照打不误，队伍组合比较自由，勿论是否当地人，只要能唱几折汉剧，就能进入围内，想唱就唱。通常坐唱的剧目《天官赐福》《午门打忠》《甘露寺》《大登殿》《五台会兄》《金沙滩》《斩皇袍》《九龙刀》等传统剧目。唱坐堂戏主要流行于洗车河、苗儿滩、里耶、召市及县城一带，戏班除坐唱外，还担负红会中的迎亲、送贺匾、白会中的送丧等任务。

六、阳戏

民国初期，有永顺阳戏艺人童第周在洗车河流域传授阳戏，苗儿滩的朱家寨、树比，隆头镇的捞田、杉树坪，坡脚的万龙、联星、多松岭、抱格，靛房的中心，他砂的云峰等地在20世纪80年代都还有阳戏戏班活动。

流传在龙山的阳戏有北路阳戏和南路阳戏两种。阳戏音乐朴实明快，简单而不单调，曲调以联缀体为主，辅以板式变化，有它的独特风格。它的主要正调是加入"清角"（Fa）的六声徵、宫调调式级进旋法，曲调优美动听，华丽、委婉。龙山大多为北路阳戏，其唱腔有正宫调、悦调及阴调等，以正宫调为主，分导板、一流、二流、三流、散板等多种形式，演唱时运用真假嗓结合、腔末翻高八度的方式，独有特色，艺人们俗称"金线吊葫芦"。南路阳戏主要流传在洗车河镇和苗儿滩镇，过去没有公路，这里与辰沅一水相通，船来船往，受南路阳戏影响较深。其传统剧目有《雷交槌》《桃花装疯》《三宝舞龙》等。南路阳戏的主要曲调有七句半、一字调、赶板、正宫调、后山腔、翻山腔、腾云腔等。

阳戏的表演艺术以"二小"戏最具代表性。丑角步法有矮子步、鸭步、梭步等；小丑步法有"满台窜""三步半"等。旦角步法有娇步、碎步、叠叠步等。小旦步法有"挑帘""耸肩""驾妖风""边鱼上滩""双手种油茶"等。由于阳戏是地方小戏，其剧目多以家庭戏、世俗戏、情感戏为主，贴近社会，贴近生活，贬恶扬善，故深受群众欢迎。苗儿滩镇朱家寨阳戏班至今仍有活动，有魏小菊、梁光凤、陈友国等演员。

七、灯戏

灯戏，又称酉戏、花灯戏，是在民间花灯小调的基础上加以人物、唱白和风趣情节而形成的一种地方小戏,因经常与阳戏、傩愿戏合伙演出,民间素有"阳、花、傩"之称。在表演艺术上继承了花灯歌舞中的"套子""圈子"和千姿百态的扇法、幽默风趣的矮步、柔腰眉眼的身段而形成独具一格的表演程式和套路,如"牛赶碾""打豆腐""蜻蜓点水""美女纺纱""踩四门"等。以演爱情小戏为主,角色一般是一旦二丑或二旦二丑,亦有加进小生、老生的。龙山传统花灯戏剧目有《打鸟》《捡菌子》《割麻》《掐菜苔》《双探妹》《跳粉墙》等。灯戏唱腔为上下句,有锣鼓伴奏,主要剧目有《山伯访友》《南山种豆》等。

阳戏《双拜堂》(一)(彭梁心摄影)

阳戏《双拜堂》(二)(彭梁心摄影)

第八节　地方曲艺

一、三棒鼓

三棒鼓又名花鼓，是一种流行在湘鄂西龙山、来凤一带的古老地方曲艺。表演一般只有3人，1人打鼓，1人敲锣，1人抛刀耍棍，亦有两个队或三五个队联合演唱的。其内容丰富，道具轻便，不择场地，街头巷尾，田间地头，茶楼酒肆，随时随处皆可演唱，深受群众欢迎。

三棒鼓历史悠久，相传为凤阳花鼓演变而成。明代田艺蘅的《留青日扎》就有这样的记述："吴越间妇女用三棒上下击鼓，谓之三棒鼓，江北凤阳男子尤善，即唐三杖鼓也。以表演者轮番抛动三根嵌有铜钱的棒子击鼓，边击边唱而得名。"清代传入龙山后，逐渐形成以西南官话为语言工具的地方曲艺形式。民国时期，艺人们过着"身背着三棒鼓，流落到四方"的凄苦生活。龙山花鼓艺人刘玉林唱遍各地，他创作的新编曲目《壮丁苦》《最苦不过庚子年》是民国时期的历史写照，在社会上引起强烈反响。中华人民共和国成立以后，龙山三棒鼓进入鼎盛时期。1952年，龙山花桥乡三棒鼓艺人胡家玉、田和卿赴省会演获奖；1976年，龙山三棒鼓《土家人民学大寨》参加全省曲艺调演获得好评。尤其是党的十一届三中全会以来，龙山三棒鼓得到重视。艺人们农忙从农，农闲从艺，为山区农民文化生活服务。1989年10月，花鼓艺人肖泽贵、宁国胜、杨紫山、张碧云等10人被湖南省曲艺协会授予"全省优秀民间艺人"称号；1992年，肖泽润、杨直义、肖桂芝、范平安等10位艺人被州戏剧曲艺协会授予"全州优秀民间艺人"称号。2008年，龙山县兴隆街乡被国家文化部授予"中国文化艺术之乡——三棒鼓之乡"称号，龙山县文联设立了以三棒鼓为主的曲艺协会。

三棒鼓的打法有单槌、双槌、抛打等形式。抛打时将鼓棒凌空抛起，落在鼓面上击成节拍，常用的抛打花样有"麻雀钻竹木""绞花""单鼓花""双鼓花""白蛇吐剑"等10余种。唱词结构以"五五七五"为主，亦有四字句、五字句、六字句、八字句的。有一人一段的对唱，有一人一句的滚板。要求句句押韵，讲究对偶比兴，经常使用歇后语，风趣幽默，妙趣横生。其音乐为单曲体，四句循环，2/4节奏，其风格因地而异。龙山北半县流行的花鼓曲调多为宫调式，南半县多用羽调式。为增强气氛，吸引观众，演唱三棒鼓时还辅以抛刀舞棍等杂耍。其抛刀花样繁多，流传在龙山的有美女梳头、苏秦背剑、野鹿衔花、双凤朝阳、双龙出洞、犀牛望月、太公钓鱼、喜鹊衔柴、海底摸沙、黄狗钻裆、古树盘根、雪花盖顶、跑马射箭、鲤鱼漂滩、金线吊葫芦、老鼠翻屋梁、冲天炮、砍四门、打铁、纺纱、退纱等 20 余种。除抛刀而外，还有舞花棍、耍连棒、玩火把等杂耍。

龙山三棒鼓曲目丰富，其演唱内容大致可分为三类。一是传统鼓书，流传在龙山的传统曲目有《花鼓根源》《大闹黄花院》《三打祝家庄》《青云楼》《天宝图》《三打华府》《四下河南》《孔雀东南飞》《八仙图》《八美图》《杨家将》等长篇鼓书及《劝世文》《二十四孝》《十二月花》等等；二是新编花鼓词，以宣传党的方针政策、法令法规及中心工作为主。三是即兴创作，多出现在几个花鼓队联合演唱或三棒鼓比赛等场合。艺人们以丰富的知识，敏捷的思维，以情推理，情理交融，抑恶扬善，扣人心弦，在潜移默化中起到了教化民众、净化风尚、崇礼守德、弘扬文明的作用。2009 年 2 月被公布为省级非物质文化遗产。

三棒鼓

二、溜子说唱

又名溜子座唱，是湘西龙山创新发展的一种特有曲种。2004 年 10 月，由龙山田隆信、杨文明、尹忠胜、米显万、刘军生等人表演的土家族溜子说唱《岩生左阿》在广西南宁参加了由中国文联、中国曲艺家协会、广西壮族自治区人民政府联合举办的"第二届中国少数民族曲艺展演"中获金奖。来自全国各地的曲艺家们对土家族溜子说唱这种独特的曲种给予高度评价和肯定。

溜子说唱是用土家族打溜子这种基本形式，利用溜子发音清脆、节奏多变、表现力强等特点，用溜子为说唱伴奏，以独特的溜子音乐，辅以唢呐，有说有唱，来刻画人物，叙事说情。表演形式以座唱为主，表演者5至7人，各操一件乐器，即马锣、头钹、二钹、填锣、唢呐，扮演各种角色，连讲带唱或唱、做、吹、打同时进行，气氛热烈欢快，宜表叙喜剧性的故事。它要求演员既能唱又善于表演，还得具备娴熟的溜子演奏技巧。其唱词、说白都以当地汉语方言为基调，风趣别致，有浓郁的民族特色，深受群众欢迎。音乐为说、唱、奏结合的综合体，它的基本结构是以改编或发展了土家溜子曲牌头子加民乐伴奏，与"溜子板"和土家"咚咚喹"曲调有机结合在一起，以土家咚咚喹曲调"呆嘟里""巴列咚"为主调，贯穿全曲始终。其代表曲目有《首长来到洛塔坡》《老光棍成亲》《麻头挫住》《岩生左阿》《岩生哥的婚事》《拔普拔帕上大学》《我的梦》等。龙山的土家溜子说唱曾多次参加国家级和省州文艺汇演或曲艺调演，如1983年10月代表湖南参加了在北京举行的全国乌兰牧骑式文艺演出队会演，1985年9月参加了湖南广播节目比赛，1993年5月参加了湖南省曲艺调演。2010年以来，先后参加上海世博会演出，全国"群星奖"大赛并到国家大剧院演出，2012年，被列为国家重点扶持曲目。2014年12月在泰国演出。

土家族溜子说唱《岩生哥的婚事》

三、里耶道情

里耶道情衍生于戏曲艺术,为单口说唱,无丝弦伴奏,艺人左手抱鼓筒,执云板,右手敲击鼓筒并作手式表演,抒发喜怒哀乐之情。鼓筒比常见的渔鼓筒小,渔鼓筒是用大楠竹做成,长约二尺左右,一般多用猪油皮蒙成筒鼓;而里耶道情用的鼓筒多用斑竹制成,围径在25厘米左右,长度约二尺。鼓皮用猪小肠肠衣蒙成,薄而富有韧性,用右手食指和中指敲击,其音清脆,别具一格,激昂处以指弹奏,节奏紧凑,张扬有度,气氛逼人,能达到让人惊座的效果。云板长约40厘米,宽约4厘米,共两块,其中一块系有一枚小铜铃。用左手操作,动辄呱嗒有声。双手配合默契,云板敲在"板"上,鼓筒击在"眼"上,有板有眼,有抑有扬,营造出独特的艺术氛围。

里耶道情有说有唱有表,有叫眼有对白,在演唱中善于运用龙山汉剧艺术中的"内八块"功夫,即喜、怒、悲、愁、惊、疑、呆、癫的情感来塑造人物,演绎故事,以情感人,以曲化人,茶楼酒肆、码头港湾,若有道情说唱,经常是听众云集,座无虚席。正如民国时期的里耶文人陈和所吟:"烟笼寒水月笼沙,水上灯火近万家;挤向围听道情处,鼓声咚咚蝉声哑。"形容听众熙攘,听之如迷,静若寒蝉。

里耶道情演唱的多是古典话本中的故事,如《卖油郎独占花魁》《杜十娘怒沉百宝箱》《活捉三郎》《西厢记》等。唱词多为三、三、四句式,亦有七字句、五字句的。

四、九子鞭

九子鞭,又称金钱棒,以竹为之,长三尺许,中空三节,贯以铜钱。歌时左右手轮换,在身上击打,先击两肩、两臂,次举足迎击,再击背心,花样有"雪花盖顶""古树盘根""黄龙缠腰""双龙出洞"等。表演时一边拍打摔摇,一边唱小曲,一人领唱,众合煞尾合声。拍打摔鞭动作有单手拍肩、拍臂、勾脚拍脚板、拍腰,有双手绕颈、肩、胯、腰,有相互对拍,抛鞭互换、有群鞭走八卦、踩十字、绕八字等。歌末有叠句,音乐为小调式单曲体,上下句结构,1/4节奏,是一种既具有娱乐功能又具有健身功能的地方曲艺形式,传统曲目有《山伯访友》《二十四孝》《秦雪梅吊孝》《十二月花》等。

打九子鞭

打九子鞭

打渔鼓

五、渔鼓

龙山渔鼓道具简单，鼓筒由一节长两尺的大楠竹，蒙以猪油皮箍紧放干即成。演唱时，左手腕抱渔鼓筒，右手食指与中指间夹戴一只铜钹，右手拇指与食指间持简板，无名指与小指夹有一只筷子，以供敲击单钹用，简板是用来敲击渔鼓筒身的，需要娴熟技艺，一般艺人只用筷子不用简板。艺人站着演唱，有用竹笛或洞箫伴奏的，大多无伴奏。唱词有七字句，九字句，三三四等句式，分引诗、正腔、锁板三个部分，音乐为单曲体、2/4节奏，唱腔分平腔、悲腔两种。其传统曲目有《曲江打子》《杜十娘》《卖油郎独占花魁》《苏三起解》《秦雪梅吊孝》等。

六、莲花闹

莲花闹是一种接近快板书式的地方曲艺。表演者右手拇指系两块竹板，左手拿一串长约10厘米的小竹片，双手配合默契，以娴熟的技巧，有板有眼地打出莲花闹独有的特色，有的不用小竹串片，只用一块边上开有锯齿形的竹条打节奏，更显得挥洒自如。句式有六字句、七字句，也常有三三四句式出现。打莲花闹的艺人，口齿伶俐，反应灵活，语言流畅，能看到什么唱什么，且生动形象，很受人们欢迎。

第九节 民间工艺

一、土家织锦

土家织锦，土家语称为"西兰卡普"，汉语称为"土花铺盖"，是一种极其古老的民间织造工艺。它是采取通经断纬、反面挑织的方法，在古老的斜织机上手工织成。传统织机矮而小，由机架、坐板、滚板、综杆、踩棍、竹筘、梭罗、滚棒、篙筒、挑子、撑子、鱼儿等部件组成，《龙山县志》光绪版称其"机床低小，布阔不盈尺"。其工艺复杂，全部是手工操作，其主要流程有：纺捻线、染色、倒线、牵线、装筘、翻筒、捡花、捆杆上机、织布边、挑织等过程。着色皆以植物、矿物等自然染料为主，如以土红、茜草为主要原料染红色，以苋菜为主要原料染玫瑰红，以马桑树叶、核桃壳为主要原料染黑色，以靛青为主要原料染兰色，以栀子、姜黄、椿树皮为主要原料染黄色，以狗屎泡为主要原料染紫色。其调制得法，经久不褪。更兼土家织锦通经断纬的传统工艺所赋予的灵活多变、不拘一格的色彩表现形式，致使土家锦色彩独特，斑斓耀目。

 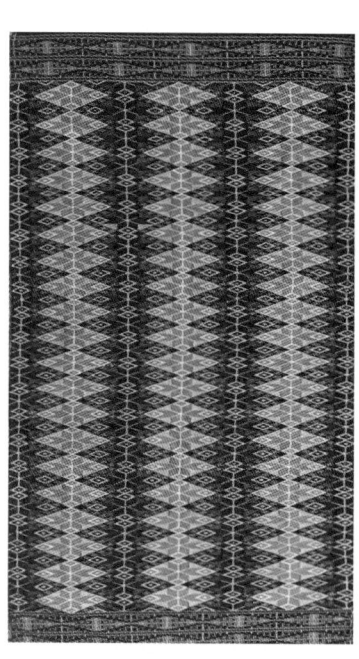 

土家织绵纹样——船船花　　土家织绵纹样——八角香　　土家织绵纹样——四十八勾

织锦比赛

土家织锦——宽幅织机

土家织锦技艺国家级传承人——叶水云

土家织锦以绚丽多姿而著称，以设色自由浪漫而见长。其传统图案达300多种，仅县文化馆刘能朴老师在洗车河流域搜集的土家织锦传统图案就达160多种。龙山是土家锦的原生地和主产区，从县内几处商周时期文化遗址中发现的陶纺轮和竹篾纺织器来看，境内织锦历史十分悠久。从秦汉以来，便以锦充赋或作贡锦，备受历代帝王赏识。清以后逐渐进入市场。民国二十八年（1937年）编修的《龙山县志》就有"近有销往长沙、南京"并被"东西各国备品陈列"的记载。从20世纪50年代以后，更是古树逢春，奇葩竞放。土家锦与蜀锦、壮锦、云锦被列为中国四大名锦。1957年，苗儿滩叶家寨叶玉翠的《蝴蝶戏牡丹》等五幅土家锦被国家选送到伦敦世博会上展出；1985年她的《老鼠迎亲》等62件土家织锦作为工艺美术珍品被中国工艺美术馆收藏。1988年4月，叶玉翠被国家轻工部授予"中国工艺美术大师"称号。1996年2月，其传人叶水云（苗儿滩叶家寨人，因婚现居凤凰县城）被联合国教科文组织授予"民间工艺美术家"称号。2006年5月12日，土家织锦公布为第一批国家级非物质文化遗产；2006年10月18日，龙山县被国家轻工业联合会授予"中国土家织锦之乡"称号；刘代娥、叶菊秀、刘代英、叶英、黎成凤先后被授为"土家织锦工艺大师"称号；2006年12月叶水云、刘代娥被文化部授予土家织锦优秀传承人称号；2008年11月3日，苗儿滩镇被文化部授予"中国民间文化艺术之乡——土家织锦之乡"称号，2011年11月1日，捞车河村被公布为"国家级非物质文化遗产（土家织锦）生产性保护示范基地"。

二、土家挑花

土家挑花俗称"十字绣"。多以红、白、兰、黑的直纹平布为底，红白底则挑以黑线，兰黑底则用白线挑绣。于底布经纬相交处，以十字交点法挑制成各种花鸟虫鱼及几何图案。其颜色对比强烈，淡雅相宜，线脚紧密，构图清新。真是尺幅千里，赏心悦目。以至广泛地应用于土家日常生活中。如服饰、鞋袜、床上用品、室内装饰、门帘窗帘等；无不倾注着土家女的爱美之心，展示出土家挑花的独特工艺。

土家挑花颜色对比强烈，淡雅相宜、线脚紧密，构图清新，真是尺幅千里，赏心悦目。它与土家织锦图案相互借鉴，相互渗透又各为己用，相得益彰，更显得丰富多彩。如著名的土家织锦大师叶玉翠就将土家挑花中的"老鼠子出嫁""鹭鸶采莲"等图案移植到土家织锦上，土家挑花又将土家织锦中的"洒柱格"即万字图案移植过来，并各成一体，各具风格。土家织锦以色彩斑斓、绚丽多姿而著称，土家挑花则以纤巧隽秀、淡雅相宜而见长，是两朵经世不凋的民族工艺之花。

叶作香在为土家织锦整形

三、土家刺绣

土家绣花一般采用绸缎、白绫等上色面料，丝线多用彩丝，亦有用素线的。绣前先裱以纸衬或布衬层，以免绣时滑动；再用纸剪成花样贴在裱好的绣面上，然后照着画样用丝线绣制。其绣品按用色分，主要有素绣和彩绣两种。素绣不用彩线，或白底黑花或黑底白花、蓝底白花，多见于被面、门帘等大型绣品；彩绣全用五色丝线绣制，绣品有鞋、帽、枕头、帐帘、飘带等。

四、土家绣花鞋垫

土家绣花鞋垫是土家服饰文化之一，承载了土家绣花、挑花两项传统手工技艺，是传承在湘西龙山等地的一种生产性非物质文化遗产。

土家绣花土家语称"卡普查"，这是与土家族妇女相伴终身、朝夕不离的一种民间传统手工技艺。在用料上一般采用缎、绫之类的上色面料，大多使用五彩丝线，亦有用素线的。绣前先将面料裱以纸衬或布衬层，然后用纸剪成花样，贴在裱好的面料上，按着花样绣制，这样一针一线的慢慢将图案用丝线盖住，图案凸显立体感，保留着原始或早期的刺绣风格。其绣品按用色不同，分为彩绣和素绣两种，素绣不用彩丝，或白底黑花黑底白花或蓝底白花白底蓝花，多见于被面、门帘等大型绣品；彩绣全用五色丝线绣制，绣品有土家绣花鞋、土家绣花鞋垫、童帽、童鞋、枕套、帐帘、飘带等。

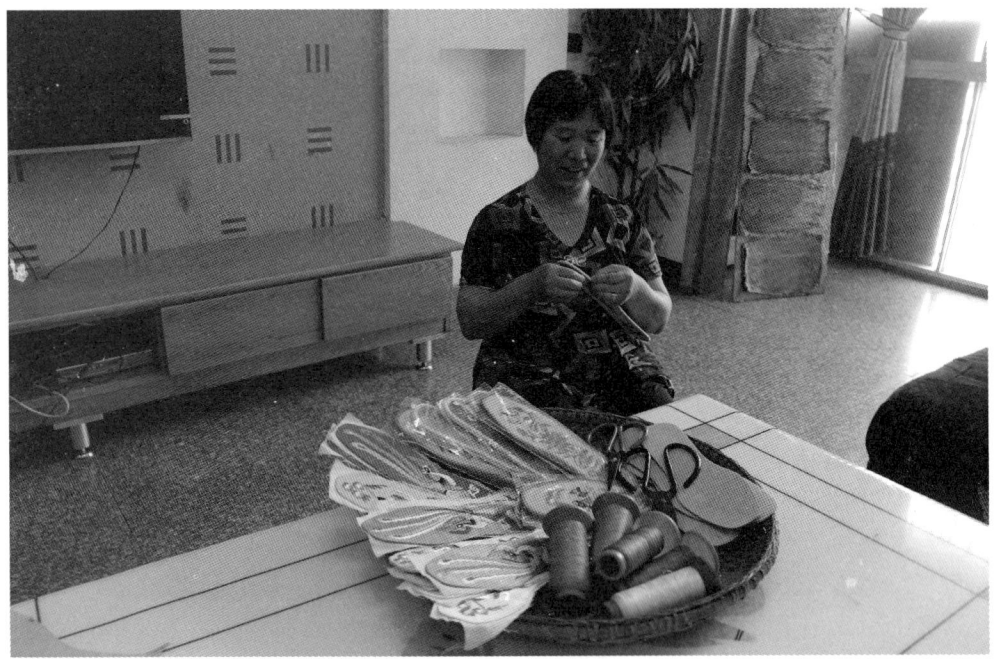

向菊珍正在绣花鞋垫

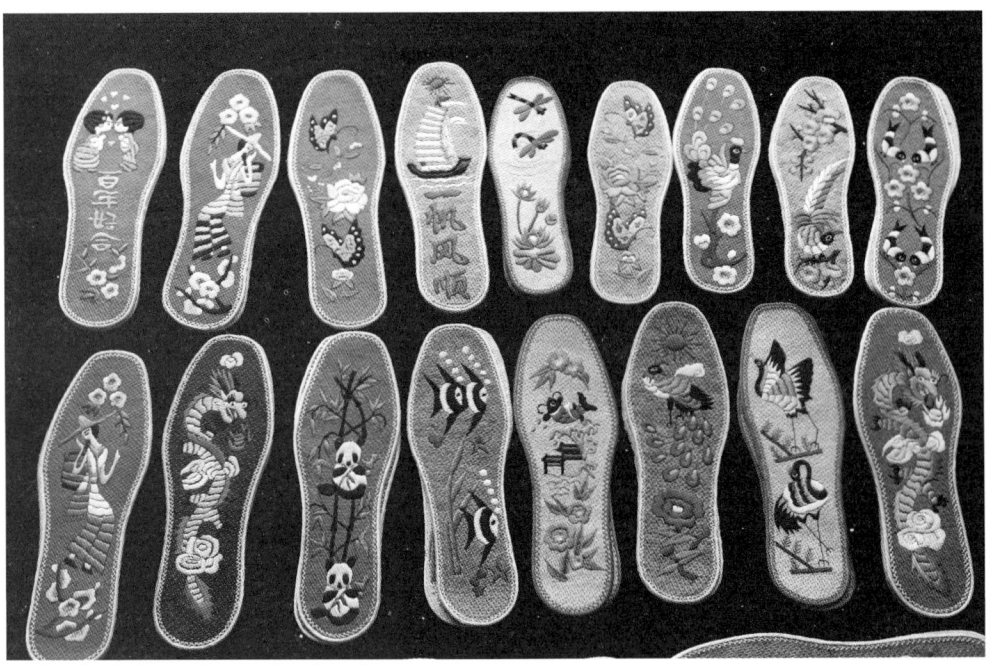

绣花鞋垫成品

土家绣花鞋垫集土家绣花、挑花之大成，花色多样，工艺精湛。其用料讲究，均采用纯棉的龙头细白布叠层粘褙，精绣而成。通风透气，防潮防臭，且美观牢实，是化纤、胶、塑之类的同类产品无法比拟的。故深受市场青睐。2012年被公布为州级非物质文化遗产。

五、土家印染

龙山土家印染历史悠久，早在先秦时期就广泛应用于賨布等纺织物，从而形成土家族"服色斑斓"的特色。民间印染染料多取植物、矿物中的蓼蓝叶、土红、栀子、姜黄、白果、板栗球壳、苋菜根、椿树皮、糯谷草灰等有机染料，按色配方，熬制而成。其染法有全色、印花、过渡色等。其工艺独特，印染流程有：制版、上膏、浸染、上光等。土家族印染工艺功力独到，色泽单纯厚重，朴实大方，经久不褪色，且带有植物的天然芬芳，具有穿着舒适、不损伤皮肤等特点。

六、土家服饰工艺

土家族服饰在长期的历史过程中，经历了从结草为服到绩织而衣的发展过程，清嘉庆《龙山县志》记称："土妇善织锦、裙、被，或全丝为之，间或纬为棉，纹陆离有古致，其丝并家出，树桑饲蚕皆有术。"土家人自己植桑种棉，养蚕缫丝，自纺自织。采撷大山里的植物、矿物熬制成五颜六色的染料，染丝染线，织成衣裙，从而形成土家族"服色斑斓"的特色。

土家族是一个爱美的民族，他们至真至美地装扮着生活，充实着有苦有乐、有情有爱的日子，那一件件挑花，那一幅幅绣品，洋溢着土家女人的聪明和灵气。形成土家族服饰的独特风格。

自清雍正改土归流后，土家服饰经历了满文化、汉文化的两次冲击，其服饰特色渐渐淡化，男人穿西装、T恤，女人穿高腰短裙已成时尚。但土家服饰却以传统美赢得不少人青睐。2000年7月，由苗儿滩镇捞车村刘代娥、刘代英制作的土家服饰，代表湖南参加了在昆明举办的中国民族服饰博览会，并荣获优秀展品奖。2007年7月21日公布为州级非物质文化遗产，土家服饰创意，生活装、节日盛风姿灼灼，进入市场，再现土家族服色斑斓的人文盛况。

土家服饰（一）

土家服饰（二）

七、土家银饰工艺

土家族不仅服色斑斓，且佩有银饰。清《龙山县志》嘉庆版、同治版均有这样记载："土妇耳贯多环，累累然几满"；"土妇喜垂耳环，两耳之轮各饰之十饰，项圈手圈足圈，以示富裕"，"贯耳多环累累然缀肩下"。清《永顺府志》乾隆二十八年（1763年）刻本亦称："男女喜垂耳圈，两耳累然，又有项圈、手圈。"特色浓郁的土家族银饰工艺便随着这种服饰文化应运而生，中华人民共和国成立前，在有市之邑基本上都设有银匠铺，如洗车河的陈记银铺、苗儿滩的叶记银铺、朱记银铺等，其产品有现做现卖的，亦有预约定做的。其式样繁多，仅耳环就有瓜子耳环，灯笼耳环，单环等；戒指有"一颗印""三镶成""单股子"等金、银质的。除耳环、戒指，土家妇女经常佩戴的首饰有头上的金簪银簪，手上的银镯玉镯，胸前挂的"牙钱""扣花"。"牙钱"有的地方又称"牙签"，上面系有银练、银牌、银牙签、银珠子、挖耳勺等一大串。这一身银饰与斑斓服色相映生辉，粲然耀观，"但平居不系，节庆赛会乃为之"（见《龙山县志》嘉庆版），土家人最看重的是"好吃不过花泡饭，好看不过素打扮"的自然美。但是对小孩却锦装银饰，其饰品突出在帽子上。土家童帽有春秋季节戴的"紫金冠"，夏季戴的

"冬瓜帽"、冬季戴的"猫头帽""兔头帽""鱼尾帽""风帽"等等，帽子上除绣有"喜鹊闹梅""凤穿牡丹""长命富贵"等花鸟字画外，正面还饰有大八仙、小大仙、十八罗汉等银菩萨，帽子后面吊有银练、银牌、银铃、银瓜插、银辣椒等饰品。男孩还要戴项圈，配上镌有长命富贵、易养成人的"百家锁"，以祈吉祥健康。

八、土家竹雕

土家竹雕是一种别具风格的民间工艺，取三年以上老楠竹，阴干后按规格裁料，采取沸水消毒防腐，可以达到"千年杉树万年竹"的效果。其作品以立体造型的土家吊脚楼、转角楼、凉亭桥、摆手堂等建筑物为主。其工艺十分精细，首先是设计、从整体到局部要分别绘图，按实物比例缩放，计算出枋、梁、柱、棋、挑、檩、椽、瓦、脊、檐、门、窗、础石等的方位、数量、规格、色泽及室内用器如碓、磨、桌、椅、灶台以及壁上、栏上吊的辣椒串、葫芦瓜、苞谷提、鸟笼、屋前屋后配植的竹木等。制作时像土家人修屋一样，每个部件都须采用榫卯衔接，不得用胶水粘联。从清枋、凿榫到排扇、立架、搁檩、钉椽角、做脊檐、安挑梁、装门安窗直至安装窗棂、栏杆都得序而不乱，一丝不苟，做到大小合适，比例协调，结构紧密，如漏装一枋一棋，就得全盘返工，可见其工艺精湛至极。整体完工后，内外刷以清漆，保持楠竹固有的铜黄色，显得古色古香。这种土家建筑微缩工艺品，动中有静，静中有动，门窗能启能闭，碓磨能舂能转，显得生机盎然，风情十足。土家摆手堂更是重楼叠阁，翘角飞檐，门楣上有字画匾额，柱头上有对联楹语，堂上有香案神像，其微雕技艺令人叹服。凉亭桥形式多样，亭桥相衔，烟树云花，桥下流水，河畔渔翁，更具诗情画意。著名的竹雕艺人王仕辉，祖籍本县桂塘坝，其曾祖王铭光，祖父王承林都有一套家传绝艺，竹雕功夫颇深。王仕辉从8岁开始随祖父学艺，11岁即可独立完成小件作品，16岁便能掌墨修造房屋。55岁从教育部门退休后便潜心于竹雕艺术。他承先启后，匠心独运，十五年来先后完成竹雕工艺品100多件，其中《土家族吊脚楼》《土家族摆手堂》《土家族凉亭桥》于2002年10月在参加湖南省首届花博会上均获"手工艺最佳制作奖"，被誉为"湖湘三珍"之一，并到台湾展出。王仕辉于2010年被命名为"湖南省非物质文化遗产（土粗竹雕）代表性传承人"。

竹雕《土家族吊脚楼》（王仕辉制作）

竹雕《土家族转角楼》（王仕辉制作）

竹雕《土家族凉亭桥》（王仕辉制作）

九、竹编

从出土的新石器时代陶器上所印的编织纹饰来看，竹编应是同于陶器的一种民间工艺，2002年在里耶战国古城发掘中就有2200多年前的竹编出土。龙山林深箐密，乡民取山竹、水竹、楠竹、斑竹、棚竹等为原料，划破为篾，取青、黄几层，按需破成丝篾、皮篾、扁篾或竹片等，采取疏编、穿、插、扎、套、削、锁等竹艺手法，分别编织成竹席、竹衣、筛子、簸箕、辽箕、畚箕、菜篮、书篮、花篮、竹盒、咱笼、摇窝、箩筐、饭篓、油篓、包装袋、鱼篓、背篓、笆篓、虾笆、斗笠、斗篷、鸭棚、竹笋、船棚等生活生产用器。土家竹席柔软光滑，通气滤汗，消热散暑，是度夏之佳品。竹衣或薄如蝉翼，或翠片连缀，更胜金丝玉缕，县文物管理所收藏的一件竹衣，系1993年从隆头刘家征收的，看了无不叫绝。咱笼是土家人特有的背运工具，形如喇叭花，口径80厘米左右，底径26厘米左右，高约85厘米，有全篾的亦有放花格的，每咱（笼）盛物轻则百余斤，重则两百多斤，土家背篓形式多样，有柴背、晒背、米背和用于洗衣、赶场的花背篓，用于背小孩的娃娃背篓等。除篾织物，土家人还用圆竹、竹条、竹片制成精致的竹床、靠椅、竹桌竹椅等。

竹篾编织

土家背笼

扎笼

十、木雕

土家族木雕工艺功夫颇深,大都用于门、窗、栏杆、神龛、瓦檐及嫁奁、家具等方面,形式有浮雕、镂空雕等,浮雕有深有浅,或阴或阳;镂空雕玲珑剔透,层次分明,于空灵中见功夫。其刀法干练,线条流畅,物象传神,生动有趣。常用图案有花鸟类、戏文类、字画类等,如花鸟类的"喜鹊闹梅""大鹏展翅""双凤朝阳""龙凤呈祥""麒麟送子""鸳鸯荷花""獾吃石榴""鼠偷葡萄"及兰、竹、梅、花、鸟、虫、鱼等;戏文类有"天官赐福""八仙过海""甘露寺""西厢待月""姜太公钓鱼""三英战吕布""夜战马超"等,字画类多为民间绘画及福禄寿禧等篆刻字。土家雕花嫁奁通常有雕花牙床、屏风、挂屏、花柜、箱柜、衣柜、米柜、垛柜、碗柜、书案、太师椅、靠椅、小靠椅、独凳、洗脸架、梳妆台、梳妆盒、茶几、花几、大八仙桌、小八仙桌、大方桌、小方桌、金瓜脸盆、金瓜马桶等,真是件件奇珍,花样迭出,其工艺精湛,用工用料都十分讲究。以三滴水牙床为例,一般高7尺,宽5.8尺,进深8.2尺,床前踏脚板用料多为梨木或猴栗木,光滑厚实,有两台的亦有一台的。两边花板呈外八字形,或取楠木天然纹路或镂空雕以花鸟或饰以玻璃彩屏,整个牙床漆以红色或茶色土漆,部分图案还点以金粉。再配上漂得雪白的麻布帐子，绣工精致的大红缎子帐檐、飘带和五彩斑斓的土花铺盖、绣花帐帘、挑花枕头、丝光床单或兽皮褥子，集土家族民间工艺于一床，透出一种雍容华贵、万物致和的美学氛围。

根雕（一）

根雕（二）

土家族木雕——三滴水牙床

土家族木雕——五滴水牙床

十一、石雕

考古工作者在土家族聚居的湘西北酉水流域、澧水流域发现了上百处旧石器时代、新石器时代文化遗址，出土了大量的石器、石器半成品及石器工场、采石场等。由此可见，早在七八千年前这里的土著先民就开始与石头打交道，或打石为器或磨石为器，用于生产生活。经过数千年的历史发展，石刻、石雕工艺在湘西北蔚为大观，广泛应用于土家族建筑、街道、桥梁、道路、牌坊、墓碑及谷物加工、家具、文具等方方面面。土家族聚居区大多是喀斯特地貌，丰富的石材、优良的石质成为土家人谋生立业的经济资源之一。他们一代代锲而不舍，以石为纸，以錾为笔，刻字雕画，修桥建塔，留下不朽佳作。写出一篇篇传世文章，绘出一幅幅美轮美奂的画卷。

如隆头庆口桥，桥栏、花板等石雕都堪称土家族石雕艺术之精品。据清嘉庆《龙山县志》载："庆口桥始建于嘉庆十八年，四载告竣。"该桥跨贾市河而建，为三孔石拱桥，宽6.5米，高11.8米，全长20.14米，桥面均用精工细錾的青石铺就，两边桥栏上有雕花石板44块，块之间有石柱相衔，构图以松竹梅兰为主，雕工极为细腻，是湘西最为精致的一座古凉亭桥。土家人的桥梁工艺十分独特，一座座凉亭桥、石拱桥横跨溪河之上，构架起一幅幅"小桥·流水·人家"的山乡风景。

太平山石雕——象鼻牛足图

太平山石雕——苍龙行云图

土家族石雕工艺更广泛应用于生产生活中,如用于建筑的磉磴、地脚枋、门柱、门楣、门磴、石狮、阶石、院坝平板岩;用于粮油加工的石碾、石磨、石碓、用于印染的石槽、石磙,用于生活的石桌、石凳、水缸、擂钵、粑粑槽、猪草缸等,可谓是一个石器世界,这与几万年以前的旧石器时代土著先民所使用的石斧、磨石棒、砍砸器等当是一脉相承。

十二、土陶制作技艺

从里耶等地出土的大量陶器陶片来看,早在新石器时代这里的土著人就掌握了灰陶、黑陶、黄陶、白陶、彩陶等制陶工艺,器形有盒、豆、罐、坛、壶、釜、钵及陶纺轮等,纹饰有条纹、方格纹、菱形方格纹、划纹、网结纹、兰纹、篦纹、粗绳纹、叶脉纹、

石雕

水波纹、连点纹、弧纹等。近代以来,先后在县城亭子堡、石羔白泥坝、永兴、洗车虎巢溪、靛房窑厂沟、苗儿滩树比等地发现元明清时期窑址,其中虎巢溪、树比还有瓷片发现。虎巢溪瓷片的花纹、釉色、质地均堪称上品。1984年4月在白泥坝窑厂沟发现的古窑址有瓷有陶,其瓷有褐色釉印花,纹样清晰,晶莹透彻。经醴陵陶瓷研究所鉴定,为明清时期产品。1942年出版的邱人镐撰写的《湘东手工艺调查》载:"湘西龙山窑相传始于明末。"并称"与醴窑同负盛名"。其中三耳罐、双耳罐、蒸锅、熬罐、香炉、蜡台等颇具土家特色,双耳罐一边为油罐,一边为盐罐,三耳罐一边装清油,一边装猪油、一边放盐、又适用、又美观。民国时期,在太平山有龙窑三座,陶工150余人。以手工制坯,木柴为燃料,专产坛、罐、缸、钵等日用陶器,年产量达35000多件。20世纪50年代以后,陶器生产由个体转为集体再过渡为国营,60年代渐次改烧柴为烧煤,改龙窑为倒焰窑,改部分手工制坯为制模浇注。县内紫砂陶储量丰富,1980年紫砂陶试制成功,龙山陶瓷工艺进入鼎盛时期。

紫砂陶是以颗粒较粗的含铁质粘土为原料,用低温快速烧成,产品内外均不上釉。由于配方和烧制温度不同,成品有天青、深红、老红、紫红、米黄等不同颜色,具有1.25%的吸水率及3.18%的气孔率,冷热急变,不炸不裂,透热透气,茶具泡茶,暑日不馊。龙山县陶瓷工艺厂生产的紫砂陶茶具、餐具品种达百余种,其中梅花壶、宴会锅等五种艺术陶具造型美观,式样新颖,1982年评为湖南名优产品。为满足市场需求,省

有关部门给县陶瓷工艺厂投资100多万元进行扩建,除生产茶具、餐具、花盆及坛坛罐罐等生活陶器外,还生产工业用的酒瓶、输水管道及耐火材料,农业用的排水管、烤烟房烟管等,花色品种达205个,1983年产量已达250万件。1998年,县陶瓷工艺厂改制后,龙山的土陶生产逐步从城市转向农村,桶车乡太平村建立了规模不等的个体手工作坊,从事传统的陶瓷生产。

制陶

龙山紫砂陶

十三、土纸制作技艺

清光绪年间，有宝庆（今邵阳）造纸师傅定居龙山塔泥湖，筑池舀纸，转相传授，附近有六七户人家造纸，成为我县造纸之始。龙山土纸的品种有毛边纸、清明纸、皮纸、草纸等，原料为本地出产的山竹、构皮、稻草等，先在池内沤制数月，捣为纸浆，用专用的舀子舀成纸张，故称"舀纸"。这是一种古老的手工技艺，从事舀纸的人家均供有蔡伦神像，以祭发明造纸术的鼻祖。其产品主要用于凿制钱纸和书写纸、包装纸、清明纸、手纸及制造鞭炮等。

第十节 民间文化设施

一、古摆手堂

清嘉庆《龙山县志》卷七载："土民设摆手堂，谓是已故土司阴署，供以牌位，黄昏鸣钲击鼓，男女聚集，跳舞长歌，名曰摆手，有以正月为期者有以三月六月为期者，唯董补、五寨二里最盛，屡出示而禁不止，亦修其教不易其俗，而依然其间，有知礼义者亦耻为之，若附郭上民此风久息，第堂址犹存"。清光绪戊寅年（即光绪四年，1879年）《龙山县志·卷十一·风俗》载："土民赛故土司神，旧有堂，曰摆手堂，供土司某神位，陈牲醴，至期既夕，群男群女并入，酬华，披五花被锦，帕首，击鼓鸣钲，跳舞唱歌，竟数夕乃止。其间或正月或三月或五月不等，歌时男女相携，翩跹进退，故谓之摆手。"

摆手堂有大、小之分，小摆手堂土家语称"耶搓"或"社巴搓"，亦有无堂第者于野外举办摆手活动的，称"社巴沽"；汉语称小摆手堂为"神堂"或按姓氏称祠堂的，如坡脚桠木湾的田家祠堂等。大摆手堂多称为"八部庙"或按举办时间的不同而称为"正月堂""三月堂"的。大摆手历史悠久，雍正十三年即 1735 年以前，县南隆砂以北及坡脚的苏竹、卡柯、多谷一带属大喇土司属地，其司治所辖地首八峒八部庙碑文记曰："首八峒，历汉、晋、六朝、五代、唐、宋、元、明，为楚南上游，故讳八部者，盖因咸镇八峒，一峒为一部落。"至民国三十年，湘西北尚有大摆手堂五处，其中除一处在古丈田家峒外，其余四处均在龙山，即农车、马蹄寨、柏那、着落湖。

八部大神古已有之，据《永顺宣慰使志》载："古设庙以祀八部大神，每年正月初一日、巫祀弑白水牛，以祀一年休祥。"马蹄寨大摆手堂初建在泽东坪。于明万历年间迁至向家寨。1982 年元月 14 日，据花桥村田岳生、田奉生、田双生等老艺人回忆，马蹄寨八部庙巍峨大观，其堂联为："八部施恩宣鳌水，千人摆手著龙山。"堂前两株古杉，五抱围粗，树龄当在四百多年。堂上供九尊神像，正中一尊仁美女神，土家人昵称"帕帕"（即祖母），左右排列八尊魁伟男神，或红脸黑脸或青面獠牙，土家依序称为"大拔普""二拔普"直至"么拔普"（拔普"即祖父"），皆民族之远祖。两边有狗形木雕二具，传说是八部大王神犬；女神脚边系有一只木雕公鸡，传说是八部大王捉来的雷公；两边有旗牌，供还愿人纳彩用。农车八部庙供奉的是"大拔普"，故每年赛会均由此举先。1952年土改前两年均没有庙田，以资摆手费用。1958年大炼钢铁时，庙宇被毁，堂前古杉伐为炉薪。1983年元月至二月，在当地群众捐赠工料及县政府资助下重修摆手牌楼。在绘制神像时美工人员因时间仓促，放弃了"一女八男"模式，而按农车掌堂师秦恩如所口述的"拔普""帕帕"形象从简绘制，男女神祇平起平坐，服饰亦带汉化，失去马蹄寨八部庙的原有特色，讹及四方。

三月堂旧址在洗车大河上游柏那村境内，距洗车镇十里许，庙宇背山面水，堂第三间，堂上供"三拔普"神像，由干溪柏那田姓、支家湖秦姓、东铺向姓组成五个摆手排主执赛会，每年从三月十五开堂至十九圆散，历时五天五夜。头天接神，每排备船一只，每船五至六人，船头置一椅，垫土家锦以设神座，中舱置大鼓一面，桅顶分别挂有田、秦、向旗号。是日正辰时，船只齐集三月堂下，待掌堂师吹响牛角，竞向下游驶去，在五里外的下老峒行迎神祭祀，酬毕，早有各排青壮守候船边。奋力拉船逆水而上，两岸鞭炮相随，以先到堂前者为胜。赛会期间，三月堂周围的河洲、土台、尽被大商小贩支席为庐，结街为市，五天五夜，灯火通宵，歌舞达旦。

农车大摆手堂前门

捞车河摆手堂神像

里耶摆手堂

着落湖大摆手堂在长潭乡桥上村，因地处补作溪畔的着落湖河段而得名。庙宇分正殿和左右偏殿三间，砖墙石门，石柱上刻着堂联："守斯土抚斯土斯土黎民感恩载德同歌摆手；封八蛮佑八蛮八蛮疆地风调雨顺共庆丰年。"正中一女神，长发披肩，赤足，脚边塑有一只卧虎，温顺如猫。左右排列神像背赤足陋脸，蓬发虬须，谓是八部大神。庙宇四周古树阴森，史年悠远。设有庙田庙土以资庙祝、香火及摆手费用。赛会以酬神还愿为目的，岁首举行猪祭，所献牲猪于前年岁末在神堂抓阄决定，制阄时忌有 12 和 12 的倍数，十二属亥，与猪相克。经当众拣阄决定，献猪户须于正月初二凌晨将猪抬至神前饯血，然后取前胛项圈肉在河边设灶烹煮，人神共飨，以祈吉祥。20 世纪 50 年代庙堂被毁，此俗衰息。1995 年 10 月 29 日，由退休老干彭文德牵头理事，募捐筹资 2 万多元，在桥上村公路桥头复修着落湖大摆手堂，12 月 21 日竣工，丙子年正月初五即 1996 年 2 月 23 日举行大摆手活动。堂内设八部大神，堂联改用首八峒古联："勋犹垂简篇弛封八部；灵爽式斯土血食千秋。"但房屋低矮，场地狭窄，人员稀少，气氛不浓。

小摆手堂又称土王祠，以祭祀故土司为主，中设彭公爵主神像，右为向老官人，左为田好汉。堂第遍及全县各村寨，以洗车、红岩、里耶等地区为盛。复修于清乾隆辛巳年（1762 年）壬辰月的西湖乡卸甲寨摆手堂碑文记曰："盖闻朝廷有太庙，乡党有宗祠，庙也者，神之居宫室也。自我老公爵主历代建庙供养侍奉以来，数百余岁矣，每岁三月十五进庙，十七圆散，男女齐集庙堂，击鼓鸣钲歌舞之，名曰摆手，以为神之欢也，人之爱也……庙宇巍峨大观，计造报钟一口，大鼓一面，香火朝夕，灯火不断。"复修于清道光二十四年（1845 年）冬的洗车河镇岔提摆手碑记曰："盖闻，自古至今，人有诚心，神有感应，昭昭在人耳目之间。及我永邑彭公爵主皆护国佑民治世福神也哉，况彭公自主以来也袭赵王，因以统领十八土司二十四小司，忠于君，佑于民，迨雍皇改土归流以来，大观庙宇绽坏，延清石匠抄化阖姓等重新整顿。"城郊一带的摆手堂，清嘉庆《龙山县志》就有"若附郭土民此风久息，第堂址犹存"的记载，至今，石牌、桶车一带尚有上母祠、中母祠、下母祠、摆手堂等地名。

土家小摆手堂多为四排三间两进式木屋，中有天井，以置鼓架，外围多用土砖，竖岩朝门，门上楹联显受汉文化影响，如贾市乡恒咱村的摆手堂对联："观是表忠，铁马金戈霸王气；文皆劝世，礼门义路圣贤心。"但一般多是"祀神酬祖德，摆手祈丰年"之类的。至 1958 年"大跃进"前夕，保存完好的土王祠尚有洗车镇、苗市捞车、朱家寨、隆头捞田溪、靛房坪、坡脚桠木湾、多义坪、岩冲、贾市兔吐坪等处，后相继折毁，至 2000 年底，全县仅存坡脚桠木湾、贾市兔吐坪两个小摆手堂，均建于改土归流以前，由于年久失修，破烂不堪。但民心不泯，历史悠久的小摆手活动仍在坡脚乡及贾市兔吐坪村得以较好传承。

二、古祠庙

据嘉庆版《龙山县志》所记,龙山县城最早见于史册的寺庙是明嘉靖年间由县绅晏、渝、刘、黄四姓捐建在县城南三里处的"迎龙寺"。

清雍正七年（1729年）龙山改土归流设县以后，废除了土司"蛮不出峒、汉不入境"的规定，外地汉族客商给予至沓来，龙山县城日趋繁荣，官府、民间兴修祠庙成风，仅县城就达数十处，其中较有名气的有：

文庙 又称圣庙，即孔庙，旧址在县城正北今县政府大院内。雍正十一年（1733年）知县袁振绪建修，用工料银599两零；乾隆六年（1741年），知县段汝霖第一次补修；乾隆四十二年（1779年）知县秦人藩率土民重修，用工料银千余两；嘉庆十六年（1812年），知县缴继祖廉五百两补修，嘉庆二十二年（1818年）知县缴继祖捐廉修葺两庑。咸丰九年（1859年）再次补修；光绪十九年，知县李智倗募捐整修文庙，此为最后一次整修；民国二十七年（1938年），县设民众教育馆于此；1951年4月15日，县建立文化馆后民众教育馆被接收，1954年县人民政府机关大院建于此，遂将文庙陆续拆毁。

崇圣祠 旧址在文庙的侧旁，雍正十一年（1733年），知县袁振绪建修。

先农坛 在县城东关外的蚂蝗田，雍正五年（1727年）建，每仲春上亥日巳时由县宰主祭，清代设雩祭，择日举行或遇亢旱霪潦为灾亦在先农坛祷之，民国初期毁坛废祀。

城隍庙 旧址在城西即今民安一小处，建于雍正十年（1732年），庙宇宏大，内供十殿阎罗及奈何桥、二十四孝、牛头马面、善恶报应故事等，每殿都有楹联，如"云借雨势，黑瞒天地不多时，雪逞风威，白淀田园能几日？""作恶者灭，若还不灭，祖上必有余德、德尽必灭；为善者昌，若还不昌，祖上必有余殃，殃尽必昌"等。寺田颇多，每年收租谷五十余石，多用于每年五月二十七日举行的迎城隍庙会。尤其是清嘉庆年间因白莲教屡攻县城不克，县宰报功朝廷，嘉庆皇敕封龙山城隍为"昭佑王"，敕鸾驾半幅，使迎神仪式更为隆重。在庙宇外新修大院，设照壁、正殿悬挂"昭佑王"匾额，迎神时前有"奉天巡祀，诸神回避"的旗幡，后有"肃静""回避"牌，銮舆凤辇，招摇过市。民国二十三年（1934年），国民党三十八旅潘善哉部驻扎城隍庙，部分神像被毁；民国二十七年一月，湖南省主席薛岳手谕各县从速完成"一保一校"任务，龙山县长魏盖群命人拆毁城隍庙，修建公学堂，即今民安一小前身。

龙王庙 在城正北，乾隆十五年（1750年）建。

文昌宫 在县治北,建于嘉庆八年(1803年),宫前建有魁星阁。

社稷坛 嘉庆二十二年(1817年)建,初建在北关外的桅杆堡,后迁址于新南门外。清时每春秋仲月上戊日由县宰主祭,民国时废祀毁坛,坛址鞠为茂草。

南岳宫 始建于乾隆年间,嘉庆版《龙山县志》即有记载。系龙邑长沙籍人集资所建,称长沙会馆,位于鱼泉沟东畔,庙宇宏大,坐北朝南,分前后三进,设东西二庑。前厅上为戏台,下为大庙进出道;中进为大院坝,兼作露天剧场,可容纳七八百观众。戏台为方形、圆顶、中有间壁分成前台、后台,壁左右设"出将""入相"上下场门,台的右后方设"九龙口",演员从上场门出场,走数步稍停或"亮相"所在地,鼓师坐在这里指挥演出,演员在此初显风貌。后进为普陀山,系采用紫砂陶土塑成,峥嵘突兀,气象万千。前面是一尊观音坐莲佛像,假山石上有成千上万的小泥人儿,高尺许,或蹲或立、或单或倚、造型奇特,组合有致,神形意趣、栩栩如生,山上饰有花卉藤蔓及栖鸟窜鼠等泥塑,更增生气。观音两旁排列十八罗汉二十四诸天,旁殿供南大帝,坐像,高二丈余,左右塑二侍将,持剑捧印,煞是威风。东西二庑,西厢称老龙段,供桩尾老龙菩萨,每逢干旱,乡民抬老龙菩萨游郊以祈雨;东厢称小衡山,又称小山门,设憎房和斋膳房,有常住尼憎10来人。平时南岳宫以唱戏为主,既有高台戏也有矮台戏,戏班开支由会馆商贾募捐解决。会馆有庙田数百亩,每年可收租谷八九百挑,用于每年八月十五的"月宫会"即南岳庙会,这天,会馆之男女老幼齐集庙堂,聚餐看戏,张灯结彩,热闹非凡。

南岳宫庙门

南岳宫大门

清代古庙南岳宫

东岳宫 位于鱼泉沟西畔,距城墙不过两三丈远,清道光年间由本城钟、郑、朱、刘、李、郭等八姓合资所修宗祠,称"朗江会馆",规模式样与南岳宫近似。门楼为戏台,戏台前是岩院坝,拾阶二级上正殿,殿上供东岳大帝黄飞虎,左右四战将;右殿供都督菩萨,左殿亦设有神龛;二进为四合水天井,左右有厢房,二殿供观音,左右是金童玉女;后进系三层楼房,昔称浔阳楼,不住僧尼。东岳宫每年举行两次赛会,一次是六月初四的迎神赛会,这天,朗江会馆组织男丁抬起都督菩萨满街游神,一路鼓乐齐鸣,炮竹连天,游神人众每人戴冬帽一顶,饰有翎羽,形如清朝官帽;一次是每年冬月初五至十三的冬至会,各姓男女老少齐聚会馆,杀猪宰羊,举办同乡宴会。宴会由值年总理主持,每年选一次,负责当年的庙会开支。东岳宫置有百多亩庙田,每年租谷上千担,故庙资甚丰。

关帝庙 建于清乾隆年间,旧址在城正北,庙前大道两旁,左脚成荫,有"关坪翠柳"之称。除以上庙宇外,城内还有火神庙(即祝融庙)、三元宫、屈子庙、黑虎宫(又称黑伏宫)、太阳宫等,城外的天王庙亦很有特色。

天王庙 据清光绪版《龙山县志》卷十记:"天王庙,有三,一在城西营地,一在羊角寨,一在邑南塘房坡。严如熤《苗防备览》考:五溪蛮记白帝天王神,三人,面白、红、黑各异,报赛甚丰,苗民畏之,各书载神姓名事迹不同,辰州老以为汉田疆之三子,分居上城、中城、下城,自保以拒王莽者,然今神像只三人,果为疆子,则三子之忠仪皆秉其父命,不应舍父而祀其已。其东汉建武(年)中武陵蛮不靖,朝廷屡用兵。伏波将军进征至壶头,既以汉臣自矢,不应史传无田姨子弟从役伏波者,则未可据也。泸溪各志述史记,西南夷传则云竹中得小儿,长为夜郎侯,汉武诱杀之子三人,皆蛮夷所推,而第三子尤雄勇,后人以竹王非血气所生,有神灵为立庙以祀。今庙中神状三郎尤猛烈,为苗民所畏,当即此也。但夜郎地在楚蜀之间,今为施南一带,去五溪尚远,又蛮民所虔者竹王,不能舍竹王不祀。惟永绥、沅州老中言辰州人姓杨名瀨者,兄弟三人皆为宋晓将,当苗峒蛮为害,领众击之,知苗贪食,多宰牛豕煮之,悬林间,苗争相食啖,出不意大破之,逐开九溪十八峒,仅留吴石龙麻廖五姓,残苗后反命人忌其功,遣以药酒,同时俱殒。乃小暑节也,今此节为苗中最重,且杨墓在黔阳陀口,俱实有所据而颇以他书,杨产靖州墓在黔阳为疑。不知沅靖二州宋时皆南江地,本属縻地辰州,且如辰老所言,则忠在拒莽而于蛮无功,如史记所传,则特蛮中祖先盘瓠禀君之属亦不必为蛮畏如此,独所传杨氏兄弟者能捍大患而以死勒事,生为蛮民所惧,宜其殁而蛮犹惧之也。"清《来凤县志》卷十八引《广虞初新志》载:"白帝姓杨氏,湖南乾州鸦溪人,母感龙而孕,一户三男,各有勇力,武艺绝伦,遇苗人不靖,集村人数十讨平之，时宋南渡后事也。朝廷召至杭，见其状饥英异，恐为边患，颁以鸩酒，令归共妻孥饮之。未至家，苦热，开瓶取饮，三人皆中毒死，而灵不昧，屡著神异，官民立庙祀之，故称白帝天王，第三郎尤显应云。"

至民国年间，县城众多庙宇陆续被毁，一些祀事亦被废止，县城没有戏台的寺庙会馆仅剩城隍庙、龙王庙、黑伏宫、南岳宫、东岳宫和万寿宫六处。除县城外，各地寺庙宗祠均没有戏台，如里耶的关帝宫和万寿宫，洗车的关帝宫、文昌宫和陈家祠堂和召市的黑神庙，桂塘的万寿宫，靛房的伏波庙，坡脚的关帝宫，田氏宗祠等。这些戏台，经常有演出活动，尤其是里耶、洗车、隆头几大商埠，流动人口多，剧场常常爆满，有时日夜兼场。戏班多是本地的，亦有外地来的。除演戏外，各地的庙会文化也各具特色，如召市的迎黑神、桂塘的人万会等。

第十一节　文化交流

一、出国展演

（一）出国展演主要活动

田隆信、杨文明等在波兰　1987年9月，龙山县文化馆田隆信、杨文明随中国湖南民间歌舞团赴波兰参加了第六届索斯诺维茨国际民间歌舞联欢节和第十九届扎科潘内山区国际民间文艺竞赛，由田隆信、杨文明担任主奏的中国土家族民间吹打乐《毕兹卡的节日》等节目集体荣获"铜杖奖""联欢节特别奖"，田隆信、杨文明荣获国际评审团授予的"器乐伴奏奖"；9月4日晚，在波兰·卡托维兹文化中心音乐厅举行的国际器乐联欢会上，由田隆信吹奏的土家族"咚咚喹"与苏联的鹰笛、埃及的芦苇笛被推为领奏乐器。一曲吹完掌声爆响，来自10多个国家的音乐大师们争相传看这根小竹管乐，惊羡中国人的聪明智慧。

张光准在南斯拉夫参加博览会时，赞比亚总统为土家织锦题词

田隆信、杨文明等在泰国　2014年12月6日至8日，田隆信、杨文明、尹忠胜、刘军生、李亚民等5人参加"湖南文化走进东盟"泰国曼谷6天公务演

出，龙山演出的节目有土家族溜子说唱《岩生哥的婚事》及土家族打溜子《锦鸡出山》《锦鸡拖尾》《喜鹊闹梅》《八哥洗澡》《闹喜堂》。其中溜子说唱《岩生哥的婚事》被列为开幕式上唯一表演的节目。在开幕式上，泰国副总理威萨努，中国湖南省委常委、宣传部长许又声分别致辞。在座的有中国驻泰国大使宁斌魁及泰国文化部官员。

张光准在南斯拉夫　1989年8月24日，龙山县土家织锦厂厂长张光准随国家民委组织的代表团离开北京，赴南斯拉夫参加诺维萨德国际博览会。中国代表团由22人组成，由国家民委副主任包玉山任团长，国家民委外经司司长路林任副团长。9月1日，第五十六届诺维萨德国际博览会开幕，龙山的土家织锦在中国展台展出，观者赞不绝口。临别时，团长包玉山将龙山土家织锦袋《双阳雀》等两份精品作为国礼馈赠给南斯拉夫副总理约维奇。

苗市民族艺校在美国　1993年10月至1994年4月，在深圳锦绣中华从事土家族民俗文化表演的苗市艺校学员彭大兵、彭德文、向官涛、李宜文及苗市土家织锦女杜月娥等20多人在美国从事土家文化演展半年。

黎成凤、黎秋梅等在美国　2009年12月至2010年3月，我县土家织锦省级传承人黎成凤、黎秋梅及黎承菊等五人应世界知名艺术家蔡国强先生邀请，赴美国费城博物馆纺织工坊作土家织锦现场献艺，完成了土家织锦50米长卷《岁月如梭》。《纽约时报》《世界经济日报》等国际媒体争相报道。

夕阳红艺术团在韩国　2007年6月，龙山夕阳红艺术团带着土家族摆手舞《欢乐的毕兹卡》等节目赴韩国首尔演出，深受欢迎。

土家织锦技法传承人黎成凤、黎秋梅等在美国接受媒体采访

2014年12月田隆信、尹忠胜、杨文明等在泰国表演土家族打溜子

1987年杨文明、田隆信等到波兰表演土家族吹打乐《毕兹卡的节日》

（二）出国演出重点节目简介

毕兹卡的节日 由田隆信主创主奏主唱的土家族民间吹打乐《毕兹卡的节日》，1986年12月5日在全国民族民间音乐舞蹈比赛中一举夺下了器乐决赛一等奖，从而被列为湖南省十三项优秀文化成果之一。该节目充分利用土家族摆手锣鼓、牛角、唢呐、铜铃、司刀、竹筮等民乐的优势组合，烘托出土家族大摆手活动的恢弘场面和"红灯万盏人千叠，一片缠绵摆手歌"的炽热氛围，让人感觉到土家族人民在毕兹卡的节日里的喜庆和欢乐。

土家族咚咚喹《山寨的早晨》 1983年，田隆信利用咚咚喹打音、颤音兼备的特点，创作了咚咚喹独奏曲《出寨的清晨》。1987年9月，他带着这根凝聚着土家父老期望的小竹管，参加了在波兰举行的第六届索斯诺维茨国际民间歌舞联欢节和第十九届扎科潘内山区国际民间文艺竞赛，第一次登上了五彩缤纷的国际舞台。当他站在麦克风前吹响咚咚喹时，场内鸦雀无声，随着那清脆、欢快的旋律，人们进入一种鸟语花香、莺歌燕舞、鸡鸭喧腾、春意盎然的艺术氛围。一曲吹完，台下掌声爆起，媒体评说："那长不足五寸的小竹管里竟然吐出了一个美丽的春天……"

土家族溜子说唱《岩生哥的婚事》 土家族溜子说唱是流行在湘西北土家族地区的一种地方曲艺形式，20世纪80年代末载入《湖南省曲艺志》《湘西土家族苗族自治州曲艺志》等曲艺辞书中。它是在充分吸纳土家族打溜子曲牌繁多、音乐跌宕起伏、热烈欢快及演奏紧凑、表演灵活等特点，又加进了土家族说唱中的板腔即"溜子板"和土家族"咚咚喹"中的"呆嘟哩""巴列咚"等音乐元素，而形成自己独特的风格。它以西南官话和土家方言为语言材料，幽默风趣，有说有唱，唱、演、奏有机结合，长于表事述人，取材广泛，尤其适于表现农村题材和凡人小事，以小见大，亮点纷呈，深受群众欢迎。其代表作有《首长来到洛塔坡》《麻买挫住》《老光棍成亲》《岩生左阿》《拨普帕帕上大学》《我的梦》等，其中《岩生左阿》于2004年10月在广西南宁举行的第二届中国少数民族曲艺展演中获国家级金奖。

《岩生哥的婚事》是岩生系列故事之一，取材于农村改革以后，在党的富民政策的和风惠雨中，土家族农民岩生逐渐摆脱贫困，以勤劳和智慧描绘着心中想往的致富蓝图。热情讴歌改革开放给农民带来的看得见、摸得着的好处。故事从岩生哥办婚事的喜庆场面切入，极力暄梁气氛，把观众带进喜气洋溢的土家山寨，分享那份"迟到的春天"的快乐。继而，通过岩生哥成亲前的婚恋纠葛，以通俗风趣的语言，栩栩如生地刻画出岩生哥淳朴善良、崇尚勤俭，不甘贫穷的人物性格，热情赞颂了岩生哥孝敬老人、和睦邻里、婚事新办、乐于农村公益事业、带领乡亲们共同致富的优良品质。同时通过婚礼的喜庆场面,展示了土家山寨浓郁的民俗风情和土家族人民乐观向上的精神风貌。

二、晋京演出

(一) 晋京演出主要情况

1964年11月19日,坡脚乡业余文艺宣传队彭继翠、张成友、龚道满、张祥武、田德隆等随湖南省代表团抵达北京,参加全国少数民族业余艺术观摩演出,湘西州同行的有石顺明等11人,他们演出了土家摆手舞《在田间》、苗鼓舞《苗山女民兵》和土家族溜子、咚咚喹等节目,摆手舞《在田间》、苗鼓舞《苗山女民兵》获优秀节目奖。观摩演出期间,全国53个少数民族代表团被通知到人民大会堂演出,受到毛泽东、周恩来、刘少奇、朱德、邓小平等党和国家领导人的亲切接见,并合影留念。1983年10月,龙山县文化服务队受省文化厅委托,代表湖南赴京参加全国乌兰牧骑式演出队文艺会演。演出的节目有土家民俗舞《夜织》、土家溜子说唱《老光棍成亲》、歌表演《望乡台》、土家族锣鼓舞《粑粑哈》、湘西民歌《四季花儿开》、土家族打溜子《锦鸡出山》、土家族咚咚喹《山寨的早晨》等。《粑粑哈》获优秀节目奖。2005年1月30日,龙山创作、演出的一部土家族风情歌舞《毕兹卡神韵》进京为中国电视艺术家协会2005年会专场演出获好评;2006年10月,龙山土家族打溜子《锦鸡出山》在北京参加"中国民族歌舞盛典"演出;2007年12月29日,龙山土家族打溜子《锦鸡出山》在钓鱼台国宾馆参加国家外交部举行的2008年新年招待会"多彩中华"大型原生态民族歌舞演出;2008年3月,龙山土家族吹打乐《毕兹卡的节日》在国家大剧院和民族文化宫成功演出;2008年8月,龙山土家族打溜子《锦鸡出山》参加为时一个月的北京奥运演出;2009年6月,《毕兹卡的节日》等节目参加全国文化遗产日音乐会演出;2010年6月13—19日,龙山土家族摆手舞《舍巴乐》在京参加中国首届农民艺术节;2010年7月23日至27日,龙山一台土家族歌舞节目代表湖南参加上海世博会演出;2012年6月9日,我县田隆信、杨文明、尹忠胜、米显万及靛房镇石堤村农民彭顺、彭云、彭南成、彭志平等随湖南省民族歌舞团在北京国家话剧院参加《五彩湘韵》演出;2012年7月11日,坡脚石堤村土家溜子队彭顺、彭云、彭南成、彭志平启程进京参加第四届全国少数民族文艺会演颁奖晚会。2014年10月27日,龙山田隆信、杨文明、尹忠胜、刘军生、李亚民表演的土家族溜子说唱《岩生哥的婚事》在国家大剧院参加由国家文化部主办的《大地情深》"群星奖"获奖作品全国巡演北京行暨闭幕式演出。龙山土家族节目两次进入国家大剧院演出，这在湖南尚属首家。

(二) 晋京演出重点剧目介绍

毕兹卡神韵 2002年创作、演出的土家族风情歌舞《毕兹卡神韵》在湘西州新剧（节）目调演中获演出一等奖、优秀文学台本奖、优秀编导奖、优秀音乐奖、优秀舞美奖及全州"五个一工程"奖等10项奖励。2003年参加湖南艺术节获银奖。《毕兹卡神韵》由刘能朴创作文学台本，彭昌兴担任音乐主创，胡小兰、杨芳担任总编导。专家评论说："《毕兹卡神韵》以体现中华文化独特神韵的'天、地、人、和'四个篇章，表现土家族的过去和现在、劳动与爱情，奋斗与进取以及对未来的无限神往。整台演出气势磅礴，组合天成，清新流畅，如行云流水，给人以情的感染，力的振奋，美的享受。"2005年1月30日在北京为第三届中国电视艺术界新春联谊会专场演出，有中宣部、国家各部委、中国文联、中国电视艺术家协会、中央电视台、中国电视剧制作中心、北京电视台及影视界制片人、导演、影视明星等现场观看。

《毕兹卡神韵》晋京演出（一）

《毕兹卡神韵》晋京演出（二）

三、边区文化交流

1986年3月，经龙山、来凤、酉阳三县协商，拟举办"湘鄂川（渝）边区龙山、来凤、酉阳三县民族文化交流会"，旨在"弘扬民族优秀文化，开展文化艺术交流，加强边区民族团结，活跃群众文化生活，促进两个文明建设"。"文化交流会"下设组委会、办公室、演出组、后勤组等组织机构，组委会主任委员由东道县第一副书记担任，副主任委员由三县分管文化的副书记、副县长和宣传部长担任。交流演出节目坚持"以民族民间歌舞为主，以业余演出为主、以本县整理、创作为主，以小型多样为主"的原则，演出所需经费由东道县按组委会规定人限解决。从1986年12月开始，按照来凤→酉阳→龙山的循环顺序分别在三县轮番举行。至1999年10月在来凤剧院举办三届一次交流演出止，已演出7次28场，在边区三县起到了增进团结、共同进步的作用。在三届一次边区文化交流中，龙山演出的小品《端阳雨》感人至深，引起良好反响。

端阳雨 编剧刘能朴，主演杨芳、尹忠胜。端阳雨圣洁而凝重，养育了历史，滋润着人心。小品《端阳雨》抓住这个人文内涵，以山区抗洪抢险为题材，演绎了一个感人至深的故事，倾诉了人间不朽的情怀。主人翁彭治龙是水淹坪村党支部书记，他们村四面环山，中间一个千亩盆地，过去山洪一来，无法排泄，积成一片汪洋。为变患为利，他与原村支书向昌龙带全村人民打通了排洪隧洞，变千亩沼泽为良田。在这号称"五龙治水"的艰巨工程中,治龙的好友向昌龙不幸牺牲,留下妻儿老小,治龙没少照看。在一片真诚中,他与向昌龙的遗孀田水英产生了恋情。小品从田水英端阳祭夫切入,通过撒粽子、抛肚兜、唱歌定情等情节,酿成喜剧气氛。正当二人沉浸在甜蜜的恋情中,暴雨突来,山洪暴发,护堤树连根冲翻,卷着浪渣,直逼洞口。稍一打横,便会像闸门一样把洞口堵得严严实实,使良田又变汪洋。在这恋情、险情交织的矛盾中,彭治龙毅然进洞排险,留给观众一片悬念。小品较好地利用了牛角声、风雨声、杜鹃声等音响陪衬,烘托出一种圣洁、悲壮、凝重的艺术氛围,最后以排险成功而快慰人心。它以清新隽永的诗化风格和强烈的艺术情感,歌颂了当代农村基层干部那种公而忘私、临危不惧、为人民利益敢死敢拼的奉献精神。该小品在参加省、州小品会演中,荣获省级银奖、"优秀剧本奖""优秀导演奖""优秀演员奖"等多项奖励。

四、赴港、澳、台演出

2010年7月、2011年6月,龙山县无极健身队、龙山县夕阳红艺术团先后到香港参加老年文化交流演出活动。夕阳红艺术团演出了土家族打溜子及土家族民俗舞《粑粑哈》等。2011年12月,我县土家摆手舞、打溜子、咚咚喹、土家民歌等节目赴台湾演出,先后在台北、台南、新竹、嘉义、高雄等地开展为期一个月的海峡两岸中华文化交流。2013年2月24日,我县田隆信、杨文明、尹忠胜、刘军生等人在澳门参加特区政府举办的元宵文艺晚会演出。

2011年12月,龙山土家族打溜子在台北孙中山纪念馆演出

第一章　文　化　281

2013年2月24日，田隆信、杨文明、尹忠胜、刘军生在澳门参加蛇年元宵文艺晚会演出

2011年12月，田隆信等在台湾嘉义高中100年校庆演出

第二章 体　育

一、民间体育

踩高脚　土家语称"卡且吐",选两根长及本人肩部的竹竿,于离地尺许甚至两、三节处留桠,用稻草绳或棕绳绑成鞋式踏板,先练行走,娴熟者过河涉水、上坡下坡均能以竹马代步。比赛时,双方可用身体各部位相互撞、顶、拐或用竹马脚相互踢、绊、扫等方法互争胜负。龙山的高脚马多次参加全国或全省少数民族传统体育运动会,获多枚金牌,大有"打遍天下无敌手"之势。

踩高脚

板手劲　这是臂力的较量。比赛前，两人面对面坐着或站着，中间隔着一张桌子或一块扁担，用右手或左手对握，肘头放在桌面或扁担上，双方各自用力向自己胸下方板压，将对方手腕压在桌面即算获胜。有的胜方为显示自己臂力，给负方让步，让对方握住手腕使劲板，或让负方用右手板自己左手，负方能板倒胜方亦算赢，以此帮助负方树立再练再战的信心。除这种对手赛而外，小伙子们聚在一起还经常举行擂台赛，由臂力强者摆擂，有板倒擂主者即获"口碑奖"，众人奔走相告，胜者"一举成名"。板手劲规矩很严，如：不准压肩、不准偏头，不准移动"倒拐子"（即肘关节），不准歪身子或用身体其他部位发力往下吊等。这种实打实的臂力较量，锤炼了一代代"力拔山兮气盖世"的好汉。

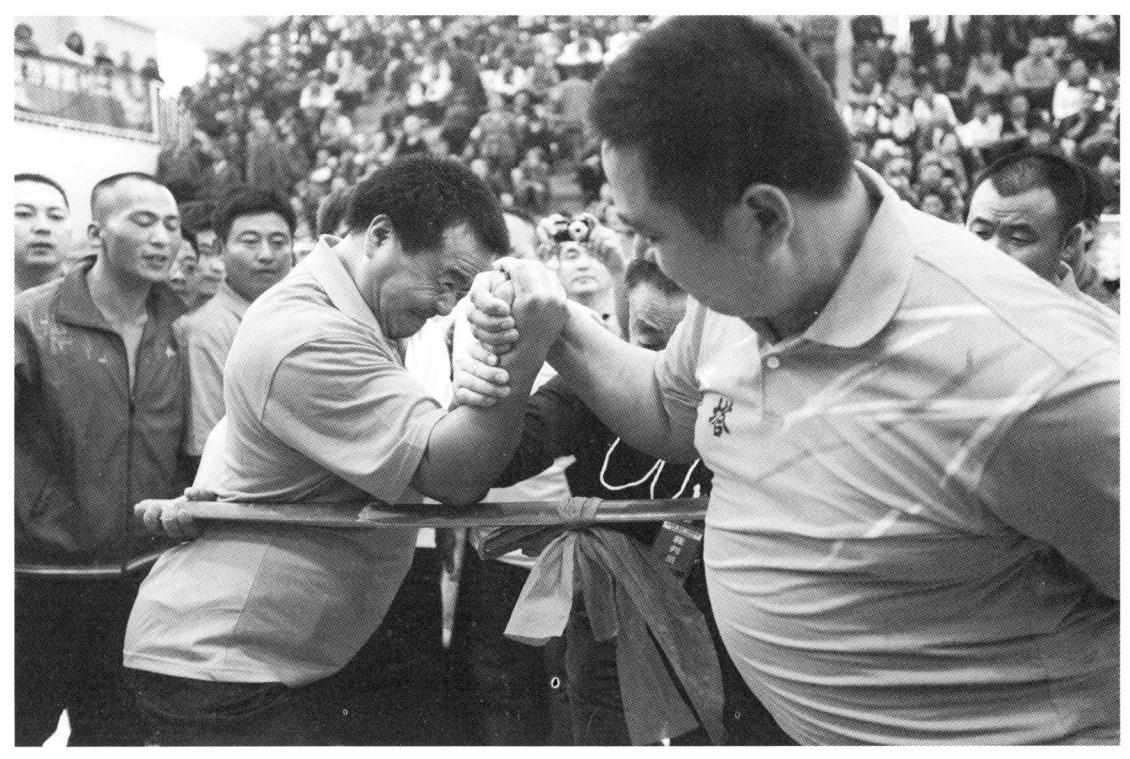

板手劲

抵杠子　抵杠子是土家族民间角力赛之一。杠子是一根不足两米的圆木棒，两头锯平，选一宽敞坪地进行比赛。比赛不分体重级别，不受时间限制，有兴趣者可随时登场较量。比赛前，双方各自用胯骑在杠子一端，双手紧握杠子，弯腰站定，双脚岔开，目视对方，点头打招呼后即开始比赛。只见双方用双脚夹紧杠子，双手紧握杠子，凭智凭力，伺机待发，或向上下挑压，或向左右拔开，时站时蹲，时进时退，寻找对方薄弱点，找准突破口，若对方的杠子从手中滑落或被挑翻或推拉倒地即为败。会抵杠子的人技艺高超，能恰到好处地使用自己的腰、臀、腿、手各部力气，并能运用自如，以致常常取胜。

摔抱腰 摔抱腰是土家人从儿提时期模仿牛羊角格斗、相互嬉戏而发展成熟的一种民间体育活动。摔前，二人双手相互搭肩，头对头的推来顶去，旋即二人双手抱腰，相互用脚勾绊，借势将对方摔倒。与赛者一般都是体力相当。通过一次次角力，直至对方失去抗衡能力才甘拜下风。摔抱腰在土家山乡很盛行，有二人对抗赛、一人对多人、团体赛等几种，比赛时观众自动围成一圈为参赛者喝彩助兴，运动员各系一条腰带，各自用力将对方摔倒为胜，若双方同时倒地，乙方压住甲方，则乙方获胜，双方肩背同时着地，谁也没压住谁则为平局。摔抱腰时允许抓腰带、抱腿、过背、夹臂翻等动作，以一方肩着地为输。摔抱腰不仅要力气，更要技巧。常见的动作有"勾勾脚"（即用脚勾绊对方踝关节）、"旱地拔葱"（即将对方抱起来搬在肩上）、"蜻蜓点水"（即用脚踩对方）、"金龙抱柱"（双手抱住对方的腰、胸、肩同时用力向前顶对方胸部）、"顺手牵羊"（借用对方力量顺势摔倒对方）等。

打飞棒 源于古代狩猎，是一种用长棒击短棒的传统体育项目。长棒称打棒，粗及握拳，长约尺许，短棒称飞棒，粗如大指，长约15至20厘米不等。为对抗赛，甲方1人，持飞棒，乙方1人或多人接飞棒，有挑飞棒、接飞棒、打飞棒、宰鸡头、量丈尺等程序。最先是挑飞棒，在赛坪用两块同等高石块摆成槽形，将飞棒（俗称子棒）横搁在两石之间，用打棒（亦称母棒）从"槽"中挑起，若被乙方接住则甲方为负，未被接住甲方则可将子棒拿在左手，右手持母棒用力把子棒击向远方，以射程远近定输赢。负方须跳起跛跛（bai）脚捡起子棒贡于胜方，复又接打飞棒，如此反复，有胜有负，趣味很浓。

发界鸡 "界鸡"制作简单，用稻、麦、草秆结成长形草把即成。选一坪地作赛场，地上划中线或放竹竿为界，比赛时甲、乙两队各站一方，人数可多可少，可分男、女队或男女混合队，比赛前两队抽签决定首发权，首发队在距中线三米左右处发鸡，由一人将鸡踢过中线进入对方场地，由对方一员将鸡捉住，再以同样的方式踢过来，这么一来一往定输赢。若发鸡时没有踢过中线则为"死鸡"，须给对方"贡鸡"；若鸡已经在规定距离内发过界线而没被对方捉住，则为负，须给发鸡方"贡鸡"。负方贡鸡时，不得歪发，必须平平稳稳地抛给对方，对方用脚踢过来，直到被负方捉住才算贡完一人。胜方所有队员均有权享受一次贡鸡，会踢鸡的人时上时下、时高时低，时左时右，踢得对方蒙头转向，忙得团团转。负方就这么一个接一个的给胜方贡鸡，周围站满观众，兴高采烈地就像看排球一样。

二、梯玛绝技

踩火铧 这是用于"解结"时的一种梯玛秘传下来的绝活。接受"解结"的也多为不孕不育或几次流产,或产后婴儿夭折之类的妇女。梯玛唱着神歌,妇坐在堂屋里,恍恍惚惚如处雾中。这时,帮忙的人已将一张或几张犁铧用木炭烧得透体通红,有一点没烧透都不行。只见梯玛赤裸的手指上垫了一片薄薄的钱纸,这钱纸是在众目睽睽下梯玛从桌下钱纸堆中随便取的,没作任何药物处理,但奇怪的是,这烧得通红欲滴的犁铧,不仅没把双手烙伤,竟连那垫在手中的钱纸片也毫无熔印。梯玛就是这么若无其事的端着,一边哼着神歌,一边环绕妇人身边而行。直至手上那张犁铧从透体通红渐渐变冷变黑,才将它平放在地。这时专门负责烧香化纸的香倌为了当众证实这犁铧的温度,取来一叠钱纸往这冷了的犁铧上丢去,就像酒精、汽油喷在火上,立马燃了起来。然而梯玛手上捏着的那两片钱纸依然如故,这不得不令人咋舌了。

踩火铧

含耙齿 人的嘴巴是肉做的,平时对温度敏感最强,象喝开水,吃火锅,一不小心就烫得够呛。可是谁能相信,土家梯玛竟然把一根烧得通红的铁耙齿若无其事地含在嘴里,就像小孩吃冰棍儿一样,在人前走来走去,嘴上含的那根耙齿,令人远远地就觉炙手可热,要不是亲目所睹,还真以为是天方夜谭。这种法事通常与端火铧同时进行,都是用于为不孕不育或孕后婴儿夭折之类的妇人"解结"的。

吞竹筷 化水吞筷是流传在湘西土家族苗族地区一种巫傩之术,通常流传的有"九龙水""鹭鹚水"等,主要用于驱邪和治疗鱼刺卡喉、误吞异物等不适。画水时巫师点烛燃香，口中喃喃念动咒语："过香一道，祖师请到；过香二道，本师请师；过香三道，吾师关照。弟子隔山叫隔山应，隔水叫隔水灵。不叩自应，不请自灵，行符勒水，化物熔金。圣水请到，真魂本命，收在水碗，吾奉太上老君急急如律令。"咒语念毕，将竹筷用刀砍为数节，放在嘴里，用此水吞之。亦有用此法咬瓷碗、吞瓷片的，众目睽睽之下百思不得其解。巫师用这种"法水"治病疗伤，或内服或外敷，据说还很灵验。尤其对鱼刺卡喉者和误吞扣子、金属等异物者颇有神效。

下油锅 土家人称夭折的婴、幼儿为化生子，说是冤魂附胎，必须用下油锅这种酷刑加以严惩，方能绝其后患。油锅可大可小，一般用的五号广口锅，锅口直径在40至50厘米之间。锅中装满茶油或菜油，用旺火烧沸，梯玛把一枚铜钱扔入锅中，口诵神歌，手作法结，在接受"解结"的妇人头上挽来挽去，俄顷，双手赤裸着探入滚滚沸沸的油锅之中，把那枚铜钱捞出，一路口中念念有词，把象征冤魂的铜钱扔得老远。这样就算把冤魂送走了。令人不解的是梯玛同样是血肉之躯，为什么连烧得通红的铁器、煮得滚沸的热油，都不能伤其肤唇皮毛之万一？其中究竟有何奥秘确实令人费解。

压石磨 压石磨，土家语称"波左布此坐"，梯玛仰卧在席子上，旁边人在他胸、腹上放一个簸箕，簸箕内再放一副石磨，由两人推动，直至把三斗六升苞谷推完或把三斗六升稻谷砻完。在如此重负下如此长的时间内，梯玛若无其事，任磨盘转转，他自悠然地唱着"梯玛神歌"，谈笑风生，轻松自如，毫无负压喘气的感觉。

压石磨

三、民间棋牌

打三棋 是土家族的一种较深奥的棋类活动。打三棋的棋盘由三个不同尺寸的四方形组成。棋盘共有二十四个交叉点，这些交叉点是双方对弈时的着子地方，还有二十条直线，每条直线三个交叉点，这是对弈双方各点抢线的焦点。打三棋的棋子不受限制，可就地取材，木片、石子等，一般二人对弈时先摆棋子，动子由后摆子的一方先动，限走一个交叉点。然后轮流动子，如果形成了"打三"，就可任意提掉对方一个子，使对方无法形成"打三"。打一三，提一下，连续打三就连续提子，一直把对方的棋子全部提净或只剩二子无法打三，或自动认输时，这盘棋就算结束。

五子飞棋 五子飞棋盘是由四个"米"字形的方块组成，共有十六条直线二十五个交叉点，每条直线上的交叉点，是对弈时双方抢线占点的焦点。五子飞棋不受场地、器材影响，随时随地均可对弈。据说，土家族青年在拜年时，岳父大人常用五子飞棋来测验女婿的聪明才智。

猪母娘棋 是根据上山打野猪时的围、追、堵、截过程创造且逐渐演变而来的棋类项目。猪娘棋的棋盘是由四个大小相等的"米"字方形和一个三角形组成。持猪儿一方为五个棋子，分别摆在大四方形远离三角形一边端线的五个交叉点上；持猪娘一方为一个棋子，摆在三角形的顶点上。比赛胜负均采用五盘三胜制。下猪娘棋好似上山围野猪，十分有趣。围、追、堵、截，情趣无穷。

牛眼睛棋 牛眼睛棋，创始于放牛儿童，也是一种启蒙棋。放牛儿童在山上放牛时席地而坐，在地上或石板上划个棋盘，对弈而战。用小石子、小短树枝、短草根为棋子，两人对弈，每人三个棋子，摆在各自一方的一条线上。双方对弈时，用自己的两个棋子将对方的一个棋子夹死在棋盘一角上时，就将此棋子取掉，直到将对方的三个棋子全部在角上夹死取掉为胜。

上大人 "上大人"是流传在龙山一带的一种传统纸牌。纸牌背面为黑色，正面两端分别用红、黑二色写上"上大人（红）、丘乙己（黑）、化三千（红）、七十士（黑）、尔小生（红）、八九子（黑）、佳作仁（红）、可知礼（黑）"等24个字，每个字写四张，共为96张。因此，有些人将这种纸牌又称为"九十六"。打纸牌的胜负，以先"和（hu）"和"和（hu）"的种类而定。计算"和（hu）"的方法有"将"牌、"闲"牌之分，一般规定"（红）上大人、（黑）丘乙己、（红）化三千"三方为"将"牌，其余红、黑五方为"闲"牌。计"和（hu）"时，"将"牌每一张为一和（hu），三张成句为三和（hu）。自抓三张同字者为"一砍"，算六和（hu）。在此基础上得四张同字者为"开召",算十和(hu)。若得"开召"加一方成句者为"满九满"算十二和(hu),自抓的"满龙满"为十四和(hu)。自抓二张同字再加上别人打过来一张,成三张同字者为"一碰",只算三和(hu)。而"闲牌",单张或三张成句均没有"和(hu)"。只有得三张同字时才有"和(hu)",其中自抓的为"一砍",算四和(hu),别人打过来的为"一碰",算两和(hu)。在"一砍"基础上得四张字者为"开召",其中自抓的为八和(hu),别人打过来的为四和(hu)。和(hu)牌的方法有小和(hu)、大和(hu)、浑和(hu)、清和(hu)、浑大和(hu)、自摸双等。打纸牌的形式有打"对对和(hu)""追口和(hu)""克十和(hu)"三种。

第三章 医 药

一、土家医药

土家族是个古老的民族，长期生活在千峰万嶂的武陵山区。在人兽相残、湿气侵骨、疾病相扰的远古时期，通过尝草识药，治验疾病的原始探索，逐渐形成具有山地生存特色的土家族医药经典。土家语称医生为"舍左"，分药匠、水师、梯玛三种。药匠主内科，水师主外科，均以药物治疗、推拿按摩为主，集药、医、护于一体。梯玛讲究"神药两解"，采取药物治疗和精神治疗，集医术、巫术于一体。三者并存，各有千秋，长期以来悬壶济世，救死扶伤，历史上是土家族医药的主流，积累了丰富的土家族医药经验和系统的医学理论。

土家医持"天人合一"认识观，认为天、地、人共同构成大自然。用天、地、人（水）三元关系认识人体生理和病理变化规律。将人体分为上、中、下三元，上元为天，统领心神，管理神志；中元为地，统领脾胃，管气、血、精的纳取；下元为水，统领肾，管纳气排水。认为人类的生命物质即气、血、精等是由三元中的脏器产生，人的各种生命现象均受三元内脏支配气、血、精，经上、中、下三元循环往复，以维持人体正常的生命活动。土家医认为，人体的生命活动依赖"三元"的脏器功能驱动气、血、精的循环流，才能维持人体的新陈代谢。在病因上，以毒邪及伤因为病因学基础；在诊断上，以看诊、问诊、听诊、脉诊、摸诊等"五诊法"为诊断学基础。在治疗法则上有八种用药原则：即寒则热之，热则寒之，亏则补之，阻则通之，实则泻之、肿则消之，惊则镇之，湿则祛之。以此形成汗法、泻法、赶法、止法、补法、湿法、定法、清法八种治疗方法。在外伤治疗上，土家医有集刀、针、火、药、水五术一体的传统疗法及梯玛的巫术疗法、推抹疗法、水师的封刀接骨法、水功疗法、提风疗法、刮痧疗法、提罐疗法、烧艾疗法、扑飞碗疗法、放血疗法、麝针疗法、熏蒸疗法、药浴疗法、佩带法、外敷疗法、蛋滚疗法等20多种。

土家医在用药上也很讲究，按其性能，分为冷性药、热性药和平性药三大类；按其药味又有酸味药、甜味药、苦味药、辣味药、咸味药、涩味药、麻味药、淡味药之分。土家药炮制方法上，有磨捣法、煨制法、泡制法、炒制法、蒸法、煮法、水飞法、汗渍法、佩干法、腌法、露剂法等20余种。在用药方法上，有煎服法、磨汁法、炖服法、挤汁法、煨服法等20余种。土家药物十分丰富，如"七十二七""七十二参""七十二风""七十二还阳"等。龙山天然生长的土家药达3400多种，其中著名的特产药材有植物类的天麻、四棱麻、黄连、水黄连、叶下红、夜关门、雪冻花、白三七、雪里见、白术、玄参、枳壳等；动物类药材有望月沙、乌梢蛇、蕲蛇、麝香、水獭肝等；矿物类药材如石羔、土龙骨、钟乳石、方解石等。既用原药亦重炮制，其炙制技术独特，配方严格，功能神奇，疗效显著，是中华医药宝库中的瑰宝。随着研究的深入，由龙山籍民族医学专家田发咏领衔或参加编写的《土家医诊断与治疗方法研究》《土家医药研究》《土家医方剂学研究》《土家族医药发展史研究》《土家医病证诊规范研究》《土家医接骨斗榫法治疗杆骨远端骨折的关键技术及应用研究》等一批民族医药研究成果，已在中外产生良好反响，使土家医药发展更趋科学化、规范化。

土家医·蛇伤治疗术 土家医·蛇伤疗法是有史以来土家族人民在与毒蛇猛兽共存的暴戾环境中的一种自身生存、自身防卫的医疗手段。土家族长期生活在山峦重叠、沟壑纵横的武陵山区，这里丛岩邃谷，山泉冷冽，雾岚薰蒸，勤劳善良的土家人受瘴疠之气侵袭和毒蛇猛兽危害如处水火，尤其是蛇患防不胜防。土家人在与毒蛇斗争中，悉心研究各种毒蛇的毒性和生活习性，不断寻求克制方法，探索治疗蛇伤秘方，积累了丰富的经验，形成了具有神奇疗效的蛇伤疗法，在民族医药史上堪称一绝。土家蛇医土家语称"窝色作"（wōsèzuò），其历史悠久，医术神奇，颇具神秘色彩。但由于土家族有语言无文字，过去鲜见史册，只能从近代的一些书籍中见其端倪。如钱穆在《略论中国心理学》一书中就提到用辰州符医治蛇伤的范例。辰州，隋开皇九年（589年）置，隋大业三年（607年）改称沅陵郡，唐武德三年（620年）复名辰州。天宝元年（742年）改称卢溪郡，唐肃宗乾元元年（758年）复称辰州，元改为辰州路，治所初在今黔阳黔城镇，后迁至今沅陵县城，辖沅陵、大乡、龙標、盐泉，辰溪五县，其中大乡县辖地相当今龙山、永顺、保靖、古丈等县，可见钱穆书中所记，以辰州符治蛇伤者当是土家蛇医无疑。在特色诊断方面，土家族蛇伤疗法除了常规的详询病史、观察症状、详查体征、拿脉等手段外，还可采取特色诊断方法——旱烟油诊法。即；取水烟袋或旱烟杆中的烟油3~5滴，滴于小碗中，用冷开水（约50克）冲兑后，嘱患者含于口中或含漱；或用草烟叶放于口中直接咀嚼。若感觉不辣，甚至甜者，多为毒蛇咬伤，特别是风毒症更为明显。按土家蛇医传统经验，蛇伤分为火毒、风毒及风火毒三大症。火毒症：由五步蛇、烙铁头、竹叶青等毒蛇咬伤所致。临床上肿胀，疼痛明显，乌瘀斑，可见水泡或血泡，畏寒发热等早期症状。风毒症：多由金环蛇、银环蛇咬伤所致。临床上局部微肿、痒，全身症状有眼花头晕、视物昏糊、想睡、吞咽困难、出气较难等重症表现。风火混合毒症：由眼镜蛇、蝮蛇咬伤所致。在临床表现上兼风毒症及火毒症的症状及体征。在特色疗法方面：土家蛇医除采取早期绑扎、冲洗伤口、扩创排毒、破坏毒素火烙法、伤口塞药法等疗法之外，主要采取外敷、内服祖传秘方炮制的土家药，以败毒消肿，活血化瘀。在治疗过程中每天用祖传秘方炮制的药水清洗，药水浸泡患处、外敷败毒散。经一段时间后，蛇毒尽消，伤口愈合，被毒蛇咬伤者即可得到痊愈。龙山著名蛇医雷继林，1934年1月出生于龙山县猛西湖泽果洞一个土家医世家，他的祖父雷世龙得祖秘传，以善治蛇伤而享誉江湖。他敢于以身试药，用生命呵护患者，一生中救治患者数千例。他恤弱怜贫，对家庭贫寒之人均实行义诊，行医一世，惠及千家，德布梓里，个人却两袖空空，落得个"蛇花子"雅号，雷继林从小受祖父的医术医德熏陶熏陶，对土家医学产生了浓厚的兴趣。他刻苦钻研，在全面继承祖传医术的基础上，悉心研究病因病机及药理知识，勇于接受中草医之精髓而不断丰富自己，并侧重攻克骨髓炎、蛇伤等疑难病症。专业从医以来，他先后应邀担任湘西州武警医院疑难病专科医师、龙山苗市民族中学校医等职务，1992年进城创办"龙山县民安镇雷继林骨髓炎、蛇伤专科治疗中心"。30多年来治疗蛇伤3000多人次，治愈率达98%，凡被毒蛇咬伤者，只要手冷不过肘、脚冷不过膝的，经雷医师抢救，都能得到全面治愈。

蛇伤治疗术传承人雷继林在配药

土家医·骨髓炎治疗术 骨髓炎，土家族俗称"流痰"。在土家医学中，"流痰"有70多种。土家族医药学认为，人是由气、血、精三大物质组成，按人体部位，又分为上、中、下三元。上元为天，主要包括脑、心、肺，统摄人体气血神志，为三元之首；中元为地，主要包括肚、肠、肝，乃水谷出入化生之地，为三元供养之本；下元为水，包括腰子、尿脬、儿肠及精脬，为排泄孕精之处，乃生命发生之源。据此原理，雷继林认为流痰乃因先天不足、三元亏虚、水液不化、气血阻滞、火寒毒气壅积所致，火毒形成的是"火流"、寒湿毒形成的是"巴骨流"和"破骨流"。若医治不当，将会留下终身残疾，甚至可以转化为"败血症"或"骨髓癌"而危及生命，所以土家族地区素有"十个流痰九个瘫"之说。在辩证施治过程中，雷继林采用土家医"五诊"方法，即看诊、问诊、听诊、脉诊和摸诊，其治疗方法有汗法、泻法、赶法、补法、湿法等药物治疗，从而达到祛除寒湿、活血化瘀、排毒赶浓、祛腐生肌、强筋壮骨的作用。几十年来经他治愈的骨髓炎患者数以千计，使许多已瘫痪的患者重新获得健康的肢体。

雷继林在潜心研究土家医学的同时，更不忘传艺带徒，他的长子雷家松、次子雷家生对祖传医术锲而不舍，随父学医多年，大有青出于蓝而胜于蓝的发展趋势。在几十年的土家医学实践中，雷继林积累了丰富的经验。在全国土家族医药学术会议上，他宣读了《土家族医药治疗蛇伤》《土家医治疗骨髓炎》两篇论文均获好评。2007年5月8日，雷继林荣获由中国国际专业人才发展中心颁发的"全国首批优秀人才模范勋章"，成为土家医的杰出代表。2010年5月被命名为湘西州非遗项目土家医·蛇伤治疗术代表性传承人。

二、苗医药

龙山苗医历史悠久，有"万年苗药、千年苗医""三千苗药，八百单方"之说。其专科特色突出，擅长骨伤科、小儿科、妇科等疾病诊治。将临床病症分为"七十二惊风""三十六痧""七十二症"，认为疾病多由寒邪、热邪、毒邪所致。诊断亦凭看、问、切、摸等法，尤重摸脉。脉有太阳脉、三叉脉、解溪脉、心脉、上脉、中脉、下脉等分，按脉诊断，内外兼治。内治用苗药煎汤内服，常用药物百余种，多为鲜药鲜用。治慢性病、劳损性疾病及风湿性疾病，多用苗药泡酒内服。外治常用的有按摩法、正骨法、烧灯火、拔罐、化水法、灸法、翻背筋法、佩带法、蒸气疗法、药浴疗法、刮痧等。苗医重防治结合，不同季节采用不同药物防治疾病。春用毛耳朵、水灯草、土荆介等煎水内服预防伤风感冒；夏秋用金银花藤、黄荆叶、土茵陈等鲜药放在室内火坑里烧烟避瘟气驱蚊虫；端午节洒雄磺酒于室内外以防虫蛇咬伤。苗医重练武强身，习以成俗，盖及民众。龙山苗医治疗术以华塘街道中心医院院长张东海最具名气。

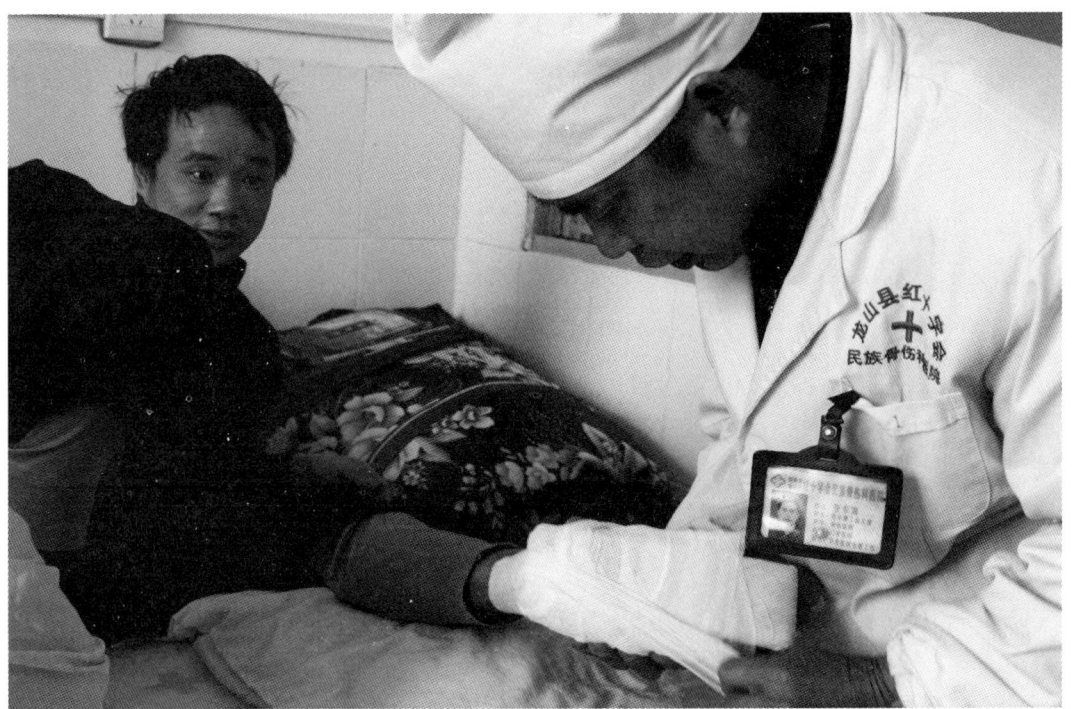

苗医正骨

苗医配药

张东海，男，1953年农历四月十七日出生在龙山县华塘乡喜鹊溪。祖父张家荣、父亲张柏林均是闻名湘鄂渝边区的民族骨科医生。张东海从小受祖上熏陶，对苗医情有独钟，并善于吸收中外医学而不断丰富自己。初中毕业后，他进入浙江省中医学院骨伤科刊授班学习，1987年结业。1995年，他在龙山华塘创办湘西民族骨科医院，担任院长。1999年6月随全球经济战略研讨会出访朝鲜。1999年获得香港国际中西医结合学会颁发的"百名杰出会员暨学术成果奖"，由于他在苗医正骨手法与柏林接骨散治疗骨伤疾病研究方面取得重大突破，2000年1月荣获由湘西自治州科学进步评审委员会授予的科技进步奖和湖南省卫生厅授予的湖南省中医药科学进步三等奖。2010年5月，被湘西州人民政府命名为湘西州非物质文化遗产——苗医正骨术代表性传承人。

第五篇

经 济

第一章 史前农业考古发现

据清《永顺县志》载,在五代以前,湘西北即古溪州地还处于"鸿蒙未辟,狉狉榛榛"的荒蛮年代。《全唐诗选》第二函第十一册登载的常建诗《空灵山应田叟》云:"湖南无村落,山舍多黄茆,淳朴如太古,其人居鸟巢。牧童唱巴歌,野老亦献嘲。泊舟问溪口,言语皆哑咬。土俗不尚农,岂暇论肥硗。莫言射禽兽,浮鼎烹鱼鲛……"1981年11月出版的《吉首大学学报·民族问题专刊》第二章"社会经济"据此推论,"这首诗,具体地描述了当时湘西土家族处于原始经济形态的渔猎生活方式。这种原始经济的痕迹延续时间较长。直至清朝设立府、县以后还见有记载。如《永顺府志》(卷十二)说:'龙山(注:今龙山县)深林密箐,往日皆土官围场,一草一木,不许轻取'"等等。

然而,历史并非如此,文物是历史的科学物证。2007年6月25日,湘鄂渝三省市考古专家在与龙山县桂塘镇桂塘村仅一河之隔的重庆市酉阳县大溪镇杉岭村酉水河畔的笔山坝,对新近发现的一处大溪文化遗址进行联合考察,湖南方面的有里耶秦简研究专家、省考古研究所研究员张春龙,里耶战国古城主要发现人、湘西州文物局副局长龙京沙等。大溪文化距今约五六千年,属母系氏族晚期至父系氏族的萌芽阶段。笔山坝位于酉水河畔,与里耶一衣带水。这里大量的陶釜和石锛、石凿的出现,证明人们已经开始在酉水流域种植水稻并拥有一定的建筑技术,因为陶釜是炊煮食物用的,而石锛、石凿则是建筑时的木工专用工具。考古现场还出土了打磨得溜圆光滑的与里耶溪口台地出土的陶纺轮同样的石质纺轮,用它可以从树皮、粗麻中提取纤维,纺织成布,缝结成衣。通过三省市专家联合考察断定,6000年前大溪文化在此与土著文化融合,形成自己的特色。酉水一带出现了社会分工明确、人们安居乐业的和睦社会。参加考察的株州市文物局长席道合认为,"这里具有其他大溪文化遗址没有的石器加工厂,种植了水稻,有稳定的定居农业,开始使用慢轮制陶,纺织技术有了较高水平,纺轮精致小巧,加工树木和提取纤维,陶器特别是盛器的使用,表明其水平完全可以与两湖平原及峡江流域相媲美。笔山坝的发现对酉水流域古代文化序列提供了重要的实物资料。"龙京沙说:"此次发掘充分说明,在酉水流域,人类活动从旧石器时代到新石器时代从未间断过。"

1987年3月,湘西州和龙山县文物普查队在里耶溪口桥南发现龙山文化遗址。龙山文化又称黑陶文化,是我国新石器时代晚期的一种文化,因最早发现于山东济南附近的龙山镇而得名。1988年4月,又先后在里耶婆婆庙地带、大板村湾塘发现西周时期和东周时期文化遗址。另据周明阜、吴晓玲、向元生、龙京沙编著的《凝固的文明》45页载:"里耶下游的保靖县四方城,面积约120万平方米,考古工作者于1973年6月和1993年4至8月,对该遗址进行了部分试掘,其中1993年清理古墓葬49座,在北部发掘探方10个,文化层最厚处达3米,分10层,为战国、西汉、六朝、唐、元、明、清文化系列。在遗址的第10文化层中,发现了战国时期的沟状遗迹4处,特别是发现了战国时期的粮窖,面积16平方米。出土遗物有绳纹陶罐2件和稻谷、高粱、粟、豆类及核桃等。"

第二章　先秦至秦汉时期经济

2002年6月，里耶战国——秦代古城一号井第8层出土的152号秦简记云："三十二年四月丙午朔甲寅，少内守是敢言之，廷下御史书举事可为桓程者，洞庭上幏（裙）直（值）。今书已到，敢言之。"据中国社会科学院历史研究所原所长、"夏商周断代工程"首席专家李学勤先生注释，"这里所说的幏（裙）应是一种军服，传送时需用大量人力，因此洞庭郡援引法令，检查此种劳役是否影响人民的农事"。当时里耶有那么多需用大量人力传送的军服，可见在两千多年前这里从树桑饲蚕、植麻种棉到纺纱织布、生产军服，已形成相当大的规模。早在夏代，土家先民的纺织品就颇具名声了。《华阳国志》就有"禹会诸侯于会稽，执玉帛者万国，巴蜀往焉"的记载。这就是目前最早见于史籍的土家族纺织品——賨布。湖南人民出版社出版的《土家族简史》记称："秦汉时期土家族先民就会纺织精工细布，史称'賨布'，此后包括土家族在内的一些中南、西南少数民族所织的峒锦也早就闻名于世。宋时土民所织溪布、峒锦，已是土酋向朝廷纳贡的地方名产。"这就是以绚丽多彩而著称、以设色自由浪漫而见长的土家织锦。这种以锦代赋，以锦献贡的纳税制度历有传袭，使土家地区出现了"男耕女织，户有机声"的悠悠古风。有力地促进了土家族纺织业的发展和纺织技术的提高。《通典》卷187载："巴人呼赋为賨，谓之賨人焉，代号为板楯蛮夷。"这个长期稳定地生活在酉水流域的古老民族便是以"天性劲勇、锐气善舞"而著称的土家族。历史上曾参加过周武王伐纣的正义之战。汉初，高祖调其劲勇威武之师，"发夷人还伐三秦"，賨人以矫捷善斗而屡建奇功，乃"秦地既定"。高祖乐其猛锐，薄其税赋："岁令大人输布一匹，小口二丈，是谓賨布。"（见《后汉书·西南贡传》）汉高祖对土家先民实行"以布充税值"的农赋政策，不仅仅是因为賨民有功于朝廷，主要还是对土家先民纺织品的看重。

里耶地处湘鄂渝边陲的酉水之滨，素有土家族母亲河之称的酉水，出巴渝，达辰沅，汇洞庭，通长江，自古以来是中原与西南少数民族经济文化交流的重要通道，里耶——这个2000多年前的都市的形成，即与这条水上通道有关。在里耶战国古城出土的大量文物中，有一件足以揭开古代南方丝绸之路之谜的珍贵文物——玉石砝码。据我国著名的人类学家、民俗学家林河先生介绍，玉石砝码的出土，客观表明当时酉水流域的商业经济是相当发达的，因为只有金、玉、琉璃珠、胡椒等贵重物品才能用得上玉石砝码。无独有偶，与里耶一衣带水的保靖县龙溪乡要坝村东部的战国至汉代的古城遗址——四方城出土了大量的琉璃珠和一件铭有猛兽吃牛图案的镏金铜饰。林河先生说："琉璃产自波斯，而这件镏金铜饰的猛兽吃牛图案，是当时西方文化的经典产物之一。"2007年6月，在里耶上游的酉水河畔酉阳大溪笔山坝遗址第9文化层中，出土一段雕琢精美的琥珀色玉手镯。据专家考证，这段玉镯属于6000年前，为玛瑙材质，但在湘鄂渝黔境内都不产玉，这玉镯当是外地传入。这些早在战国时期乃至6000年前就传入酉水流域的西方文物绝非本土文物，成为"酉水是中国南方古丝绸之路"的科学物证。据林河先生多方考证，这条南方丝绸之路始于4000多年前的古黔中。黔中郡，战国楚威王（前339—329年）时置，辖地相当于现在的沅水、澧水流域和湘鄂交界之峡江两岸及湖北清江流域、渝东黔江两岸，而里耶是沟通南方古丝绸之路的枢纽所在。林河先生说："里耶在不到一平方千米的地方竟有三个规模大致相等的古城，其密集的程度为全国之罕见，就是放在全世界而言，这种现象也是很少的。为什么会在这么小的范围内出现三个古城？同时在这些城的附近还有大量战国末期至秦汉以来的古墓，其规模之大也是非常罕见。"林河先生认为，这些墓葬和古城极有可能和南方古丝绸之路有关。他说，虽然当时的战争很频繁，但战争的目的很有可能是与争夺对酉水的控制权有关。由于酉水是古国际贸易通道的重要枢纽，于是，控制了酉水就意味着控制了来自西方的许多重要战略物资，尤其是锡这一冶炼青铜器的重要原料，还有很多重要的东西。也就是说，谁控制了酉水，谁就在未来战争中处于了主动地位。就是这个原因，才会在这么小的范围内出现如此密集的古城。

被海内外学术界列为当代"屈学八怪"之一、年届耄耋的林河先生，本名李鸣高，湖南通道人。在楚、越文化研究方面颇有建树，系国务院有突出贡献专家特殊津贴获得者，向有"奇人奇才"之誉。2004年7月，林河先生在考察酉水途中说："在没有西北的丝绸之路之前，南方早就有了。南方的丝绸之路是自然形成的，它主要由一系列黄金水道来完成。而酉水，则是连接这些黄金水道的关键部位，我们要跳出酉水看酉水。"

由于里耶古城占有这条连接一系列黄金水道的酉水，这个2000多年前的都市里，在纺织业、制陶业及兵器制造方面都十分发达。据里耶古城一号井第8层第149号简文记载："迁陵以计，三十四年余见弩臂百六十九，凡百六十九。出弩臂四，输益阳；出弩臂三，输临沅。凡出七。今八月见弩臂百六十二。"弩弓，古代兵器，一种利用机械力量射箭的弓，弩臂当是用于发射弩箭的机械。简文提到的益阳即今湖南益阳市，临沅，据《中国历史大辞典》地理卷释，即今常德西。常德、益阳地处沅江、资江口的洞庭之滨，古有舟车之利，但那里的武器却要从与彼相距910里的（见简文16—52）里耶输出，可见当时里耶已经有了兵器生产，在军事、经济等方面的地位都十分重要。近20年来，随着麦茶战国古墓群和里耶战国古城遗址的发掘，出土了大量青铜兵器，有戈、矛、剑、戟、弩、箭镞等。1989年8月29日在麦茶李拐堡出土的巴氏柳叶剑，剑长38.3厘米，柄长7.7厘米，有穿孔，剑身宽3.5厘米，铸有铭文和手心纹图案。经省文物专家组鉴定为国家二级文物。2003年3月在清理麦茶战国古墓群时出土一把土著剑——复合剑，其冶炼水平更高一等。这说明当时的土著人在创造本土文化的同时，还不断吸取巴、楚文化而丰富自己，融成浑然一体的民族特色。

2002年9月11日，在麦茶战国古墓群M331号墓中出土一个完好的琉璃容器，整个容器通体发青发亮，曲线流畅，体态优美，高不足50厘米，重不足1千克。如此精美的琉璃容器，再一次证明酉水——这条连接一系列黄金水道的古南方丝绸之路的客观存在。

根据里耶古城出土的秦简等历史文物，北京大学考古文博学院院长高崇文认为，里耶古城所在的酉水流域，在被楚人占领前是少数民族聚居区，楚人开濮地后通过设立此城，继续向西南扩张，并进行政治、文化和经济交流。约公元前300年，秦、巴与楚之间交战频繁，酉水流域成为秦、巴攻楚的重要通道。关于这条通道，《元和郡县志》记载："三亭县（里耶下游的保靖县）自县西水陆路相兼五百里至黔江县，又西三百里至黔州（今彭水）。"《史记·苏秦列传》记苏秦说楚威王："大王不从，秦必起两军，一军取武关，一军下黔中，则鄢郢动矣。"郢是楚国的都城，在湖北江陵即荆州北；鄢在现在的湖北宜城东南。关于鄢距里耶有多远，在里耶古城一号井16层出土的52号秦简上记得很清楚："鄢到销百八十里，销到江陵二百四十里，江陵到孱陵百一十里，孱陵到索二百九十五里，索到临沅六十里，临沅到迁陵九百一十里……"这枚秦简所提到的孱陵即今湖北公安西南；索，即今常德东北；临沅，今常德西；迁陵即今龙山里耶。这些地名和相距里程是研究这一时期历史地理的重要资料，从而显示从战国时期开始，楚国就在这里设立了军事城堡，以防御来自秦、巴方面的军事威胁。据史料记载，楚威王时在今湖南西部和贵州东北部设立了黔中郡，这是历史上继巴黔中以后的楚黔中。横贯武陵山脉的酉水河亦成为"自巴蜀瞰荆楚"的出奇制胜之道，《史记·楚世家第十》载："今楚之地方五千里，带甲百万，犹足以踊跃中野也。"引起秦国重视，多次出兵伐楚。秦昭王二十七年即公元前288年，秦令司马错出蜀攻楚，占领巫中，里耶地属秦；次年，楚收复巫中，里耶地属楚；周赧王三十年即公元前285年，秦郡守张若伐楚，占巫中及江南，置黔中郡，里耶地属秦。周赧王三十七年即公元前 278 年，秦大将白起伐楚，拔郢，烧夷陵，楚迁都于陈，秦以郢作南郡；次年，秦复拔楚巫、黔中，置黔中郡，里耶地属秦。公元前 221 年，秦王政统一中国，结束了长达 250 多年的七国纷争，建立了历史上第一个封建帝国——大秦帝国，建都咸阳。其疆土"东至海暨朝鲜，西至临洮、羌中，南至北向户，北据河为塞，并阴山至辽东。"成为当时世界上最大的国家，比古希腊帝国还要大，更远远超过波斯、亚述、巴比伦帝国及埃及王国等。秦王嬴政自号"始皇帝"，在全国实行了统一文字（即将小篆作为标准文体）、统一度量衡、统一货币（即废除了韩、赵、魏、齐、燕、楚六国货币，推行圆形方孔的秦货币）、统一法令、历法、车涂、衣冠建制等一系列改革，中央设立三公（即丞相、御史大夫和太尉）九卿（即指奉常、郎中令、卫尉、太仆、廷尉等），地方实行郡县制，郡下设县，县下设乡、亭、里，全国划分为 36 郡（不含里耶秦简所记的洞庭郡）及若干县，由皇帝委派郡守和县令治理。这些举措对兹后 2000 多年的中国政体产生了深刻的影响。

里耶成为秦洞庭郡迁陵县县治，曾一度繁荣。从古城出土遗物来看，城内街衢纵横，屋瓴交错，已配有陶制的下水管道等生活设施，里耶已成为富甲一方的南国都市。但是由于秦王朝的横征暴敛，人民不堪重负，纷纷揭竿而起，里耶秦简（10—12）号简文就有"越人以城邑反"的记载。公元前 206 年，刘邦建立了西汉帝国，建都长安。汉初兴，高祖刘邦十分器重聚居在湘渝边区、劲勇善战的土著民族"賨人"。《后汉书》卷八十六载："至高祖为汉王，发夷人还伐三秦。"賨人从帝为前锋，乃定秦中。其俗喜歌舞，高祖乐其猛锐，数观其舞，令乐人习之"。并对賨人实行"以賨布充赋税"的长期优惠，里耶地方安靖，经济空前繁荣。从近些年在里耶前街（今保靖县清水坪镇）魏家寨发现的西汉古城和在里耶大板村发现的西汉、东汉古城遗址来看，里耶古城的军事防御功能显然减弱，实用功能逐步增强。从发掘现场来看，城区布局清晰，中心部位的一条宽约 1.3 米的东西向大道，路面上的车辙痕还依稀可见，街道两旁的房屋多为干栏式建筑，瓦当多饰有花纹图案，显现出当时里耶古城的繁华景象。

第三章　土司时期经济

梁开平四年（910年），彭世愁建立溪州土司政权以后，引进百艺工匠和汉族商人，用引进的汉族地区先进生产工具和生产技术，开发山区经济资源，使"蛮不出峒，汉不入境"的封闭经济有了较大改变。湘西北土家族地区出现了"畴事开垦，火种刀耕，人稀土旷，万汇迸生，茶芽寳布，犀角石英，锦鸡野马，桃渔桑鹅，梗楠梓杞，麻麦稻粳，输将巩后，直达帝京。仓廒廪庾，储峙丰盈，含哺鼓腹，乐享太平"的景象（见《永顺府志乾隆版》）。彭世愁的势力逐渐强大，受到邻近"蛮酋"拥戴。晋天福四年（939年）发动的"溪州之战"，彭以失败而告终，派其次子彭师杲向楚王马希范求和。晋天福五年（940年）双方在会溪坪立铜柱盟约。有铭文云："尔能恭顺，我无科徭；本州赋租，自为供赡；本都兵士，亦不抽差。永无金革之虞，克保耕桑之业。"从而给予溪州土司一定的自治权，使包括龙山在内的湘西北土家族地区得到政治上的长期稳定和社会秩序的相对安定，对减轻土家族人民的经济和劳役负担等方面起到了一定的积极作用。至宋代，中央王朝对中南少数民族影响日益加强，采取对少数民族首领赐土封官的办法安靖"蛮地"，遂使土家族经济完全成为封建领主经济。清乾隆《永顺县志》原序载："凡土官之于土民，主仆之分最严"，"即有谴责诛杀，咸憛憛听命，莫敢违抗"。土司对依附其土地上的农民有世袭统治权，土家人辛勤开垦的肥田沃土逐渐被土司土官大量占有。土司规定的一些苛捐杂税诸如"火坑钱""烟户钱""锄头钱"等等，使土家族人民陷于水深火热之中。土司为了巩固其统治地位，把从百姓中搜刮的民脂民膏向中央王朝"纳贡"，以换取朝廷的"回赐"。《宋史·蛮夷一》卷493载："高州（今湖北宣恩高罗）、溪州来贡。"据《永顺府志》载，明永乐十六年（1418年），永顺第十八任宣慰彭源（1354—1422年）遣其子彭仲（1378—1434年）率土官667人向朝廷贡马。《明史·土司传》载，正德十年（1515年），朝廷营建，彭世麟（生于成化癸卯，即1483年，卒于嘉靖乙酉，即1526年，第二十三任永顺宣慰使）自备帑金，采进合式大楠木460根，督运至京。（注：1368年，朱元璋定都南京，明成祖朱棣于永乐年间〈1403—

1424年）迁都北京），嘉靖三十七年（1557年）七月，恭遇朝廷修建殿宇，彭翼南（1536—1567年，第二十七任永顺宣慰使）率众进山采回合式大楠木枋2760余根、大楠木60多根解运至京纳贡。除贡马贡楠木，纳贡的物资还有虎皮、麝香、水银、丹砂、黄蜡及土家织锦等。据《宋史·真宗本纪》载："咸平四年（1001年）上溪州刺史彭文庆贡水银、虎皮、溪布"；"大中祥符五年（1012年），峒酋田世琼等贡溪布"。《宋史·哲宗本纪》载："元祐四年（1089年），溪峒彭于武等进溪峒布。"对于土司纳贡，中央王朝往往以超过纳贡品价值数倍的金银或实物予在回赐。这种纳贡与回赐的往来，不仅密切了土司与中央王朝的关系，也促进了民间贸易和地方经济的发展。

自明代以来，龙山出现了以内河航运而兴起的里耶、隆头、洗车河等明清古镇及由此辐射的市场墟市。在汉族客商及汉文化的影响下，原"只知稼穑，不事商贾，不轻入城市，唯卖薪肆盐间则一至而已"的土家人，有少部分人开始走出"日出而作，日入而息"的山地圈，或弃农经商，或半农半商，或设摊村市，或挑担小卖，形成商业雏形。地方工业亦日渐兴起，较为发达的有陶器生产和纺织业。

据20世纪60年代以来的考古发现，县境内出土古窑址多处，有县城北的亭寺堡、洗车河的虎巢溪、靛房镇的比寨坪、苗儿滩镇的树比、石羔镇窑厂沟、白泥坝伢纹坡、兴隆堡、桶车乡太平山麓等。其中东窑厂沟窑址位于石羔镇永兴村东北，属元明时期窑址，残存面积约300平方米。地面发现龙窑一座，残长15米，宽5米，高2.5米。采集有灰褐色和红褐色釉陶瓷罐、钵、杯、碗等残片，其纹饰有叶脉纹、钱纹、方格纹、弦纹等，窑具有匣钵、垫圈等。西窑厂沟窑址位于石羔镇永兴村西，属元明时期窑址。残存面积200平方米，地面发现龙窑一座，残长约30米，宽6米，高2.5米。采集有灰褐色和红褐色釉陶瓷罐、钵、豆、碗残片，其纹饰有直线纹、叶脉纹、钱纹、水波纹、弦纹等，窑具有匣钵、垫圈等。伢坟坡窑址位于石羔镇白泥村西南，属元明时期窑址。残存面积约500平方米，地面发现龙窑一座，残长10米，宽5米，高2米。采集有灰褐色釉陶瓷罐、钵及器盖残片，纹饰有叶脉纹、钱纹、方格纹、水波纹、弦纹等，窑具有匣钵、垫圈等。

在发现的古窑址中，洗车河镇虎巢溪古窑址出土瓷片的花纹、质地和釉色均为上品，为他处所不及。1982年4月在石羔镇白泥坝出土的残片，有陶有瓷，瓷为褐色釉下印花，纹样清晰，晶莹剔透，经醴陵陶瓷研究所鉴定，认定为明清遗址。1942年（民国三十一年）出版的邱人镐的《湘东手工艺调查》一书中有"湘西龙山窑相传始于明代，与醴陵窑同时颇负盛名"等记载。但改土归流后瓷器生产没有得到发展，与醴陵窑媲名的洗车河虎巢溪窑、石羔白泥坝窑销声匿迹，唯太平山窑的陶器仍久负盛名。除了陶瓷生产,境内纺织业也很兴旺,有北布南锦之说。石羔、三元一带生产的土布除在来凤、龙山两县县城还销至辰醴及高、顺(今宣恩一带)等地。南部洗车河流域的土家织锦出现"户有机声"的规模。

在农业方面,通过引进汉族地区的先进工具,有了犁耙等畜力耕作和筒车等灌溉设备。但大量的肥田沃土被土司土官所占有,土家人只得在官府鞭长莫及的高山峻岭刀耕火种,垦荒造田,利用高山有好水的天然优势,一代接一代,一年复一年地营成山地梯田的农垦奇观。一些缺水山区只能种些粟、黍之类的旱粮及薯类作物。从而留下了许多苦难歌谣,如"有女莫嫁洛塔坡,洛塔坡上洋芋多;三颗洋芋一颗米,还骂媳妇米着多"等等,这是土司时期至民国时期土家族人民生活的真实写照。

第四章　清代至民国的社会经济

清顺治四年（1647年），县域各土司随永顺宣慰使司归清。雍正五年（1727年）永顺土司彭肇槐向清廷纳土，雍正七年（1729年）永顺土司改土归流。清廷析其司地58旗各半分置永顺县、龙山县。置永顺府，隶湖南辰沅永靖道。龙山县域领"辰、东、雄、将、锐、爱、镇、武、标、战、龙、威"等旗之半地及"先、锋、韬、茂、策、通、苊、飞、马、涌、祥、虎、捷、庆、旋、胜"等旗，取头旗"辰"属龙之意，且山势若龙，遂名龙山。改土归流后，清王朝革除了土司时期的火坑钱、烟户钱、锄头钱等苛捐杂税，从法律上废除了"蛮不出峒，汉不入境"的禁锢，并规定"土司之官山，任民垦种"，发给文契，"永世为业"。以此鼓励农民开田垦地、兴修水利、筑塘堵坝、养鱼饲鸭、改良农具；在城乡设立义学，敦兴教育；还整修河道，开发水运，外地汉族客商纷纷进入龙山经商，出现了里耶、隆头、洗车河等商埠。实行较为合理的赋税制度，促进了社会经济的发展。县城首善镇（今民安镇），城建工程于雍正十年（1732年）竣工，街衢一新。城墙周长3.3里，雉堞970垛。街分四街十八坊，东有文华、隆兴、庆丰三坊；南有青云坊；西有永盛、新兴、兴贤、新营四坊；北有承思、迎恩、文德三坊。城设四门，东曰咸庆门、南为永安门、西谓定远门、北名承恩门。城内商贾辐辏，车马络绎，烟火千家。据清嘉庆《龙山县志》卷二"田赋"载："龙山自雍正七年改土编户，十六里土民自报下田二百四十二顷八十六亩四分四厘五毫四丝（市顷等于100市亩，现用市制1市顷合6.6667公顷），每亩派征银二厘九毫六丝四突六微一塵六纤三渺八漠九茫，该派征银七十二两；粟地五十二顷七十五亩七分八厘九毫，每亩派征银一厘五毫一丝六突三微六纤八涉七漠，该派征银八两，额征秋粮银八十两。雍正十三年归并大喇司，土民自报下田九十九亩六分四厘七毫八丝，每亩派征银四分四厘二毫三丝四忽六微九塵三纤九渺，该派钱四两八分九厘。共八十四两一钱九分五厘。"（银两是古代使用的主要货币，以两为单位。民国时期改用银圆即银质圆形硬币，又称光洋，铸有袁世凯、孙中山头像，民间俗称"大脑壳""小脑壳"。每块银元价值相当于七钱二分白银）

清雍正七年建县后，相应建立了县一级地方财政，由于收支逆差大，府、县均实行定额统收统支体制，即收入按定额全部缴省藩库，支出按定额从省藩库领取，把地方财政与国家财政联为一体。财政支出主要用于官俸、役食、祭祀、孤贫口粮、考学经费、知县养廉银等项，按定额到省藩库领取、叫"存留经制"。存留经制较稳定，从设县到清末无大变化。以嘉庆二十三年（1818年）为例，全县财政收入总计银两2449.24两，其中官俸1108.40两，役食1054.400两，祭祀172.024两，奖学金89.960两，孤贫口粮24.600两。当时设有本城、隆头两处义学，每年赴省藩库领师资银各十六两。

由于清政府实行鼓励农垦，开辟商市及比较合理的税赋政策，龙山的社会经济在改土归流后得到较好发展，土家族生活条件得到较大改善。住房从嘉庆《龙山县志》所记的"土民依山结层，层垒排比无次第，每间撑五六柱，无窗户，檐低户小，俯首出入，设火床，翁姑子妇同卧处，客民至其家，眠一榻无嫌。牛羊鸡犬居其下，相习莫知其秽"的简陋、贫穷，至光绪《龙山县志》就有了"富族丽舍，一里率二三家"的记载。如贾氏巴沙湖向氏六大家、坡脚多谷彭泽泮家，苗儿滩树比王家的冲天楼等都彰显出民族特色和历史特色。随着经济的发展，全县人口也迅速增长。雍正七年改土归流时，龙山总人口为90171人，其中土籍户口9982户，50555人；苗籍户口1244户，5657人；客籍户口6966户，44514人。至乾隆二十六年（1762年）全县人丁共136191人。嘉庆十九年（1815年）遵旨编查人口，全县24188户，141934人。

1840年鸦片战争后，帝国列强在汉口、长沙、岳州、万县、沙市等地设立商埠，洋货流入龙山，德、日等国的棉纱在洗车、里耶设销售店，原来土家人民自种自纺、自染的土布逐渐失去销路，土家人种植的土靛也为德、日等国的染料、快靛所取代，以盛产土靛而著名的靛房日渐萧条，土靛生产萎缩乃消失，至同治、光绪年间，鸦片生产在龙山泛滥成灾，据湘西州《民族志》42页载："当时龙山县种植鸦片面积在湘西州最大，时间最长，永顺、保靖次之。"官府以此强增税源，官匪以此强征豪夺，农民深受其苦，《龙山县志》（2012年6月版）217页载，至民国末期，占总人口8.9%的地主富农占有39.5%的耕地，而占人口56%的贫雇农仅占有21.8%的土地。

清末，县境手工业开始萌芽，县衙设工房管理手工业。1908年县设习艺所，招收青年传授木工、漆工、纺织、缝纫等技术。至民国时期，县国民政府设建设科管理工厂、矿山及企业。铸造、造纸、纺纱、冶炼等新的工艺技术和铁木织布机、石印机、缝纫机、压花机、轧花机、弹花机等新的机械、半机械设备不断从外地引进，县域工业由个体手工业向私营工场、作坊发展。1912年，茨岩塘龙洲卿雇工数十在江家垭开采铅矿，因采用土法开采而亏本停工。1916年满益昌在湾塘开设锅厂，有工匠数十人，生产铁锅、鼎罐等，销往湘鄂川各地。1921年包轸在白竹园开采汞矿。至民国十九年（1930年），县内出现龙山木器厂、民生工艺厂、湾塘锅厂、太平山陶瓷厂等手工业作坊，至20世纪40年代，形成家具、农具、纺织、煮染、造纸、炼磺、酿酒、熬糖、糕点、建筑、油漆、制伞、造船、服装、首饰、皮革、鞭炮、烟丝、针织、锅铁、洪油、秀油、软皂、酱油、皮蛋、大蔸菜、豆制品等30多个行业，出现了召头寨大发糕、龙山大蔸菜、龙山楠木箱、洗车河霉豆腐、盐豆腐等名优产品。塔泥湖的造纸业、石羔山的鞭炮业、太平山的陶瓷业等都很兴旺。据当时从县城、里耶、洗车、招头寨等19个点统计，从事手工业生产的达380多户，从业人员达870多人。其中太平山鄢、邓、张三家陶瓷生产厂家共有陶工150多人，主要靠手工制坯，以木柴为燃料，年产坛、罐、钵等日用陶器3.5万多件，销往湘、鄂、川边区市场。

第五章　中华人民共和国成立后社会经济发展概述

第一节　农　业

1949 年 11 月 9 日，龙山解放。1951 年 11 月至 1952 年，全县实行土地改革，废除封建土地所有制，将地主富农占有的 6338.5 公顷土地分配给 119384 位无地少地的贫下中农，同时也给地主富农按家庭人口分配了土地及相应生产资料。土地所有制的历史性调整，极大地解放了生产力，1952 年全县粮食产量较 1950 年增长 5.92%。1952 年 12 月，新城乡车水陀成立张新佑互助组，至 1954 年 4 月，全县参加互助组的农户达到 1/3 以上。是年建立了新城、花桥两个初级农业合作社。至 1956 年末，全县 4978 个互助组和 54 个初级农业合作社合并为 632 个高级社和 1 个初级社，农户入社率达 98.1%，全县实现农业合作化。1957 年全县农业总产值达 1790 万元，比 1955 年增长 36.3%。1958 年全县粮食总产量达 82578 吨，比 1949 年的 46000 吨增长 79.45%，人均占有粮食 201.85 公斤。

1958 年 8 月下旬，全县普遍实行人民公社化，将全县 49 个乡镇合并为 16 个公社，一切生产资料归公社所有，取消了社员的自留地、自留山，公社成为政社合一、工农商学兵五位一体的基层单位。全民"大跃进"，大炼钢铁，大办农村公共食堂，共产风、命令风、浮夸风、瞎指导风和干部特殊化风"五风"泛滥。1959 年湘西大旱，龙山受灾面积达 289000 多亩，为历史上所罕见，给农村经济造成极大影响。1960 年，全县粮食产量 60271 吨，农业生产总值仅 1027.6 万元，分别比 1958 年下降 27.1%、34.4%。农民生活陷入"瓜菜代"的困境。1961 年 4 月，县贯彻落实"社员自留地可占当地土地的 5% 的规定"，农民生活开始复苏。穷则思变，20 世纪 60 年代末至 70 年代初，在全国农业学大寨的热潮中，"宁愿苦干，不愿苦熬"的洛塔人民，以出生入死的大无畏精神，下天坑、堵地下河、凿隧洞、开渠道，引出地下水，挖山造梯田，改变了"水在地下流,人在地上愁"的历史局面。到 1979 年,全社建成大小水利工程 211 处,其中开发岩溶洞水 29 处,引水隧洞 9 处长 1100 多米;水库 2 座蓄水 50 多万立方米;抽水机站 2 处装机 62 千瓦;渠道 75 条长 25600 米,可灌稻田 467 公顷;新开稻田 259 公顷,砌梯土 66.7 公顷。从此告别了刀耕火种的生产方式,结束了"三颗洋芋一颗米"的苦难生活。1969 年,洛塔公社粮食总产量达到 350 万公斤,比 1964 年的 256 万公斤增产 104 万公斤。洛塔人民自力更生、艰苦奋斗的精神和下天坑、堵地下河、引水造田的先进事迹及活愚公彭美胜、老愚公向万友等引起各方关注。1970 年 5 月 6 日,中共龙山县核心领导小组、龙山县革命委员会、中共龙山县人民武装部委员会作出《关于学习洛塔公社、建设社会主义新农村的决定》,5 月 18 日,中共湘西土家族苗族自治州核心领导小组,自治州革命委员会、中共吉首军分区委员会以州联发〔70〕001 号文件作出了《关于大力开展学洛塔运动的决定》。1970 年 5 月 16 日,时任湖南省革命委员会主任的华国锋同志来洛塔实地考察,当天在召头寨下车,经川洞上"刀背岩"徒步登上洛塔界,晚上在楠竹坪听了洛塔公社党委书记彭官恕的汇报后,华国锋同志被洛塔人民"敢叫山寨换新天"的拼命精神和彭官恕、陈延敏、邹序武、彭树南、彭美胜、田洞香、田秀英等人的先进事迹深深感动了。第二天,华国锋深入到荆家寨天坑、灵洞渠道、清水塘引水工程等工地现场视察,更受感动。当晚在楠竹坪大队部的油灯下亲笔起草了《关于全省学洛塔、学野鸡坪的决定》。1970 年 6 月,湖南省革命委员会在洛塔公社召开了全省学洛塔、学野鸡坪现场会,广州军区政委卜占亚主持会议,全省各地州市县 315 人参加了这次现场会,给洛塔人民乃至全县各族人民极大鼓舞。20 世纪 60—70 年代,在技术、资料、资金、机械等都十分缺乏的状况下,龙山人民以近乎原始的生产方式,靠肩挑背负,抬岩挑土,一锤一钎,凿山破石,用血肉之躯,筑起了贾坝水库、卧龙水库等一座座水利工程建设丰碑。其中贾坝水库于 1965 年动工,1967 年竣工,系心墙堆石坝,坝高 32 米,顶长 139 米,总方量 37.6 万立方米。集雨面积 20.9 平方千米,设计库容 1380 万立方米,有效库容 1118 万立方米。总干渠 5430 米,西干渠 12 千米,老兴支渠 10 千米,召市左右干渠 17 千米。隧洞 15 个长 2280 米,渡槽 17 座长 665 米,倒虹吸管 4 处长 630 米。有效解决了贾坝、召市、老兴等公社的灌溉问题,同时建成装机 275 千瓦的坝后式水电站,还养鱼 20 余万尾,1972 年产鱼 3 万多斤。卧龙水库位于石牌公社卧龙、城堡大队,1975 年 5 月动工,1976 年 4 月完成大坝主体工程,系心墙堆石坝,坝高 44 米,顶长 238 米,总方量 75 万立方米。集雨面积 20.45 平方千米,设计库容 1600 万立方米,有效库容 1400 万立方米。至 1980 年,完成总干渠 13.52 千米,南干渠 13.5 千米,遥坪干渠 2.1 千米,三元干渠 12 千米。其中隧洞 52 个长 10929 米,渡槽 27 处长 3104 米,倒虹吸管1个长200米。引水至石牌、桶车、三元、石羔、华塘、新城、城郊7个公社，灌溉面积达3.4万亩，并建成装机640千瓦的坝后式发电站，还可养鱼8万尾。在"水是农业的命脉"的真理感召下，各地大兴水利，至20世纪70年代末，全县有蓄水、引水、提水等各种水利工程1000多处，可灌田17万多亩，使农业生产条件得到较大改善。

中国共产党十一届三中全会的胜利召开，开启了农村改革的历史新纪元。1980年春，贾坝公社桐堡大队排沙坡生产队率先试行家庭联产承包责任制，接着县里又在他砂公社高坪大队推行试点。至1983年底，全县47个公社、530个大队、4700多个生产队的84360多户农民都实行了家庭联产承包责任制。农民热情高涨，科学种田蔚然成风。1998年，县农业局组织引进袁隆平院士选育成功的两系超级杂交稻在龙山示范种植，单产均在700公斤以上。1999年全县开始示范种植两系超级稻，华塘乡官渡村示范102.4亩，平均单产704.2公斤。2000年全县种植两系超级稻1.1万亩，其中官渡村1075亩平均亩产达703.5公斤。2000年9月10日，全国超级杂交稻现场验收会在龙山召开，国家科技部、农业部组织全国水稻知名专家对官渡村千亩超级杂交稻测产验收。当晚，杂交水稻之父袁隆平在龙山主持召开了新闻发布会，宣告超级稻种植成功。鉴于龙山在超级稻示范推广中做出的突出贡献，2002年龙山县荣获"第二届袁隆平农业科技奖一等奖"，2005年龙山县被农业部确定为"超级稻重点示范县"。2007年，全县粮食作物播种面积41504公顷，粮食总产量186360吨；2014年，全县粮食种植面积62.3万亩，总产量20万吨。超级稻"巩千"工程亩产达到1004.5公斤，成为全国四个"巩千"达标基地县之一。

随着家庭联产承包制的成功实践，农村其他体制改革亦随之推进。1981年，全县实行林业"三定"，即稳定山林权属，规定自留山、确定林业生产责任制。1984年，国家颁布《森林法》，湘西州实施"三山变一山"改革，形成"山有主、主有权、权有利、利有责"的新型林业生产格局。1998年8月，县人民政府出台了《关于开展林地使用权转让工作的有关规定》，通过拍卖、租赁、联营等多种方式，全县创办了238个股份合作林场，经营面积达37.4万亩。同时，对小型水利设施进行管理体制改革。内溪乡伴竹村贾绍瑞以两万元资金买断该村一座小Ⅱ型水库30年的使用权和管理权。是年底，全县共拍卖小型水利设施使用权和管理权88处，小型水利设施经营开始向能人转移，实现了生产资料与劳动者优化组合，促进了农村经济发展和农民收入提高。2001年冬，全县开始实施"退耕还林"工程，以"退得下、稳得住、能致富、不反弹"为项目立足点，树种选择上实行"生态林木经济化、经济林木生态化"的优化配置方案，尽量满足退耕户增收意愿。以增强项目稳定性。至2004年，全县退耕还林面积达36933.3公顷，其中还林退耕地 18666.7 公顷，荒山造林 18266.6 公顷。据全县第五次（2004 年）林业资源普查，活立木蓄存量 3723039 立方米，较 1986 年增长 64.9%。至 2014 年，全县森林覆盖率达到 62.12%。

20 世纪 70 年代洛塔公社党委书记——彭官恕

2004 年的中共中央 1 号文件宣布用五年时间全部取消农业税，湖南从 2005 年率先取消。从公元前 594 年鲁宣公始创"初税亩"到 2006 年全国废止农业税，延续了 2600 年的"皇粮国赋"从此退出历史舞台。同时国家还对农民实行粮食直接补贴、水稻良种补贴、农机补贴等一系列惠农强农优惠政策。以起始年 2004 年为例，全县享受种粮补贴的面积达 329，754.15 亩，每亩补贴标准 11 元，全县共发放粮食直接补贴 3627，295.65 元。水稻良种补贴面积 225，907.04 亩，每亩补贴标准 15 元，全县发放水稻良种补贴 3388，605.60 元。2004 年，龙山成为全州唯一农机购置试点县，2008 年，全县拥有农业机械 1490 多台套，共获省、州、县农机购置补贴资金 500 余万元。至 2013 年，全县发放农机购置补贴 494.82 万元，补贴机具 2247 台（套），受益农户 2066 户，农业机械化示范基地达 1500 余亩。2014 年，补贴农业新机具 1642 台。

水沙坪田园风光

2008年10月9日至12日,中国共产党第十七届三中全会在北京召开,作出了《关于推进农村改革发展若干重大问题的决定》,为进一步流传土地承包经营权、实现土地规模化经营、发展现代农业指明了方向,龙山加快了现代农业发展步伐。烤烟、百合等农业特色产业不断壮大。2008年,全县种植烤烟82664亩,收购烟叶18.5万担,实现烟农收入1.46亿元,农业特产税2500万元。2014年,全县烤烟种植面积6.3万亩,收购烟叶14.3万担,收购总量具全州第一。1990年9月,县委县政府下发了《关于加强冬季百合生产的通知》(龙发〔1998〕32号),决定从当年开始,把百合生产作为冬季农业开发的重中之重来抓。当年洗洛乡种植百合3500亩,平均单产1181公斤,总产量4130吨,实现产值1445万元,全乡人均百合收入934元。其中大井村百合种植面积540亩,人均百合收入1970元。村民林顺祥租地种植百合44亩,总产44吨,实现销售收入10万元,全家5口人平20000元。在大户带动和市场经济驱动下,龙山百合种植面积稳定在5万亩左右。并与上海十六埔等农副产品市场建立了良好的产销关系,以质量取信市场。仅上海市场,年销售量达5000~6000吨,占上海百合销售量的50%。2001年,财政部、省财政厅确立龙山为百合产业化基地县；2009年6月13日，龙山百合被国家工商行政管理总局商标局核准注册为地理标志商标，成为湘西州继"古丈毛尖""泸溪椪柑"之后第三个地理标志产品。2014年，全县百合种植面积8.6万亩，总产量6.8万吨，总产值6.2亿元，产销量均居全国第一。

洛塔人下天坑，引出地下水

农业产业化建设持续推进，形成"一乡一品"的产业态势。至2008年，全县建成优势农产品基地52万亩，其中烤烟基地8.5万亩、百合基地5.8万亩、蔬菜基地10万亩，三薯（马铃薯、红薯、木薯）和橘橙柚基地14万亩，中药材基地5万亩。畜牧水产实现年新增山羊10万只，牲猪5万头，网箱养鱼100口。已发展农产品加工企业130多家。发展农产品营销队伍，涌现了一批优秀经纪人。如洗洛乡大井村村民宋仁彦，从事百合产品经营20多年，始终坚持诚信经营、合法经营、把握商机、盈亏有度的经营理念，年均销售鲜百合200多吨，加工百合干片300多吨，在广州、成都、武汉、沈阳和山东、安徽、香港、台湾等省市相继建立了销售网点，龙山百合进入大市场。从而形成山上建基地、山下建工厂、山外闯市场的产供销一条龙服务体系。农民收入节节攀升。

从1994年的517元增加到2008年的2510元。2014年，全县粮食种植面积62.3万亩，总产量20万吨。农民人均纯收入达到6185元。农村绝对贫困人口由1994年的15.08万人减少至2008年的2.38万人。通过精准扶贫，确保贫困农户"一对一"结对帮扶无盲点，重点推进121个固定贫困村和56个经济薄弱村的"整乡推进"工程。

农村社会事业快速发展，社会养老制度逐步完善，至2014年，全县有养老机构34所（一所光荣院，一所社会福利院，32所乡镇敬老院），设置床位1320张，集中供养孤寡老人1285人，工作人员149人，国家每年拨给供养金576.02万元。分散供养五保对象1401人，人/月供养金200元，国家年拨供养金336.24万元。至2013年底，全县孤儿总数593人，集中收养51人，每月人均1000元；分散集养542人，每月人均600元；国家年拨孤儿收养费451.44万元。全县60岁（含60岁）以上农民均享受到国家发放的养老金；有49.7万人参加了农村新型合作医疗保险，参合率达98.79%，补助群众52.68万人次，补助资金1.62亿元。建立了农村医疗救助制度和农村低保制度，34个乡镇均新修了文化站，茨岩、召市、桂塘、洗车河、苗儿滩等12个乡镇修了文化体育广场；至2008年，完成农村卫生院改造33所，新建和维修村卫生室403个，完成农村寄宿制学院建设项目120余所，农村义务教育普及率达99.97%，适龄儿童入学率达99.7%。至2013年，全县农民人均住房面积34.4平方米，恩格尔系数48.2%。通过社会事业发展，广大农民学有所教，病有所医，居有所安，乡有所乐，老有所养，土家族、苗族、回族等少数民族聚居区出现史无前例的太平盛况。

第二节　工　业

1951年，县人民政府设工商科，1952年10月，县工商联合会成立，在洗车、里耶、隆头等地设立分会，在招头寨、贾家寨、苗儿滩、茨岩塘、石牌洞、石羔山等地建立了工商小组。出现了里耶裕民织布厂、洗车河新叶织布厂和龙山群益印刷厂等20多家私人独资或集资兴办的手工业工厂。1955年1月15日，县第一个手工业互助合作社——花棚乡太平山陶器工业生产小组建立。1955年开始进行个体手工业社会主义改造，至1957年11月全县建成手工业合作社23个，社员921人。1958年7月，太平山陶瓷生产合作社转为地方国营的龙山县陶瓷厂，有职工62人。从20世纪70年代开始生产紫砂陶茶具、餐具、花盆等，品种达100余种。其中梅花壶、宴会锅等5种艺术陶具造型美观，式样新颖，1982年评为湖南名优产品，在广交会上展出后大获好评，远销美国、马来西亚、西德、新加坡、加拿大、泰国、塞浦路斯等国家，成为县域主要出口产品。

1952年7月，县公安局从永顺专署公安处接收两台旧卷烟机，在县城办起龙安卷烟厂，以晒烟为原料，首次使用机械卷烟，有"龙安""支援""生产"等牌号，行销县内及湘鄂川边区，因辅助材料采购困难，1955年2月停办。

1966年，龙山引种烤烟成功，县委、县政府为促进县域经济发展，充分利用境内及周边县市烟叶生产潜力大、周边市场宽等优势，于1970年投资1.2万元在县城关庙巷购得旧房3400平方米，创办"龙山县卷烟肥皂厂"，有职工25人，负责人刘枝厚，当年3月研制开发了"晒烟""酉水"两个品牌，生产卷烟和手工雪茄烟112大箱，完成产值2.46万元，实现税利1.07万元。是年10月该厂通过龙山籍老红军丁凯从重庆购进一台旧式美制卷烟机，专门生产卷烟。次年被县政府批准为地方国营企业，更名为"龙山县卷烟厂"，隶属县轻工业局。1971年至1973年先后组织30人到长沙、常德、郴州等烟厂学习或委托培训，并从重庆、郴州、天津等地请来技术人员传授技术。在派出学习、引入技术的同时，坚持发扬自力更生、艰苦奋斗的精神，发动职工自制卷烟工具并筹资购回部分旧设备，卷烟生产能力有了较大提高，1977年产量达到2525箱，产品质量亦有提升。

1978年2月，按照国务院"县级以下不办烟厂"的规定，湘西州人民政府决定将龙山卷烟厂收归州管，更名为"湘西土家族苗族自治州民族卷烟厂"，同年被国务院批准为计划内烟厂，其产品销售、原材料供应及技术改造均纳入国家计划。

1980年，烟厂根据市场需要，着力新产品的研究开发，同年6月成功研制出产过滤嘴香烟，根据全国卷烟工作会议精神，着眼卷烟市场的发展趋势，烟厂组织力量研制混合型卷烟，取得突破。1980—1982年间共开发"龙山雪茄""龙凤""节约""天柱"等知名产品，其中"龙山""节约"牌卷烟获当时湖南省同级产品第一名，"天柱"在中南卷烟协作会上被评为一类品，"龙山雪茄"更受消费者青睐，1982年一次性签订合同达6.64万箱。为使烟厂持续发展，1982年10月龙山卷烟厂与吉首市政府协商，经州人民政府批准，在乾州建立龙山卷烟厂吉首物资中转站，以便于加快原辅材料及卷烟产品调运。1984年国家实行烟草专卖体制，"湘西土家族苗族自治州民族卷烟厂"正式定名为"龙山卷烟厂"。同年，因囿于烟草专卖政策等原因，经州人民政府研究决定，将桑植县卷烟厂并入龙山卷烟厂，按照州人民政府提出的"一厂两地生产"的原则，成立龙山卷烟厂桑植车间，实行"单独核算、盈亏包干、超利分成"的管理办法。1985年1月1日，龙山卷烟厂正式上划中国烟草总公司，为中央属全民所有制中一型企业，隶属中国烟草总公司和地方政府的双重领导。同年5月22日，州人民政府批准龙山卷烟厂驻吉首中转仓库改造为龙山卷烟厂乾州卷烟车间，从而构成"一厂三地"的生产格局，烟厂步入振兴发展的新阶段，技术改造持续推进，品牌效应日益彰显。1986年至1988年投资2100万元先后购进40台（套）国际国内领先水平的各种卷、接、包设备；1991年又投入3070万元资金改造了制丝线，年生产能力达到25万箱，并为乾州车间投入1700万元技改资金，使其年生产能力达到12万箱，产品有"太空游""湘妃""湘西""山鹰""老枪"等。1990年1月1日，龙山卷烟厂乾州车间无偿移交给凤凰雪茄烟厂，定名为凤凰雪茄烟厂乾州分厂。1991年8月21日，国务院以国函〔1991〕51号文件批复，同意国家烟草专卖局关于全国现存50家计划外烟厂中，保留19家，合并保留11家，转产3家，关停17家的方案，桑植烟厂属保留之列，遂与龙山烟厂脱钩。进入20世纪90年代初期，龙山卷烟厂在致力技改和创立品牌的同时，进一步加强企业的生产、经营和管理，推行人事、工资、用工三项制度改革，转换企业经营机制，有力地调动了全体员工的积极性，促进生产经营的全面发展。企业进入发展巅峰期。截至1992年底，烟厂拥有固定资产5000多万元，厂房建筑面积11万平方米，生产设备288套，正式职工1141人。下设生产、供应、销售等24个科室及制丝、卷接、包装、机修、复烤5个车间，共生产卷烟23.44万箱，产值92157.4万元，完成利税5.6亿元。并年年递增，1995年至2003年生产卷烟53.75万箱，交纳税金9.34亿元，超过前24年总和，为县域经济发展做出重大贡献。

进入20世纪末期，国家实行宏观调控，烟草行业严格执行限产压库措施，龙山卷烟厂年生产计划指标仅为7万箱，又经省、州、县政府协调，从1997年开始卖断2万箱生产指标给长沙卷烟厂。烟厂立足现实，着力结构调整，上品牌、上档次，嘴烟比例达到100%，单箱产值上升3800元。1998年该厂生产的"张家界""老大哥"牌号卷烟双双荣获湖南省著名商标称号，"老大哥"系列被评为湖南省名牌产品。1999年，实现销售收入23002万元，实现利税12450万元，占地方财政收入的71%，跃居全州纳税大户之首，成为湖南省纳税十强企业和全国500强企业、全省50强企业之一。烟厂曾先后被中共湖南省委、省人民政府授予"先进基层党组织""优秀思想政治工作先进单位""安全工作先进单位"等称号。至2002年，烟厂在册职工1346人，拥有资产35041万元，其中国定资产15882万元，流动资金19159万元，各种生产设备364台（套），厂区面积18万平方米，建筑面积14.65万平方米，年生产能力可达30万箱，当年实现产值3.43亿元，销售收入4.01亿元，实现利税1.25亿元。但是由于企业结构不合理，经营效益差，至2001年后烟厂负债达29274万元，资产债力达88%，生产经营陷入困境。2003年7月深化内部改革，有740名职工一次性买断工龄，人均补偿74000元。2004年4月，按照湖南省人民政府湘府阅〔2004〕20号《关于龙山卷烟厂有关问题的会议纪要》，龙山烟厂实行全面停产清理。除7名厂级领导，其余员工全部一次性买断工龄，给予一次性补偿，与企业解除劳动关系。

龙山卷烟厂从建厂到关停，历时34年，共生产各种牌号卷烟53个，共生产卷烟282.41万箱，总产值19亿元，实现利税15亿元。

1979年1月，县委召开全县四级干部会议，传达中国共产党第十一届三中全会精神，讨论了"龙山怎样把工作重点转移到社会主义现代化建设上来"的议题，从此龙山把发展经济作为第一要务来抓。至1983年，全县共有各类工业企业385家，职工9902人。其中国营工业企业有电力、陶器、卷烟、煤炭、铅锌矿、水泥、印刷、人造板、酿酒、化工（氮肥）、机械等21个，年末固定资产总值3996万元。具有年产原煤15万吨、铅锌矿6000吨、水泥6000吨、卷烟10万大箱、白酒3000吨、机制纸1500吨、发电2756万度的生产能力。1983年实现工业总产值6616万元，比1966年的244万元增长27倍。1983年实现工商税收5304.29万元，占全县总税收的98.43%，其中仅龙山烟厂的卷烟税就占了68.93%。兹后又相继涌现出龙山植物油厂、金刚石厂、铁合金厂、玻璃厂、民安炮火厂等工业企业。1993年，县财政收入首次突破亿元大关，成为继花垣县后全州第二个亿元县，形成"以农业为基础，以工业为主导"的经济发展格局。1995年全县农业产值13.8亿元，工业总产值76284万元，并出现了"顶俏牌"植物油、"老大哥"卷烟、"乌龙山"大曲、紫砂陶工艺产品等名优品牌，实现工农业双赢。

龙山工业的第一次创业是在计划经济的体制下进行的，虽然曾风光一时，但由于体制不活，弊端丛生，逐渐走向低谷。在市场经济冲击下，不仅小企业纷纷倒闭，连规模较大，年创税1个多亿的龙山卷烟厂亦于2004年4月宣布倒闭。

2005年，龙山县委、县政府提出了工业二次创业的思路，把扶持发展开发、利用本地资源的农产品矿产品为主要原料的民营企业作为工业强县的重要途径。2007年制定出台了《关于实施"5151"工业发展计划的决定》，2006年，全县实现工业总产值6.3亿元，同比增长25%，增速列全州第一。实现工业增加值2.8亿元，同比增长20.2%；实现财政总收入1.32亿元，同比增长18.6%。进入"十一五"以后，进一步加大了招商引资和争资上项力度。2007年上半年，全县新建、续建项目达45个，实际到位资金2.88亿元，同比增长57.6%；截至当年10月底，全县专项资金达到19462万元，从而使工业效益不断提升，全县35家规模工业企业加速发展。至2008年全县实现工业增加值2.6亿元。民安、新城、红岩溪3个州定工业强乡强镇实现工业销售收入4.2亿元，实现税金1620万元。2011年，实现规模工业增加值2.87亿元，同比增长18.3%；工业技改完成投资3.3亿元，同比增长30%。招商引资到位资金9.58亿元，其中工业招商到位资金5.09亿元。年产120万吨新型干法旋窑水泥项目累计完成投资2.2亿元，当年7月建成投产。"十二五"期间全县工业经济平稳发展。2004年，实现规模工业增加值4.49亿元，增长12%。是年，省级工业集中区获省政府批复。其中湖南省金刚合金制品有限公司成立于1993年，与香港国际浩发集团贸易公司合作落户龙山，是一家专业生产金属硅系列产品的现代实业性企业。其生产的6大类金属硅产品全部被国家权威机构认定并获得证书。80%的产品出口美国、日本、欧洲国家及香港、台湾等地区。2006年公司顺利通过ISO2001国际质量体系认证。2007—2008年连续两年生产的"QIAOYOH"牌金属硅被评为湖南省名牌产品。成立于2004年的馥生民族特色产业有限公司，是省民委电脑农业民族特色产品加工基地，是一家以辣椒深加工为主业的农业产业化民营企业。立足农业产业，注重科技创新，寻求发展之路。获批土地300亩，启动了8.3万平方米标准厂房建设工作。新增规模工业企业8家，土家巧手、刘氏食品、"喜乐"百合等规模企业运行良好。成美水泥、兴隆纸业、东升玻璃技改顺利完成。元宝硅业、波杰矿泉水等13家企业投入生产，培育农产品加工规模企业32家，年销售收入5.41亿元。全县实现一、二、三产业生产总值61.1亿元，同比增长10.1%。

第三节　交通设施及城市化建设

一、交通设施建设

龙山地处武陵山脉腹地，千峰万嶂，历来交通闭塞，史籍记称："龙山高峰丛杂，窄径绵延，犯其境者，车马不得骋，长械巧技无所施。"清末至民国时期，县境出入仅四条通道。一是龙保县道，由县城经芭蕉坨、招头寨、贾家坝、贾家寨抵隆头与保靖县衔接，全长195华里。1945年（民国三十四年）改由县城经茅坪、洛塔、洗车河、苗儿滩至隆头通保靖，全长185华里。二是龙永县道，由县城经洗洛、茅坪、洛塔、洗车河至靛房与永顺衔接，全长150华里。1945年重修，由县城经洗洛、茅坪、红岩溪、马蹄寨、农车至永龙桥与永顺衔接，全长140华里。三是龙桑县道，由县城经兴隆街、茨岩塘、新场坳、中湾至分水岭与桑植县衔接，全长120华里。四是龙来县道，由县城至官渡口与来凤县衔接，全长12华里。抗战时期，新辟了由城北流芳堡经十字路、兴隆街、三十六湾、茨岩塘、岩板溪、南下细车河、铅厂坡、汝池河至塔泥湖与永顺衔接，或由岩板溪东下，经半寨坪、新场坳、江家垭、水田坝、文家沟至中湾与桑植衔接的这条大路，成为县城上通鄂川各地，下通常德、澧县的商业运输要道。这些道路或于陡坡处铺青石板阶梯或于险峻处凿石为道,可供肩挑背负者或骡马、官轿通行。负重者手持打杵,"上七下八坪十一",即上坡七步一杵,下坡八步一杵,平路能走上十几步,艰难至极。除这几条旱路外,境内还有3条河流可以通航。一是酉水河,由里耶至隆头,航程27千米,日常和大水分别可通5~20吨木船。二是洗车河,由洗车至隆头连酉水,航程33千米,可通2~5吨木船。三是贾市河,由贾家寨至两河口注入洗车河全长15千米,可通半吨至1吨木船。

2014年12月28日,黔张常铁路在兴隆街乡张家坡村举行开工仪式

农车至洗车河的二级路

吉恩高速小井段施工现场

吉恩高速砂子坡隧道施工现场

1955年，与龙山相邻的永顺县、保靖县，四川秀山、酉阳县及湖北来凤县都相继通了公路，实现汽车运输。在此影响下，龙山为求发展，决心修筑永龙公路。1955年上半年，在省、州政府的关怀下，"永龙公路"立项，省公路厅于1955年下半年派工程师李权和樊传广带领省厅第六技术队共20人对永龙公路进行选线、勘测、设计，省公路厅于当年12月作出批复，永龙公路筑路工程开始启动。由湘西苗族自治州政府牵头成立了永龙公路修建委员会，国家投资105万元，永顺段开始动工；1956年4月，龙山段动工。至1957年下半年，共投入劳动日118万多个。1958年2月，龙山第一线公路——永龙公路正式通车。这条路全长112千米，其中县境里程84.7千米。此后，有县城民安镇至三元的"民三公路"、比沙沟经茨岩塘至水田坝的"比水公路"，茅坪经瓦房、召市、贾坝、咱果、内溪至里耶的"茅里公路"、茨岩塘新场坳经大安至乌鸦河的"新乌公路"、茅坪半沟经洛塔、洗车、苗市至隆头的"半隆公路"、农车至坡脚的"农坡公路"等县乡公路相继通车，至1983年全县48个乡（社）镇全部通了公路，通了客班车。当年汽车客运量达1629751人（次），汽车货运量达130057吨。但此前均为砂石路，晴天一身灰，雨天一身泥，且坎坷不平，有"车子颠，到龙山"的谚说。1986年6月，县政府下发了[1986]42号文件，成立了209国道（即原"永龙公路"）油路改建工程指挥部，1990年9月，境内209国道油路全线铺通，总投资480万元。1998年5至11月，共投资2400万元用于铺洒县乡油路，2000年后县乡公路逐步实现油路化。在加强国道、县乡道建设的同时，村级公路建设亦随着发展。到1994年底，县内532个行政村已相继修通114条路，261个村通了公路，通路里程达488.9千米，行政村通路率达44.17%。1995年至2000年，县委、县政府组织动员全县各级各部门，连续六年实施"百村通路"工程，共投入资金1519万元，炸药212284吨（包括配套物资，共折合资金1400万元），投入义务工2000余万个，完成经省、州交通主管部门验收合格的村级公路263条1017千米，新通行政村246个，加上原已通车的261个，全县行政村通路率已达93.4%。

进入21世纪以后，龙山交通建设呈现出加速发展趋势。截至2009年10月前，全县公路总里程达到3070千米，有国道线（G209）1条，在县境全长82.3千米；有省道2条，县域总里程158.8千米。其中S231线即洗洛至里耶段长109.8千米。S305线即桑龙公路龙山段长49千米。县道13条，总里程307千米。乡道20条，总里程224.2千米。通村公路459条，总里程2300千米。国庆60周年前夕，全县已开通客运线路49条，共550台车投入农村客运市场，有长途班车直达深圳、东莞、广州、珠海、温州、宁波、杭州、厦门、福州、无锡、石狮、长沙、株洲、武汉等工业发达地区。全县运输经营业主达1860户，旅客量753.7万人次，旅客周转量37757.7万人千米；货运量130.8万吨，货物周转量 12648.7 吨千米。进入"十二五"后，县交通建设好戏连台，全长 63.1 千米、投资 4.75 亿元的茨永公路全线贯通，继而又完成了茨岩至县城段，成为县境第一条二级公路。洗洛至里耶、洗车至里耶、洗洛至石牌等二级路在重庆交建集团承建下顺利推进，209 国道绕城线已具雏形，湘鄂情大桥于 2014 年 2 月 20 日正式通车。吉恩高速龙山至永顺段于 2010 年 10 月 28 日正式动工后进展顺利。吉恩高速路线全长 263 千米，湖南境内 175.5 千米，其中龙山至永顺段 91.2 千米，永顺至吉首段 84.3 千米。估算投资 230.5 亿元，其中龙山至永顺段 121.8 亿元，永顺至吉首段 108.7 亿元。吉（首）恩（施）高速估算总投资为 292.7 亿元，可望 2016 年全线通车。它的建成，可将湖南境内的张（家界）花（垣）高速、包（头）茂（源）高速，以及恩（施）黔（江）高速、沪渝高速有机地连接起来，对县域经济的起飞必将产生深远影响。

湘鄂情大桥

2004 年 9 月 14 日，黔（江）张（家界）常（德）铁路第一次联席会在黔江召开，湘西州、恩旋州、张家界市、黔江区"两州一市一区"领导决定共同争取将黔江常铁路纳入国家发改委、铁道部"十一五"铁路发展规划。通过几年争取，2007 年 7 月 13 日，黔张常铁路第四次联席会在龙山召开，铁道部经济规划研究院原院长刘宝润及铁四院有关专家实地踏勘黔张常铁路设计规划路线。2009 年 1 月，铁道部（铁计〔2009〕001

号）文件明确黔张常铁路正式纳入 2009 年铁路勘察设计工作计划。2009 年 4 月 25 日，铁道部第四勘测设计院有关专家来到龙山县城，参加黔张常铁路项目预可研工作和现场踏勘，标志着该项目已开始启动。龙山各族人民歌舞载道，欢迎幸福使者的到来。2012 年 5 月 26 日下午。温家宝总理在吉首听取了龙山县委书记张才金就黔张常铁路的专题汇报后，对黔张常铁路的前期工作做了充分肯定，并现场表态，积极支持黔张常铁路建设，努力推进项目早日开工。

黔张常铁路位于渝东南、鄂西南、湘西北三省（市）交界地带，线路自渝怀铁路黔江站引出后折向东北，经湖北咸丰县、来凤县，湖南龙山县、桑植县至张家界永定区与枝柳铁路相连后向东经桃源县引入石长铁路常德站，正线建筑长度 340.564 千米。其中重庆市境内 23.287 千米，湖北境内 55.75 千米，湖南境内 261.527 千米。本线为国铁 I 级双线电气化铁路，速度目标值为客货共线 200 千米，建设工期 5.5 年。

黔张常铁路在龙山境内全长 44.304 千米，有 22 个隧洞，29 座桥梁和 1 个位于石羔永兴、十字、新城白坪三村交界地的客运站，1 个位于水沙坪的功能越行站。涉及征地、拆迁等诸多事宜。为保证工程顺利推进，龙山县成立了"黔张常铁路龙山段工程建设指挥部"，由县政协主席吴少叶任指挥长。2014

民族路

年 12 月 28 日，黔张常铁路龙山段兴隆三塘大坡隧洞正式开工，标志着龙山的交通建设已跨入高铁时代。

二、市政建设

清雍正七年（1729 年）龙山建县，选址在新田堡即今民安镇修筑县城，花工料银 9810 两，历时三年竣工。当时有城无池。城墙周长 3.3 里（折合现制 1.65 千米），雉堞 970 垛。城设四门，北名承恩门，南为永安门，东为咸庆门，西谓定远门。街分四街十六坊：东有文华、隆兴、庆丰三坊，东门外有迎青坊；南有青云坊，南门外有宁寿、清泰、永隆、新盛四坊；西有永盛、新兴、兴贤、新营四坊；北有承恩、迎恩、文德三坊。城内商贾辐辏，车马络绎，烟火千家。清道光廿四年（1844年），邑绅黄大钺、张廷辉合捐白银1.6万两，重修街道，加固城墙，在城南（今中医院南）增设一门，名永安门，俗称新南门。清同治二年（1863年）知县李以菁再次募捐加固城墙，其高、厚度均增三分之一，城外加挖壕沟，从此成为有城有池，城池坚固的城邑。民国二十二年（1933年），湖南省保安司令部下达"碉堡不筑，无以待援军"的命令，驻防龙山的保安团团长吴绍良督工，最后一次加固城防工事，新筑"南台""春厂""太阳""慈云"四座碉堡，在城垣东北、西北增设角楼、炮台，加深城壕深度，根据地形地势分段注水，城壕两旁植铁篱笆设防。民国三十二年（1943年），县长魏逸群倡募整修县城街道，将东正街、南正街、北正街、西正街、凤阳街、接官街分别扩展2~3米，路面铺设卵石或块石，整修后街道成形，车马畅通。至民国三十八年（1949年），县城面积已达1.4平方千米，常住人口5000余人。

1950年，县人民政府组织拆除城墙，至1955年，南门坡以上尚存南门居高伟立、颇有雄关漫道之古风，可惜不久亦化为平地。1955年新修英模路（即今县政府至朝阳路段）。1976年，全长1782米、宽20余米的新建路全线竣工，成为县城纵贯南北的主街道。在此期间，改造和新建了原朝阳路、北门路、环东路、环南路、林业横路、南正街、凤阳街、接官街等街道，至20世纪80年代，新辟了职中路、黄鹤路、龙凤路、商业街、集贸路、一中路、农场路等街巷。

1994年，湖南省委、省政府发出"把湘西作为全省扶贫攻坚主战场，举全省之力来帮助湘西发展"的号召，确定长沙扶持龙山。1994年11月27日，时任省委常委、长沙市委书记秦光荣深入龙山，提出"县域经济的发展，必须以城市为中心，以城市为依托，必须树立抓城市建设，就是抓改革开放，就是抓两个文明建设的"的新观点，并表态举长沙市之力，支持龙山发展。1995年，龙山县委、县政府提出"修建长沙路，打通南台堡，开发西门坨，再造一个龙山城"的城建新思路。1995年11月24日，长沙市建委副主任邵作贵一行21人组成的长沙路现场施工服务团来龙山进行实地踏勘。在国家一级企业——长沙市市政公司的精心施工下，长沙路工程以优质高速推进，1996年11月8日，长沙路施工庆典在长沙路西端举行，县委书记田家贵主持会议，省委常委、长沙市委书记秦光荣为长沙路题写路名。长沙路是龙山县城横贯东西的一条长1385米、宽34米、投资2395万元，类似长沙"五一路"规模的商业大街，是龙山市政建设的起步工程、基础工程。

1998年，县委县政府又提出"修建民族路，接通朝阳路，开发西门坨，繁荣龙山城"的第二个城建目标,群众欢欣鼓舞,工地热火朝天。1998年9月2日,省委副书记胡彪视察龙山长沙路、民族路建设工地,当即欣然赋诗:"湖南省委马加鞭,千里奔波老少边,欣赞愚公多壮志,山城大道写新篇"。1999年9月30日,长1554米,宽34米,总投资3500万元的民族路一期工程及与此交叉的朝阳西路、回龙路竣工,同时还改造了新建路,硬化了城东路、书院路、建设路、交通路等。1999年,省计委为龙山民族路二期工程争得国债资金2000万元,省计委主任徐宪平于1999年12月初视察龙山民族路二期工程,遂全线竣工。1999年,县委县政府提出"延伸长沙路,开发磨盘寨,建设湘鄂路,拓展龙山城"的第三个城建目标,长沙路由一期的1380米延伸为1500多米,同时新修了皇仓路、五爱路、上磨盘寨1路、2路,下磨盘寨1路、2路等。2000年,县委县政府提出"新开入城口,延伸湘鄂路,开发土城坝,再拓龙山城"的第四个城建目标。至2004年底,城区道路形成四纵六横的格局,主要路街巷53条,总长37.059千米,道路面积54.604平方米,硬化率达98.9%。城区街道及消防道全长40.429千米,比民国末期增加38.829千米。2005年4月24日,连接新开入城口至湘鄂路的长沙大桥即南门三桥竣工剪彩,长沙市委书记梅克葆亲笔题写桥名。该桥为钢筋砼悬索成箱肋拱桥,系长沙市全额投入1000万元独资援建。大桥长112.85米,宽25.5米,主拱跨60米。由湖南省交通勘察设计所设计,由湖南高岭建设集团承建,设计新颖,巍峨壮观。2005年底县城总体规划进行了调整,城区规划控制区由原来的44.24平方千米增至66.61平方千米。2005年11月21日,在中共龙山县第九届委员会第四次全体(扩大)会议上,县委书记曹世凯提出"实施好龙山来凤融城"的城市建设新目标。在长沙市的大力支持下县委县政府启动了跨省融城战略。2006年2月18日,岳麓大道正式开工奠基,推进龙凤城市一体化,龙山、来凤两县共同实施"交通同网、旅游同线、产业同布、环境同治、信息同享"五同建设,化邻为群,合作共进。2007年10月,投资1.1亿元,长4.3千米,宽36米的岳麓大道建成通车。启动了G209龙山绕城公路工程,该线西起与来凤交界的团结桥,途经卸甲坝、螺蛳滩、皇仓坪、宝塔、丁家桥、黄鹤泉,东上新城刘家坝,与S305省道相接,全长13.8千米,建设标准为国家II级,设计时速为60千米,整个项目预算投资3亿元。其中团结桥到螺蛳滩的5.3千米绕城公路建设宽度从12米扩宽为34米作为市政建设大道建设,与绕城公路统筹规划同步进行。完成总投资2400万元的城区天然气长管线及主干管工程。至2009年,县城建成区面积达12.1平方千米,街道总面积达91万平方米。2011年,湘鄂情大桥工程龙山县承建部分已全面竣工。2014年2月20日,湘鄂情大桥来凤县承建部分竣工后全线通车,龙山来凤呈现街衢相连之势。2014年,县委县政府实施了老城区市政道路改造工程,对10余条主街道，17条背街小巷进行了全面改造，自来水管、低压电缆、通信光缆等管线全部换新下地，下水道疏通改造，改造污水管网17千米，天然气管16千米。街道路面全程开挖清基，改水泥路面为标准沥青炒砂路。人行道全部铺设青石板。拆除街中街与朝阳路连为一体，街道两旁房屋全部装饰修葺一新。升级改造世纪广场为龙凤广场，启动了岳麓大道改造工程，开通了汤家沟至汽车北站、刘家坝至湘鄂情大桥、汤家沟至汤家沟1、2、3路城市公交车，实施了绿化、亮化、美化工程，安装红、黄、橙、白、绿等路灯，"五色龙城"基本成型。投资1.7亿元的长沙路地下商业步行街一派繁华。并于各入城口新建免费洗车场9个，在城区新建公厕12个。开展了城区网络化管理试点和城区门牌号编制工作，安装门牌、楼牌3.2万个。施工中的吉恩高速入城口果利河大桥直通长沙东路。从"十一五"以来实施的安居工程以来，安置房、廉租房、公租房，棚户区改造等民生工程造福千家。2014年，龙凤华塘商居城完成投资1.58亿元。随着典雅、亿利、湖湘商贸广场、王府井商业街等重大城建项目的持续推进，龙山这颗"边区明珠"必将更亮丽。

第六篇

民族事务

1984年2月，龙山县人民政府根据湘西州委州政府1983年12月7日下发的相关文件精神，在政府办公室设置民族事务组，负责全县民族事务工作。1986年3月13日、1987年3月18日，州民族事务委员会先后两次提出书面申请，要求将各县在县政府办设置的民族事务组升格为单独的行政机构，获得州编委批准后，龙山县于1987年8月正式设立了民族事务委员会，配行政编4人，内设办公室、纪检组（监察室）等。其主要职责是贯彻执行党和国家关于民族工作的方针、政策，处理各项民族事务，致力推进民族团结进步。1988年4月、1991年2月、1994年9月、1999年9月、2009年9月、2014年6月，龙山县人民政府连续6次荣获国务院、国家民委授予的"全国民族团结进步先进集体""全国民族团结进步模范单位"称号。2014年9月28日，龙山县人民政府县长彭正刚在北京人民大会堂参加了由国务院主持召开的"全国民族团结进步先进集体先进个人表彰大会"，龙山成为州、省乃至全国民族团结进步事业的一面旗帜。

第一章 贯彻民族政策

中华人民共和国成立以来,党和国家制定了中国各民族保持和发展平等、团结、互助关系,以求共同团结进步,共同繁荣发展的民族政策,同时制定了对少数民族地区财政、税收、贸易、教育等方面的优惠政策。龙山县享受民族政策优惠,致力发展民族经济、文化等各项事业,取得明显效果。

第一节 财政政策优惠

财政补贴 龙山县从1954年享受此项照顾。1958年、1966年、1978年、1980年上级给县补贴分别为125.07万元、108.72万元、27万元、354.71万元。1980年起,湘西州对所属县由一年一定改为一定五年不变,由定额补贴取代差额补贴,补贴数额每年递增10%左右。2004年比2003年增长41%。1981—2004年,上级财政给县补贴总额为200237.18万元(详见下表)。2002—2004年,上级财政给县补贴分别占全县总收入的90.56%、82.73%、81.99%。

1981—2014年龙山县获得国家财政补贴统计表

年 度	1981	1982	1983	1984	1985	1986	1987	1988	1989	1990	1991	1992
金额(万元)	458.66	368.8	748.92	812.9	537	698.4	655.6	724	888.4	748	923.5	976
年 度	1993	1994	1995	1996	1997	1998	1999	2000	2001	2002	2003	2004
金额(万元)	1140	9993	11014	11859	12810	13611	13984	15126	19249	23597	26027	33292
年 度	2005	2006	2007	2008	2009	2010	2011	2012	2013	2014		
金额(万元)	169	不详	205	205	274	254	425	528	447	619		

少数民族补助费 全县从1957年享受此项照顾。其中1984—1997年为754万元,

2002—2004年分别为873万元、1033万元、1049万元。2005年以后，国家民委和省、州民族事务部门加大了少数民族补助收入，有力促进了龙山县民族经济、文化及各项事业发展。

少数民族预备费　全县从1964年起享受此项照顾至今。州县两级分别按支出总额的4%和3%执行。1985年财政包干后，仍按比例将此项经费列入包干基数。

少数民族机动金　全县从1964年起享受此项照顾至今。按上年度支出决算数（不含基建、流动资金、属临时性开支等）的5%计算。

支援经济不发达地区发展资金　1982年设立，当年县获得发展资金支助14万元。1984—1997年，全县获发展资金共543.3万元，其中有偿168万元。1982—2004年合计为8190.5万元。其中2001—2004年7753万元，占94.66%。

新增支援经济不发达地区发展资金　1992年设立。1992—1997年，县获此资金计250万元。从1998年起，此资金改为无偿资金。1998—2004年，县共获9152万元。200年，龙山列入全国重点扶贫县，国家民委和省、州民族事务部门配合扶贫，逐渐加大经济投入，使少数民族生活水平大幅提高。

第二节　税收优惠

农业税减免　中华人民共和国成立初，全县得到少数民族及灾荒等减免。1952年，全县少数民族（除当时的"敌对分子"）人平减免农业税10%，即10公斤稻谷；次年，人均减征2.5公斤稻谷。1957年后，全县人民一律享受农业税减免。1954—1982年，全县有29年共减免稻谷1493万公斤，折人民币280余万元。1984—1988年，全县免征农业税。1989年，计征682.8万公斤稻谷，比1980年减少1.54%；1998年计征484万公斤稻谷，比1980年减少30.21%。1999—2001年，分别减免53.2112万元、53.1872万元、53.1014万元。2002年税费改革。2004年全县实征农业税504万元，比2003年降低50%。此后，县境内取消该税种。

屠宰税减免　1950年11月至1960年，少数民族地区农户在农历八月八日和六月六日及春节期间（一个月）自宰自食牲畜者，免征屠宰税。1973年起，春节期间宰牲自食，减半收税。2002年后，县境内取消该税种。

企业税收照顾　1961年起，国家对"老少边穷"地区的新办企业、困难企业及少数民族用品的生产销售等实行减税免税。1982—1995年，国家为龙山233家民族企业减税、免税、贷款利率返回计3198.56万元。其中，政策减免1028.75万元，困难减免

682.48万元,以税还贷33.03万元,余为税前还贷。1986—1995年,湖南省、湘西州为龙山卷烟厂通过政策性照顾、财政返回、税前还贷等渠道解决资金13411.49万元。1979—1983年,全县乡镇企业免征所得税。1987年开始,湖南省税务局实行对乡(镇)新办企业免征营业税5年。次年,乡镇企业的自筹建设投资停征建筑税。1984—1990年,全县民贸、粮食、供销、石油等行业的设施建设免征建筑税。

其他 1961年后,国家减免了全县的文化娱乐税。1986年3月开始,县内少数民族特殊商品减半征收批发环节营业税等。

1994年实行分税制后,全县主要享受以下政策优惠:国有、集体商业企业批发零售肉、禽、蛋、水产品和蔬菜水果的增值税以1993年为基数,超过部分先征后返;国有粮食企业经营的政策性粮油免税;国有集体企业收购销售的废旧物质先征后返70%;利用煤渣等废材料生产的墙体材料免税;批发零售种子、农药、肥料、农机免税;校办工厂、民政福利企业免税;饲料、农用地膜、部分化肥、农药、"三薪"材料的综合利用产品生产销售环节免税;中央所得税因灾报批减免等。

第三节 民族贸易"三项照顾"

1963年以来,县民族贸易和少数民族用品定点生产企业获"自有资金、利润留成、价格补贴"等三项照顾。

自有资金 即自有流动资金。1963—1979年,国家财政按"批发企业商品资金的50%(一般地区为7%),零售企业(含基层供销社)商品资金的80%(一般地区为60%),商办工业定额流动资金的80%以及这些企业的非商品资金的100%,由国家财政拨给自有流动资金"的规定给予下拨补助。1981年后,改拨补为贴息,即自有流动资金不足,贷款补足,国家按规定贴息。

利润留成 1963—1979年,全县按20%比例执行。1980年起,提高到50%,比省内汉族地区高32.5%;1983年利改税后,不再执行利润留成照顾,实行新增减征所得税照顾。1994年,实行所得税减半征收,营业税征后返还或减半返还政策;1998年,先征后返50%,基层企业免征增值税。

价格补贴 即三类农副产品价格补贴。1963—1979年,部门申报按实际收购量差额价补贴。1982年,湘西州采取指标到县,计划控制,报州审批,由县退库,顺算作价,超过不补的办法,全县补贴指标为90万元。1985年调整为75万元。1985—2000年,全县价格补贴计3108.7万元(含粮油储备差价、地方粮油差价补贴、副食风险基金、财务挂账利息补贴、政策性补贴等），占全县财政总支出的2.32%。

第四节 "双棉"赊销及其他

1957年开始，国家给全县少数民族每人每年多发布票2市尺。1984年夏、冬，国家给龙山部分群众两次赊销，其中棉布2265539米，棉絮388360公斤，181526人受益。1990年，赊销所需价款千余万元全部核销。1984—1985年，政府帮助860户农村特贫无房户修建了房屋。

第五节 金融信贷优惠

农贷优惠 1952年12月，人民银行龙山支行用9000万元（旧币）信贷资金支援农民添置生产用具，扶持私营工商业扩大经营。农贷利率比一般地区低25%，农副业生产贷款利率低50%。1953—1957年，减免农贷5881万元（旧币）。1956年12月至1963年12月，为解决贫农交纳入社股份基金困难，全县发放贫农合作基金贷款178158.33元，核销170372.12元，转一般贷款7786.21元。通过低息、免息、以工代赈、核销等渠道为发展农业投入上亿元资金。之后，国家不断加大投入，至2004年底，全县农贷余额为2.58亿元。

工业企业贷款优惠 1979年，全县工业企业80%的单位亏损。国家为了扶持龙山民族工业，低息免息的贷款由1980年的593万元增加到1982年的1815万元，由于投资拉动，多数企业扭亏为盈。1985—1992年，国家发放"老少边穷地区发展经济贷款和贫困县办工业贷款"（简称低息专项贷款）3815万元，支持龙山卷烟厂等12家企业的18个项目的技术改造，使企业新增产值17506万元，利润2231.8万元，税金7572.4万元。其利息优惠利差为3‰。1985—1997年，人民银行减收利息3143.1万元。同期，低息专项贷款总额为10477万元，其余额达9299万元。1985—2000年，工商银行向企业减息让利，先后为龙山卷烟厂等企业办理逾期贷款转化手续，转化逾期贷款1亿多元，逾期贷款月息12‰降为正常月息6.5‰—5.775‰。

商业贷款优惠 1981年7月后，国家对民族商业贷款实行利率优惠0.9‰的政策，1982年优惠利差为2.7‰，1985年为3.3‰（即按一般地区贷款利率的50%计收），1987年后利率为2.4‰。对民族贸易和民族特需商品定点生产企业的正常流动资金贷款利率实行比正常的一年期流动资金贷款基准利率低2.88个百分点的优惠政策。1984—1997

年，国家为县民族贸易及民族定点企业贴息8.4万元，为乡镇企业技改贴息5万元。1981—2004年，全县民贸供销系统减收贷款利息1500万元。1984年，国家对县实行棉布、棉絮赊销，到1990年底，共免息52万元。

国家对龙山不断加大资金投入以发展民族经济。1987—2000年，投入8173万元，年均580多万元，其中2846万元是无偿资金，余为贴息贷款。2001—2004年，投入5056.5万元（含国债资金、无偿资金、贴息贷款），安排建设项目339个，年均1260多万元。后4年比前14年增长116%。1985年、1990年、1999年，全县贷款余额分别为10058万元、21366万元、103288万元，均大于存款余额。

第六节 教育卫生政策优惠

1953—1982年，国家拨给全县民族教育经费2870万元，扶持办起洗车河、苗市、里耶、咱果、岩冲、靛房等一批民族寄宿制中小学，解决少数民族学生入学难问题。少数民族学生享受国家拨给的少数民族助学金。1958年后，国家每年拨给少数民族师生困难补助费2万元—3万元，1982年增至20万元，2000—2004年，每年增至40万元。2001—2004年，上级拨给全县义务教育助学金分别为12万元、15万元、18万元、71万元。1981年后，全县少数民族考生及民族地区汉族考生升大中专院校分别降20分、10分录取。2004年，全县被大中专院校录取的少数民族学生837人（占总数91.98%），汉族学生73人（占总数8.02%），分别享受降分录取的优惠政策。1984年后，省属农、林、医、师范院校对全县少数民族学生实行定向招生及招收民族预科生等优惠政策。

1957年以来，国家除拨卫生专款外，每年拨给全县困难病人医疗费减免补贴1万元。县集体医疗单位卫生人员工资85%由财政拨款，比非少数民族地区多25%。2000—2004年，国家给县少数民族贫困人口实行部分医疗费减免，每年15万元，2004年起为20万元。

1992年，县争取到世界银行贷款6个项目，其中教育、卫生各3个。教育发展资金为111万美元，结核病防治资金5.8万美元，卫生发展资金14.13万美元。

认真落实高考少数民族学生加分政策。按照省、州民委和县委、县政府的工作要求，严格按照少数民族考生优惠政策规定，对我县高考学生民族成分进行审核。2010年对全县2991名高考生民族成分进行了审核，为2459名少数民族考生和488名少数民族聚居区汉族考生提供了加分依据，还请求省民委特批，为在龙山就读的来凤、宣恩县的19名考生给予了优惠审核。2014年，为3076名考生提供了加分依据。在审核过程中，针对外地迁入我县就读学生较多的情况,对不符合享受我省优惠加分的学生进行了耐心宣传;维护了少数民族考生利益。

第二章 扶贫建整工作

龙山是老、少、边、穷山区农业县，长时期处于贫穷落后状态。1984年，全县48个乡镇场中，有44个乡镇、33.4万农业人口的口粮、人均纯收入低于国家划定的贫困线。2000年，县委县政府在制定"十一五"（2003—2005年）扶贫开发规划时调查资料显示，2000年，全县200个贫困村没有解决温饱的贫困人口有3.82万人，低收入人口13.84万人，城镇贫困居民4500人。1987年8月，编制了《龙山县（1987—2000年）治穷致富总体规划》，确定了全县扶贫开发的近、中远期发展目标，提出了实施规划的政策、步骤、方法和总的要求。1988年4月，县委县人民政府下发《关于"七五"期间切实帮助群众解决温饱问题的通知》，把扶贫工作作为干部政绩考核的重要内容，制定了乡镇场"粮食总产量、农业总产值、人平总收入、牲猪出栏、烤烟面积产量、乡镇企业、林业生产、庭院经济、财政收入、计划生育"等10项主要指标及奖励办法。1996年12月，中共龙山县委第七届全会确定基础、项目、科教三大扶贫战略，采取单位包村、科级干部包户的办法，一定三年不变。从而形成扶贫开发合力。至2005年，全县国内生产总值实现17亿元，年均增长7%；地方财政收入4300万元，年均增长5.2%；农民人均收入1550元；年均增长3.8%。2011年10月22日，国务院批复《2011—2020年武陵山片区区域发展与扶贫攻坚规划》，明确在武陵山片内设立"龙山来凤经济协作示范区"，从此，龙山发展进入国家战略层面。2011年，实现农业总产值21.8亿元，粮食总产量20.1万吨，农民人均纯收入3445元。2013年，全县粮食种植面积3626公顷，粮食总产量176688吨。实现全社会工业总产值213109万元，工业增加值7417万元。

结合全县扶贫工作，县民族事务局服从大局、服务大局，积极申报项目，争取少数民族发展资金，做好民族经费管理协调等民族事务。还认真办好联系村，做好扶贫建整工作。里耶镇长春村是全省民族地区6个小康试点村之一。2005年抓柑桔品种改良和新型产业化建设，仅大棚蔬菜一项，农民人均增收200元。抓基础设施建设，全村焕然一新。是年11月，全省民族地区小康试点工作经验交流会在龙山召开，与会60余人参观了长春村的建设情况。2006年,以电脑农业试点为载体,深入开展百组千户奔小康示范活动,取得了明显效果。一是在隆头成立了渔业协会,会员达40多户,发展网箱养鱼50多口。二是在茨岩塘镇办好烤烟示范基地,种植面积15000余亩,种植户达1100多户,户平均收入2万多元。三是组织华塘红花村菜农去山东寿光县学习考察,发展大棚蔬菜,让农民得实惠。四是扶持馥生公司发展辣椒基地3000亩,亩纯收达千元以上;扶持农夫果园种植红提300余亩,2006年产值达200余万元。2007年在长春村建成长72米、宽2.5米的铁索桥及水车、碾坊、榨油坊等,为里耶古城增添一道风景线。坚持办好华塘、洗洛、洛塔、桂塘及农夫果业、馥生公司等地的超级稻、烤烟、蔬菜、水果、牲猪、百合等电脑农业试点及茨岩塘、华塘等地的测土配方施肥试点。2008年投入资金40多万元新修了里耶长春村民族文化表演场地和扶贫村洗车河镇耳洞村5000多米的村级公路。2009年在扶贫联系村农车乡舍龙村发展烤烟100余亩,硬化村组公路3000多米。2010年支持桂塘镇民族街建设,启动捞车河土家冲天楼工程,并在石羔、里耶等乡镇开办了三期农民实用技术培训,受培训人数154人。2011年帮扶茨岩塘镇树溪村发展支柱产业,为老区人民奔小康铺路搭桥。2012年以苗儿滩镇红光村为联系点,扎实开展新农村建设工作,从民居改造入手,一片欣欣向荣。2011年11月,龙山被国务院确定为"武陵山片区龙山来凤经济协作示范区"以后,扶贫建整工作更趋科学化,2012年紧紧围绕龙凤经济协作示范区开展了广泛深入的调整研究。掌握情况,加强协作,制定得力措施,力争龙凤经济协作示范区建设有实质性突破。

第三章　培养民族干部

1950年冬，结合土地改革，县委、县政府举办训练班，并在实践中选拔任用民族干部。1957年，全县选拔出有一定政治和业务水平的土家族干部139人，其中57人担任县、乡领导职务，田荆贵任湘西州副州长。

1958年5月，县召开第三届人民代表大会一次会议，选举土家族干部彭顺治为县长。以后各届人民代表各级领导机构中，都按比例选拔少数民族干部。50余年来，县境涌现出从普通教师到中共湖南省委书记的土家族干部杨正午和黄有为、向万隆、马本立、向邦礼、向世林、向后兴等正厅级民族干部。

1983—2004年，县委、县政府从优秀的少数民族工人、农民中招聘录用干部80人充实到基层，其中少数民族69人，占总数的86%。每年大中专学生毕业前夕，县组织、人事等部门分赴相关院校动员学生回家乡贡献青春。县委、政府以县委党校为基地培训干部，提高少数民族干部素质，同时向上级党校、行政学院选送民族干部离职或函授学习，组织民族干部到经济发达地区、上级单位挂职锻炼。1995—2004年，县委党校每年培训公务员1500人次；加上业务培训，每年培训达3000人次；采取组织干部下基层单位锻炼即参加社教、建整扶贫和岗位交流等形式培训民族干部。2004年全县公务员与科技人员培训与任用情况见下表。

2004年龙山县少数民族干部、科技人员任用及培训情况表

民族＼类别	选拔任用			科技人才			培训锻炼		
	公务员	其中县级	其中科级	高级	中级	初级	外出挂职	基层挂职	基层扶贫
合　计	1776	46	1083	146	2163	4934	8	15	33
土家族	1139	27	651	92	1530	3085	5	10	21
苗　族	330	4	189	27	412	720	3	5	10
其他少数民族	20	2	50	6	70	330			
小　计	1489	33	890	125	2012	4135	8	15	32
少数民族占%	8384	71.74	82.18	85.62	93	83.81	100	100	96.97

1982年全县4999名在职干部中，少数民族2603人，占52%，其中社（镇）主要领导89人，少数民族63人，占总数70.79%。2004年，全县9019名在职干部（含科技人员），少数民族7761人，占总数86.05%，比1982年增长34.05个百分点，增长65.48%；少数民族乡镇主要领导干部较1982年增长19.21个百分点，增长27.14%。从2005年以后，对少数民族干部选拔培养任用工作得到进一步加强，把做好民族干部的培养选择工作作为管根本、管长久的大事来抓。努力打造一支德才兼备，全心全意为各族人民服务的少数民族干部队伍。截至2011年，全县四大家班子中少数民族干部占县级干部的比例达到80%以上，政府组成局及乡镇主要领导少数民族干部占90%以上。先后有80余名少数民族干部选送到北京、上海、福建、长沙、深圳等发达地区挂职锻炼，百余名少数民族干部选送到高等院校深造，一批少数民族干部选送入省、州、县各级领导班子担任要职。

第四章　增进民族团结

在旧中国，历代统治者长期歧视少数民族，形成民族隔阂，县内外民族矛盾时有发生。中华人民共和国成立后，历届县委、县政府高度重视民族团结，运用多种方式宣传党的民族政策，县内外各民族间的隔阂逐渐消失，平等、团结、互助的新型民族关系不断发展。

一、龙山与来凤的民族团结

龙山与湖北省来凤县仅酉水之隔，两县县城相距7.5千米，自然、人文环境相似，同属土家、苗族聚居区，经济结构和发展模式一度相同。于是，"龙"抬头，"凤"展翅，两县在经济、文化、社会发展上你追我赶，出现了交替领先的局面。"龙凤"既相争，又相互支持、促进。两县在经济、政治、军事、文化等方面出现全方位交流和支持的局面。50多年来，两县组建的"联防会""协作会""联谊会"等组织40余个。

最早是军事合作。1950年5月6日，"反共救国军"总司令瞿波平率部千余人围攻龙山县城；次日，来凤县大队长刘永贤带两个连越酉水赶赴龙山驻守县城；至11月，两县县大队并肩作战10余次，基本肃清了两县散匪。1953年2月26日，国民党特务空降于龙山桂塘坝响水洞，3月1日下午4时，人民解放军与两县干警、民兵3000余人围歼特务，击毙特务1名，活捉3名，缴获44支冲锋枪及电台等物资。

在工业建设上，20世纪80年代初，两县同建了陶瓷厂；由于原料、市场等原因，"双陶"相争一度两伤。90年代初，来凤主动砍掉了"凤陶"，将优质陶土供给"龙陶"；龙山则主动砍掉氮肥厂，以优惠价购来凤县氮肥厂产品。

在能源供应及建设上，两县互补所缺。1984—1991年，龙山在酉水上建设的装机2.45万千瓦的湾塘水电站，淹没来凤红花乡部分田土。村民担心利益受损，两县领导及时出面，调处矛盾，使问题得到合理解决。龙山电力是地方独立的小电网，由于小水电的丰枯矛盾，制约着县域经济发展和人民生活水平提高。来凤电网率先与葛洲坝大电网并网。1997年,龙山与来凤并电网,龙山电力供应的丰枯矛盾得到缓解。2004年,来凤给龙山供电337.1万千瓦时,来凤接受龙山129.13万千瓦时。2004年来凤百福司镇修垃圾滩电站,龙山桂塘坝镇部分地方被淹,龙山主动承担移民搬迁、田土补偿和公路改道等工作。

在农业发展上,两县互学互助,各取所长。据农业部门统计,1998—2004年,龙山向来凤输出农业实用新技术7项,新品种19个;来凤向龙山输出新技术8项,新品种21个。1989年,来凤引进水稻"双两大"技术获丰收,把技术传给龙山,次年在龙山推广,平均每亩增产37公斤。1995年,龙山引进"鱼稻双千"技术成功,便派技术员帮来凤办点传授技术。

在金融、通信上,1992年人民银行龙、凤两县支行建立了票据清算中心,改需经长沙、武汉的异地结算为跨省区同城结算;同时,两县实行"以车代邮、凭证直传",使资金在途时间由原来的10天缩短为1天,加快了资金周转速度,方便了工商企业与个体户。2004年底,两县决定取消移动通信漫游费,手机长途话费改为市话费。

两县领导互相学习,交流密切。两省主要领导到县,都要过河走访考察。1984年4月7日,时任中共中央总书记的胡耀邦偕乔石、胡锦涛到来凤,听到两县友谊佳话,专程过河到龙山视察。在民间,因风俗习惯、方言口音无甚差异,交流不分彼此;加上互相通婚(据民政部门统计,每年"龙凤配"百对以上),两县各族人民情同手足。

2004年底,两县共同定下了融城战略,即把龙山、来凤两县城融为一个经济、文化共同体,共同建设一个拥有60余万人口、功能齐全的现代化中等城市,以共同迎接挑战。

两县保持和发展各民族平等、团结、互助关系,共求繁荣发展,成绩突出,得到国务院肯定。1988年4月、1991年2月、1994年9月、1999年9月,2009年9月、2014年6月,两县6次同获国务院、国家民族事务委员会授予的"全国民族团结进步先进集体""全国民族团结进步模范单位"等称号。1991年2月,龙山获"湖南省民族团结进步先进集体"称号。2011年10月22日,国务院批复《2011—2020年武陵山片区区域发展与扶贫攻坚规划》,明确在武陵山片区内设立"龙山来凤经济协作示范区",标志着龙山来凤一体化建设上升为国家发展战略层面。2014年2月20日连通两县的又一酉水大桥——湘鄂情大桥正式建成通车,龙凤融城进入一体化阶段。

二、龙山与湘鄂川(渝)黔边区的民族团结

中华人民共和国成立以来,龙山和湘鄂川(渝)黔边区各县为了加强民族团结,共

求稳定繁荣，组建了多个协作组织。

首先是边区联防、刑侦协作方面的合作。1958年5月19日，龙山、来凤与四川酉阳县联防委员会成立，主要组织反空投斗争。1960年5月，"湘鄂川边区联防委员会"在湖北恩施市成立，龙山及边区18县的人民武装部、公安局负责人及部分公社公安特派员62人参加了成立大会。该组织主要任务是防止敌人跨地区破坏、扰乱，打击重大刑事犯罪；1963年第三届、1975年第十二届、1980年第十七届会议在龙山召开。龙山、来凤、酉阳县公安干警联合行动，1964年侦破"中国民主自由党救民军"，1968年破获"万年民主党"，1969年侦破"中国罗平劳动党"；1974年，龙山、来凤公安干警联合侦破"湘西龙山地下委员会"等反革命组织，维护了边区社会安定。1987年12月1日，龙山与湖北来凤、咸丰、鹤丰、四川黔江等五县公安局在咸丰成立湘鄂川边区刑侦协作会，各县协同破大案、打击犯罪团伙、追捕逃犯，维护边区社会稳定和民族团结。1991年6月29日，龙山、来凤、酉阳三县六乡联防联调会议在桂塘坝召开，会上成立湘鄂川边区协作会，共商建立跨区域联防联调队38个，拟定章程7项25条。次年，湘西州联防联调现场会在龙山桂塘坝召开。截至2004年，协作组织共互通信息情报1万余条，协作破获刑事案件10086起（其中破大案、要案3032起），抓获流窜犯罪嫌疑人4379人（其中重大逃犯2248人），追回赃款赃物计人民币8000多万元，挽回经济损失过亿元。

1960年，湘鄂川黔边区20多个县（市）创办湘鄂川黔边区篮球运动会，至2000年，实办19届。首届于1960年由秀山县主办。此后各县轮流主办。1986年10月，龙山县主办第十三届。

1986年，湘鄂川边区龙山、来凤、酉阳三县民族文化交流会创办，三县轮流主办，旨在弘扬民族文化、开展文化艺术交流、增进民族团结。至1999年10月，已演出7次28场。

2002年11月7日，龙山、永顺、桑植、保靖与贵州省的松桃、重庆市的酉阳、湖北省的来凤等县在龙山桂塘成立了"边区民族团结进步促进会"，研讨边区民族经济发展途径，进行文化交流，表彰先进。

全县多个单位和个人在民族团结中业绩突出，受国家及省政府表彰。1984年，在湖南省第一次民族团结进步表彰会上，县酒糖厂、华塘乡螺蛳滩村同时获民族团结进步先进集体奖；商业战线的王健美、组织部罗性善等人获先进个人奖。1991年2月，八面山乡政府、县广播站、县铅锌矿厂获"湖南省民族团结进步先进集体"称号；同年，石羔镇遥坪村民田仁政获"全国民族团结进步模范个人""全省民族团结进步先进个人"称号，县长向后兴、田雄甲先后被评为全省民族团结进步先进个人。

2005年10月3日，中国（龙山）全国滑翔伞锦标赛暨湘鄂边区民族文化艺术节在里耶举行。参加本次艺术节的有湘西州龙山县、保靖县，恩施州来凤县、黔江区酉阳县等文艺代表队，还邀请了贵州松桃县组队参加。活动分为《家园古风》《武陵春色》《秦风楚韵》三个篇章，演员达1000多人。在此期间，湘鄂渝边区第四届民族团结进步促进会在里耶召开。会议以"共同团结奋斗，共同繁荣发展"为宗旨，参会人员有省民委政法处处长胡令明、湘西州民委主任梁远邦、中共龙山县委、县人大、政府、政协相关领导及来凤、酉阳、秀山、永顺、保靖、桑植、松桃等县民宗局、民族事务局主要负责人。会议表彰了先进，各县做了经验介绍，健全边区民族团结协作机制，构建边区民族团结协作网络，进一步促进了边区民族团结。

三、全省民族团结进步示范点——桂塘镇

桂塘镇位于龙山县西南部，北与湖北省来凤县百福司镇毗邻，南与重庆市酉阳县大溪镇接壤，地处湘鄂渝边区，素有"一脚踏三省"之称。全镇辖13个村、居委会、镇域面积152平方千米，总人口2.1万人，是一个多民族聚居的边区乡镇，其中少数民族人口占81%。2001年该镇被确定为省民族团结示范点，先后荣获民族团结各级荣誉10多项，先进个人10多人次，2010年镇党委书记储军被省委省政府授予"全省民族团结进步工作模范个人"荣誉称号。该镇坚持以民族团结促进经济发展，在上级部门的大力支持下，抓好硬件、软件两个投入，抢占了湘鄂渝边贸中心集镇的有利地位。一是在硬件设施上，累计投入资金1700余万元，打造边区民族团结示范窗口，新建了边区民族客运站，开发了百合湾新区，修建了740米长的民族街，完成了民族街上民族、团结两座桥梁的建设，整修了桂塘社区至三省界碑处全长8千米的"民族团结路"，连通了酉阳县五福乡的南平村和来凤县百福司镇的兴安片，有效改善了周边2000多村民通路难的问题，改造了桂塘至重庆酉阳大溪3.2千米省际边际公路，完成了肖家村、王道溪村、苦达村、前丰村、友谊村等五个村25.3千米的村间道路硬化工程，完成了桂塘镇肖家村至重庆酉阳可大乡出境路的畅通工程，更进一步促进了边区之间商贸往来，规划科学的小城镇建设吸引了重庆、湖北60余户客商落户桂塘。至2014年，有商业门面200多个，摊位2000多个，工商户1300多户。

镇党委、政府始终把民族团结事业作为工作的重中之重，加快了文、教、卫等民族社会事业发展步伐。投入资金290万元，建设民族边区文化广场和畜牧及农副产品专业市场，为边区各族人民文化经济交流构筑平台。先后投入460万元扩建该镇九年一贯制学校，进行了扩容提质，吸引周边及外省学生200多人到该镇就读，投入资金50万元完

成了镇中心医院的设备更新和升级改造,进一步提高了医疗卫生条件。投入资金65万元,新建了边区敬老院,实现了老有所养。随着社会事业的不断发展,湘鄂渝地区来该镇就读、就医、经商的人数不断增多,各民族共同繁荣发展、共同团结进步的局面逐步形成。

加强了湘鄂渝边界"四联"工作,切实维护边区团结。实行治安联防、联调、联治、联打工作,对于边界之间发生的各种矛盾纠纷,本着以大局为重、团结协作、相互谅解的原则,及时与当地党委政府取得联系,相互交换意见,在平等相待的基础上达成共识,较好地解决边界之间的矛盾与纠纷。加强了与周边乡镇的政策衔接,促进了边界各民族的互惠互利。与周边乡镇共同签订了《湘鄂渝边区关于经济协作的协定》,加大了市场管理力度。实现了湘鄂渝边界贸易一体化。加强了湘鄂渝之间民族文化交流。以弘扬和发展民族文化为重点,依托三省边区丰富多彩的民族文化和各具特色的生活习俗,利用节庆假日举办文艺演出活动和群众性体育活动,积极邀请周边乡镇参加。与周边乡镇共同签订了《湘鄂渝边区关于开展联谊活动的协定》,定期轮流举办民族团结促进会。加强了与湘鄂渝民族家庭联姻,促进民族大融合。三省(市)边界之间"姊妹型""妯娌型"姻亲关系不断增多。该镇始终把发展产业作为推动富民强镇的重要抓手,2011年全镇种烟3882亩,实现产值920余万元,实现畜牧总产镇2100余万元,发展柑桔种植面积1700余亩,全镇输出劳力570余人,实现劳务收入850余万元。2013年,全镇粮食种植面积1695公顷,粮食总产量达7659吨。2014年实现总产值1.3亿元,农业人均纯收入6200元。

第五章　民族村寨建设

　　民族村寨是民族繁衍生息之地，其居聚布局、建筑风格、风水走向及民俗风情、历史文化等所彰显的特色，是一个民族的重要标志。据2011年县民族事务局普查，龙山土家族古镇古村寨古民居主要分布在里耶、贾市、洗车河、苗儿滩、靛房、他砂、红岩溪、茨岩塘、召市、桂塘等乡镇。较有特色的村寨有里耶长春村、自生桥村、比耳村，苗儿滩捞车村、六合村，洗车河镇洗车村、老峒村等24个，特色民居1406栋，其中百年老宅有里耶李同发商号、瞿家大院、北街长九间、郭元记药铺，苗儿滩树比村冲天楼，洗车河东平街的李家大屋、曾家老屋、王蒸斋商楼、陈润波商号、坡子街"退后宽"、曾家老屋，老峒村谢家大屋，沙坪村虎槽溪田家大屋，他砂天桥刘家大屋、高坪周家大屋，贾市王家大屋、黄家大屋等591栋。2011年1月27日，湖南省人民政府以湘政函[2011]21号文件将洗车河、捞车河古建筑群及里耶李同发商号、瞿家大院、郭元记国药铺、升万茂染坊等古镇古村古民居公布为湖南省第九批省级文物保护单位。

　　"惹巴拉"是土家语，意即"美好和美丽的地方"。相传为五代时期土家族部落首领惹巴冲王城所在地。在土家语中，惹巴，即美男子；冲，即头人或王的意思。早在1957年10月，中国《民族画报》以《捞车河的早晨》为主题照片在封面隆重推出，从此，这里便以"中国土家第一寨"的形象享誉中外。现全村由西岸的惹巴拉、克拉、扎竹拉和东岸的捞车、算比五个自然村寨组成，2013年有农户424户，人口1988人。耕地面积5685亩，其中稻田1785亩，旱土3900亩。全村有古民居179栋，其中有庭院、朝门的7栋，有转角楼的38栋。2008年竣工的"捞车——惹巴拉土家凉亭桥"全长288.8米，比世界纪录保持者252米长的芷江龙津风雨桥还要长36.8米，成为世界上最长最具土家特色的土家凉亭桥，被称为"中国土家第一桥"。大桥呈"丫"字形，连通惹巴拉、捞车、梁家桥3个自然村寨。主体为木、青石、水泥混凝结构，5座凉亭耸立桥廊之上，飞檐翘角，十分壮观，三桥交汇处饰有盘龙及十二生肖石雕，三方桥头均有精雕细刻的石雕栏杆等饰物，造型古雅，集土家族桥梁工艺及石雕工艺之大成。2012年

12月17日,住建部、文化部、财政部联合行文将苗儿滩镇的惹巴拉村(即捞车村)、六合村列入第一批中国传统村落名录,并授予"旅游名村"称号。

老屋

惹巴拉土家族冲天楼

惹巴拉凉亭桥

根据国家民委《少数民族特色村寨保护与发展纲要（2011—2015年）》关于"十二五"期间，在全国重点保护和改造1000个少数民族特色村寨"的要求，龙山加大了少数民族特色村寨的保护力度。2011年投资2000余万元对209国道沿线的土家民居进行改造保护。在捞车村先后整合国土、住建、旅游、财政、发改、水利、电力、扶贫开发、民族事务、交通运输、民政、文化、环保等部门资金5000余万元，启动实施了一大批保护建设项目。2013年9月，在捞车河召开县长现场办公会，整合资金3000多万元，拍板敲定了相关工程，明确了少数民族特色村寨的发展定位。即以捞车河为中心，辐射洗车河流域，将捞车村及邻近的六合、黎明、叶家寨等村纳入重点村建设范围，沿河形成三条景观带。把惹巴拉建成以土家文化为主题、集民俗文化游、自然生态游及吃住、购、娱为一体的民俗文化旅游著名景区。先后在景区新修了河堤、渡口、凉亭桥、寨门、客服中心、土家族摆手堂、土家织锦传习所、会议室、土家冲天楼、停车场、公共厕所、荷花池等设施，改造特色民居400余栋，铺设鹅卵石游道4000余米，新修游道护栏2000余米，沿途沿桥安装了路灯、大红灯笼数千盏，两岸寨门、凉亭桥、沿路民居、摆手堂、冲天楼、非物质文化遗产传承人住宅等处都配置了富有文化内涵的楠木匾额，绝妙的对联，精湛的书法，使之更具古韵。并在冲天楼开办了捞车河土家民俗文化展览馆，为该村创作了一批文艺节目，如刘能朴作词，向文健作曲的乡土歌曲《美丽的捞车河》《惹巴拉好地方》；向邦平作词，彭梦麟作曲的土家音乐套曲——《西兰卡普》等。一楼为主展厅，分为"前言""古老家园""浓郁风情""七彩锦乡""山寨歌舞"五个部分；两边转角楼厢房右为土家织锦工艺坊，左为土家民间工艺馆，二楼为土家婚俗展，采取图片、文字、视频、实物相结合的方法，共展出土家族渔、猎、农耕、纺织、婚育等生产生活习俗图片100多幅，实物200多件，并配有《美丽的捞车河》等视频资料。其中土家织锦、土家木雕不乏珍品。2013年10月，湖南省人民政府（湘政涵［2013］159号）将捞车村公布为第四批省级历史文化名村；2014年1月，国家民委将苗儿滩镇捞车河村、六合村及隆头镇隆头村，农车乡农车村，洗车河镇洗车村、老洞村列为全国少数民族特色村寨名录。2014年2月19日，住建部、国家文物局以（建规［2014］27号）文件将捞车村命名为"中国历史文化名村"；2014年5月19日，国家民委将捞车村列入"首批中国少数民族特色村寨命名挂牌名录"。2014年即马年腊月二十八至羊年正月初二（2015年2月16日至20日），湖南卫视以"新春走基层，直播惹巴拉"为题，分《土家织锦》《土家年饭》《火塘洗脚》《凉亭对歌》《摆手狂欢》五场对惹巴拉村进行了连续五天的全景式直播，马年除夕（2015年2月18日）中央电视台中文国际频道栏目主持人徐俐在惹巴拉与北京连线，用三个场景将当地原生态土家文化及习俗向全球进行了直播。新华社、新华网络电视、光明日报、湖南人民广播电台、红网、芒果TV、湖南经视、湖南都市等各大新闻媒体记者都亲临现场采风，对"直播惹巴拉"活动进行了全方位报道。

第六章　民族体育工作

　　1960年，湘鄂川黔边区16县（市）创办边区篮球运动会，1978年11月正式成立龙山县业余体校。1988年四省边区篮球运动会正式更名为"湘鄂川黔四省边区县（市）'民族团结杯'运动会，共举办19届。1986年建成400米跑道运动场和3000座位的体育馆，第十三届边区民族团结杯运动会在龙山举办，县男子篮篮球队获第一名，1990年，龙山被评为"全国体育先进县"。从1994年10月在怀化参加全省第三届少数民族传统体育运动以来，龙山的陀螺、高脚马、高跷、蹴球、器械武术等少数民族传统体育项目在历届少数民族传统体育运动会上崭露头角。1988年，龙山吴绍山获全国体校举重比赛第四名；何国育参加全国冠军赛获第三名；1992年10月，咱果乡黄桂秀在全国第二届农民运动会田径赛勇摘800米冠军；张雪梅参加亚洲皮划艇邀请赛获双人划第四名。1998年10月在永州参加全省第四届少数民族传统体育运动会时，彭秋常的蹴球、贾高兴的高跷均获得第四名。2000年在咸丰县举办第十九届湘鄂川（渝）黔边区县（市）"民族团结杯"运动会，龙山男子篮球队和女子陀螺双打均获第一名。2002年10月在邵阳参加第五届民运会，张桃英、刘斌兰的女子双打陀螺、彭柳兰的男子个人陀螺及彭柳兰、张文义的男子双人陀螺、彭生位的80公斤级押加均获第二名，获得第三名成绩的有辛林的70公斤级押加，文会刚、田丹丹、向烨等人的高脚马等。2006年"五一"期间在里耶举办了民运会选拔赛，在全省第六届少数民族传统体育运动会上取得1金2银的成绩。2008年8月在北京举办的第二十九届奥运会上，代表湖南参赛的龙山伢仔龙清泉在56公斤级比赛中表现优异，以132公斤获抓举项目银牌，以160公斤获挺举项目金牌。勇夺56公斤级举重金牌，把龙山体育推向世界。为提高运动员的竞技水平，县民族事务局投入资金整修场地，添置运动器材。2010年安排专项经费30万元组队参加全省第七届少数民族传统体育运动会，取得了良好成绩。2014年在做好参加第八届民运会相关工作的同时积极做好第九届全省民运会的申办工作。2014年10月27日，全省第九届少数民族传统体育运动会在岳阳闭幕，龙山以16金、5银、3铜荣居甲组金牌榜首（全省金牌总数为55枚），取得甲组金牌数第一、团体总分第一的优异成绩。在高脚竞速及100米混合接力项目成绩中龙山田世芳、曾维、贾雨尘等居全省第一；在板鞋竞速项目比赛中，龙山田景松、向永富、彭润发、卢李琴、游先桂、彭艳玲等居全省第一；在蹴球、毽球项目比赛中，龙山向斌、徐东东、何晶晶、田霞、田芳等居全省第一。龙山代表队及侯家亮、彭绪彪、田小雨、田景松、彭帆、郭亚丽获体育道德风尚奖。2014年11月，湖南省人民政府以湘政函〔2014〕312号文件确定，全省第九届少数民族传统体育运动会将于2018年在龙山县举行。

举重运动员龙清泉

在第二十九届奥运会（北京）荣获金牌的龙山体育健儿龙清泉

第七章　培育民族文化产业

龙山民族文化资源丰富，以此为依托，发展文化产业，壮大民族经济，推进富民强县，是新时期民族工作的重要任务。

2011年申报的县金山实业有限公司等30家企业被州人民政府确定为民族贸易企业，并享受利率贴息100多万元，近10余家民族贸易企业享受此优惠。积极支持民族工艺品开发，重点扶持叶氏民族工艺有限公司、菊秀土家织锦工艺坊等土家织锦生产及产品开发。以公司为龙头，以洗车河流域家庭织锦为基地，采取"公司加农户连市场"的方式，让土家织女不出家门能挣钱，使之成为一项惠及民生的文化产业。全县专业或半农半艺从事土家织锦生产的达3000多人。近五年来年产值从1000万元左右提升到2013年的2521万元。土家绣花鞋垫从业人员达2000多人，仅"土家巧手鞋垫"一家日产量达3万双，年产值突破2亿元。产品以纯棉质和工艺精湛且价格低廉而畅销全国各地，在化纤胶塑充斥的鞋垫市场独受青睐。

以山地丰富的竹木资源为依托的新城经济开发区是湘鄂渝黔四省市边区目前唯一一家加工竹木制品的成型民营企业，主要生产竹木地板、凉席、窗帘、砧板等制品。形成了地板冲压、成型、拉丝、竹筷多条生产线，从原竹到成品全套生产工艺流程可一次性完成。年产竹地板10万平方米，木地板4万平方米，拉丝100吨，砧板5万块，年销售收入1358万元，实现利税176万元。发展基地1275亩，带动农户2013户，可为农民增收5000万元，取得了较好的社会效益和经济效益。

第八章 发展民族教育

第一节 土家语·汉语双语教学

一、土家·汉双语双文接龙教学实验

1986年5月，湘西土家族苗族自治州教委、自治州民委和吉首大学商定在龙山县坡脚乡民族中心完小开展"土家·汉双语双文接龙教学实验"。彭秀模副教授为顾问，抽叶德书副教授在坡脚乡民族中心完小蹲点，主持这项实验。此后，叶德书编写了《土家语课本》（一、二册），设计了土家文直呼，提前读写、补转过渡，与汉语接龙，强化对照，自由变通的实验流程，培训了实验教师。9月4日招收了40名年满6岁操土家语的儿童入学前班学习。与此同时，在报格村小也招了一个学前班，另招了25位青年人夜校扫盲班。经过两年的教学实验，学生学习质量迅速提高；25位青年脱盲，能借助《新华字典》写文章。在叶德书的指导下，实验地区扩展到坡脚、他砂、靛房三个乡，实验班级总数12个，学生500多人，实验教师25人。1993年，第一轮实验班学生参加全县初中新生考试，升学率为82%，居洗车区10所小学的第三位，一改历年在该区倒数第一的面貌。这项实验在教学方法上创立了独特的三步走的"双语双文接龙教学法"：第一步，注意语言教育，用《土家语课本》教学，发展儿童的语言和思维能力，促进他们的早期智力开发；第二步，补转过渡，循序迁移，让土家儿童将听、说、读、写土家文的能力转化为听、说、读、写汉语拼音的能力，与汉语"注音识字，提前读写"接龙；第三步，加强土家语与汉语普通话的语序对比教学，使学生自觉地掌握土家语和汉语的语法差异和变通规律。

国家有关部门和教育科研单位、教育专家考察后，对这项教学实验做出了充分的肯定和评价："土家·汉双语双文接龙教学实验是一项突破性的改革，对发展民族地区的

文化教育闯出了一条新路,具有普遍意义。"

二、土家语拼音方案

土家族有本民族的语言,但一直没有与自己语言相适应的文字。为了满足土家人民的要求,提高民族教育的质量,土家族语言学家彭秀模、叶德书两先生根据周恩来总理关于设计少数民族文字字母的指示,确立了北部方言为基础方言,以龙山县苗儿滩镇为标准音点,贯彻以汉语拼音方案为基础的原则,考虑教学价值,创制出《土家语拼音方案》(草案)。该方案采用国际通行的26个拉丁字母,在充分表达土家语语音特点的基础上,采用了与汉语拼音方案字母相同的名称。在声母设计上,根据求同存异原则,对土家语与汉语完全相同的声母采用汉语拼音方案相同的字母表示;有细微差别的或土家语独有的,根据土家语标准音点的间位系统和教学价值,决定取舍或新制。韵母总数少于汉语拼音方案,其中大多数又与之相同或相近。对几个有细微差别的韵母作了处理。声调采用声调字母标调,免去隔音符号。经过征求国内语言学者和专家的意见,修订出的《土家语拼音方案》(草案),有字母表、声母表、韵母表、声调表等四个表格,后附说明,简明实用。从教学价值上看,《方案》的字母读音和用法同汉语拼音方案基本一致,语音系统又与汉地汉语方言西南官话的音系几近相同,学了土家语拼音方案也就基本上掌握了汉语拼音,因而特别方便土家语地区小学教育的汉语文教学。这对提高土家族文化科技水平,促进民族经济文化建设都具有重要的意义。

三、土家语课本

土家族有语言无文字,其语言现已临濒危,全国800多万土家族人口中目前能讲土家语的仅6万人左右,仅占0.75%。为了抢救、保护,州人民政府于2007年7月21日以州政函[2007]114号文件将土家语列为第一批州级非物质文化遗产项目。2008年,由龙山籍土家语专家叶德书编写的《土家语课本》被光明日报出版社出版。2009年,湘西州人民政府下发了《关于认真做好土家语苗语抢救保护传承工作的若干意见》(州政办发[2009]20号),并将龙山彭英子、姚元森命名为州级非遗项目《土家语》代表性传承人。2008年7月,州民委、州教育局、州文化局联合下发《关于印发全州双语双文教学试点工作方案的通知》,确定龙山县坡脚小学、靛房中学、靛房中心小学、他砂中心小学和永顺县对山九年制学校为土家语汉语双语双文教学试点校。2010年6月,州民委组织专家对坡脚小学和他砂中心小学试点班进行测试,两校及格率分别达到98.6%、69%。

四、土家语研究成果

《土家语探微》 张伟权著，2004年12月由贵州民族出版社出版，全书300千字。从土家语的地理属性、土家语的历史轨迹、土家语的文化属性、土家语的社会特征、土家语的语言特征、土家语动词、形容词专论、土家族文字编创方案等方面进行了深入探微。

《汉语土家语词典》 张伟权编著，2006年8月由贵州民族出版社出版。该书比较全面地收录了土家语的常用词汇和借用操土家语地区的汉语方言辞汇，大部分土家语词汇都有例句，为更深层次地研究土家语提供了一个新的平台和空间。

《母语存留区龙山坡脚的土家语口语》 姚元森著，民族出版社2013年3月出版，全书221千字。本书不仅搜集了大量有价值的土家语口语，而且对土家语口语进行了科学分类和整理。从日常用语、土家语口语歌谣、谚语、谜语、故事等方面的自身特点进行了深入研究，为土家语爱好者提供了一个很好的读本。

《中国土家族语言研究》 田志慧著，中央民族大学出版社2012年12月出版，全书共60余万字。共分两大部分，第一部分是基础理论与实践，第二部分是创新理论与实践。全书内容丰富，很有创新，很有见地，是土家语研究领域中具有科学性和实用价值的好书。

第二节 苗市民族艺校

1984年4月，县文化局委派戏剧专干刘能朴去苗市创办民族艺校。在县局未投入一分经费的情况下，他在苗市政府和群众的支持和乡文化站配合下，以苗市乡园艺场83亩土地为基地，设戏曲、歌舞两个班，先后招收学员135人，于4月26日开学。延聘著名汉剧艺人肖忠鳌、肖忠华、阳世富、向友仁、田清明及县文化馆戏剧专干叶周新等担任汉剧教学，先后排演《三夫人》《王宝钏》《穆柯寨》《四下河南》《白玉霜》《丛台别》等剧目。坚持"以校养场，以场养团，团校结合"的办学方针，立足在土地上，扎根在民族中，活跃在山寨里，为传承汉剧艺术、活跃山区群众文化生活起到了良好作用。先后涌现了田立英、向祖秀、向素珍、彭德文、田仁湘、雷玉琼、田兰玲等一批汉剧新秀。1985年7月，该校评为"湖南省群众文化工作先进集体"，受到省委宣传部、省文化厅、省民委、省总工会和团省委联合表彰。1991年8月，该校主要演员向官涛、彭大兵、彭德文、李宜文等聘入深圳"中国民俗文化村"从事土家歌舞表演，艺校因资金匮乏而停办。

第三节　县技工学校土家织锦工艺中级技工班

为传承土家织锦技艺，发展民族特色产业，服务地方经济，龙山县技工学校于2013年创办了土家织锦工艺中级技工班，当年招生42名，次年增招38名。学校延请省、州县著名专家编写、出版了《土家织锦工艺教程（上下册）》。实训设备有土家传统织锦机50台，宽幅织锦机8台，拟购数字化织锦机5台。现有实训操作场地两个，聘请土家织锦技艺传承人罗成红负责土家织锦工艺实训操作课，由李开奇、彭英子负责土家织锦理论教学，并与县城几家土家织锦公司、织锦工艺坊建立校企合作关系。该专业班2013级学生已安置在张家界市旅游文化有限公司实习，社会反响良好。

第四节　土家织锦工艺教程

《土家织锦工艺教程》（上下册）系里耶秦简博物馆学术文库之职业技能培训教材，由中国少数民族用品协会土家织锦专业委员会牵头，由张登赤、黄立俊任主编，编辑有汪为义、田大年、刘能朴、彭英子、李开奇、刘代娥、叶菊秀、黎承凤。2014年6月、11月由海南出版社出版。本书以保护传承土家织锦技艺、培养土家织锦新秀、壮大土家织锦产业、弘扬土家织锦文化为出发点和落脚点，以绪论为魂，以操作为本，设有绪论、设备与材料、工艺、染色、图案设计、作品欣赏及土家织锦质量标准等篇章，全书图文并茂，深入浅出，适宜于中等技工学校、中等职业学校做培训教材，也可作为普通中学的课外校本教材。

第九章 民族文化保护

第一节 民族古籍

1984年3月1日,国家民委向国务院提出《关于抢救整理少数民族古籍的请示》,同年4月19日,国务院办公厅转发这一"请示",并在通知中指出:"少数民族古籍是祖国宝贵文化遗产的一部分,抢救、整理少数民族古籍,是一项十分重要的工作。各地、各有关部门要加强对这项工作领导,并在人力、财力、物力方面给予支持,要为从事整理民族古籍的专业人员创造必要的工作条件和生活条件。"同年10月30日,中共湖南省委宣传部、中共湖南省委统战部、湖南省民族事务委员会联合发出《关于开展抢救、整理我省少数民族古籍工作的通知》,从此,少数民族古籍抢救与整理工作摆上县委、县政府和民族部门工作议程。

一、民族古籍登录

梯玛经文 20世纪60年代初,土家族学者彭继宽、彭勃在洗车河流域的苗儿滩、坡脚、贾市等地搜集土家族《梯玛经文》四卷4册,《巫教课本》一卷1册31页,《奉请八部神梯玛经文》7页。其中除《巫教课本》系清代文人向玉琪抄录,其他均系佚名抄本,均被省民委古籍办收藏。

《张氏宗谱》 2卷,2册。民国年间佚名编纂,刻本。龙山张氏族谱。分谱序、班派、家训家规、人物小传、历代世系等目。保存较好。藏龙山县档案馆。

《范氏续修家乘》 11卷,6册。民国范善锟编纂,民国五年(1916年)油印本。龙山范氏族谱。分始祖传、行述、墓志、服制、律法摘要、祭礼祠规、契据、碑文、县示、条规、家训、家范、墓图、派语、年表、始祖派系、南楼公房派系、垂丝图说、始祖派系图说、分迁始祖派系、南楼公房宗图等目。保存良好。今藏龙山县档案馆。

《唐氏族谱》 不分卷,1册,168页。民国唐祥培编纂,民国十七年(1928年)

铅印本。龙山唐氏族谱。分谱序、康成公志、宗魁公志、宝三公志、天印公志、天文公志、世荣公志、天琳公传、傅心公传、益三公行录、秉诚实录、服制小引、丧服制度、墓图、谱例、祭法、家训、答族问、颂定新派等目。保存完好。藏龙山县咱果乡黄河村唐富仲家。

《长沙天井陈氏支谱》 42卷，21册。民国王荣堂、季彦公五房编纂，民国二十二年（1933年）刻本。龙山陈氏支谱。内容包括历代纪元、世系源流、历代派语、历代丁口、修谱资金、修谱人名、礼书、坊书、遗文、茔域、艺文、懿行、世系。保存完好。藏龙山县档案馆。

《彭城堂湖南龙山、永顺景六公世系刘氏族谱》 2011年完成续修谱，正文319页，分渊源、繁衍、人物、附录四编。上溯至一世祖源明至七十五世祖刘邦至一百四十一世祖景六公。龙山遥见坪、永顺沙坝镇、万民乡、毛坝乡、盐井乡、塔卧镇及湖北来凤、宣恩等地的刘氏宗族景六公后裔。谱书收录了唐内阁大学士状元刘沐撰于后晋天福二年（937年）丁酉岁七月的《刘氏谱序》，云："余尝仰观乾象，北辰为中天之枢，而三垣九曜旋归向，犹君之尊，而不敢不拱焉。此君亲一理、忠孝义道。忘之者谓之逆，遗之者谓之弃，慢之者谓之亵。无将之戒，莫大于不忠；五刑之属，莫大于不孝。为人臣所当鞠躬尽瘁，为人之所当慎终追远，而不可一毫或忽也。今我刘氏谱牒上溯伊祁之始，下逮继世之宗，明昭穆也尚礼也，序长幼以尚齿也，列像赞以尚恩也，莫大忠大孝而能之乎。"

《龙山县龙公宗枝马氏家谱》 这是龙山回族马氏龙公宗枝第一本家谱，由马则京主编。有马氏族源考、始祖龙公传略及天祥公、天然公、天寿天榜公、之风公后裔编、马氏世祖家训、马氏名贤录、马氏风范录等内容。全书299页，为32开地方刊印本，成书于2003年8月。

二、民族研究出版物

《中国土家族习俗》 由龙山县民委编，1991年4月由中国文史出版社出版。全书分十二章，含语言习惯、生产活动、衣食住行、婚育丧葬、节日礼仪、工艺美术、歌舞乐剧、体育游戏、故事谜语、医药卫生、信仰禁忌、俗规俗约等内容，由田荆贵任主编，崔文彬、彭勃任副主编，编写人员依章序有叶德书、田祖学、彭明琪、田兴中、彭景星、向顺忠、张心平、刘能朴、涂绍生、田永瑞、张明武、吴善文、彭勃。

《里耶古城》 由里耶管理区管委会编，2003年10月由青海人民出版社出版，主编向顺荣，副主编杜德文、刘昌儒，执行编辑刘能朴。

《发现里耶》 由里耶管理区管委会选编，张心平著，2004年3月由湖南文艺出版社出版。

《梯玛》 由龙山县民族事务局组编，刘能朴著，2009年1月由中央民族大学出版社出版。

《古镇里耶》 由州政协文史委编，伍贤佑、李万隆任正、副主编，2004年4月由岳麓书社出版发行。

《里耶发掘报告》 由湖南省文物考古研究所编著，2007年1月由岳麓书社出版发行，由柴焕波主编，全书300多万字，收录插图757幅，彩版65幅，图版131幅。本书全面系统地总结了里耶盆地战国、秦、汉古城、墓地和遗址的材料，为湘西地区建立可靠的考古类型学的标尺、为构建湘西古文化谱系奠定了坚实的基础。

第二节　文化遗产概览

一、国家级重点文物保护单位

（一）里耶战国—秦代古城遗址

里耶秦简

里耶古城位于里耶镇东北部的西水河畔，现存城址呈长方形，南北长210.4米，东西残宽103~107米，残存面积近2万平方米。包括城墙、护城河、井、道路、作坊、官署及贫民居住区等，西北部分护城河至今保存完好。通过对南、北城墙解剖，已认定这座古城有两个主要建筑使用过程。第一次年代为战国中期至秦代；第二期年代是西汉。从大量的出土文物来看，当时人们的生活设施和军事设备已相当完善，这里曾是楚人拒秦的军事重镇，秦王朝建立后，这里是洞庭郡迁陵县县治所在地。中国考古学术界泰斗张忠培先生到现场考察后说："别看这座古城遗址小，比不过中原那些气势恢弘的城池，但它是全国唯一发现的一座战国古城，是研究秦史最关键的资料。"被专家称为"中华第一井"的里耶战国古城一号井，因出土37000多枚秦简牍而蜚声中外，井的结构十分考究,是用42层宽30厘米、厚10厘米的木板榫卯相衔嵌砌起来的。井深14.3米,内径为2.1米,深至3.8米以下缩成2米内径。里耶古城一号井出土的37000多枚秦简牍均为墨书,绝大多数为木质,只有第五层发现的少量楚简是竹质。长度多为23厘米,宽度不一,一般为一简一事,大多是官署档案,纪年有秦王政二十五年至三十七年和秦二世元年、二年(公元前222年至前208年),一年不少,详到年月日时。内容涉及当时的社会、政治、军事、经济、文化、历法、数学、邮政、民族等方面。这是我国继西安兵马俑以后秦代考古的又一惊世大发现,它以鲜活的文字形式填补了秦代历史的大段空白,其大量的史料将独立构建起崭新的历史框架,从根本上改变了几千年的战国秦汉学术史面貌。2002年11月20日,里耶古城被列为全国重点文物保护单位;2010年10月22日,里耶古城遗址和藏品丰富的里耶秦简博物馆列为"全国十大考古遗址公园"首批对外开放。

里耶秦代古城遗址

里耶一号井出土秦简现场

里耶古城一号井

里耶古城考古发掘现场

里耶古城遗址公园

里耶考古现场

附　专家对里耶古城的评价意见（张忠培　原故宫博物院院长）

湘西里耶古城、古井、古简的发现，引起了考古界、中外学术界的广泛关注，我到实地考察后，认为其价值不可估量。

根据现有资料，可以初步判定，里耶古城始建于战国晚期沿用至秦汉时期，现在城址分布明确，范围清楚，城内已发现的遗迹保存较好，出土遗物十分丰富，陶器与建筑构建的发现，为研究湘西地区战国至秦汉时期考古文化编年及谱系关系提供了重要的标尺。别看这座古城遗址小，比不过中原那些气势恢弘的城址，但它是研究秦史的最关键的资料。

从我们目前看到的刚开始露头的遗迹现象以及初步的了解简牍的情况，我们认为这次的发现从目前的感觉来看，怎么估计也不会算高的。就是说，我们看不到的价值，我想随着考古工作的深入，研究的深入，就会越来越高，这就是一个总体的结论。这是中国考古学重要的发现，不仅填补了湘西地区的空白，而且在全国来说，也是头一次发现了一个秦代古城。

从古城与秦简的关系来看，古城是秦简的载体，没有城就没有简。因此古城的发现，其价值并不亚于秦简的发现。况且以往所发现汉简、吴简的地方往往只是孤立的水井等单个遗迹，有的连水井也没有保存下来，这一次所发现的成组的遗迹十分难得。

附　专家对里耶秦简的评价意见（吴荣曾　北京大学历史系教授）

这次湘西里耶出土的秦简数目达 3 万多枚，是上个世纪出土秦简数目的 7 倍之多，是一笔珍贵的史料，已被著名学者王国维誉为"本世纪的最大发现"。仅从目前辨识的简牍的内容来看，其纪年由秦二十五年到三十七年，记事详细到月日，多为官署档案，涉及当时社会政治、经济、文化的各个方面，有通邮、军备、自术、记事、行政设置、职官、民族等。得到的地名有迁陵、洞庭（郡）、临沅、戈阳、酉阳、沅陵、阳陵等数十处，职官有司空、司马丞、守丞、令守等。

简牍中有一枚写有乘法口诀表，排列有序，这在我国尚属首次发现。简牍上记载的"迁陵以邮行洞庭""以洞庭司马印行事""洞庭郡"等为数不多的文字，透露了一个十分重要的信息，表明洞庭在当时是一个郡，这在历史书中均无记载，从这一点上说，它改写了秦史。

秦简问世，在诸多领域为我们研究那一时代的状况提供了丰富的资料。如在邮递制度方面，堪称世界领先，从写有"迁陵以邮行洞庭"及"快行"二字的简牍上看，表明早在秦代，中国就有了严密的邮书制度，秦朝统一局面的巩固与发展，与其密不可分。秦简的部分内容证明，秦朝的奴隶制度非常发达，奴隶数量多，且多用于生产方面。这对于史学界认为秦朝处于奴隶制残余时期的观点提出了疑问。

里耶秦简的考古价值可与殷墟甲骨、敦煌文书媲美，我觉得从某种意义上完全可与西安兵马俑并提，它那个（兵马俑）是形象，这个是文字，传承给我们的信息，那只是一个形象，这个里面包含的信息相当多。

里耶秦简出土数量之多，记载内容之广，我认为是进入21世纪以来我国最重大的考古发现。它生动的复活了秦史，同时，也将改写和填补《史记》《汉书》中有关秦代的历史空白，从根本上改变几千年的战国秦汉学术史的面貌。

（二）里耶麦茶战国（楚）墓群

麦茶战国（楚）墓群位于里耶河谷台地麦茶社区东南、墓群南北宽约330米，东西长约600米，总面积22万平方米，墓葬密集。1989年10月至12月，州县文物工作队抢救发掘55座，均为土坑竖穴墓，出土铜器有剑、戈、镜、印章、磬、铃、带铃；陶器有鼎、敦、壶、钵、豆、罐、簋、纺轮；另有琉璃管石、玉璧、残铁器及石饰件等。2002年4—12月，省州及怀化等地考古工作者为配合碗米坡电站工程建设，在这里抢救性发掘了战国古墓280余座，出土器物千余件。2013年3月，被公布为全国重点文物保护单位。

（三）里耶大板汉代古城遗址

里耶大板东汉古城遗址及汉墓群位于酉水北岸大板村。古城山环水绕，持险而踞，是御秦巴扼楚蜀的军事要塞。2002年湖南省文物考古研究所会同湘西州、龙山县文物局主持发掘，出土大量东汉墓随葬器物。大板古墓群位于城址旁的酉水一级台地和二级台地分布面积约1平方千米，均为东汉墓葬。2013年3月3日被国务院公布为第七批全国重点文物保护单位。

（四）湘鄂川黔革命根据地旧址

龙山是块红色的土地。第一次国内革命战争失败后，在中华民族内忧外患的境况下，遵照中共中央"八七"会议的指示精神，由周逸群、贺龙率部创建了湘鄂西革命根据地。1928年5月，湘鄂西革命根据地扩展到龙山茨岩塘，先后活动于湘鄂川黔边区的20多个县境。1934年10月24日，贺龙、夏曦领导的红二军团与任弼时、萧克、王震领导的红六军团在贵州木黄胜利会师，合编为红二六军团。1934年10月28日，红二六军团从西阳南腰界出发向龙山挺进，发动湘西攻势。11月7日攻克永顺县城，11月16日取得十万坪大捷，俘敌3000余众。11月26日，按照中央书记处的来电指示，在大庸永定镇成立了中共湘鄂川黔省委、省革委、省军区，由任弼时任省委书记、省军区政委，由贺龙任省革委主任、省军区司令员。湘鄂川黔省委机关在大庸设立16天，于1934年12月10日迁至永顺塔卧。1935年4月12日，红二六军团主力部队和湘鄂川黔省委、省革委、省军区机关由永顺塔卧迁到龙山兴隆街，1935年5月6日，又迁到茨岩塘，在此领导和指挥整个湘鄂川黔革命根据地的战斗和工作。1935年11月19日，红二六军团主力部队奉令突围长征，由红十八师留守茨岩塘，以牵制敌人，掩护红二六军团长征。直到1935年12月23日红十八师才冲破重围离开龙山，于1936年1月9日在贵州江口与红军主力会合，组建红六军团。

湘鄂川黔革命根据地是中国革命处于极端困难的形势下在长江南岸以湘鄂川黔边区为中心创建的最大的一块红色革命根据地，是中国南方红色革命运动的柱石。龙山各族人民前赴后继，抛头颅、洒热血，为中国革命作出了卓越的贡献。当年参加红军的青壮年达9600多人，参加地下游击队的有15000多人。现全县在册革命英烈2187人。1952年龙山被湖南省委省政府定于首批老区县，1984年列为重点老区县。2006年6月，龙山兴隆街、茨岩塘两处湘鄂川黔革命根据地所有旧址公布为全国重点文物保护单位。

湘鄂川黔革命根据旧址之湘鄂川黔省政府遗址——兴隆街蒋家大屋

丰碑雕像

湘鄂川黔省委省革命委员会兴隆街旧址　旧址在兴隆街蒋家大屋。房屋系木结构建筑，共八间，两边为土家吊脚木楼，占地面积约400平方米。

湘鄂川黔省委省革命委会茨岩塘旧址　旧址在茨岩塘街后两百米左右的龙家大屋。1935年5月6日，湘鄂川黔革命委员会机关由兴隆街迁茨岩塘设此，旧址一正二偏青瓦房，共十三大间三十二小间，吊脚木楼为任弼时办公室兼宿舍，正室设有贺龙、萧克、王震办公室。其它设总务处、财政部、民政部、粮食部、土地部、供给部等机关，任弼时、贺龙等同志经常在此召开会议，研究工作，指挥红二六军团建设地方政权和反围剿。

湘鄂川黔革命根据地旧址——茨岩塘龙家大屋

湘鄂川黔革命根据旧址之茨岩塘纪念碑

红二六军团兵工厂旧址 地址在茨岩塘镇甘露坪原姚家大坪，距茨岩塘街上4千米。1935年5月，由桑植迁此。共木房十七间，占地面积约3000平方米，内设炸、子弹、修理等科。有工人70余人，以制造马尾手榴弹、瓦式手榴弹、长短枪子弹和修理枪板为主，并附设缝纫车间制作军服。

湘鄂川黔革命根据旧址之红军兵工厂遗址

红二六军团医院旧址 地址在茨岩塘镇凉水村半寨桥头，距茨岩塘街上4千米。1935年5月随军迁此，有木质平房一栋共七间，占地面积576平方米，内设管理处和医疗室两个部分，当时治疗的伤病员都是在龙山、永顺、桑植、宣恩、咸丰、来凤一带前线负伤的战士，伤病员多时还借用附近民房使用。

红三军军部旧址 地址在茨岩塘街上的曹家大屋，有木质瓦房五间，1935年5月，红三军军部设此。

龙山县苏维埃机关旧址 地址在茨岩塘街上，有木质瓦房五间，占地面积320平方米。1934年12月，中共龙山县委在洗车河成立，1935年6月龙山县苏维埃政府成立，机关设此，同年11月红二六年军团主力从桑植出发进行长征，县苏维埃机构停止运转。

方汉英烈士墓 方汉英，又名方献宇，江西萍乡人。1935年8月任龙山县委书记时，被叛徒杀害，先安葬在县委机关（杨学林家）前院。同年10月红军北上，墓被敌人挖掉，棺材被烧，1952年中央南方革命根据地访问团来此访问，筑墓茨岩塘街头，以示纪念。1974年整修，后墓址迁往街后骡子堡山上，现保存较好。

红二军团军团部旧址 地址在新城乡前进村，距县城五华里。1935年7月，贺龙同志率领红二军团围攻龙山县城时，军团部设此，有木质结构正、偏房四间。

红六军团军团部旧址 地址在招头寨街上，原为师兴吾家。1935年5月，红六军团军部设此，萧克、王震等同志曾在此办公和居住，并在此召开各种会议，指挥战斗和地方政权建设。

招头寨区苏维埃政府旧址 1935年5月招头寨建立了区苏维埃政权，下设大兴、官厅、岩门、可立、辽叶、瓦房、干溪、召市等8个乡苏维埃政府。当时区主席张朝实，副主席范振，区政府机关设招头寨街上陈岳生家，为木质楼房一栋八间，占地面积256平方米，中华人民共和国成立后设召市镇医院。

二、非物质文化遗产

（一）龙山县非物质文化遗产州级以上名录项目

1. 国家级非物质文化遗产名录（6项）

类　别	项目名称	公布时间
民间文学 Ⅰ	土家族梯玛歌	2008.6.7
传统音乐 Ⅱ	土家族打溜子	2006.5.12
	土家族咚咚喹	2008.6.7
传统舞蹈 Ⅲ	土家族摆手舞	2006.5.12
	湘西土家族毛古斯舞	2006.5.12
传统技艺 Ⅷ	土家族织锦技艺	2006.5.12

2. 省级非物质文化遗产名录（12项）

类　别	项目名称	公布时间
民间文学 Ⅰ	土家族梯玛神歌	2006.6.7
	土家族哭嫁歌	2006.6.7
	土家族挖土锣鼓歌	2006.6.7
	土家族摆手歌	2009.2
	酉水船歌	2012.8.7
传统音乐 Ⅱ	土家族咚咚喹	2006.6.7
	湘西土家族民歌	2009.2
传统戏剧 Ⅳ	龙山木偶戏	2012.8.7
曲　艺 Ⅴ	湘西三棒鼓	2009.2
传统美术 Ⅶ	土家族竹雕	2009.2
传统技艺 Ⅷ	湘西土陶制作技艺	2009.2
民　俗 Ⅹ	土家族舍巴日	2006.6.7

3. 州级非物质文化遗产名录（55项）

类　　别	项目名称	公布时间
民间文学Ⅰ	土家族梯玛神歌	2007.7.21
	土家族哭嫁歌	2007.7.21
	土家族挖土锣鼓歌	2007.7.21
	土家族摆手歌	2007.7.21
	土家语	2007.7.21
	酉水船歌	2008.9
	土家族情歌	2009.7
	土家族谚语	2012.12
	土家族儿歌	2015.7.30
传统音乐Ⅱ	土家族打溜子	2007.7.21
	土家族咚咚喹	2007.7.21
	土家语山歌	2008.9
	土家族摆手锣鼓	2009.7
	内溪民间吹打乐	2009.7
	吹打八仙	2015.7.30
传统舞蹈Ⅲ	土家族摆手舞	2007.7.21
	湘西土家族毛古斯舞	2007.7.21
	土家族铜铃舞	2009.7
	龙山跳花灯	2010.5
	土家族跳丧舞	2013.12.27
传统戏剧Ⅳ	汉戏	2007.7
	木偶戏	2007.7
曲　艺Ⅴ	三棒鼓	2007.7
	溜子说唱	2015.7.30
	九子鞭	2015.7.30

续上表

类　　别	项目名称	公布时间
传统体育游艺与杂技Ⅵ	湘西土家族梯玛绝技	2008.9
	高脚马	2012.12
	上大人	2013.12.27
传统美术Ⅶ	龙山水冲石砚	2009.7
传统技艺Ⅷ	土家族织锦技艺	2007.7.21
	土陶技艺	2007.7.21
	土家竹雕	2007.7.21
	土家服饰	2007.7.21
	洗车河霉豆腐制作技艺	2008.9
	苗市腊肉制作技艺	2008.9
	湘西水磨制香制作技艺	2008.9
	纸褙	2009.7
	土家族挑花	2009.7
	湘西木雕	2009.7
	龙山大头菜制作技艺	2010.5
	土家纸扎工艺	2010.5
	湘西竹编技艺	2012.12
	湘西割漆技艺	2013.12.27
	湘西绣花鞋垫	2013.12.27
	木桶制作技艺	2015.7.30
传统医药Ⅸ	土家族医药	2008.9
	苗医苗药（苗医正骨术）	2009.7
	土家族医药（土家医雷继林蛇伤治疗技术）	2009.7

续上表

类　别	项目名称	公布时间
民　俗 X	土家族舍巴日	2007.7
	土家族告祖	2008.9
	土家族油茶汤	2008.9
	土家族古葬礼宋姆妥	2012.12
	湘西土家族婚俗	2012.12
	土家族过孝年	2012.12
	土家族桶子鼓丧葬习俗	2013.12.27

（二）龙山县非物质文化遗产项目省以上代表性传承人

1. 国家级非物质文化遗产项目代表性传承人（6人）

类　别	项目名称	传承人	家庭住址	公布时间	出生年月
民间文学 I	土家族梯玛歌	彭继龙	内溪乡双坪村	2009.4.29	1949.11
传统音乐 II	土家族打溜子	田隆信	民安街道	2008.1.26	1942.06
	土家族咚咚喹	严三秀	靛房镇百型村	2009.4.29	1953.10
传统舞蹈 III	土家族摆手舞	张明光	农车乡农车村	2008.1.26	1938.03
	湘西土家族毛古斯舞	彭南京	靛房镇石堤村	2012.10.18	1942.06
传统技艺 VIII	土家族织锦技艺	刘代娥	苗儿滩镇捞车村	2007.6.5	1955.12

2. 省级非物质文化遗产项目代表性传承人（14人）

类　别	项目名称	传承人	家庭住址	公布时间	出生年月
民间文学 I	土家族哭嫁歌	彭万姣	靛房镇永明村	2008.12.3	1933.11
	土家族哭嫁歌	田义翠	靛房镇联星村	2014.5.15	1963.05
	土家族梯玛神歌	彭继龙	内溪乡双坪村	2008.12.3	
	土家族挖土锣鼓歌	彭武庚	靛房镇百型村	2008.12.3	1942.06

续上表

类　别	项目名称	传承人	家庭住址	公布时间	出生年月
传统音乐Ⅱ	土家族咚咚喹	严三秀	靛房镇百型村	2008.12.3	
	土家族咚咚喹	田隆信	民安街道	2008.12.3	
	土家族打溜子	杨文明	民安街道	2014.5.15	1946.07
	土家族咚咚喹	田采和	靛房镇石堤村	2014.5.15	1953.03
传统舞蹈Ⅲ	土家族毛古斯舞	彭南京	靛房镇石堤村	2008.12.3	
曲　艺Ⅴ	湘西三棒鼓	肖泽贵	兴隆街乡白岩洞村	2010.5	1949.11
	湘西三棒鼓	宁国胜	华塘街道皇仓坪村	2014.5.15	1952.03
传统美术Ⅶ	土家族竹雕	王仕辉	民安街道	2010.5	1937.12
传统技艺Ⅷ	土家族织锦技艺	黎秋梅	民安街道	2014.5.15	1968.04
	土家族织锦技艺	叶菊秀	民安街道	2014.5.15	1964.11

第三节　名镇　名村

一、中国历史文化名镇——里耶

里耶镇地处龙山县南端酉水中游的一个河谷盆地中，西以八面山为屏障与重庆市西阳大溪、秀山石堤交界，南以酉水为线与保靖县清水坪镇一桥相连，北距龙山县城124千米，南距湘西州府吉首120千米，现镇域面积165平方千米，人口2.8万，辖柳坪、大坂等25个村民委员会和中孚、麦茶、里耶3个社区居委员会。境内最高海拔八面山主峰1400米，最低海拔酉水河谷237米，下游兴修碗米坡电站后，里耶的正常水位从以前的常年水位237.11米提升到248米，升高10.89米。

里耶是明清古镇，里耶古街设中孚街、稻香街、和平街、民主街、胜利街、解放北街、解放南街等七街、六巷、五行。据2002年底统计，古街现存明清时期至民国时期古民宅510栋1310间，计建筑面积25840平方米，居民810户，街巷总长4710米，过去是湘西四大名镇（里耶、王村、茶洞、浦市）之一，素有"小南京"之称。2005年9月由住建部、国家文物局公布为中国历史文化名镇。2011年1月24日，里耶古街的瞿家大院、李同发商号、葛元记国药铺、升万茂染坊被湖南省人民政府公布为湖南省第九批文物保护单位。

里耶古镇

里耶以土家语为地名，有耕地、拓土之意。据 1978 年 5 月在里耶溪口台地发现的新石器时代文化遗址和 2003 年 3 月在原里耶前街（今保靖清水坪镇）官山堡出土的旧石器时代文化遗址来看，早在人类初期这里就有古人类活动。那些自称"毕兹卡"的土著先民，当是中国土家族的主要族源之一。流经里耶的西水河横穿武陵山脉，成为"自巴蜀瞰荆楚"的出奇制胜之道，里耶襟楚带蜀，在战国时期成为秦楚对峙的前沿阵地。秦昭王二十七年（前 288 年），秦令司马错出蜀攻楚，占领巫中，里耶地属秦；周赧王三十年（前 285 年）秦郡守张若伐楚，占巫中及江南，置黔中郡，里耶地属秦。这种朝秦暮楚的历史演变，在里耶积淀成深厚的历史文化。镇区内有旧石器时代、新石器时代、商周时期文化遗址及里耶战国——秦代古城、大坂西汉东汉古城三座古城址。1989 年，州县文物考古队在里耶麦茶发掘战国古墓 55 座。1996 年 5 月又在里耶大坂东汉古城遗址区发现数以千计的汉墓群。2002 年 6 月，在里耶战国——秦代古城一号井出土 37000 多枚秦简，成为继西安兵马俑以后我国秦代考古的又一惊世大发现，其内容涉及社会、政治、军事、经济、民族等方面，其大量的史料信息将独立构建起崭新的历史框架，专家组首席专家、原故宫博物院院长张忠培说："根据现有资料可以初步判定，里耶古城始建于战国晚期沿用至秦汉时期，现在城址分布明确，范围清楚，城内已发现的遗迹保存相当好，出土遗物十分丰富。陶器与建筑构件的发现，为研究湘西地区战国至秦汉时期考古学文化编年及谱系关系提供了重要的标尺。别看这座古城遗址小，比不过中原那些气势恢弘的城址，但它是研究秦史最关键的资料"。专家们一致评价："里耶秦简以鲜活的文字形式填补了秦代历史的大段空白，让考古界找到了秦代历史上里程碑式的珍贵资料，是整个中华民族不可多得的文化宝藏，其价值怎么说也不过份。"2002年11月20日，国务院国函〔2002〕106号文件将里耶战国古城列为全国重点文物保护单位。按照国务院提出的"发掘好、保护好、开发好、利用好"的指示精神，各级政府加大投入力度，建设成果喜人，丰富多彩的"秦文化之旅"开启了里耶历史新纪元，里耶被国家住建部命名为"特色旅游名镇"。

二、湖南省最美民族特色乡镇——洗车河镇

洗车河，土家语原称"席泽"，"席"，汉语意译为草；"泽"汉语意译为水。是说两岸芳草萋萋，树木郁葱。客籍人进入后，以汉语相称为洗车河。河畔桂馥兰芳，蓼红芷白，过去又有香溪之称。洗车河镇历史悠久，人文灿烂，风光秀丽。据在镇里出土的编钟、錞于、铜釜、铜洗等文物来看，这里在二三千年以前就有了较高程度的早期文明。

洗车河凉亭桥

洗车河老码头

洗车河沿岸吊脚楼

美丽洗车河

洗车河是河码头，活就活在这条水上。据《湘西州志》卷十二"交通"载称："州境沅水、酉水、澧水及主要支流沿岸重要集镇，自汉代即建有不同规模的码头……龙山县有隆头、里耶、洗车等码头。"洗车河以"津通巴蜀，水达辰沅"之地利，一度成为湘鄂渝边区水陆交接、人货出入的重要通道。据《龙山县志》96页载："旧时，龙山交通闭塞，运输靠肩挑背驮，洗车至隆头河段，是龙山进出口物资唯一内河水道。"1728年即雍正六年，清政府实行改土归流，解除了"蛮不出峒，汉不入境"的历史禁令，外地汉族商人纷纷进入土家族地区进行购销活动。清嘉庆《龙山县志》卷六"商贾"载："邑惟桐油为大宗，籍人力搬运，南至隆头镇、洗车河载通小舟，入白河以达辰常。江右闽广及山陕皮货客亦贸易于此，归皆易桐油转售他处。"18世纪中叶，随着国家海禁的开放，山区的桐油、生漆、五倍子等土特产有了销路，洗车河亦以此三项为大宗输出产品。据当时商会统计，仅洗车河的桐油年输出量就达25000桶左右（每桶140斤）。这样，桐油成为本埠交易之冠。洗车河的上水货则以棉花、纱、布匹、淮盐、海盐、瓷器、锅铁、冰白红糖、海带、闽笋、云耳等南北杂货为大宗，歉年，从湖区贩运"河米"者亦不少。

为装卸，停泊的方便，洗车乡绅先后捐资兴修了河东的老码头、王家巷子码头、关帝宫码头、万寿宫码头、乌龟岩码头、刘家潭码头、胡家桥码头；河西的大河桥码头、小河桥码头、巷子口码头、曾家码头等10多处码头，均以青石为阶，从街上直至河下，每个码头扛抬搬驮者川流不息。停泊在各个码头上的乌篷船首尾相衔，舷舨相抵，组成古埠独特的风景线。

洗车河是桥镇，其中大河桥建于清乾隆四十五年（1780年），小河桥建于清光绪十三年（1887年）。全靠这两座古凉亭桥把因两江汇流而形成的丫字形三岸连为一市，以内河水运之优势而繁华数百年。

洗车河流域是革命老区。1934年11月26日，根据中共中央书记处的电示，在大庸成立了由任弼时任书记的中共湘鄂川黔省委、由贺龙任主席的湘鄂川黔省革命委员会。12月16日，省委作出《关于创建湘鄂川黔苏维埃革命根据地的决议》。为此，省委派严汉万、罗华生、贺传吉、谢曙光和红六军团四十九团团长吴正卿、副政委段培钦率该团之一部来洗车河镇组建了中国共产党龙山县委员会，隶属于湘鄂川黔省委，辖洗车河、农车两个区党委。

洗车河不仅历史悠久，人文灿烂，且风情浓郁，风光独秀。三月堂摆手，水上迎神，声势浩荡，很有特色。2004年，洗车河镇以悠久的历史，厚重的文化而载入上海社会科学院出版社出版的《中国古镇羊皮书》。2007年7月21日，湘西州人民政府（州政函[2007]114号）将洗车河镇命名为"湘西州传统民居建筑文化艺术之乡"，2011年1月27日，湖南省人民政府（湘政函[2011]21号）将洗车河古镇公布为湖南省第九批省级文物保护单位。

三、贾市古街

贾市原名贾家寨，位于龙山南部，贾市乡民国时属大达乡。1951年分属巴沙、贾市、普车、恒扎、兔吐等乡。1956年合置贾市乡。面积68平方千米，人口1.1万。乡府驻地贾家寨距县城107千米。公路分别通塘口和麦子坪接龙（山）里（耶）公路。辖巴沙、东桃、街上、裴家堡、高田、普车、新寨坝、锁湖、恒咱、兔吐、银河、西拉12个村民委员会。贾家寨前有条小河于隆头庆口桥注入洗车河，过去可通航，使贾家寨形成龙山南部的一个繁华的河码头。以经营桐油为主，著名的有巴沙湖向氏六大家，形成油桐山庄。现贾市古街全长1500米，宽3米，沿街古民居保存较好。

贾市古街

四、全国少数民族特色村寨暨国家级传统村落

（一）里耶镇长春村

长春村距里耶镇1.5千米，有村民162户，619人，其中土家族占96%。这里土家族民风民俗保留完整，土家族摆手舞、梯玛神歌、狮子灯等独具特色，民风淳朴，民族文化底蕴厚重。这里人杰地灵，这方山水曾养育了众多历史人物和现代名人。如历史上曾任过川东公署民政科长、川东地区禁烟特派员的胡锦心，光绪三十年（1904年）考取恩科拔贡的胡锦春，同治三十一年（1862年）考取国之监生员的胡毓庭，民国毕业于保定军校和日本士官学校、曾任过国民党某部副军长的胡锦麟等都出生在这里。

里耶镇长春村

（二）隆头镇隆头村

龙山县隆头镇隆头村地处酉水河与洗车河两江交汇口，古称"两江口"，是明代保靖宣慰司两江口长官司司治所在地。据《明史·土司传》记载："正德十四年（1519

年),两江口土司彭惠既以祖大虫可宜与彭药哈俾世仇,至是与保靖土司彭九霄复构怨。永顺宣慰彭明辅与之联姻,助以兵力,遂与九霄往复仇杀,数年不息,死者五百余人。"遂迁治于大喇。雍正十三年大喇司改土归流,以酉水为界,北岸划入龙山,增设大喇里。据清嘉庆《龙山县志》记载,其辖区有喇寨、浦车溪、贾家寨、喇榨、杨家寨、车竹坪、东瓜坪、王道溪、沙道沟、桃坪、道溪沟、禾坝、侯利溪、坡杜、新寨、琐湖寨、苏州坪、朵古村、恒咱、王家寨等。嘉庆版《龙山县志》卷二"田赋"载:"大喇里粮户共528户,额征秋粮银4.195两。"据《湘西州志》卷十二"交通"篇载:"州境沅水、酉水、澧水及主要支流沿岸重要集镇,即汉代即建有不同规模的码头……龙山县有隆头、里耶、洗车等码头。"1987年4月,州县文物普查队在隆头村廖家坪发现汉代文化遗址,面积约1500平方米,文化堆积层厚约0.9米。采集有泥质灰陶、泥质褐陶残片。2000年,因下游修碗米坡电站,隆头村临河区整体搬迁至喇叭口。2014年2月25日,隆头村被国家民委命名为全国少数民族特色村寨。

隆头古镇隆头村

(三)苗儿滩镇捞车河村

惹巴拉村(即捞车村)位于湘西北龙山县苗儿滩镇的捞车河畔,为洗车河的中段。捞车河,土家语称为捞尺车,捞尺,在土家语中是太阳,车是河流或溪流的意思,翻译成汉语即"太阳河",因来自东方而得名。这里地势开阔,田园如画,是湘西山区少见的平川大坝。沿河两岸，依山傍水，分布着由一栋栋青瓦木楼土石院墙组成的土家村落。寨子周围，古树护堤，绿枝簇拥，一座长288米，宽4.4米的丫形土家凉亭桥横跨捞车河、靛房河，把沿河三岸的惹巴拉、捞车、梁家寨三个自然村寨浑然连成一体，组成以干栏建筑为特色的土家族聚落文化群。古列、古列朝门、列居坪、搓秀、下码头、周家码头、彭家湾、桥他、卡壳湾等处的古民居及土家摆手堂、土家织锦工艺坊、水碾、筒车、油榨房等古色古香的村落文化，组成一道道令人流连忘返的风景。惹巴拉村含西岸的惹巴拉、克拉、扎竹拉和东岸的捞车、算比五个自然村寨，全村现有农户424户，人口1988人。共有耕地面积5685亩，其中稻田1785亩，旱土种植面积3900亩。村里民风古敦，人物俊秀，至今保持着"女勤于织，户多机声"的悠悠古风，2008年11月3日，文化部文社图发〔2008〕40号文件将包括捞车河在内的苗儿滩镇命名为"中国民间文化艺术之乡——土家织锦之乡"，2011年11月1日，文化部将捞车河村（即惹巴拉村）公布为"国家级非物质文化遗产项目土家织锦生产性保护示范基地"。现全村保留着土家族传统村落文化特色，仅惹巴拉、捞车两个成块连片的自然村寨就有古民居179栋，建筑规模达26000平方米。其中有庭院、朝门的7栋，有转角楼的38栋。为了做好传统村落保护发展工作，经湖南省文物局组织曹砚农等专家实地考察，2011年1月27日，湖南省人民政府以湘政函〔2011〕21号文件将捞车河古建筑群公布为湖南省第九批省级文物保护单位。2012年12月17日，国家住建部、文化部、财政部联合行文，将惹巴拉村及邻近的六合村列入第一批中国传统村落名录并授予"旅游名村"称号。同时被北京大学、清华大学、吉首大学、湖北民族学院等20多所高等院校确定为"田野科研实验基地"。

苗儿滩捞车河全貌

捞车河历史悠久，2010年，在第三次文物普查中，州、县文物工作队在捞车河两岸发现新石器时代文化遗址，出土石斧、陶纺轮等文物。由此可见，早在八九千年以前的石器时代晚期这里就有古人类活动。那些结草为服、绩木而衣的土著先民，在这里狩猎、捕鱼、刀耕火种，逐渐进入以稻作文化为标志的早期文明。1988年4月，县文物普查组在捞车河畔的拿卡毕、龙洞湾发现商周战国时期文化遗址，这与距此不到30千米的里耶战国—秦代古城、西汉古城、东汉古城当是一脉相延。

惹巴拉也是土家语地名，相传这里是五代时期土著首领惹巴冲的王城。惹巴冲，翻译成汉语就是"美丽的王子"。对此，嘉庆《龙山县志》记云："其先有老蛮头吴著冲，又有惹巴冲者，与吴著冲结为兄弟……"梁开平四年（910年）被溪州刺史彭瑊所灭。是年，彭士愁子袭父职，从此开创了溪州土司八百多年基业。雍正七年（1729年）改土归流以后，随着国家海禁的开放，山区的桐油、生漆、五倍子等土特产畅销海外，这条津通巴蜀、水达辰沅的捞车河成为武陵山区人货出入的重要通道，这里距苗儿滩、隆头、洗车河等古商埠近，惹巴拉村的船运业、造船业随之兴起，且久盛不衰。发达的船运经济，为这里留下了美轮美奂的古建筑群，凸显出土家族建筑艺术的悠久历史和独特风格。2014年2月25日，被公布为全国少数民族特色村寨。

（四）苗儿滩镇六合村

六合村与惹巴拉村毗邻，两村鸡犬可闻，全村分河东河西两片，中以渡船相通，河岸古树葳蕤，全村由东岸的朱家寨、魏家湾、黎家堡、拉卡车和西岸的张家寨五个自然村寨七个村民小组组成，现有农户375户，有耕地面积1140亩。村里传统村落集中，大多是土家传统民居，一片青瓦木屋转角楼。保持着"土妇善织，户有机声"的古风，全村专业从事土家织锦的达100多人。该村素有戏窝子之称，阳戏、汉剧在这里得到较好传承。魏小菊、陈友国、梁光凤等台柱演员正年富力强，现在还经常在湘西北各县演出。该村黎成凤、黎秋梅、黎承菊被中国工艺美术学会织锦专业委员会授予"中国织锦工艺大师"称号。2009年11月26日至2011年3月初，该村黎秋梅、黎成凤、黎承菊等5位土家织锦女应邀赴美国从事土家织锦技艺展演。2014年5月，黎秋梅被公布为省级非遗项目土家织锦技艺代表性传承人。州级传承人有黎成凤、黎承菊、程远英、魏容娥等。2012年12月17日，六合村被住建部、文化部、财政部公布为第一批中国传统村落。2014年2月25日，被公布为全国少数民族特色村寨。

苗儿滩镇六合村老房子

苗儿滩镇六合村

(五)农车乡农车村

农车乡农车村位于县境东南角,与永顺县交界,距永顺县城37千米,距龙山县城67千米。据1983年恢复农车土家族大摆手活动时统计,全村149户,637人。在20世纪30年代,村里尚保存着建于明隆庆年间(1567—1572年)的土家大摆手堂一座,由秦姓主持,至农车乡土家族大摆手掌堂师秦恩如,已是二十四代传人。秦恩如能歌善舞,所掌握的摆手歌、摆手舞内容丰富,仅摆手歌就有长马词、短马词、梭尺卡、嘎麦请、嘎玫喻及十二月农事歌等;向他搜集的摆手舞动作有祭祀舞、农车舞、军前舞等。1983年因年老多病,遂将农车土家族大摆手掌堂师的位置破例传给外姓人张明光。在秦恩如的口传心授下,通过几年努力,张已能胜任此职,1986年以后开始掌堂,2008年被命名为土家族摆手舞国家级传承人,村里又新修了摆手堂,使这里的土家摆手舞活动经常,特色浓郁,深受好评。2008年农车乡被国家文化部命名为"中国民间文化艺术之乡——土家族摆手舞之乡"。2014年2月25日,农车村被国家民委公布为全国少数民族特色村寨。

(六)洗车河镇老洞村

洗车河老洞村

老洞村位于洗车大河两岸，距洗车街上五华里，含下老洞、上老洞、王家寨、彭家寨、阿朋岩等自然村寨，全村243户，1007人，有耕地865亩，是土家族聚居区。老洞并无洞，"洞"字原为"峒"，"峒"在古代湘西来说，是一个部落区域。老峒，传说是溪州九溪十八峒之一，也是土家族梯玛跳神时必祭的祖先堂之一。老洞山环水寨，树木葳蕤，青瓦木楼掩映其中，悠然山川中岁月。下老洞的谢家大屋规模宏大，四围封火墙、中为木结构四合天井屋，几进几厅，古风盎然，2014年2月25日被国家民委公布为全国少数民族特色村寨。

（七）洗车河镇洗车村

洗车村位于洗车古镇东岸的古街区，全村286户，1046人，有耕地591亩。含苗溪沟、东下街、东上街、烂泥湖、李家沟等聚落群。临河全是土家吊脚楼，过去这条街道有土王祠、文昌阁、万寿宫、关帝宫、八神宫等古庙宇及贾家大屋、郭家大屋、肖家大屋、李家大屋、王家大屋、胡家大屋等明清建筑，20世纪60年以后渐遭破坏，已面目全非。为加强保护，2011年1月27日，湖南省人民政府以湘政函〔2011〕21号文件将包括洗车村在内的洗车河镇古建筑群公布为湖南省第九批省级文物保护单位。洗车村亦于2014年2月25日，被公布为全国少数民族特色村寨。

（八）靛房镇万龙村

万龙村位于靛房镇坡脚片区，由多义坪、桠木湾等两个自然村寨组成，最高海拔981米，有公路北通龙山县城，南通保靖。全村338户1297人，耕地面积1900亩，其中稻田600亩，旱土1300亩。2013年8月26日公布为第二批中国传统村落。万龙村是土家族聚居村，至今还普遍使用土家语，土家文化传承丰厚。主要有土家族打溜子、咚咚喹、土家族摆手舞、土家语山歌、土家族哭嫁歌、土家族挖土锣鼓歌、土家语、土家谚语、土家儿歌及灯戏等。在传统民居建筑上原国民党七十一军军长、抗日爱国将领向凤武的故宅很有特色，该宅占地4亩多，石匠、木匠工艺精湛，对研究土家族建筑艺术很有价值。著名的土家学者、西南民院副教授田德生先生、国家级非物质文化遗产杰出传承人田隆信先生均出生在这里，从小受土家文化影响而走向世界。

五、国家级民族民间文化艺术之乡

（一）土家织锦之乡——苗儿滩镇

土家织锦之乡苗儿滩镇位于县境南部，镇府驻地苗儿滩，距县城82千米，面积158平方千米，人口2.5万。辖18个村（居）委会。据1986年调查，全镇16个村有土家织锦机2614台，织锦艺人4034人，1988年6月，该镇叶家寨织锦艺人叶玉翠被国家轻工部授予"全国工艺美术大师"称号。以苗儿滩为中心的捞车河流域是中国土家锦的主要产区，清末至民国时期，这里的土家织锦随辰沅水运销往汉、沪各地，并被"东西各国备品陈列"（《龙山县志》民国版）。1957年，叶玉翠所织的《阳雀花》等四幅织锦及与省群艺馆李昌鄂合作的土家织锦壁挂《开发山区》被国家选送到东欧各国展出并参加伦敦国际博览会。1962年，由县文化馆周学开设计，叶玉翠、尚玉香、叶素贞打织的大型壁挂《蝴蝶戏牡丹》参加了在首都民族文化宫举办的"全国民族民间习俗展览"并被收藏，叶玉翠的《老鼠迎亲》等68件织锦被国家轻工部作为珍品收藏，有的还被带往日、美、英、加拿大等国展出。1986年，叶玉翠的高徒叶菊秀、叶七妹、刘艳所织的巨型土家锦壁挂《巴陵胜境——岳阳楼》被选为北京人民大会堂"湖南厅"的主壁挂。1988年，由省工艺美术研究所汪为义设计，由该镇时任县织锦厂车间主任叶卓香指导生产的大型土家织锦壁挂《武陵胜境张家界》悬挂在长沙火车站，成为湘西旅游的一张亮丽名片。随着市场的不断拓宽，镇里有田宏华、刘代娥、姚美玉等农户办起了个体织锦厂。全镇织锦工艺队伍日渐壮大，花样日新，成为全镇一大产业。1987年6月，回乡探亲的台胞田景厚将这里的土家织锦带往台湾展出受垂青，1987年又带往香港展出获好评。1988年4月，参加"川滇藏渝五省八方等四届交流会"，该镇所带织锦销售一空。1988年8月，中国土家锦研讨会在苗儿滩召开。20世纪90年代以后，随着外地旅游业和打

全国工艺美术大师叶玉翠

工潮的兴起，镇里的土家织锦女多外出打工或在张家界、永顺王村及鄂西一带受聘从事织锦生产，全镇织锦生产日见滑坡。有刘代娥、叶菊秀、叶英、叶水云、叶丽萍、黎秋梅、黎成凤、黎承菊、朱明英等织锦艺人仍锲而不舍地研究发展，使用真丝织造，织品极其精细。贵州、湖北民委均派人来此订货。为使这一古老的民间工艺得以发扬光大，1999年12月，苗儿滩镇被省文化厅授予"湖南省群众文化（土家织锦）艺术之乡"称号。2008年11月3日被文化部命名为"中国民间文化艺术之——土家织锦之乡"。该镇刘代娥、叶水云被命名为国家级非物质文化遗产名录项目土家织锦传统技艺代表性传承人。2006至2011年，该镇叶菊秀、刘代英、刘艳、叶英、黎成凤等被国家轻工业联合会和中国工艺美术学会授予"中国织锦工艺大师"称号。2014年5月，叶菊秀、叶英、黎秋梅、黎成凤被命为省级传承人。

（二）土家族打溜子之乡——靛房镇

龙山县靛房镇地处湘西北永顺、龙山、保靖三县边区，东与永顺县的西歧、对山乡交界，南与保靖县的普戎、碗米坡镇接壤，北与本县他砂乡相连，西邻苗儿滩镇和隆头镇，是三县边区最大的集贸市场。镇域面积128平方千米，属中高山区，横亘永龙边界的万云山主峰高达1038.4米。境内三条河汇流，气候温和，四季分明，年平均气温15.8℃。现全镇辖15个行政村，15000多人，其中土家族占95%以上，民族民间文化传承丰厚，1995年12月被文化部命名"中国民间艺术之乡——土家族溜子之乡"称号，并被收入《中国民间艺术之乡概览》一书向中外推介。土家族打溜子于2006年5月28日被国务院正式公布为全国首批非物质文化遗产代表作。2008年11月3日靛房镇再次被文化部命名为"中国民间文化艺术之乡——土家族溜子之乡"。出生在靛房坡脚的田隆信先生被文化部命名为国家级非物质文化遗产项目土家族打溜子传承人。全镇现有土家溜子队26队，该镇石堤村农民彭顺、彭云、彭南成、田光忠等组成的土家族溜子队曾参加在广州举办的第九届中国艺术节、第三届"盛世和鸣"金秋民乐节开幕式和全国第十五届"群星杯"舞蹈大赛及颁奖晚会。由他们的下一辈彭志平、向治、彭源生、彭心卫组成的少儿溜子队曾于2007年参加了湖南省蒲公英大赛并获金奖。州、县文广新局在该镇九年制学校设立了土家族打溜子传习所，一代少儿传人小荷又露尖尖角。

（三）土家族摆手舞之乡——农车乡

农车乡位于县境东南部，清代属董补里，民国属董朴乡，1956年分置正河乡、马蹄乡，1958年合置农车公社，2005年与干溪舍龙合置农车乡。乡府驻地马蹄寨，乡域面积

85平方千米，人口1.1万。1997年被湖南省文化厅授予"土家族摆手舞之乡"。2008年11月3日被文化部（文社图发［2008］40号）命名为"中国民间文化艺术之乡——土家族摆手舞之乡"。这里的摆手舞历史悠久，规模庞大。据清嘉庆版《龙山县志》卷七记载："土庙设摆手堂谓是已故土司阴署，供以牌位，黄昏鸣钲击鼓，男女聚集跳舞唱歌，名曰摆手……惟董补、五寨二里最盛，屡出示而禁不止，亦修其教不易其俗，而依然其间。"在20世纪30年代，农车乡还有农车、马蹄寨两座建于明代隆庆至万历年间的土家大摆手堂。清代几经修葺，并设庙田以资摆手活动费用。每年正月初九进堂，十一圆散，届时各路客商及远远近近的土家人纷至沓来，多达数万众。至民国三十五年（1946年）因兵荒匪乱而中断。党的十一届三中全会以后，民族民间文化又进入一个万紫千红的春天。在龙山县委、县政府的重视下，1983年2月即农历癸亥年正月初九至十一日，中断37年的农车乡土家大摆手活动得到恢复，由县文化馆刘能朴搜集了传统资料，拟定了活动方案，县人民政府投资、当地政府和土家人出工捐料新修了土家族摆手堂，县文化馆周学开绘制了八部大神神像，田隆信题写了大摆手堂匾额，按照当地传统，从初九进堂十一圆散，三天三夜，观众达10余万人次。文化部、国家民委、中央电视台、中央舞蹈学院、中央音乐学院、湖北省军区等43个单位和各级新闻媒体的记者们远道赶来参加这一民族文化盛会，中国舞协对农车乡土家族大摆手活动做了全程录像，文化部民族文化司副司长弁耕在农车乡主持召开了"发展土家摆手歌舞"专题座谈会，《民族画报》1983年第五期开辟了《土家族大摆手》专版，中央人民广播电台"海峡之音"播放了长篇通讯《一片缠绵摆手歌》《满堂歌舞满堂春》等文章。1988年，首都18家媒体的记者来这里采风。1991年10月，全国人大常委会副委员长费孝通在这里观看了土家摆手舞，对这里男女老少能歌善舞赞不绝口。1998年4月8日，台湾民俗文化考察团来农车考察土家文化，加深了对祖国民族文化的了解和热爱。2006年，县人民政府投资再次在农车乡农车村新修了土家族大摆手堂，成为闻名遐迩的土家文化亮点。农车、马蹄等地群众经常在这里聚集摆手、歌舞朝夕。从20世纪80年代以来，该乡第二十五代土家摆手堂掌堂师张明光曾多次去长沙及张家界土家风情园、吉首大学等地传授土家族摆手舞，对继承、推广、发展土家摆手舞起到了很好的作用。2008年张明光被文化部命名为国家级非物质文化遗产项目土家族摆手舞代表性传承人。

（四）三棒鼓之乡——兴隆街乡

三棒鼓又名花鼓，是流传在湘鄂西龙山、来凤一带的一种古老的地方曲艺。表演一般只3人，1人打鼓，1人敲锣，1人抛刀耍棍，亦有两个队或三五个队联合演唱的。其内容丰富，道具轻便、不择场地，街头巷尾，田间地头，茶楼酒肆，随时随处皆可演唱，深受群众欢迎。

三棒鼓历史悠久，相传为凤阳花鼓演变而成。清代传入龙山后，逐渐形成以西南官话为语言工具的地方曲艺形式。民国时期，艺人们过着"身背着三棒鼓，流落到四方"的凄苦生活。中华人民共和国成立以后，龙山三棒鼓进入鼎盛时期，除演唱传统曲目外，还经常配合党的各项中心工作，开展时政宣传，起到了很好的作用，得到各级党、政领导和文化部门的重视，艺人发展到300多人，仅兴隆街乡就有22个三棒鼓队，艺人达58人。艺人们农忙从农，农闲从艺，活跃在湘鄂渝边区，串乡走寨，为山区农民文化生活服务。据统计，仅兴隆街乡的花鼓队伍每年演唱就达2000多场，1988年，兴隆街乡成立了三棒鼓协会，2001年12月，龙山县兴隆街乡被省文化厅授予"湖南省群众文化艺术之乡——三棒鼓之乡"称号，2008年被文化部命名为"中国民间文化艺术之乡——三棒鼓之乡"。2010年该乡三棒鼓艺人肖泽贵命名为省级传承人。

第四节　名胜　古迹

一、历史景观

（一）太平山

太平山历史悠久，始于汉晋，兴于清代民国，是中国佛教名山。1997年由中国佛教协会主席赵朴初亲笔题写山名，2003年，经湖南省人民政府批准为"省级森林公园"。

清嘉庆《龙山县志》卷之二第二页记："太平山，在县北三十里，孤峰插天，就石凿级，危途一线，登者前后趾顶相接。嘉庆元年（1796年）匪变，土人避难其上，保全无恙，故名，随建庙以祀山神。"同治九年（1870年），宏松大禅师来山皈依第四代主持常礼为徒，后云游四方，至北京请龙藏龙袍而归。遂于光绪二十年（1894年）开始重建庙宇，历时四年而竣工。计有大佛殿、观音阁、弥勒阁、禅坛、祖师殿、藏经楼、御赐楼、官寮、知客寮、松月塔、息影洞等建筑，俱以地势高低而建，层见叠出，朱檐碧瓦，绿树送荫，修竹摇影，古色古香，恬静高雅，真可谓世外仙境，人间宝刹。民国时常住僧人60余人，受戒3000余众，香火鼎盛，佛光远播，其佛教势力范围先后发展到湖南沅陵县的龙泉山、龙兴寺、凤凰山、回龙山、交溪庵、南岳庙；永顺的龙凤山、盘龙山、新印山、大官山；湖北咸丰县的中堡方广寺等两省三县的十二个庙宇。

太平山牌坊

佛教圣地——太平山

清同治以前，山上庙宇平平，但香火旺盛。咸丰四年间，第四代住持常礼禅师着手扩建庙宇，在他手上兴修的有大佛殿、弥勒阁、客簪、玉皇楼、观音阁等；光绪二十年至二十四年间，第五代禅师慈松和尚又扩建了藏经楼、御书楼、息影洞、观瞭楼，松月塔及新路等。第七代妙道和尚新修了一口井，第八代普渡和尚（俗名范泉）为该井题词为"八功德水"，由照印和尚书写，至今字迹刚劲苍遒。

光绪二十年以前，登太平山须从前山堡而上，真是危径一线。慈松手上改道于后山，新修四道卡门，后称之为新路。新路是在坡度约80°的狭窄岩岭上开凿的石级，计100级，象登天梯一样，两边凿有岩石扶栏，高不盈尺，栏外绝壁深谷，风景独特，四周林木郁蔽，北麓河水萦带，登临绝顶，极目远眺，大千世界尽收眼底。四道门卡皆由照恺和尚（又名普性）题字作联。头卡为永安门，其联为："下轿登佛地，离鞍上云梯。"二卡横批为"首楞严"三字，下附"二而不二"四个小字，其门联为："登临坐览四面云，山无俗气；到此静观八方彩，色有真常。"三卡横批为御赐的"勒赐"二字，两字中间直书"普照禅林"四字，其门联尚待考察。四卡是木门，门内原建有功德牌三块，主要记载为修太平山庙宇所捐银两的人名和数额。至此，太平山香火鼎盛，成为湘鄂川边区的佛教名山。1919年至1923年间，辛亥革命元老柏文蔚先生、民主革命家章太炎先生都曾先后来此观赏，赞叹不已。山上石壁上刻有章太炎先生题词："太平山层峦叠翠，树木葱茏，山峰险秀，殿阁凌云，风景优美，不亚庐山。"

民国二十四年（1935年）红军围攻龙山县，躲在山上的伪乡长陈与环等持险负隅顽抗，被红军一炮击中山上火药库，烧毁部分建筑，不久由第十代本忠、照茂、照忠等二十多个和尚成头募化，又仿形复修了观音阁、客堂和弥勒殿，殿门两边重书"清静伽蓝复放彩，法轮常转利人天"的对联。1939年又由照忠、达戒、本忠、达清、照茂、心纲等带头复修了大佛殿、客堂、观簪、库房等建筑物，已基本恢复原样。从20世纪40年代起，中国佛教协会龙山分会设在太平山。

1954年，县人民政府发出布告，将太平山列为县级重点文物加以保护，1957年，县政府还拨款对太平山部分庙宇进行了维修。在"文革"中，太平山古建筑惨遭毁坏，佛殿、经阁、山门、寺院、客簪、僧房，皆毁之殆尽。

劫波渡尽，政通人和。释本昆回山扫塔，见佛光蒙尘，哀莫大焉。乃发心修复，谨书《龙山县太平山普照禅林募化缘启疏》，恳祈十方檀越施金输粟，以求再兴。1993年，县林业局在山上新修了一座宝塔式瞭望楼，以便看护山下育林基地，亦给山上增添了佛光塔影。1997年，中国佛教协会主席赵朴初先生亲笔为"太平山"题写山名，墨宝生辉，佛光又驻。1998年，县人民政府再次公布，将太平山定为县级文物保护单位，并拨款修通了县城至太平山公路，2000年正式开通旅游专车。

附一 太平山旧时八景

1. **双龙井** 太平山孤峰插云，缺乏水源，过去供水十分奇特，即在大佛殿前的山腹中人工开凿了两座水仓，相互通连，可储水60多吨。把所有建筑物的屋檐水用木枧承接注入仓内，仓内填有石砂、木炭等物用以过滤。若干木枧逶迤盘绕于屋檐，像一条条青龙凌空而降，然后潜入水仓之中，复又从两个水仓中探出两个龙头来，吐珠喷玉，甚是壮观。双龙井有新老之分，新井位于观音阁下岩山内，老井位于御书楼下岩山之内。两个水仓相距约40米。水仓石壁上刻有由第八代住持普渡和尚题写的"八功德水"四个苍劲有力

太平山石台阶

的大字。"八功德水"四字出自佛教经典《无量寿经卷上》，云："八功德水，湛然盈满，清净香洁，味如甘露。"其意思是说佛之净土有七宝池，八功德水充满其中。八功德水又作八支德水、八味水、八定水，是具有八种殊胜功德之水。

2. **藏经楼** 位于后山顶上的观音阁下面，系两层木楼，飞檐翘角，修造精致。门上有"藏经楼"匾额，两旁对联是："无我无人无众生寿者，不生不没不够净增减"。内置18口大书柜，用于存放御赐金牌圣旨、半副銮驾、半藏经书、金瓜釜旗、岁雨伞等，上层中间供有造型魁伟的旗檀功德佛唐三藏神偶，下层中间供有神采奕奕的阿弥陀佛像。神像高有丈余，满身涂金，满屋金光闪闪，龛前香烟缭绕，昼夜烛光长明。

3. **御书楼** 又称玉皇阁，位于藏经楼之前，系两层木楼房，下层住长老方丈，（据耄耋老人陶镛介绍，太平山无方丈，无住持，设当家，亦称长老），上层供玉皇大帝神位，四季香烛不断，缭绕如云雾。

4. **观音阁** 位于后山绝顶之上，高达三丈有余，内空一丈一尺见方。为塔形建筑物，全塔共三层，八棱八角，又称"八角楼"。顶上圆柱形，呈宝塔状。大门上有黑底金字竖式匾额，上书"观音阁"三字。由于地险塔高，更显巍峨雄俊。故过去有谚云：

"四川有座峨眉山,隔天只有三尺三;湖南有座八角楼,半截伸进天里头。"塔前还设有一盏天灯,一年四季昼夜长明,百里之遥犹可见。

5. **息影洞** 位于后山之南侧,清光绪年间,由宏松和尚亲率岩匠在老水井下面的悬崖峭壁上开凿一条石路,再推出一丈有余的石平台。从平台往里凿一间深一丈、宽一丈三尺、高一丈有余的红石屋。屋顶按乾坤方位雕有八卦图案,四壁錾路笔直,四周凿有小水沟,以防积水;里壁中间凿有一个石龛,以供神像。门的两侧均凿有棂栅镂空的、1.3 米见方的小石窗,石门上刻有由照恺和尚(又名普性)题写的"息影"二字,这里是僧众香间休憩之地。石屋右侧凿有石洞厕所,左侧凿有用水池子。太平山几经劫难,佛寺尽毁,息影洞曾作佛堂用。洞门上题写的"息影"二字为行书大字,落款小字"自性道人沈题,光绪乙未春立"依稀可见。光绪乙未年即光绪二十一年(1895 年)距今仅 120 年。

6. **山堡** 位于后山顶峰之下,大佛殿之前,是人工修凿的一块方圆数丈的岩坪坝,上面可供僧尼晒谷、练功、做会、开期受戒之用,可容千余人。左右两侧均是悬崖峭壁,后面是一个大花园,园内花卉,四季飘香,姹紫嫣红。道路穿园而过,两旁置有磨石条凳,供游人观赏乘凉。石凳两旁的石桌上,放有几十盆造型高雅的盆景,争芳斗艳,巧夺天工,令人目不暇接。

7. **松月塔** 从前山堡岩平坝顺石级而下,有一座一丈多高的石塔,名曰松月塔,为宏松大禅师陵寝。建于清光绪二十四年(1898 年),塔顶竖刻"松月塔"三字,行笔灵动飘逸,石塔小巧玲珑,共三层八棱。八面嵌合的二十四块石壁上,均有岩匠精雕细刻的人物、龙凤、佛经故事以及花卉等图案。正面是松月塔文,计 1600 余字,均为清秀典雅的小楷。塔下一石门,下五步石梯之后,又一石门,门上横批"圆明寂静"四字,两旁有对联及龙凤、花草图案。塔内放有五口大瓷缸,缸内分别装有常礼禅师及慈松等的骨灰。"文革"时毁之

太平山松月塔

殆尽。

8. 金鱼塘 位于松月塔前，是人工从石山顶开凿的一口大鱼塘，宽一丈三尺见方，深两米有余。塘里养有数百条五颜六色的金鱼，塘水清澈见底，抛饵其上，群鱼争食，相互追逐，妙趣横生，观之自觉怡然。塘中一石墩上栽有一盆龙舌草，浮于水面，鱼蔽于其间，鱼红草绿，更觉自由自在。鱼塘周围种满奇花异草，形成鱼池花园。园中曲径蜿蜒，路旁摆有石条凳供人小憩。

除八景外，山上的自然景色也很迷人。从松树坳直到山上，树木葱郁，晴不见阳，雨不湿鞋。山上长有紫荆花树、菩提树（又名"佛珠子"）、松柏树、岩刷树、九巴虎、黄连香、青叶子树、樟木树、鱼泡竹、罗汉竹、金竹、紫竹、池竹、小山竹、石榴树、桂花树等，几人合抱的大古树就有百余棵，太平山素有碧树成荫之美说。

附二 松月塔文

松游禅门访道久矣，父，永梅，俗姓冉；母氏覃，尝梦僧执莲花，借茅庵住，未允，遂投莲花于母怀，去。厥明乃诞，松父梦亦如之。道光二十一年辛丑九月十八日卯时，母怀松，最厌荤，松性亦厌之。母教读，朝诵暮忘，无儒缘，好与僧游，年十二，就学本市馆中，忽来道长，品貌庄严，自称姓陈名教良，精银工，陕西龙亭山钟合鸣之徒也，劝松弃尘，乃持斋，父禁之。闻湖南太平山常礼大禅师道德清高，私往皈依，归禀，亲仍拒之。家修数载，亲悟，同来皈依。松遂削发，时同治庚午二月十九日也。求师指教，师曰："能受戒，方称僧。"时蜀杏堂开期，乃赴蜀。路遇故乡曾祚华，亦好佛，收为徒，名光辉，同受戒归。再求指示，师曰："鸟语花香，以证禅心。"松曰："花香无意，鸟语有心。"师曰："尔慧如此，可朝峨嵋，必遇奇缘。"师徒过重庆花岩禅林，参纲纪师，问生死大事。师曰："生活是谁，作如是观？"松茫然。直到峨嵋无所遇，归，再求指示。师曰："再候三载"。是年，光辉化身登台，称师缘在北。光绪二年丙子，松放戒毕，徒光化禀共游京。过蜀双桂堂，收遍方，号妙道，年八岁，颇明敏。师徒三人再朝峨嵋，至半山华严顶，遇了凡师，问生死大事。师曰："生之所生者死矣，而生生者未尝终。"松未悟，赴成都，居宝光后堂。有常乐师示人以念佛为法，由此进陕，访龙亭山。至西岳，遇曹道长，曰："山河有乎？得毋钟吕二祖师点化耶？不然，银工何习乎？尔有此缘，可知修行宗旨矣。"松曰："常领师言，以无住为本，以无念为宗。"曹言："然。"师徒过黄河西界，饥民殁，募化无门，空宿古寺，经卷满地，见之惨然，乃置诸龛。至五台，路遇白翁杖荷残书飘然而来，疑为菩萨，忽，茅舍恶犬衔小儿，大啼，母追不及，众僧力救，儿无恙，回视翁及茅舍，杳然矣。方知菩萨化身，悔空遇尔。乃过保定，光化染痾，月余，无药无粮，衣物典尽，妙道虽幼，犹分羹敬老，可见天性纯笃。迨北愈，到京，投龙泉寺，参本然大禅师。问曰："汝为道来？为山来？"松曰："不因朝山，何由求道？不因求道，焉能朝山？"师曰："何谓道？"松曰："不知，但知饥食倦卧尔。"师微笑："非尔所及。"松唯唯，方知师是真禅，终日参求。师曰："道无传受，不从外得。"松答以："谒曰：'以心印心，本自现存，直下承当，自性主人'。"师欣然曰："智慧如此，志愿何等？"松曰："誓与众生共成佛道。"师曰："众生迷时深矣，何能渡脱？"松曰："弟子无能，仗佛慈悲，愿领龙藏，以示将来。"师授谒曰："有虑非佛法，佛法本自然，法法无法处，法器自承担。汝竭诚维持，无令断绝。"松谨受命。前因左宫保由甘省进，历长安南院，其麾下王军门，去官出家，貌魁伟，众称宏罗汉，住关庙。宫保馆此，谈及此去未卜吉凶。王称："现有行脚僧伴月，湖南人，善风鉴，盍相之？"宫保喜。松相曰："龙眉黄色，卧蚕紫色，必有封拜之庆。"后果验。遂将伴月相法遍告知己，有工部郎中沈法斋进香龙泉，见松，亲近似有前因。松欲请龙藏，沈公欣然力助。会同九门提督荣仲华、总管内务府大臣师曾及礼亲王，协同各部保奏。恩赐龙藏龙袍回山。舟过洞庭，江猪蜂拥，松骇然间，忽焉风平浪息。知为朝谒藏经故尔。师徒归，见满寺寥落，星夜整饬栋宇、神像、祖塔、道路、息影洞、藏经楼、御书楼，一色重新，无不灿然改观矣。自光绪甲午始，至戊戌春告竣。徒等请纪始末于塔。是为序。

光绪二十四年二月吉日

皈依弟子钟朝琨敬书

候选教谕彭琛瑾　撰

（原文无标点，整理者加注）

（二）钟英塔

位于民安街道办事处宝塔村境内，七层八面，通高"九丈五尺有奇"，周广"九十有六尺"。清道光十九年（1839年），龙山巨富，补湘乡县教谕兼盐运使黄大钺（？—1846年）撰文书碑。碑记龙山县城山环水绕，云蒸霞蔚，奕为人才辈出之地，然而出之勘少。形家有言，龙山山体高大峻险，缺少文峰；水势曲折壅塞，不甚疏畅，故科名寂寞。应在跳鱼洞五老峰建塔以镇，方能砥柱江流，培育秀气。大钺商同兄大镇、晏体之等，报知县易学超建塔，经始于道光十七年（1837年）十一月，十九年十二月工竣，计费三千余串。惟愿邑人有志于学,日积月累,文运宏开,英才辈出。这块碑现在立于塔内,碑面199厘米×121厘米×8厘米,26行,1068字。塔二层还有一通嵌碑,三层有两通嵌碑。《龙山县志》(2012年5月版)所记钟英塔"内设螺旋式石梯,可达最高层",今不存,疑有误。

附　清道光宝塔钟英塔记碑

钟英塔记

龙山,古白崖地也,城小而固,河水为池。宣恩水自东注,二井水自南来,复折而会于东。澬水自北来,逶迤蜿蜒,抱郭环绕如带,而皆大汇于城西五老峰下之跳鱼洞。以去望气者,谓此地山环水绕,霞蔚云蒸,必有魁杰肤敏之才,钟山水清淑之气,挺生以泄其奇者。国朝文治与天地气化,同其流行。龙虽僻处南隅万山中,盖自向化以来,风俗敦庞,人物俊秀,讲学造士之区,灿然大备。而士之得受裁成经明、行修砥节砺名者,亦卓有其人,盖彬彬乎,声明文物之乡矣。顾不可知者,师无异教,人无异学,每当岁科两试,士之列优等、食廪饩、贡成均者,无论已即值举行□制科例,载无滥时,与其选者亦□□有缺□于大比,何独不然?溯自乾隆丙午、戊申,越嘉庆丙子,以迄于今,其间登荐书偕计而升者,几至绝无而仅有。噫岂,师儒有贤否?而文行之士不足欤?抑气化有丰啬,而培植之术未尽也?

有形家者曰:龙山山体崷岉,绝少文峰,水抛虽曲折环抱有情,而出落壅塞,不甚疏畅。科名之寂寞,未必非是之故也?然又未尝不可培之以人力,以补造化之不足?如跳鱼洞之五老峰,体具文典,石岸崚嶒,基成巘巇,为邑下游关锁。若能建塔以镇之,砥柱江流,培毓秀气,实与阖邑文运有裨。予执是说,即商之晏君体之、伯兄东序,咸乐有是举。复同请于邑侯易小坪先生,而先生亦欣然首肯,且曰:

钟英塔

"文塔之建，无地无之，何其宜建而不早建也？今诸君雅意培植，诚义举也，愿奋勉图成勿怠。"即为镌叙塔引，劝谕城乡，锡以嘉名，署曰"钟英"，意盖谓天地英华，藉斯塔以钟之，以大畅乎文治气化之隆焉。

于时相与筹度经营，鸠工兴事，经始于道光丁酉岁十一月，越己亥岁十一月告成，为级七重，高九丈五尺有奇，周广九十有六尺，每级门辟以四，玲珑虚敞，阶径层折。登者四望，目空千里。凡砖石灰木铁□之需，计费一千九百零；石工砌工之以日计者半之，合共用钱三千余串而工竣。先是戊戌夏七月将成二级时，大雨倾注，半月不息，以致横决一面，盖其实匠不良于谋，抑非雨故亦终必塌？

当是时，或语予曰："初赞既大，劝捐又难，子可休矣。"予谢曰："有志者事竟成。人特患立志不坚，志坚则未有不成者，半途而废哉，有明□□□□才，竟敢置若罔闻乎？"用是极力鄙成，方切覆辙之虑。曾凡何时，复亭亭直上，俨若文峰之插霄汉焉。然后知此中实有为主宰者，予亦幸告无憾矣。夫浮鄙昉于释氏，地理出于术家，而吾儒读书稽古，岂必沾沾以科第为荣？然人材之盛衰，实气化为□，不有以培植而钟毓之，其何以宣达郁积、发为人文之英耶？

今大功告成，吾愿邑人士之有志于学者，日积月累，自卑而高，知上达，必由不学戒九□，或亏一篑，则自今伊始，文运宏开，英材轶出，将必有□□□登金门，上玉堂，以蜚腾于天下者，吾请于兹塔卜之矣。

是役也，予与晏君体之、曾君全堂、赵君楚□、梅君不过等捐经费已耳，至于自备饔飧，省试维勤，则同事贾正峰、李宏锦、张鼎元三人之力居多。予既乐观厥成，又嘉三人之劳不可泯也，遂援笔而为之记。石匠钟大黉、姚家绪亦有劳焉，亦不可不书。

大清道光十九年岁次己亥嘉平月望日
长沙府湘乡县教谕　黄大钺　记并书

按：钟英塔，位于龙山县民安街道办事处宝塔村1组，黄大钺撰记书丹立碑。碑记龙山县城山环水绕，云蒸霞蔚，应为人才辈出之地，然而出之甚少。形家有言，龙山山体高大峻险，缺少文峰；水势曲折壅塞，不甚疏通，故科名寂寞。应在跳鱼洞五老峰建塔以镇，方能砥柱江流，培毓秀气。大钺商同兄大镇、晏体之等，报知县易学超建塔，经始于道光十七年（1837年）十一月，十九年十二月工竣，计费三千余串。惟愿邑人有志于学，日积月累，文运宏开，英才辈出。

今塔外观保存基本完好。内部第一层暗道式的"旋转"有残石梯尚存，第二层木楼板与木梯不存，第三层存有木楼板。塔七重八面，第一层为条石，余为火砖砌墙。通高

"九丈五尺有奇"，约31.7米；周广"九十有六尺"，即32米。塔门楣镌"钟英塔"3字，由知县易小坪（学超）题。碑记易知县还"镌叙塔引，劝谕城乡"，惜"塔引"碑不存。

2010年3月10日，笔者来到宝塔下调查时，在塔北150米开外的水井边找到该碑。碑石被用作水井盖板，文字面朝下，三方深埋土中，井口一方高高昂起，破裂为两截。今泉干井涸，已为废井。笔者触目心寒，古人建塔竖碑，为的是兴文运、培人才，一片苦心不被今人理解。遂将这一情况报告给龙山县文物管理局，不久，文物局即组织人员将碑复立于塔内第一层，因碑断裂，只好用水泥将碑"黏贴"在墙上。

整整两年后的同月同日，笔者再次前往调查，得以直视碑面。碑面有小部分溶蚀或被人为敲击剥落，部分碑文缺失。碑石199厘米×121厘米×8厘米，刻面192厘米×113厘米，26行，每行44字，楷书阴刻，碑文十分工整美观。2013年4月25日，笔者与麻美垠第三次实地调查，比对碑文。

清光绪《龙山县志·卷十六艺文》载有《钟英塔记》碑文。笔者将志记与实物碑文加以对比，发现志记增删甚大：志记文字为891字，实物碑文有1068字，志记中少了117字；且志记中还增添了六七十字，在实物碑中没有。类似这种情况在其他志书的碑记文字中也普遍存在。由此可见，古之方志抄录碑文时，录者常常随个人喜好而增删。读方志碑文，不一定准确可靠，可靠的还是看碑石原文。上述录文中画有下划线的文字，为碑中溶蚀不可识读而从方志中转抄的文字；在志文中也没有的文字，用"□"表示。

据家住在塔下的老人介绍，塔内每层楼墙上都嵌有石碑。在底层可见二楼墙面上嵌有1通石碑，三楼嵌有两通石碑，其中二楼碑见《清道光宝塔捐赀独修钟英塔二层碑》条。

撰文并书丹者黄大钺，字子虔，号井门，龙山县人。清嘉庆二十一年（1816年）丙子科副榜，贡生，长沙府湘乡县教谕，加监运使司运同衔。一生轻财好施，工书法，著述颇丰。

摘自田仁利《湘西土家族苗族自治州金石通纂》

（三）古民居

他砂周家大屋　始建于明末清初，距今300多年历史，由周孝洪、周世贤、周斌三栋木质民房构成。其中周斌大屋系砖木结构，共有九块匾额，为"定事之宜""规模宏大""光大门闾""濂溪遗风""兰桂腾芳"（以上为周世贤大屋内的）、"初步□宁""清云直上""慈翼贻荣"。周家大屋三栋单体建筑均坐南朝北，五架梁、三开间或五开间。据周氏后人传言，其堂屋家先对联为皇帝赐给周氏祖上的，内容为"柳营春试马，虎帐夜谈兵"。周世贤八字朝门上书"福、禄"两字，朝门上绘彩绘。"禄"字边框上书"周君昌漠仙游"记，其文曰："忆昔年同处荆庭中促其膝，谈其心，青眼频观。"落款为"道沅藉"。周斌大屋青砖墙上书"福、寿"大字，原本为福、禄、寿、喜四个大字，"禄、喜"两字已毁。周家大屋2009年6月被龙山县人民政府公布为县级文物保护单位。

他砂周家大屋

他砂刘家大屋 为砖、石、木结构的庭院式建筑，建于清乾隆年间。两进三开间，有石阶进朝门转至庭院，外墙、内屋保存较好，前半部建筑为七柱十三瓜，三开间，中间为堂屋，堂屋后面比前面抬高三尺，两间边是中间卧室，两边均有小门进入后面。屋内挂有"经传军第""百步穿杨""梦兰入空"等匾额，显然有尚武遗风。2002年被龙山县人民政府公布为县级文物保护单位。

树比冲天楼 树比冲天楼始建于清康熙年间，为树比王姓家族四世祖王文胜所建。其建筑结构复杂，按前堂后厅规制建造，前屋为堂屋，五柱八棋；后屋为厅堂，四柱八棋；后设拖步，侧建偏厦，拖步与偏厦连接处为"磨角"，雅称"龙眼"。正屋为七排六间，第二、五间为中堂，一、三、四、六为人间，厅堂前低后高，有石阶相连。正屋左右两边均配有转角楼。整个冲天楼共有大小房间 40 多间。冲天楼因在左右两个厅堂建有两个冲天楼子而得名。冲天楼子是土家族民居建筑中的一大特色。即从第三间、第五间正屋瓦面凸起两个三重檐的空阁，采取穿梁结构，每重底座由四根枕木构成口形，口中由※连接，形成十字架梁，由 48 根柱、枋、挑枋构成，其中柱、枋、挑各 16 根，高出正屋瓦面两丈有余。其排水系统采用八卦构造，取阴阳轮转之势，绝妙工艺让人叹为观止。这种凌空而架的冲天楼，檐设双重，飞檐翘角，利于采光通风，排浊纳凉，使整个建筑更显雄伟，其工艺精湛，虽榫卯结构却看不到一根榫栓，使其历久弥坚，是经典的土家建筑范本。自王文胜始建，于乾嘉年间传给其子王章伴、王章傲承袭，至今已 15 代，历时 370 多年。

他砂刘家古宅

苗儿滩镇树比冲天楼

二、自然景观

（一）乌龙山国家地质公园

乌龙山国家地质公园于 2009 年 8 月 11 日国土资源部正式批准授牌。地质公园由乌龙山大峡谷、洛塔园区、太平山丹霞地貌、八面山台地、比溪红石林、酉水河等景区构成，面积 406 平方千米。园区内层峦叠嶂，峰险石奇、峡谷幽深，地质构造条件独特，石林、溶洞、峡谷、地表台地和瀑布、地下河等岩溶遗迹十分丰富，这里是我国南方裸露型岩溶地质地貌的典型代表，具有极高的观赏价值和科研价值。其中火岩景区面积 51.13 平方千米，最高海拔 1054 米，峡谷长 15 千米，最宽处 500 米，最窄处 50 米。峡谷主要由喀斯特地下景观，河谷自然景观和喀斯特地表漏斗景观构成。地下河溶洞密布，共 212 个溶洞，可谓是洞洞有洞，洞洞相连，构成世界上密度最大的地下溶洞群，尤以一洞通三省的飞虎洞更显瑰丽神奇。

鲢鱼洞

(二) 八面山

八面山距里耶古城 20 千米，以其雄伟险峻而成为湘渝边界的天然屏障。山势南北走向，长约 20 千米，最宽处 7.5 千米，最窄处只有 3 千米，呈船形，总面积 51.4 平方千米，最高海拔 1414.5 米，平均海拔 1000 米以上。四周多陡崖，过去进山须"攀跻而上"，山上山丘低矮，地势平坦，牧草丰肥。1983 年，国家农业部确定八面山为南方种草养畜基地，投资建设草场 39520 亩，故有"江南呼伦贝尔"之称。这里山高气爽，景色神奇，登临绝顶，看云山雾海日出日落，极目天际，其势磅礴。山上有青鱼潭、大鱼潭、天潭、韭菜潭等陷池，其水四时不涸不盈，久旱久雨亦如此。山上的小地名多带兵家色彩，如三把刀、四把刀、六把刀、三十六把刀和上营、中营、下营、七家营、八家营、吴家营等四十营，从这些地名和村寨名称来看，八面山显然是兵家常争之地。整个山界耸立于云雾之中，只有大岩门、小岩门、望乡台、西眉峡等几处隘口，雄关险峻，真是一夫当关、万夫莫敌。八面山神奇壮丽，是休闲避暑、探险猎奇的最佳去处。其主要景点有：

八面山云海

杯子岩 又称背子岩、将军岩，位于八面山西北端天堂村境内。石峰突兀峥嵘，气势雄伟壮观，它是由二叠栖霞灰岩组成，经溶蚀成杯状石峰而得名。杯子岩孤峰独秀，从渝境拔地而起，高 400 余米，与八面山山体隔着一条宽 3 米、深不可测的裂缝。"文革"以前，这万丈深渊之上竟有一座凌空架起的石桥可通孤峰。峰顶有一古庙，庙前有一眼山泉，泉井如碗，乡民谓之一碗水，累旱不干，被远近湘川边民称为神水，言是饮后能清心明目，百病消除，小庙香火因而旺盛。"文革"期间，以破除迷信为由，古庙被拆除，石桥被炸毁，旧址上至今还留有一个 70 厘米见方的石香炉，石炉造型美观大器，除刻有一个醒目的"福"字外，还刻有"永乐"年号。据此推算，杯子岩古庙建于明永乐年间即 1403 年至 1425 年间，是湘川边民历代祭天祈福之地。

自生桥 位于八面山青鱼村与青天村交界地段，它是由二叠系茅口组成灰岩中发育的地下岩溶洞穴，未坍塌地段裸露于地表，形成天然自生的石桥。自生桥造型奇特，高约 60 米，横跨约 80 米，宽约 5 米，桥身呈弧形，桥面平整，长有小树杂草。桥下有一喀斯特漏斗，乡民俗称天坑，一条小溪从桥的北面潺潺而来，流入天坑，叮当作响。午后阵雨转晴，洞口雾岚氤氲，化作七色彩虹，经久不散，十分壮观。桥旁有两个溶洞，一为明洞，一为暗洞。明洞高 10 余米，地势平坦，可容纳 3000 余人，洞口石墙、石碓、石灶、石炕残存，显然带有古代山民寄穴而居的生活痕迹。暗洞由两个小洞组成，左边洞长约 10 里，洞内有地下河，地下河水流入洞外的天坑，洞内石笋、石钟乳密集，是一个可观赏洞穴；右边为干洞，有一天然石门，易守难攻，洞内大厅可容 4000 余人。

燕子洞 位于八面山东北向斜的悬崖绝壁上，并排横列的四个洞口形如燕窝，且有群燕栖息而得名。燕子洞十分险要，上下左右绝壁千仞，唯山顶有一石径相通。第一洞是大洞，洞内光线较亮；第二洞为暗洞，较前洞略小，举灯入内可见当年土匪筑的石头掩体，洞内可容纳千余人，洞顶悬挂的钟乳石如华灯玉盏、晶莹剔透，十分美观。三、四洞较为平坦洁净，是当年土匪头目的卧室，中有暗道通往山外，万一前洞被攻克，可由此吊绳遁逃。四个洞顺着东西倾斜向下，东部高、西部低，每个洞内又有岔洞，大洞连小洞，洞洞相通。进洞十里许由一条宽百余米的地下河将四周相连，地下河深不可测，据说可通往五龙洞，但至今无人走到尽头。头洞 8 里外有一天窗曲折通向山顶，洞内凉风习习，冬暖夏凉，是当年湘西匪首师兴周所谓的"反共救国军"的重要据点。解放军 47 军 422 团在攻打燕子洞时牺牲了 40 多名战士，现洞内残存着当年土匪的碉堡、石掩体、灶台等。

睡美人 从里耶远眺八面山大岩门，山峦起伏有致，酷似一位仰卧的美人。那睡眼双合的眼眉，那隆准有度的鼻梁，那长发披肩的头部，那春意充沛的双乳以及那半收的腹部，收卷的双膝，真是出神入化，栩栩如生。几缕云烟飘浮其上，如纱如帷，如梦如幻，令人叫绝。若逢残月、夕照，玉晖流霞相映其上，则又是一种风韵。

（三）乌龙山大峡谷

乌龙山大峡谷地处桂塘镇境内，距县城 40 千米，区域面积 79 平方千米，景区面积为 40.1 平方千米，最高海拔 1054 米，地势由东北向西南倾斜，境内气候温和，四季如春，山水神奇，风景壮观。两百多个溶洞，藏天地之灵、纳山川之秀，被誉为世界溶洞博物馆。经俞锦标等专家考察评估，惹迷洞、皮渡河谷、飞虎洞、风洞、盘龙洞、通天门、天坑鼓 7 处景点评为国家一级景点；石花洞、情侣岩等 7 处景点评为国家二级景点；鲢鱼洞、珠帘洞等 19 处景点评为国家三级景点。

乌龙山大峡谷

惹迷洞 惹迷洞位于火岩乡杨柳村的拉卡吾山腰，全长 10 华里，平均高度 20 多米、宽 30 多米。据法国洞穴考察队及俞锦标等专家考察鉴定，该洞为四亿多年以前的上寒武纪地层，从 8 里深的左边支洞发现的骨化石、牙齿化石来看，这里在 30 至 40 万年以前有古犀牛群活动。洞里岔洞无数，有上百组景点，其洞体格架、景点特色，几乎集全国洞穴之大成，有金碧辉煌的穹窿前厅，有幽深敞阔、凤城宫阙般的后厅，有粗犷硕壮的沉积物，有纤细灵巧的结晶体。1987 年 10 月 1 日开放的惹迷洞前厅，有迎客厅、莲花屏、金钟阁、百丈冰崖、玉塔凌云、笋园竹仙、石林竞秀、观音坐莲、金猫望塔、双龙戏龟、姊妹宏钟、湖光倒影、古柏参天、仙人舞厅、九龙宝柱、武陵春色、飞瀑垂帘、画屏迎晖、通天走廊等 20 多组景点。其中"百丈冰崖"是一道高 20 多米、宽 30 多米的钟乳石群组，这组钟乳石一根一根从洞顶垂吊而下，如寒崖冰凌，临空倒挂，皑皑耀目，晶莹透剔，使人宛若置身于银装玉砌、寒气袭人的冰天雪地。走过百丈冰崖便是"玉塔凌云"，这里洞空高敞，顶壁几处白钟乳石悠然如浮云，下有 8 座 20 多米高的塔状石柱巍然耸立，颇为壮观。"九龙宝柱"又称"擎天柱"，位于前厅中部，高31.5米，胸径0.30米，是国内目前发现的一根最高石柱，其上附生着一根根石藤，如玉龙盘绕，举目之间，静中有动，令人旋然惶然。飞瀑垂帘是惹迷洞最神奇壮观的景点之一，这是一幅20多米高，10多米宽的石帘，条条石皱如飞流直泻，从洞顶直垂洞底，遮住了半边溶洞。那一条条、一皱皱、一层层钟乳石帘，如金丝玉缕，在灯光辐射下显得七彩缤纷，石帘由薄薄的钟乳石片组成的，内有空隙，击之其音清脆悠扬，还可按其厚薄敲出不同的音韵来，令人玩味无穷。

石花洞 石花洞位于火岩乡苦达岭村境内，高出皮渡河水面约250米，有三个竖井状洞口，洞口至天窗底部48米，发育在奥陶系石灰岩中。入洞须攀绳梯而下，再向东南方向平行百米即至。洞内石花、石笋、石蘑菇如冰雕玉琢，令人目不暇给。入洞四里许，石林簇拥，黄色的石树上，缀满数不清的白色石花，其花型、大小、花蕊、花瓣与梅花极其相似，一簇簇，一团团，组成玉树琼花的旷世奇景。及近细看，这石花上含有亮晶晶的矿砂，在灯光反映下闪闪烁烁泛着银光。穿过珠光宝气的石花林，有石穴如闺阁，内有一块冰清玉洁的长方形石板，长1.8米，宽1.2米，呈碧绿色，平整光滑，称为碧玉床，周边有石笋石花点缀，更显得琳琅满室。

鲢鱼洞 鲢鱼洞位于皮渡河畔，与皮渡河相通，洞口高10余米，水深丈余，进洞须乘船而入，约行50余米，便下船登上沙洲，有路逶迤至"鱼神宫"。鲢鱼洞分为正宫、东宫、西宫、沙滩四个部分，主要景点有宫壁生辉、河蚌鲵儿、金盆托宝、葫芦仙舟、海花石塔、深宫藏娇、群螺聚会、渔歌桥会、玉鼠传信、海狮卧岗、沙滩回音壁等。

珠帘洞 珠帘洞十分平坦，洞外横开八门，内有一条横巷连通，各门与巷道之间又有五、六条岔道，组成一个错综复杂、扑朔迷离的天然"八阵图"。男女相嬉其间，儿童追逐其内，时东时西，时进时出，时隐时现，如处迷宫，兴味无穷。

盘龙洞 位于鲢鱼洞下游3千米处，离皮渡河水面8米，洞口较小，进洞即为地下河段。部分河段稍有抬高，形成干洞，其下段已发育成新的地下河，河中有盲鱼、盲蝌蚪、大鲵等，主洞全长2千米，有"葡萄沟""盲鱼池"等可供观赏景点40多个。

风洞 位于皮渡河左岸，与飞虎洞相对峙，距鲇鱼洞一里许，高出皮渡河50米。因洞内洞外温度差异产生气压差，空气对流而生风，夏季测得最大风速为20.1米/秒，平均为14.6米/秒。洞穴长约4千米，进洞后，风力骤失。先向下，后又向上，行约百米，便可看到景色秀丽的"神风鞭"，这是一根鞭状石笋，直插洞顶，再行，是钟乳石形成的拱门，又行里许，便是洁白如玉的石笋群，洞厅高大宽敞，底部为一裂隙深渊，宽度不及两米，垂直深度达20余米。进入深渊后分为两岔，一岔向东为水道，水量不大；其间有崩塌的块石和沙滩;另一岔向西南方向,为地下河道,呈分散性水流排入皮渡河。据洞穴专家考察,内洞的延伸方向是向着石花洞方向,从平面上看两洞相距不到 100 米,两洞高差约在 60~100 米之间。估计石花洞洞体之下还有一个较大的洞穴存在;以至形成强劲的风力。

飞虎洞 位于皮渡河西岸,与鲢鱼洞隔河相望,洞内宽广高大,气势磅礴,前厅高 15 米,洞口宽 30 米,面积 3500 多平方米,后半厅有一处高约 7~8 米的悬崖,攀崖而下,洞中有洞,迂回曲折至中厅,穹窿高敞,顶及穷目,边无际涯,面积达数十亩。再进有地下河及大量深潭。1987 年在这里发现蓝、红两色盲鱼,其中红色鱼体长 10 毫米,通休透明,腹部内脏清晰可见,双眼已退化成很浅的皱褶,对光无反映,双鳍左右横伸比鱼体还长的一对灵活的鱼翅,在漆黑的溶洞中游曳自如,数百尾各自上下,流动如飞鸟。另一种形如蝌蚪,长约 10 毫米,通体透明呈浅蓝色,头上有两个盲点,翅薄如蝉翼,无鳞无鳍,有一条极灵活和小尾巴,光照下闪着蓝色荧光,游动如水中蓝宝石。这是世界继伊朗和云南个旧后第三次发现,1986 年定名为湘西盲条鳅(*Noemacheilinae Xiangxiensis SP. nov.*),1992 年根据新的分类系统定名为湘西盲高原鳅(*Triptophysa Xiangxiensis Yang et al.*)。飞虎洞深不可测,2002 年 4 月 25 日至 5 月 10 日,县人民政府由副县长叶玉静负责,通过湖南卫视组织全国有关洞穴探险队员,进行了为期半个月的"穿越飞虎洞大型科考探险活动",探明洞中有河,河中有洞。据 2002 年 5 月 12 日科考公布的科考数据,飞虎洞中心大厅面积达 32500 多平方米。

飞虎洞

天坑鼓 位于皮渡河峡谷西岸的双坝村境内,是大型喀斯特漏斗景观。上口直径450米,底部直径200米,面积6.6公顷,垂直高度300余米,因形如大鼓而得名,内壁上段除北面坡度较缓,其余三面均系近90度的悬崖绝壁。坑内植物繁茂,四壁是原始次森林,有红腹锦鸡、相思鸟、猴面鹰等鸟禽栖息其间,在坑内大声一呼,四壁回音,趣味无穷。

通天门 位于皮渡河下游的悬崖绝壁上,是贯通山脉的大石窟,高150米,深400多米,平均宽5米左右。底部由低渐高,梯形向上,顺势放步其间,但见远处青天白日,云蒸霞蔚,只觉天宫近在咫尺。及顶,又有石林参差,嶙峋峥嵘,踞高远眺,顿觉天高地阔,千山矮小。山下清溪如带,溪边有数以百计的龟形石,故将这组景点称为"龟溪通天门"。

皮渡河山庄 皮渡河发源于贾坝乡,流经召市后潜流至火岩马落槽出口,峡谷涌翠,十里流香,那像珍珠玛瑙般撒落在两岸的200多个溶洞,构成喀斯特地貌景观的奥妙神奇。1988年以后这里先后兴修了乘龙桥、碧竹园宾馆、土家寨、飞虎洞摆手堂、土家民俗表演厅等旅游服务设施及景区林间小道,具有能安排300人食宿及各种会议的接待能力。山庄集自然、人文于一体,建筑古雅,环境恬静。游客至此,或泛舟进洞,或摇橹月下,或登山览胜,或探洞猎奇,尝风情之浓郁,品山水之清爽,乐趣无穷。正如作家银云在《梦与诗的火岩》中所写:"我得到了一种摆脱日常生活羁绊的轻松感,一种跃出狭窄圈子后的开阔感,一种沉浸于艺术气氛中被美丽节奏和韵律所陶醉的奇妙感,一种与宇宙间巨大力量相汇聚的崇高感。"

(四)洛塔地质公园

洛塔为一个完整的向斜岩溶构造单位,发育着国内罕见的岩溶地貌景观,可谓集岩溶景观之大全,台原、峰丛、孤峰、溶丘、石林、石牙、洼地、漏斗、溶洞、地下河、峡谷、绝壁、瀑布等应有尽有,形成和发育阶段完整,是我国南方裸露型岩溶的典型代表,具有很高的观赏价值和科研价值。石林面积达62平方千米,拥有景点200多个,总体规划为14个景区。这里有"五虎赶六羊""南方第一天池"、灵秀甲天下的"九瀑沟"和"千年古杉王"等景点。

洛塔构造台地呈北东向长条状,有三个不同高度的岩溶台面,海拔高度分别为1200米、1000米、800米,是构造运动强烈抬升差异隆起的标志,记录着岩溶地貌的发展史。台地东西两侧各有一条岩溶垄脊呈锯齿状,垄脊之间有和尚堡、亚不梯、吴王堡、谢家台四个溶丘台地耸立在盆地的中央,台地顶部平坦,海拔在1000米以上,四周峭壁高

100至200米,地势十分险要,历史上曾为土王盘踞之地。峭壁边缘发育着峰林景观,如姊妹岩、鹰嘴峰、尖尖峰等。洛塔地质公园主要景点有:

八仙天池 位于洛塔乡梭洛村境内,海拔高1350米,湖水面积达6万平方米,这是20世纪70年代洛塔人对岩溶洼地、漏斗进行改造利用,堵断地下河,把附近的八仙洞、刺猪洞、燕子洞等6个溶洞地下水串联起来,在这青山环抱的岩溶洼地汇流成湖。八仙湖分东、西两池,中间一弯象鼻式的石梁组成月牙形通道,可供两船并行。湖水清澈透亮,冬暖夏凉,朝晖夕阳下,湖水、溶丘、石林、崖壁、穿洞等在这里组成一道绝美的风景线。泳濯其间或荡舟其内,真有如处仙境之感。四周是密密匝匝的万亩林场,树木新绿,纵横成行,把山水浸染得更加洁净,这里山高气爽,静谧幽雅,是人们避暑休闲、水上娱乐的最佳去处。

洛塔石林 登上洛塔,只见天设其巧,地发其秀,漫山绵谷,万石如林,洛塔石林分布面积广,高度大,造型奇特,塔伏、莲台状、罗汉状、锥状、刀状、箭镞状、帷幕状等林立荟萃,蔚为大观,可与云南路南石林相媲美。洛塔石林遍及整个山界,较集中的有楠竹车水坪石林、赵家湾石林、银河塔石林、八仙洞石林、瑞士科石林等。仅楠竹坪的舍把枯→麻风垭→溪沟→双溪阿盔→车水坪一带的石林面积就达一千多亩。这些石林,造型各异,气象万千,有的嶙峋如盆景,有的峻峭如险峰,有的峥嵘如石塔,有的嵯峨如大树。粗、瘦、皱、秀,各具特色,层叠交错,气势非凡。其中梭洛村赵家湾石林、楠竹坪五虎赶六羊、九瀑沟、溪沟石林、公公洞、婆婆洞等景区环境天设,置身其间,美不胜收。

九瀑沟 洛塔喀斯特水资源丰富神奇,天锅潭瀑布便是溶洞地下河冲破绝壁飞流直下而形成的天然景观。瀑高50余米,由落差冲力形成的天锅潭,深不可测。由于喀斯特水的补给,水流终年不断,流量较为稳定,水丰季节更是气势磅礴,其宏然流响之声数里可闻。

古水杉 在新生代第四纪冰川期以后,水杉在世界各国均已绝迹,只有我国的湘鄂渝边区有少量孑遗,被称为世界生物"活化石"而誉为国宝。洛塔现存的三棵古水杉,其中一棵在泡木村,高41米,胸径183.8厘米,树上缠绕着两根古藤,一根直径为38.2厘米,一根直径为41.4厘米,称为"双龙抱柱",藤绕树生,树牵藤长,浑然一体,枝繁叶茂,绿荫如盖。另两棵在老寨村,一棵胸径127厘米,高44米;一棵胸径138.8厘米,高46米。并排而生,树干挺拔,树龄均在数千年以上。

洛塔地质公园——洛塔石林

洛塔地质公园——神秘石林

(五) 莲花洞

位于洗车河镇支家湖村，距洗车街上7千米，在洗车至红岩的公路边百米处。1999年1月7日在修筑村级公路时，随着一声开山炮响，硝烟散处豁然现出一个溶洞。有好事者寻径而入，见溶洞高大深邃，风景奇特，从此游人若织，有时多达数千众。这个尘封亿万年的溶洞清新如洗，由洁白的钟乳石组成的前厅景观，或如华灯高挂，或如王帷层叠，在朝晖夕照下显出一种诱人的金碧辉煌。过前厅，有一盆状的水池，有游客赐名为"洗心池"。再进，有天然石桥，桥上一左一右盘着两条玉龙，大小长短如出一模，分别长丈余，粗尺许，那匀称有序的脊鳞，伸屈有度的龙躯，惶然间似在蠕蠕而动。离玉龙桥不远。有石壁横路，唯有一个直径约80厘米的圆形石孔可供钻入，别无他路，只得屈身而入，戏为"钻龙门"。至此，穹窿高敞，别有洞天，琼花玉树，连枝交柯；石帘石幔，洁白晶莹，千层百褶，如纱如帐。就在这玉树琼花间，神然透出一泓清泉，波光粼粼，清漪潋滟，水面上浮着一块块薄如玉盘、形似荷叶的钟乳石片，每块石片下都生有一根芊芊石笋，那"中通外直，不蔓不枝"之态，真到了以假乱真的地步。"莲花洞"由此而得名。离开莲花池再往前行，是一片造型伟岸的石林，有的像打坐的罗汉，有的像屹立的将军，石林右侧是一组高大宽幅的石帘，洁白如玉，气势恢弘，在全县各大溶洞中实属罕见。再进是泥质沙滩，沙滩上很规则地留着两行古代巨兽脚印，每印深约20厘米，直径15厘米，一直消失在沙滩尽头。沙滩下面是一道20多米高的陡坎，下有地下河一直通到洗车河鲁碧潭。由于这条通道与新炸开的洞口向向，产生空气对流，致使莲花洞空气清新，给人无限惬意。

莲花洞

附 专家对龙山地质地貌的评价意见（袁道先 中国科学院岩溶院士）

湘西龙山洛塔地质研究工作早在1978年就由地矿部开始组织，并取得了一定成果，我1998年与国土资源部地质环境司李烈荣司长来到洛塔考察调研，通过查阅资料、观摩实物、踏勘现场等，并充分讨论研究，形成以下意见：

洛塔是我国南方广大岩溶山区中一个典型岩溶向斜盆地。盆地高耸于低山丘陵之上，为一个独立的水文地质单元，盆地内二叠系—下三叠系碳酸盐岩广布，岩溶与侵蚀作用十分强烈，岩溶地质遗迹发育，形态多样，景观奇特。地表洼地、漏斗、星罗棋布；石林、石芽丛生；峡谷深切，瀑布高悬。地下洞穴十分发育，纵横交错，上下叠置，具层楼式洞穴特征，洞内沉积物类型多样，成因各异，形态奇特，琳琅满目；洞穴中地下水资源丰富，盆地内不仅岩溶地貌发育，而且森林覆盖，空气清新，尤以活化石——古水杉更为珍贵。

总观洛塔岩溶盆地为我国裸露型岩溶地貌景观的缩影，不仅以其奇特瑰丽的岩溶地质地貌景观具有很高的观赏价值，而且对在一个完整的水文地质单元中，研究水文地质和岩溶发育规律以及岩溶地下水的开发利用方面，均具有典型的科学研究意义。

里耶——乌龙山风景名胜区国家自然与文化双遗产预备名录

1997年3月21日，湖南省人民政府办以（湘办发〔1997〕8号）文件将龙山皮渡河风景名胜区确定为湖南省第五批省级风景名胜区。2003年7月21日，湖南省人民政府（湘政函〔2003〕143号）文件将皮渡河风景名胜区更名为"里耶—乌龙山风景名胜区"。2007年6月18日，湖南省建设厅，龙山县人民政府完成《国家自然与文化双遗产预备名录申报书》。2013年10月29日，国家住房和城乡建设部发布《关于更新中国国家自然遗产、自然与文化双遗产预备名录的通知》（建城〔2013〕156号），龙山里耶—乌龙山风景名胜区作为新增名单列入《中国国家自然与文化双遗产预备名录》。遗产地地理坐标为东经109°10′—109°53′，北纬28°45′—29°30′，总面积269.9平方千米，核心区面积160平方千米。包括里耶景区、八面山景区、乌龙山大峡谷景区、洛塔景区、洗车河景区等五大景区。景区面积大，类型齐，资源品位高，文化底蕴深厚，开发前景十分广阔。

（六）印家界森林公园

印家界位于县域东部，1999年8月经县人民政府批准为县级自然保护区。它东与永顺县杉木河、盐井乡交界，西与比溪乡接壤，北与水田坝乡毗邻，东西宽14.5千米，南北长15.4千米，总面积10795公顷，以阳雀界、印家界两大山脊为基本骨架，包括塔泥、猛必、比溪、水田坝4个乡14个行政村，区内最高海拔1209.8米，最低海拔368.6米，相对高差841米，属新华夏隆地边缘中亚带季风区。独特的自然条件为各种不同的动、植物提供了良好的生存环境，多种植物，生物群落分布其内，区内植物种类达1759种，有蕨类植物174种，银杏、黄杉、南方红豆杉等裸子植物168种，桢楠、大叶楠、黄心夜合木、伯乐树等被子植物1529种。其中国家一级保护植物4种，二级保护植物24种。塔泥乡王家村的一棵千年银杏高40多米，粗及七抱围，树冠覆盖面积600多平方米。楠木湾桢楠连片成块，林相整齐，四季常青，平均高度23米，最高达30米。南方红豆杉俗称红桧树，在我国南方亚热带地区已不多见，像印家界这样的红豆杉植物群落可称全国之最。区内有野生动物152种，獐、麝、毛冠鹿、金钱豹、黑熊、大灵猫、小灵猫等20多种被列入濒危野生动植物种国际贸易公约的野生动物更弥足珍贵。

区内不仅保持了良好的自然生态，且山水神奇，风光秀丽。猛洞河之源——汝池河接纳了塔泥河和源自桑植上河溪的猛必河，贯穿全境，形成一道道亮丽风景。

汝池河 清光绪版《龙山县志》就有如此记述"岭合崖回，一水曲注，路断续错两岸，行者时左时右四十八渡乃止。"汝池河边的雷打岩，又名插耳岩，高逾300米，原系悬崖绝壁，阻断出县路。清道光年间，县人张庭辉捐资凿石道于山腰，石工吊绳于悬崖艰难开凿，进展甚微，仍不惜耗资，有斗石斗银之说，终于在石壁凿开一条宽丈余，长一华里有余的石道，龙山至永顺始成通途。在雷打岩绝壁上还镶嵌着一块刻于清道光甲午年（1834年）石碑，碑长80厘米，宽约90厘米，碑面平整细腻，四周边缘饰刻万字格花纹，似木匾形制。碑面镌刻"周道如砥"四个行书大字，两侧刻有"道光甲午""南徐严学淦"九个柳体楷书。在碑面一角还刻有三方印章，一枚为"臣学淦印"，另两枚为"砚口""砚寿"，均为阳刻。南徐，江苏镇江旧称，严学淦为镇江丹徒人，嘉庆甲子举人，曾任湘乡知县。时永顺贡生王贯三见古庙巍峨，峭壁撑天，佳木葱茏，风景殊致，乃赋诗云："水划山开一罅天，千寻峭壁插深渊。风生石栈山腰凿，云捧楼台水面悬。几处危栏随蹬曲，数排瘦树抱岩圆。既登彼岸休愁渴，檐挂如帘小瀑泉。"王贯三在这里留下了几十首咏唱山水和风土人情的诗，如："日暮一身遥，扶摇过栈桥。溪回山抱脚，路转云横腰。骇兽奔林响，垂藤挂鸟摇。突闻村犬吠，有客若为招。"景随情动,情随景移,王贯三的《登汝池河之东山远眺》,则又是一番感叹:"独上苍岩百级梯,丛穿苦竹鹧鸪啼。千丈峻岭蟠蛮洞,两派寒潮斗碧溪。时序惊心秋叶落,乡关回音暮云低。古人到此今谁识,惆怅西风日渐西。"如此景色,依旧古色古香。这里远离了城市的喧嚣,摆脱了俗尘的纷争,能在这里欣赏历尽生命的苍翠,感悟人与自然的和谐,确是人生快事。

第七篇

宗教

龙山历史悠久，据2003年3月在里耶酉水南岸发现的旧石器时期的文化遗址来看，酉水流域早在人类初期就有古人类活动。那些用石斧辟地，用木棒猎食、筚路蓝缕的土著先民，当是中国土家族的主要族源之一。当这些土著先民还处在原始社会时期，由于生产力的低下和知识的贫乏，他们对天地日月、风雨雷电等自然现象和生老病死残等生理现象都无法解释，对各种自然灾害的威胁更有一种不可抗御、不知所措的惶然和恐惧。他们认为万物有灵，天有天神，地有地神，日月星辰山川草木皆有神。对人本身的身体构造如人的大脑皮层神经活动所引起的种种生理现象如梦幻等亦无可理喻，认为每个人除了"肉体的我"以外还有一个"精神的我"，这样就产生了灵魂不灭的观念。认为人死以后其灵魂仍有感应地存在于冥冥世界中。这种不灭灵魂和变幻莫测的超自然的力量驱使并主宰人间的一切。于是他们寄希望于神灵，便产生了崇拜自然、崇拜祖先的原始宗教意识。从而形成万物有灵的多种信仰。在所有信仰的神祇中可分为祖先神和自然神两大类。祖先神分为近期祖先和远期祖先，近期祖先指"家先神"，即姓氏堂上历代祖先；远期祖先指设祠庙以祀的民族远祖，如梯玛所信奉的最高神灵天地公、天地母，即兄妹成亲，再续人种的补所、雍妮；土家大摆手堂所供奉的八部大王，土家狩猎所祭的女猎神"梅嫦"及"土王祠"即土家小摆手堂所供奉的彭公爵主、向老官人、田好汉及嫲嫲帕帕等。自然神有太阳神、土地神、山、水、树神等，集中表现在梯玛跳神中。梯玛跳神有原始宗教仪程，但未形成完整的教义，是土家族原始宗教孑遗，至今在洗车河流域及里耶、内溪、贾市等地还有部分人信仰。

汉晋以后，各宗教教派渐次传入，县境宗教教派主要有佛教、道教、基督教、天主教。清同治四年（1865年），全县有道教、佛教活动场所123处。民国十四年（1925年）及次年，天主教、基督教先后传入县境。全县寺观教堂179个。中华人民共和国成立初，宗教无发展。各个寺观教堂有的因年久失修倒毁，有的因战乱和政治运动烧毁，有的因无"香火"消失。"文革"中，宗教活动停滞。中共十一届三中全会以来，党和政府贯彻宗教信仰自由政策，宗教活动健康平稳发展。2004年，全县有宗教活动场所103处，其中佛教、基督教、道教分别为22处、7处、74处，信教群众数万人。

第一章 教 派

第一节 佛 教

佛教是世界三大宗教之一，其基本教义认为现实世界是虚幻的，人生充满着痛苦，人们受苦是前生"造孽"的结果。因此，应以经、律、论三藏，修持戒、定、慧三字，彻底转变自己的世俗欲望和认识，以摆脱痛苦而成佛。

西汉哀帝元寿元年（公元前2年），佛教传入我国，魏晋、南北朝时期不断发展，至隋唐达到鼎盛，形成天台宗、律宗、净土宗、法相宗、华严宗、禅宗、密宗以及三阶教等中国佛教宗派。

佛教传入龙山的时期应为东晋。据同治《来凤县志》关于来凤仙佛寺摩崖造像所记："左镌有记，仅余'咸康元年五月'六字，文多不可辨。"东晋咸康是成帝司马衍第三个年号，一为太宁、二为咸和、三为咸康。咸康元年即335年，距今已有1680年。

在同治版《来凤县志》之前，清嘉庆《龙山县志·古迹》就有记载："佛潭，在县北三十里，峭壁千寻，上刻古佛数尊，眉如画，右镌有记，仅余'咸康元年五月'六字，文多不可辨。居人倚石壁建阁……至今千五百余岁矣。"佛潭现属湖北来凤县，与龙山石羔泗坪一水之隔，附近土地多为龙山人耕种。因此一般人认为，早在335年，县境就有佛教活动。唐、宋、元、明以来，僧尼不乏其人。明嘉靖年间，县城南二里许建迎龙寺。清代佛教呈盛势，顺治元年（1644年），永顺土司建永镇庵于隆头。雍正三年（1726年），复兴寺建于洗洛花鹿溪。嘉庆元年（1796年）县城北九千米处有太平山寺。同治年间，甘霖寺建于里耶，当时县境共有庙、寺、庵85座，僧尼126人。民国期间，信奉佛教者增多。民国元年（1912年），陈家堡建雷音寺，三湾塘建三王庙，上辰乡建青云寺。民国五年（1916年），新城鸡公寨建福寿寺。民国十二年（1923年），石羔苦竹河建天王庙。民国十九年（1930年），茶亭寺建观音寺，县境共有寺、庙、庵120座。

光绪三年（1877年），名气最大的太平山寺僧侣百余人，主持宏松的弟子遍布湘鄂川黔边区，太平山寺成为湘鄂川黔边境佛教圣地。民国二十六年（1937年），中国佛教协会湖南分会在太平山寺成立，该寺方丈达戒任分会会长。

中华人民共和国成立后，佛教场所和僧尼减少。县人民政府将太平山寺列为重点文物加以保护，1957年拨专款维修。"文革"期间，庙宇佛像大部分毁坏。十一届三中全会后，太平山寺又有香火。1997年春，原全国人民政协副主席、中国佛教协会会长赵朴初先生听了太平山寺的情况后，欣然为该寺题写"太平山"三个大字。2004年起，太平寺作为重点景区之一，修复重建。是年底，全县有寺庙22座，分布在14个乡镇，有僧人6人（比丘2人、比丘尼4人），居士73人，信教者万余人。县内现存的佛教场所还有新城乡雷音山寺、济公寺，华塘乡永隆寺、紫金山寺，召市镇魁星阁、观音庙，乌鸦乡天马山寺，西湖乡普照山寺，苗儿滩镇白岩寺，隆头镇望明山寺，洗车河镇白云寺、白云庵，农车乡观音寺，内溪乡回龙寺、宝华寺、青云山寺、嵩灵寺，贾市乡南阳寺、双河寺，里耶镇观音阁和岩冲乡三仙寺等。

佛教在县境的主要活动是三个观音节，即农历二月十九的观音诞辰，农历六月十九的观音渡海，农历九月十九观音成功悟道，善男信女纷纷去各寺庙中拜佛、求子、抽签、问卜等。

佛教场所

太平山寺 最早名为"普照禅林"，后称"普照寺"。位于龙山县桶车乡太平村。初建于东晋成帝时期，至今已有1600余年历史。禅宗派的曹洞宗传入龙山后，首先在太平山修建"普照禅林"，明清达到鼎盛时期，住寺众僧达100余人，是湘西土家族苗族自治州历史上第一个佛教传戒戒堂。1953—1976年间，庙宇毁坏始尽，佛像被捣毁，只剩下息影洞、松月塔等石雕文物。1989年，释芳顺在当地信众的资助下，在息影洞外建一小茅屋，作为佛教活动场所。后来陆续恢复重建，但仍与历史殿堂相差甚远。一年一度的三个观音节庙会，来太平山信徒很多，最多时达3000余人。从零碎的史料记载中知，太平山庙历届负责人有：释学友、释了空、释悟静、释真祥、释常礼、释慈松、释光化、释妙道、释普斗、释达精、释本忠等。

迎龙寺 据嘉庆《龙山县志》所记，龙山县城最早见于史册的寺庙是明嘉靖年间由县绅晏、喻、刘、黄四姓捐建在县城南三里处的"迎龙寺"。

内溪宝华山庙 该庙位于内溪乡塘口村。建于清代，建有山门、大殿、斋堂、客室等建筑。1966年后，庙宇被拆得残缺不全，佛像被毁，1973年又被火焚烧。1986年后逐步复修，现为一殿两间。

内溪嵩灵寺 嵩灵寺位于内溪乡坡松村。建于明代，属临济宗，由重庆市秀山县护国寺传入。民国二十五年（1936年）该庙有田6亩、土5亩、桐茶林6亩。民国二十七年嵩灵寺被火焚烧，次年重修一栋5间的房子做庙宇，20世纪50年代初被拆做学校。1988年开始重建，建成大殿一座6间房子。一年中的三个观音节庙会，信众达1000余人。

三元慧元寺 该寺位于三元乡新华村，建于清代，殿堂一间，后毁。1990年后开始恢复修建，现有殿堂3间，存建寺古碑两通。

兴隆街姿霞山庙 又名新庙，位于兴隆街乡桐木树。清乾隆时期修建，建有山门、大殿、斋堂、客堂等建筑，后毁于战火，庙内建筑残缺不全。1966年后，庙内佛像全被捣毁，现仅存殿堂一栋3间。

龙山福寿寺 又名鸡公寨庙，位于新城村。1929年修建，建有山门、大殿、斋堂、客室等建筑。当时是四合院天井式，在以后的20余年中，才慢慢装修完整。1966年后当地村民捣毁佛像及木鱼等道具。1979年后剩下的庙产有房屋一栋3间。

第二节 道　教

道教是我国民间原有的宗教，渊源于古代的巫术、秦汉时的神仙方术，其前身是假托黄（帝）老（子）而成的黄老道。道教由东汉张陵（？—156）在四川大邑县鹤鸣山创立。它尊先秦道家老聃为祖师，以《老子五千文》为主要经典。张陵逝，有子张衡、孙张鲁承续。东汉末，张鲁在汉中建立政教合一的政权，遂使道教逐渐传至川陕黔滇等地。道教敬祀天地神祇及"本主""真人"。很容易为信仰原始宗教的少数民族群众所接受。土家族学者向达就认为道教起源于氐羌族的宗教信仰。南宗以后，道教内部先后出现"全真道""真大道教""太一教"等派别，后正式分为"正一""全真"两个教派。至清代，由于受《封神榜》《三国演义》等小说影响，道教中出现了"财神赵公元帅""关云长"等神祇。尤其信奉关云长，将其视为忠义勇武之神，各地建关帝宫以奉祀。

境内道教主要是正一派，传入时间无考。该派道士可娶妻室，专持符祈雨驱鬼。除斋醮之日外，可荤可腥，可不出家，道士与非教徒混居，故有"火居道士"之称。该派道教分布广、流动性大、无固定场所，一般由5~7人组成专门班子，设有掌坛人。主要从事民间度亡、做道场等教务活动，以道场营观"香火"为生活主要来源。

明代县境的新田堡、兴隆街、茨岩塘、大堰坪、水沙坪、石膏山等地建有道教宫观。

明嘉靖年间，离县城 2 千米的老城龙泉沟有道观珞珈宫。清代，道教有较大发展，县境修建宫、观、阁 38 座（宫 29 座，阁 8 座，观 1 座），有教徒 400 人左右。乾隆四十一年（1776 年），县建玉清宫。嘉庆年间，县域先后建南岳宫、文昌宫、万寿宫、三元宫、黑伏宫等。民国元年（1912 年），八圣宫建于遥坪。民国十四年（1925 年），北辰宫建于亭寺堡。民国十五年（1926 年），紫云宫建于土户车。民国后期，县境宫、观、阁共 59 座。中华人民共和国成立后，随着科学知识普及，道务活动日趋减少，其场所大多被拆除或改作他用。中共十一届三中全会后，随着党的宗教政策落实，从事道教活动的人员渐多，大多以为丧家做道场为业。2004 年底，全县从事道务活动的坛门 74 个，职业人员近 600 人。

道教的节日主要有三清圣会（冬至、夏至、农历二月十五）、三元圣会（农历正月十五、七月十五）、玉皇诞辰（俗称玉皇会，农历正月初九）。

第三节　基督教

基督教本是奉耶稣为救世主的各教派的总称。包括天主教、正教、新教和其他一些较小教派。在我国通常专指基督教新教，又称耶稣基督教。它以《旧约全书》《新约全书》为基本经典，称为"圣经"。它认为世界是上帝创造并主宰的，人类从始祖起便犯了罪而在受苦，只有信仰上帝及其儿子耶稣基督才能得到"赦罪"和"拯救"，人们应忍受尘世的不幸和痛苦，寄希望于死后的"天国"。基督教新教认为教徒死后可以直接升天，牧师只是指导者。它不承认罗马主教的教皇地位，主张教会制度多样化。其主要宗教活动有礼拜、圣夕、洗礼等。

唐贞观九年（635 年），基督教基斯托利派传入中国，时称"景教"，9 世纪中叶中断。元代，基督教再次传入，称"十字教"或"也里可温教"，元灭再次中断。清嘉庆十二年（1807 年），英国伦敦宣教会教士马礼逊来华，后英、美、俄、德、法陆续派入大批传教士，利用各种方式向我国内地渗透。

民国十五年（1926 年），基督教开始传入县境，有两派，即中华基督教信义会和在华基督教会。

中华基督教信义会（福音堂）　民国十五年（1926 年），永顺总堂负责人陈立成到县境的首善、洗洛、马罗、白岩及来凤城关等地传教，在首善镇凤阳街设福音堂，民国二十年至三十八年（1931—1949 年）由大庸牧师许杏村负责。中华人民共和国成立后，教会理事长王世春（代牧师）、执事王量权在三元、新城设分堂，教徒 309 人分布在县城及县城附近的乡村。1966年,教堂房屋被没收,其堂址另建厂房。中共十一届三中全会后,基督教信徒逐步恢复宗教活动。1987年,政府落实宗教房屋政策,给教徒补偿了原没收教堂的房款1500元。1998年,县城基督教福音堂被批准为正式宗教活动场所。福音堂1999年被湖南省人民政府评为"五好宗教活动场所",2000年12月被省政府评为"湖南省宗教界为社会主义两个文明建设服务先进集体"。

中华基督教里耶教堂 民国三十三年(1944年),牧师徐仲荫(浙江人)来里耶镇传教,同年冬里耶教堂成立,林克庭坐堂传教。民国三十四年(1945年),该堂改名为里耶分堂,属保靖堂分管,租用民房作教堂,有教徒37人。一直没有固定的教堂,租用民房活动,经费主要靠保靖分堂拨款,少数靠信徒捐赠。1949年,林克庭去永顺王村,分堂停止活动。

2004年,全县基督教聚会点7个,其中正式登记6个,待批1个,分布在白羊乡红星村、桂塘镇新寨沟、石羔镇兴堡村、新城乡刘家坝福音堂、兴隆街乡苗元村和尖岩村、里耶镇。信徒1261人,分布在县境21个乡、镇。信徒们在耶稣的受难节、复活节、圣诞节按照基督教教义、教规、礼仪参加活动。湖北来凤县、重庆酉阳县及湖南省保靖县部分信教群众也到县境的宗教场所参加活动。

基督教福音堂 1918年,基督教芬兰国信义会在传入龙山后开始修建福音堂。1926年,永顺基督教总堂负责人陈立成在首善镇(今民安镇)凤阳街民房设福音堂传教。1931年,大庸牧师许杏春来龙山传教,租用民房设立三元乡竹元陀分堂、新城乡普水洞分堂。1944年,浙江牧师徐仲萌来龙山里耶传教,租民房设立里耶基督教分堂。1950年后停止活动。2004年,县落实宗教房产政策补偿土地,在新城街道办事处刘家坝划地1098平方米,建筑2376平方米的房屋,2006年竣工,用作龙山县基督教活动场所,一楼为礼拜大厅,二楼附办公室、主日堂、圣经班练唱室、图书室、保管室、会议室等。教会负责人李先胜、王红珍。神职人员22人,其中牧师1人、教师6人、传道员15人。2010年荣获"首届全国创建和谐寺观教堂先进集体"。

第四节 天主教

天主教亦称罗马公教或加特力教,天主教是中国对罗马公教的称呼。与正教、新教同为基督教的三大派别。"天主"一词,为明末耶稣会传教会到中国后,借用中国原有名称对所信之神的译称,意为至高至上的主宰。天主教信奉天主(即上帝)和耶稣基督,尊玛利亚为圣母,认为天主圣化成天地,创造人类,并受难、复活、升天。元世祖至元三十一年（1294年），罗马教皇尼古拉四世派遣约翰·孟德高维诺来华传教，天主教始传入我国。元亡，天主教在华传教遂中断。直至明万历十年（1582年）传教士利玛窦等人来华，天主教再次在中国陆续传播。明崇祯十三年（1640年）后，传入川湘等省，出现了教会办的医院、学校、孤儿院、育婴堂等慈善机构。民国十四年（1925年），天主教由永顺传入龙山，先后在县城、靛房设天主教分堂，发展教徒59名，主要教务活动是在堂内宣扬天主教教义和祷告、忏悔等，每逢"占礼"举行弥撒，教徒死后也举行弥撒。中华人民共和国成立后多数教徒不再信教，天主教活动少。

县城天主教分堂属永顺总堂管辖，隶属美国天主教"苦难会"。民国十四年（1925年），天主教沅陵区永顺总堂派美籍神父李振球来县城北正街购买一栋房子和两间小屋作教堂传教，购买田、土2亩作菜园用，开办慈善事业。分堂设神父、传教员、秘书、翻译等，有教牧神职人员34名。其中骨干5名，一般成员29名。经费主要由永顺总堂拨给，不足部分由信徒捐赠。民国十四年至三十八年（1925—1949年），有李振球、李北桥、刘丹书等三任堂长。

靛房天主教分堂亦属永顺总堂管辖。民国十九年（1930年），天主教沅陵区永顺总堂派李北桥来靛房，购买一栋三间木房作教堂，建立圣体制度，开展传教活动。该堂发展教徒由永顺总堂布置，活动经费主要由永顺天主教总堂拨付。先后由李北桥、刘丹书任堂长。另有传教员3人，一般教徒22人。1935年，停止活动。

中共十一届三中全会后，有极少数外地来县经商者信奉天主教，无专门组织和场所，主要在居所活动。

天主教教堂　1925年，由永顺总堂派美籍神父李振求到龙山传教。不久，在民安街道北正街购买私房一栋作为天主教堂用，设立首善镇（今民安镇）天主教分堂。1930年，永顺总堂派李北桥（永顺李家湾人）到龙山靛房传教，购买私房1栋3间做天主堂用，设立靛房天主教分堂。1950年后自行停止活动。

第二章 宗教事务

中华人民共和国成立以前，县内无专职宗教管理机构。1949—1982年，宗教事务由县政府办公室代管，1983年起由县民族事务组代管，1987年由县民族事务委员会代管。1997年，县委统战部内设宗教事务办公室，负责管理宗教。是年，办公室根据上级精神，成立专项治理乱建庙宇和露天佛（神）像工作领导小组，拆除5处违反政策规定乱建且不符合登记条件的庙宇，处理1处露天佛（神）像。1998年，宗教事务办公室调查全县26处农村寺庙（堂、点），根据宗教场所的历史与现状，给符合登记条件的8处宗教活动场所登记挂牌，即民安镇基督教福音堂、里耶镇观音阁、岩冲乡三仙寺、内溪乡回龙寺、宝华寺、青云山寺、洗车镇白云庵、农车乡观音阁；对遗留的18处宗教活动场所向政府提交了处理意见。

同年，通过州宗教局引荐，县宗教事务办公室联系，澳门基督教会蓝钦文牧师来县捐资15万元，修建红岩凉风村爱心小学，救助231名贫困学生（西湖乡小学62人、农车乡小学30人、红岩中心小学30人、洗洛乡中心小学30人、县基教教会困难信徒子女20人、水田坝乡中心小学59人），每生每期100元，共捐资69100元。是年，由湖南省委书记杨正午和全国政协常委、省佛教协会会长圣辉法师引荐，福建厦门虎溪岩寺开正法师捐资15万元，修建洗洛小井村爱心小学。

1999年，县设宗教事务局，副科级单位，有干部2人，主管全县宗教工作。是年，全县宗教界开展创建"五好宗教活动场所"活动。县基督教会遵纪守法，爱国爱教；在中华人民共和国成立五十周年之际，组织50名信徒代表统战系统参加全县组织的国庆五十周年大型文艺表演，为灾区和希望工程共捐款8200元，衣物500多件。

2000年7月，县宗教事务局落实上级关于宗教房产的指示。经调查核实，靛房天主教堂1968年被火烧毁，民安天主教堂原有木屋7间，民安基督教福音堂原有房子2栋（占地1716平方米，建筑面积约400平方米，1987年县委房产政策办公室决定由公安局和民安镇政府分别补偿2217.6元和500元，未落实）。经研究决定：靛房天主教堂不补偿，民安天主教堂由盐业小组补偿2100元，民安基督教福音堂迁址重建。2001年8月28日，县人民政府召开会议专门研究宗教房产落实工作。2003年8月，经省人民政府批准，在新城乡刘家坝征地0.2公顷，重建基督教福音堂，由县委统战部协调解决建设中的困难，遂使福音堂落成。

2001年，县人民政府在全县三级干部会上发出"学习《湖南省宗教事务条例》的通知"，确定2—3月为宣传月。有关县级领导和主管部门干部职工人手一册《条例》。全县共举办《条例》培训班2期，180余人参加培训；印刷宣传资料20套；县城悬挂横幅3幅，张贴标语560条；组织宣传车3辆，在人口集中的街道利用广播等形式宣传《条例》。

2005年8月，龙山县基督教三自爱国运动委员会成立，选举李先盛等7人为第一届理事会领导班子成员，会址设龙山县基督教福音堂。2010年3月召开第二届代表大会，选举王红珍（女）等9人组成理事会领导班子。2007年12月7日，首届湘西土家族苗族自治州基督教三自爱国运动委员会第一次代表会议在龙山召开，与会代表50余人，会议审议通过了《湘西自治州基督教三自爱国运动委员会章程》《湘西自治州基督教三自爱国运动委员会民主决策管理制度》等，龙山的李先盛、王红珍当选为州理事会常委。会议决议，湘西州基督教三自爱国运动委员会办公室设龙山福音堂。2012年5月18日，湘西州基督教三自爱国运动委员会第二届代表会议在龙山召开，与会代表70余人。会议通过修改《章程》，选举田玉梅为主席。

田玉梅，女，1964年12月出生，龙山人，土家族，神学专科。2006年湖南省圣经学校读书，2006年12月当选湖南省基督教三自爱国运动委员会、湖南省基督教协会代表。2009年封立传道员。2010年当选龙山县基督教三自爱国运动委员会副主席，2012年5月当选湘西土家族苗族自治州基督教三自爱国运动委员会主席，同年12月当选湘西土家族苗族自治州第十一届政协委员。

后　记

在龙山县委县政府、湘西土家族苗族自治州民族宗教事务委员会的重视和关心下，《龙山县民族志》终于出版成书了。这是我县第一部民族志，是穿越历史时空的家园记述。初辟草莱，问津陌路，在纂修过程中，我们得到州民研所、州古籍办和县党史办、县志办的大力支持和悉心指导。本志中的"土家语""苗语"部分内容均采用吉首大学叶德书副教授（已故）、杨再彪教授为《龙山县志》提供的系统资料。"汉族"部分内容采用了张登赤、黄汉民撰写的部分县志资料。鉴于土家语日趋濒危，本志有所侧重，加入了"土家语常用单词选录""土家语谚语"和"土家语摆手歌"等内容，在土家语注音方面，得到土家语传承人彭英子先生的帮忙。在评审时，向明星先生、国家级传承人田隆信先生、《龙山县志》主编张登赤先生亦提出了宝贵意见。本志中涉及民族风情、民族文化及县域风光等图片大多由龙山县非物质文化遗产保护中心暨龙山县摄影家协会曾祥辉、刘昌儒、刘锦刚、田良东、彭梁心及龙山县美术馆馆长李开奇等同志无偿提供。对以上教授、专家、摄影家的真诚帮助，在此一并致谢。

《龙山县民族志》编委会
2018 年 9 月 16 日